»Denazification«

Beiträge zur Sozialgeschichte Bremens

Herausgegeben von
Wiltrud Ulrike Drechsel
Heide Gerstenberger
Peter Kuckuk
Christian Marzahn
Dorothea Schmidt

Band 13

Wiltrud Ulrike Drechsel,
Andreas Röpcke (Hrsg.)

»Denazification«

Zur Entnazifizierung in Bremen

Edition Temmen

Die Deutsche Bibliothek - CIP-Einheitsaufnahme

"Denazification" : zur Entnazifizierung in Bremen /
Wiltrud Ulrike Drechsel ; Andreas Röpcke (Hrsg.). -
Bremen : Ed. Temmen, 1992
(Beiträge zur Sozialgeschichte Bremens ; Bd.13)
ISBN 3-926958-42-1
NE: Drechsel, Wiltrud [Hrsg]; GT

Abbildung:
Titel: Der große Fragebogen von 1945

Abbildungsnachweis:
Frau Lifschütz: S. 41; J.F. Napoli: S. 67; A. Saur: S. 111, 123;
Erna Bremner: sonstige Abbildungen

© bei **Edition Temmen**
Hohenlohestr. 21 - 2800 Bremen 1
Tel.: 0421-344280/341727 - Fax 0421- 348094

Alle Rechte vorbehalten.

Druck: WB-Druck, Rhieden

ISBN 3-926958-42-1

Inhalt

Vorwort 6

Friedrich Buschmann
Dienstlicher Bericht über die Entnazifizierung in Bremen (Andreas Röpcke) . . . 10

Walther Richter
Dr. Alexander Lifschütz, Senator für politische Befreiung
in Bremen (27.11.1947 bis 31.12.1949) 40

Alexander Lifschütz
Bericht des Senators für politische Befreiung zum Abschluß der
Arbeiten seines Amtes 56

Joseph F. Napoli
Die Entnazifizierung vom Standpunkt eines Amerikaners (Andreas Röpcke) . . . 66

»Ich klage an...« 82

Dietrich Crüsemann
Die Bremische Evangelische Kirche nach dem Zweiten Weltkrieg im Spiegel
amerikanischer Akten (1945 - 1948) 85

Achim Saur
»Vorsichtshalber je einen Kopfschuß« Szenische Lesung aus den Prozeßakten über den Mord an dem jüdischen Ehepaar Goldberg 109

Erna Bremner
»Ich glaube daran, daß die Bundesrepublik nicht wieder in ein
solches Fahrwasser geraten kann. Daran glaube ich fest.« (Juliane Haeßner) 132

Renate Meyer-Braun
Zweimal deutsche Vergangenheit - ein Thesenpapier 174

Anhang
Gesetzliche Grundlagen der Entnazifizierung in Bremen (Andreas Röpcke) 182
1. Gesetz zur Befreiung von Nationalsozialismus und Militarismus 182
2. Anlage zum Gesetz zur Befreiung von Nationalsozialismus und Militarismus . . 194
3. Gesetz über Ausschüsse zur Befreiung vom
Nationalsozialismus und Militarismus 202

Anschriften 204

Vorwort

Für die Vorgänge der politischen Säuberung, die das Thema dieses Hefts sind, hatte die deutsche Sprache zunächst kein Wort.
Sie übernahm die Bezeichnung der Alliierten, die schon auf der Jalta-Konferenz im Februar 1945 bei der Festlegung der Besatzungspolitik erklärt hatten:
»Es ist unser unbeugsamer Wille, den deutschen Militarismus und Nationalsozialismus zu zerstören und dafür Sorge zu tragen, daß Deutschland nie wieder imstande ist, den Weltfrieden zu stören. Wir sind entschlossen (...), die Nationalsozialistische Partei, die nationalsozialistischen Gesetze, Organisationen und Einrichtungen zu beseitigen, alle nationalsozialistischen und militärischen Einflüsse aus den öffentlichen Dienststellen sowie dem kulturellen und wirtschaftlichen Leben des deutschen Volkes auszuschalten und in Übereinstimmung miteinander solche Maßnahmen in Deutschland zu ergreifen, die für den zukünftigen Frieden und die Sicherheit der Welt notwendig sind.«[1]
Aus dem anglo-amerikanischen Denazification wurde der eingedeutschte Begriff der Entnazifizierung.
Die Umgangssprache kannte Wendungen, die deutlich auf das politische Ziel, die Säuberung, hinwiesen: Man sprach von den »braunen Flecken« auf jemandes Weste, vom »Entbräunen« oder von den »Persilscheinen«,[2] mit denen man sich weiß zu waschen versuchte. Die ironische Nuance solcher populären Redensarten ist unverkennbar. Sie erlaubte den Sprechenden die stillschweigende Distanzierung.
Im öffentlichen Sprachgebrauch dagegen wurde unter »Entnazifizierung« sehr schnell der quasi juristische und administrative Vorgang verstanden, in dem das Entnazifizierungsverfahren ablief. Für die politische und moralische Seite der Säuberung kam die gestelzte Rede von der »Bewältigung der Vergangenheit« auf, eine wolkige Umschreibung, der kaum noch anzusehen war, daß mit ihr politische Reinigungsprozesse gemeint waren.
Die Hilflosigkeit, die in der Sprache zum Vorschein kam, galt der Sache. Politische Säuberungen gehören nicht nur in Deutschland zu den Vorgängen, die im privaten Erinnern an den Rand gedrängt werden und im öffentlichen Gedenken bestenfalls in Anspielungen vorkommen. Vergegenwärtigt man sich die Breite, in der die Siegermächte die Entnazifizierung angelegt hatten - die Entnazifizierung berührte unmittelbar alle Deutschen, die 1947 älter als 18 Jahre waren[3] -, dann ist das nahezu

---

1 Zitiert nach Huster, Ernst-Ulrich u.a.: Determinanten der westdeutschen Restauration 1945-1949. Frankfurt am Main 1972, S. 268.
2 Heute ist dieser Ausdruck erklärungsbedürftig. In einer Art informellem politischen Führungszeugnis bescheinigten Nicht-Nazis, was zur Entlastung der ihnen bekannten Belasteten angeführt werden konnte, z.B. daß er oder sie nur »äußerlich«, aber nicht aus Überzeugung dem Nationalsozialismus angehangen habe. Im Spruchkammerverfahren konnten diese Bescheinigungen berücksichtigt werden. Die Peinlichkeit der Szenen, in denen die oftmals jahrelang Ausgegrenzten nun von »strammen« Nazis um einen »Persilschein« gebeten wurden, läßt sich heute nur noch erahnen. Vgl. Hans Jansen, Renate Meyer-Braun: Bremen in der Nachkriegszeit. Bremen 1990, S. 146, sowie den Beitrag von Erna Bremner in diesem Heft.
3 Vgl. Gesetz zur Befreiung von Nationalsozialismus und Militarismus (Befreiungsgesetz) im Anhang.

völlige Verschwinden dieses Säuberungsprozesses aus dem Geschichtsbewußtsein bestürzend.
Gründe dafür lassen sich freilich nennen: Die Erinnerung an die Entnazifizierung weckt intensive, zwiespältige Gefühle der Schuld oder der Scham, der Ohnmacht oder der Wut, aber auch der Enttäuschung oder der Resignation. Sie rührt an offene oder versteckte Kränkungen. Sie bedroht das Selbstgefühl derer, die mit dem Nationalsozialismus paktiert hatten oder »mitgelaufen« waren. Wer mag an die Erleichterung erinnert werden, mit der viele erfuhren, daß sie »bloß« Mitläufer gewesen sein sollten! Aber auch jene, die damals die politische Säuberung wollten und sich für sie einsetzten, haben die Erinnerung daran nicht zum Thema gemacht; in den biographischen Erzählungen von antifaschistischen Männern und Frauen kommt dieser Abschnitt ihrer Lebensgeschichte praktisch nicht vor. Wenn es zutrifft, daß »auch die Bremer schließlich den 'großen Frieden mit den Tätern' geschlossen (haben) in der Hoffnung, sich 'am Erbe des Nationalsozialismus vorbeimogeln' und zur - demokratischen - Tagesordnung übergehen zu können«,[1] dann ist dieses Schweigen nicht verwunderlich. Auch in Bremen wurde der viel geforderte »Schlußstrich« unter die Entnazifizierung gezogen, und zwar in Form eines Gesetzes, das die Bürgerschaft am 31. März 1950 beschloß. Es hieß »Gesetz zum Abschluß der politischen Befreiung«.
Dennoch gibt es Gründe, heute an dieses vermeintlich abgeschlossene Kapitel der deutschen Geschichte zu erinnern.
1. Daß das Problem der politischen Säuberung in Deutschland erneut auf der Tagesordnung steht, verleiht der Entnazifizierung, ihren Verfahren und ihren Resultaten eine Aktualität, die vor über 40 Jahren niemand ahnen konnte.
Läßt sich aus dieser Geschichte nichts lernen?
Doch.
Zuvörderst läßt sich erkennen, daß Säuberungsprozesse ebensowenig miteinander identisch sind wie die Herrschaftssysteme, mit deren Hinterlassenschaften sie sich auseinandersetzen müssen. Man steigt eben nicht zweimal in denselben Fluß.
Ferner läßt sich am Verfahren der Entnazifizierung aufzeigen, daß das politische Problem der Säuberung nicht mit juristischen und administrativen Mitteln zu lösen ist. Diese Erkenntnis kann dazu beitragen, die Erwartungen an die Wirkung von Säuberungsprozessen auf ein realistisches Maß zu senken.
Der Ausgang der Entnazifizierung verdeutlicht überdies, daß Säuberungsprozesse offene Prozesse sind. Ob ihnen eine Wirkung zukommt und welche, entscheidet sich am Umgang einer Gesellschaft mit ihrer Geschichte, also an ihrer politischen Kultur.
2. Ein weiterer Grund, auf die Geschichte der Entnazifizierung zurückzukommen, ist ebenfalls der politischen Aktualität geschuldet.
Wer nach der Vergangenheit fragt, die die alten und die neuen Länder der Bundesrepublik gemeinsam haben, muß redlicherweise eingestehen, daß die Auseinandersetzung mit dem Nazismus und seinen Folgen die Aufgabe war, die sich allen Deutschen stellte, ehe sie in der BRD und in der DDR ihre jeweils besondere Geschichte machten.
An die gemeinsame Geschichte anzuknüpfen heißt somit auch, sich den Vorgängen zu stellen, in denen der Versuch gemacht wurde, mit der nationalsozialistischen deutschen Vergangenheit ins reine zu kommen.

---

1 Hans Jansen, Renate Meyer-Braun: Bremen in der Nachkriegszeit, Bremen 1990, S. 134.

Die in diesem Heft zusammengestellten Texte illustrieren die vielfältigen Facetten, die die Entnazifizierung hatte. Eine zusammenfassende Darstellung der Vorgänge von der Besetzung Bremens bis zum Abschlußgesetz von 1950 ist nicht darunter. Für sie sei auf die kürzlich erschienene Darstellung Renate Meyer-Brauns verwiesen.[1]

Trotz ihrer Verschiedenheit ist den Abschnitten dieses Hefts eine Aussage gemeinsam: Sie zeigen, daß es die erhoffte »Bewältigung der Vergangenheit« nicht gegeben hat.

Die politische Säuberung mißlang. Dieses Fazit zogen gleichermaßen der Bremer Verwaltungsangestellte Friedrich Buschmann und der amerikanische Besatzungsoffizier Joseph Napoli, die beide an der Entnazifizierung mitwirkten. In ihren Berichten kommt die Enttäuschung unverhohlen zum Ausdruck; beide begeben sich auf die Suche nach den Faktoren, die den Fehlschlag des Entnazifizierungsprogramms erklären können.

Demgegenüber wirkt der Bericht eines dritten Beteiligten, des Entnazifizierungssenators Alexander Lifschütz, auf den ersten Blick fast wie eine Erfolgsbilanz. Walther Richters Artikel zeigt, daß dieser Eindruck relativiert werden muß. Lifschütz bilanzierte keine politische Säuberung, sondern seinen und seiner Behörde Anteil an der Abwicklung des quasi-juristischen Verfahrens, zu dem die Entnazifizierung mit dem Befreiungsgesetz endgültig geworden war. Mit dieser Einschränkung und dem Hinweis auf die geringe Zahl der noch zu bearbeitenden Verfahren konnte Lifschütz die Entnazifizierung Ende 1949 als so gut wie abgeschlossen bezeichnen. Napolis und Buschmanns Enttäuschung galten jedoch einer anderen Ebene. Napolis Versuch, auf einer Pressekonferenz am 13. Mai 1949 die politischen Ziele der Entnazifizierung noch einmal in die öffentliche Diskussion zu bringen, blieb ohne Ergebnis.

Dietrich Crüsemanns Abhandlung über die Bremische Evangelische Kirche unterstreicht den Eindruck, daß eine personelle Säuberung auch in der evangelischen Kirche nur in sehr engen Grenzen möglich war. Daß die Entnazifizierung sich zum »Weidemann-Konflikt« personalisierte, dürfte diese Grenzen noch verstärkt haben.

Wie in allen politischen Säuberungen sind auch in der Entnazifizierung Gesellschaftliches und Persönliches, Öffentliches und Privates untrennbar verwoben. Mit dem gesetzlichen »Schlußstrich« waren die Individuen nicht aus ihrer Verantwortung für die Teilhabe an der nationalsozialistischen Barbarei entlassen. Schuld und Schuldgefühle waren nicht beseitigt, auch wenn sie verleugnet wurden.

Die beiden folgenden Beiträge sprechen dieses moralische Problem an. Nicht zufällig weichen sie in der Form von der historischen Erörterung ab. Es sind Montagen, in denen nach der Erinnerungsarbeit gefragt wird, die getan oder auch versäumt worden ist.

Achim Saur hat aus den Prozessen, die nach dem Ende des Nationalsozialismus über die Ermordung des jüdischen Ehepaars Goldberg im Jahre 1938 geführt wurden, eine szenische Lesung zusammengestellt. Sie läßt ein beklemmendes Ausmaß von Abwehr- und Verdrängungsanstrengungen sichtbar werden.

In einem lebensgeschichtlichen Interview mit Juliane Haeßner ist Erna Bremner der Frage nachgegangen, wie sie zur Nationalsozialistin wurde. Dabei geht es nicht um

---

[1] Vgl. Hans Jansen, Renate Meyer-Braun: Bremen in der Nachkriegszeit 1945-1949. Bremen 1990, S. 134-151.

Rechtfertigung, sondern darum, den persönlichen Anteil am Nationalsozialismus offenzulegen, weil der Gefahr der Wiederholung nicht mit Verleugnung, sondern nur mit Vergegenwärtigung begegnet werden kann.
Das Heft endet mit Thesen von Renate Meyer-Braun. Sie sind vorläufig, in einigen Punkten sicherlich kontrovers und zu Widerspruch herausfordernd - ein erster Versuch, die beiden Säuberungsprozesse der jüngsten Geschichte, den vergangenen und den aktuellen, als Teile *einer* Geschichte zu begreifen.

Wiltrud Ulrike Drechsel

Friedrich Buschmann

Dienstlicher Bericht über die Entnazifizierung in Bremen

Herausgegeben und mit einem Nachwort versehen von Andreas Röpcke

Wenn ich jetzt im Jahre 1948[1] meine Eindrücke über den Nationalsozialismus und die Entnazifizierung niederschreibe, so deshalb, weil ich mich aus folgenden Gründen dazu berechtigt fühle:
1. Ich war von jeher Antifaschist.
2. Ich habe durch meine Tätigkeit bei der Denazification Division einen umfangreichen Einblick in die Materie bekommen.

Ich wurde im Jahre 1906 als Sohn eines kleinen Handwerksmeisters geboren,[2] besuchte später die Volksschule, anschließend lernte ich das Schriftsetzer- (Buchdrucker-)Handwerk. Bis zum Jahre 1939 war ich dann mit einer kurzen Unterbrechung, hervorgerufen durch Arbeitslosigkeit, in diesem Berufe tätig.[3] Von Kriegsbeginn bis zum Zusammenbruch 1945 war ich auf der AG »Weser« als Dienstverpflichteter tätig, anfangs als Hilfsschlosser im U-Bootbau, später als Archivar.

Mit dem Antritt meiner Lehre im Jahre 1921 wuchs ich auch ins politische Leben hinein. Es ist bekannt, daß die Buchdrucker in Deutschland früher fast restlos politisch und freigewerkschaftlich organisiert waren. Diese Berufsgruppe hat vor 1933 durch ihre politische Geschlossenheit im wesentlichen dazu beigetragen, daß das demokratische Gedankengut geweckt und durch das Volk erhalten wurde.

Es ist also selbstverständlich, daß ich als Angehöriger dieser Berufsgruppe frühzeitig aufgeklärt wurde über die tödlichen Gefahren der Reaktion sowie der völkischen und nationalsozialistischen Bewegung. Gleich nach Antritt meiner Lehre wurde ich Mitglied des »Verbandes der deutschen Buchdrucker«. Diesem freigewerkschaftlichen Verbande gehörte ich bis zu seiner Auflösung bzw. Übernahme in die DAF[4] an.

Im Jahre 1924 trat ich dem derzeitig gegründeten »Reichsbanner Schwarz-Rot-Gold« bei. Dieses war eine von den verfassungstreuen Parteien (SPD, Demokraten, Zentrum) aufgestellte uniformierte Schutzformation als Gegengewicht gegen die reaktionären, militaristischen und nazistischen Kampfverbände. 1926 wurde ich Mitglied der SPD. Auch diesen beiden letztgenannten Organisationen gehörte ich bis zur zwangsweisen Auflösung im Jahre 1933 an.

Während ich bis zum Jahre 1930 fast ausschließlich aktiv im Reichsbanner tätig war, betätigte ich mich während der nächsten 3 Jahre fast nur in der Partei und in der Gewerkschaft. Ich hatte vor 1933 manche Auseinandersetzung mit politischen Gegnern, mündliche wie auch handgreifliche. Nach der Machtübernahme ließ man mich zuerst unbehelligt. Am 30.3.1933 spät abends besuchte ich ein Gasthaus, und zwar mein Stammlokal. Fast gleichzeitig mit mir betrat eine vom Dienst zurückkehrende SA-Kolonne das Lokal. Da ich diesen Leuten seit langer Zeit als politischer

---
1 Der Zeitpunkt der Abfassung liegt, wie sich aus verschiedenen Hinweisen im Text ergibt, im April 1948.
2 Am 14. September 1906. Weitere Angaben zur Biographie im Nachwort.
3 1932 bei der Buchdruckerei Geffken, 1938 bei der Buchdruckerei Hunckel (nach eigenen Angaben auf dem Meldebogen vom 21.6.1947).
4 Deutsche Arbeitsfront

Gegner bekannt war, merkte ich sofort, daß diese etwas vorhatten.
Sie führten bewußt provozierende Reden gegen meine Bewegung, um mich aus der Reserve herauszulocken. Dieses gelang ihnen. Ich führte Gegenrede gegen sie und zeigte ihnen das von mir unter dem Rockaufschlag getragene Abzeichen der »Eisernen Front«, die 3 Pfeile (das Tragen dieses symbolischen Abzeichens der Antifaschisten war verboten). Wie von Taranteln gestochen sprangen sämtliche SA-Leute auf und fielen über mich her. Es gab eine wüste Schlägerei, bei der ich als Einzelner natürlich der Unterlegene war. Ich wurde hierbei schwer verletzt, u. a. wurde mein rechtes Bein mehrmals gebrochen.

Etwa ein halbes Jahr war ich vollständig arbeitsunfähig. Lange Zeit hiervon habe ich im Krankenhaus zubringen müssen. Weitere Drangsalierungen, außer einer ziemlich oberflächlichen Wohnungsdurchsuchung nach Büchern und Zeitschriften, sind mir während der Nazi-Zeit nicht widerfahren.

Meine Gesinnung habe ich nicht geändert, weder innerlich noch äußerlich. Ich habe alles Nationalsozialistische abgelehnt. Ich habe mich konsequent geweigert, der NSV, dem RLB[1] oder anderen Organisationen beizutreten, obgleich gerade dieses Organisationen waren, denen man sich kaum entziehen konnte. Der DAF habe ich angehört. Dieses wurde dadurch bedingt, weil diese Organisation unseren ehemaligen Berufsverband aufgesogen hatte. Die Rechte und Pflichten aus dem alten Verbande wurden von der DAF übernommen. Nur aus dem Grunde bin ich und mit mir sämtliche Verbandskollegen, darüber hinaus auch fast sämtliche freigewerkschaftlich organisierten Arbeiter, der DAF beigetreten.

Dieses alles erwähne ich so nebenbei, um es verständlich zu machen, warum ich im Sommer 1945 der Aufforderung der Militärregierung gefolgt bin, an der Entnazifizierung mitzuarbeiten.

Über 2 1/2 Jahre bin ich jetzt bei der Militärregierung tätig, habe also alle Phasen der Entwicklung mit durchgemacht und hierbei allerlei Erfahrungen gesammelt. Diese liegen zum Teil auf dem Gebiet unserer Tätigkeit, zum anderen sind es aber auch welche, die das Problem Nationalsozialismus als solches betreffen.

Ich habe versucht, die Entnazifizierung nicht durch eine einseitige, parteigebundene politische Brille, sondern ganz objektiv vom realen Standpunkt zu betrachten. Ich habe auch immer versucht, ehrlich gegen mich und andere zu sein. Ich glaube, es ist mir gelungen. Manches Mal allerdings mußte ich meine persönliche Meinung revidieren. Mir ging es aber nicht allein so, meine Kollegenschaft steht heute dem Problem auch ganz anders gegenüber als im Jahre 1945. Aber auch außerhalb unserer Dienststelle hat man seine Meinung geändert. Alle in der gesamten amerikanischen Zone an der Entnazifizierung Mitarbeitenden, ganz gleich ob Deutsche oder Amerikaner, haben sich in ihren Wünschen und Forderungen gemäßigt.

In den nächsten Tagen treten wir wieder in eine neue Phase der Entnazifizierung.[2] Hoffentlich ist es die letzte vor der Beendigung. Rückschauend möchte ich den Kreislauf von 1945 bis heute hier schildern.

Als wir im Jahre 1945 unsere Aufgabe begannen, hatten wir uns das Ziel gesteckt, in unserem Gebiet die staatliche und kommunale Verwaltung restlos von dem Einfluß des Nationalsozialismus zu befreien. Die Initiative hierzu ging von den

---

1 NSV= Nationalsozialistische Volkswohlfahrt; RLB= Reichsluftschutzbund.
2 Siehe Nachwort

Alliierten aus. Die Amerikaner klügelten ein System aus, wie das zu machen sei. Sie schufen einen Fragebogen, enthaltend 132 Fragen, die von jedem ganz gewissenhaft beantwortet werden mußten. Es wird jedem Ausfüller schwer gefallen sein, alle diese Fragen einigermaßen richtig zu beantworten. Meiner Ansicht nach gibt es kaum einen Menschen, der diesen Bogen von vorne bis hinten fehlerfrei ausgefüllt hat, die einen absichtlich, die anderen unabsichtlich.

War nun ein solch umfangreicher Fragebogen unbedingt erforderlich? Damals sagte ich ja, heute sage ich nein. Damals glaubten wir, daß man aus der Beantwortung dieser Fragen auf die politische Einstellung und Verantwortlichkeit des Betreffenden schließen konnte. Wir brauchten dann nur die eigens zu diesem Zweck geschaffenen Richtlinien hervorzunehmen und konnten mit Leichtigkeit entscheiden, ob der Betreffende *Mandatory, Discretionary* oder *Negative*[1] sei.

Heute weiß ich, daß wir damals nur reine Schablonenarbeit gemacht haben. Wir glaubten, aus den gemachten Angaben alles klar ersehen zu können, auch die wirkliche Gesinnung des Betreffenden. Dieses war ein Trugschluß.

Wir wollten alle diejenigen Beamten und Angestellten, ganz gleich ob in leitender oder untergeordneter Stellung, die sich irgendwie für den Nationalsozialismus eingesetzt hatten, aus ihren Stellungen entfernen und diese durch Antifaschisten ersetzen. Es sollten also alle Parteimitglieder entfernt werden. Ebenso auch alle Mitglieder der Gliederungen. Sogar die kleinsten Mitarbeiter in den angeschlossenen Verbänden und betreuten Organisationen, wie beispielsweise Blockwalter der NSV, der DAF, des RLB und RKB[2].

Die Praxis zeigte aber bald, daß dieses nicht durchführbar war. Die eingereichten Fragebogen erbrachten erschütternde Tatsachen. Der weitaus größte Teil sämtlicher Beamten und Angestellten war präsumtiv belastet durch NS-Mitgliedschaft bzw. helfende Tätigkeit in NS-Organisationen. Wir in unserer Dienststelle hielten uns streng an unsere Richtlinien und ordneten kategorisch die Entlassung sämtlicher Belasteten an.

Die verantwortlichen Leiter der deutschen Behörden, voran der Senatspräsident Kaisen, wehrten sich gegen die Entlassung eines großen Teiles dieser Leute, weil dies nach ihrer Ansicht praktisch einen Zusammenbruch der geregelten Wirtschaft herbeigeführt hätte. Krankenhäuser, lebenswichtige öffentliche Betriebe (Gas-, Elektrizitäts- und Wasserwerk, Eisenbahn usw.) wären zum Erliegen gekommen. Die Folge war, daß ein Großteil der durch unsere Anordnungen mit der Entlassung bedrohten eine Weiterbeschäftigungserlaubnis erhielt, und zwar bis zur Beendigung des später eingeführten Vorstellungsverfahrens. Durch diese Vorstellungsverfahren gewannen wir in unserer Dienststelle den ersten Einblick in die Sphäre des Nationalsozialismus. Wir beschäftigten uns zum ersten Mal ernstlich mit den Einzelheiten des Nazi-Apparates. Durch individuelle Prüfung der einzelnen Fälle stellten wir einwandfrei fest, daß Parteimitgliedschaft oder geringfügiges Ehrenamt in einer Nazi-Organisation nicht immer gleichzusetzen ist mit tatsächlicher politischer Belastung.

Ein großer Prozentsatz sämtlicher Beamten und Behördenangestellten hatte aus

---

1 Bewertungskategorien nach der Direktive Nr.24: Mandatory = Entfernung der Person aus ihrer Stellung geboten, Discretionary = Entfernung im Ermessen, Negative = kein belastender Befund.
2 Reichskolonialbund

Bequemlichkeitsgründen, einmal um ewigen Anzapfungen aus dem Wege zu gehen, zum anderen aber auch, um beruflich weiterzukommen, die Partei- und andere NS-Mitgliedschaften erworben. Es wurde von uns klar erkannt, daß gerade in diesen Berufsgruppen die meisten formellen Belastungen vorzufinden waren. War dieses aber gleichzusetzen mit einer tatsächlichen Belastung? Nein, in sehr vielen Fällen nachgewiesenermaßen nicht.

Es wurde festgestellt, daß die meisten kleinen NS-Mitarbeiter, wie Blockleiter, NSV-, DAF-, RLB-, RKB-Blockwalter usw. aus den Reihen der niederen und mittleren Beamten und Behördenangestellten gestellt wurden. Höhere und höchste Beamte waren selten durch solche Tätigkeiten belastet. Es warf sich nun die Frage auf, sind die kleinen Beamten aktivere Nazis gewesen als die hohen Beamten? Nein, in Wirklichkeit hatten die kleinen Beamten die Laufbotenarbeiten zu machen. Die hohen und höchsten Beamten waren »dienstlich« so in Anspruch genommen, daß sie für solche unbequemen Posten keine Zeit übrig hatten (Beispiel: Chef der Bremer Feuerwehr, Oberstlt. Anders). Diese hohen Beamten galten nach unseren derzeitigen Richtlinien als kaum belastet, obgleich gerade sie es waren, die auf ihre Untergebenen einen gewissen Druck ausübten, damit diese ihren Verpflichtungen gegenüber der Partei nachkamen.

Wir mußten unsere Meinung korrigieren. Manch einer, der bei der ersten Entnazifizierungswelle seinen Arbeitsplatz verlassen mußte, wurde auf Grund individueller Prüfung des Vorstellungsverfahrens als beschäftigungswürdig erkannt und durfte seine alte Beschäftigung wieder aufnehmen. Dadurch ist es zu verstehen, daß eine große Anzahl ehemaliger Nazis in ihren Ämtern verblieben, bzw. wieder hineinkamen.

Für einzelne Berufe mußten Sonderbestimmungen geschaffen werden, da diese sonst fast vollständig zum Erliegen gekommen wären, welches wiederum sehr zum Schaden unserer Bevölkerung gewesen wäre. Als Beispiel die Ärzteschaft. Der allergrößte Teil dieser Berufsangehörigen ist politisch belastet. Vor allem der jüngere Nachwuchs, der erst während der Nazizeit das Studium beendet hat und sich eine Existenz gründen mußte, ist, von ganz geringen Ausnahmen abgesehen, präsumtiv belastet durch NS-Zugehörigkeit und -Betätigung. Um Epidemien und Katastrophen zu verhindern, wurden Ärzte und Pflegepersonal trotz ihrer Belastung im Dienst belassen.

Im September 1945 trat das Gesetz Nr. 8 in Kraft.[1] Hiervon war ausschließlich die Privatwirtschaft betroffen. Alle Firmeninhaber, Teilhaber und leitenden Angestellten, soweit sie politisch belastet waren, mußten aus ihren Stellungen ausscheiden. Ganz gleich, ob es sich um einen großen oder kleinen Betrieb handelte. Aber auch hier machte man kleine Einschränkungen, indem man die belasteten Geschäftsinhaber aus dem Lebensmittelsektor, wie Schlachter, Bäcker, Krämer usw. in ihren Stellungen beließ. Gerade dieses Gesetz war ziemlich unheilvoll für unsere kleine Enklave und zwar dadurch, weil es in den umliegenden englischen Gebieten nicht in Anwendung gebracht wurde. Eine Reihe wichtiger Betriebe, die bisher ihren Hauptsitz in Bremen hatten, wanderten ab und verlegten ihren Sitz in die britische Zone.

---

1 Verbot der Beschäftigung von Mitgliedern der NSDAP in geschäftlichen Unternehmungen und für andere Zwecke mit Ausnahme der Beschäftigung als gewöhnliche Arbeiter, 26.9.1945, Amtsblatt der Militärregierung Deutschland, Amerikanische Zone, Ausgabe A, 1.6.1946, S. 20f.

Das Arbeitsamt hatte derzeit die Aufgabe, sämtliche Nazis, die zur Entlassung kamen, zu registrieren und in gewöhnliche Arbeit einzuweisen. Gewöhnliche Arbeit bedeutete soviel wie »nicht gewünschte Arbeit«,[1] das heißt körperliche Arbeit wie Trümmerbeseitigung, Aufräumung, Straßen- und Wegebauten, Hilfsarbeitertätigkeiten usw. Nur unsere Dienststelle hatte zu entscheiden, wer in seiner Stellung verbleiben durfte und wer zu gewöhnlicher Arbeit, sogenannter Wiedergutmachungsarbeit, herangezogen werden mußte.

Erst viel später, leider zu spät, mußten wir feststellen, daß unser so gut durchdachter Plan eine Lücke aufwies. Wir machten unsere Arbeit nur vom grünen Tisch aus, bemühten uns aber nicht darum, mal festzustellen, wie unsere Anweisungen befolgt wurden. Wir hatten keine Kontrollabteilung, also eine Stelle, die durch Inspektionen festzustellen hatte, ob und wie unsere Anordnungen durchgeführt wurden.

Jetzt wissen wir, daß damals nicht alles so geklappt hat, wie es sollte.

Ein sehr hoher Prozentsatz hat es verstanden, sich vom körperlichen Arbeitseinsatz zu drücken. Nur sehr wenige, man möchte sagen, nur die Anständigen, haben aufrichtig und unbeirrt die ungewünschte Arbeit geleistet und leisten sie zum Teil heute noch. Die anderen haben es verstanden, sich mit Hilfe eines ärztlichen Attestes vom Arbeitseinsatz zu befreien. Die Arbeitseinsatzstelle des Arbeitsamtes war mit bestem Willen nicht in der Lage, alle diese Fälle nachzukontrollieren. Sehr häufig wurden vertrauensärztliche Nachuntersuchungen durchgeführt. In einzelnen Fällen auch eine Nachuntersuchung durch den amerikanischen Militärarzt. Die Ergebnisse dieser Nachuntersuchungen ergaben aber kaum eine Änderung in den ärztlichen Untersuchungsbefunden.

Worauf ist dieses wohl zurückzuführen? Ich erkenne zwei Gründe:

1. Bekanntlich ist der Gesundheitszustand des gesamten deutschen Volkes erheblich herabgesunken, hervorgerufen durch Unterernährung und das Fehlen wichtiger Medikamente und Heilmittel. Es wird also heute jedem Deutschen ein Leichtes sein, sich im Bedarfsfalle ein ärztliches Attest zu verschaffen, aus dem hervorgeht, daß er infolge seiner körperlichen Verfassung für schwere Arbeit ungeeignet ist. Hier fehlt etwas, was für die heutige Zeit unbedingt erforderlich wäre, und das sind grundlegende Richtlinien an die Ärzte, die diese zwingen, ihre Gutachten der heutigen Zeit anzupassen. Die Arbeiter, die heute aus für sie lebensnotwendigen Gründen treu und brav ihre schwere körperliche Arbeit verrichten, sind in den meisten Fällen gesundheitlich weiter herunter als all diejenigen, die heute zu solchen Arbeiten herangezogen werden sollen, aber dann auf Grund eines ärztlichen Attestes hiervon befreit werden.

2. Während der Nazizeit, vor allem während der Kriegszeit waren die Ärzte verpflichtet, viel Menschenmaterial für die Rüstungs- und Kriegsmaschinerie der Nazis bereitzustellen. Es war ein unheimlicher Verschleiß an der Masse Mensch. Da es immer schwerer wurde, Leute zu bekommen, wurden den untersuchenden Ärzten von oben herunter Anweisungen erteilt, daß Untauglichkeitsbescheinigungen nur in den allerseltensten Fällen zu erteilen seien. Mit anderen Worten, man mußte buchstäblich den Kopf unter dem Arm tragen, wenn man arbeitsverwendungsunfähig

---

1 Definition von »gewöhnlicher Arbeit« in Abs. 2d der 1. Ausführungsverordnung zu Gesetz Nr. 8, ebd. S. 22.

M Gesetz Nr. 8

MILITÄRREGIERUNG — DEUTSCHLAND AMERIKANISCHE ZONE

Gesetz Nr. 8*)

Verbot der Beschäftigung von Mitgliedern der NSDAP in geschäftlichen Unternehmen und für andere Zwecke, mit Ausnahme der Beschäftigung als gewöhnliche Arbeiter

Zwecks verstärkter Ausschaltung des Einflusses der nationalsozialistischen Weltanschauung in Deutschland wird hiermit folgendes angeordnet:

1. Die Beschäftigung eines Mitgliedes der NSDAP oder einer der ihr angeschlossenen Organisationen in geschäftlichen Unternehmungen aller Art in einer beaufsichtigenden oder leitenden Stellung oder in irgendeiner anderen Stellung als der eines gewöhnlichen Arbeiters, ist gesetzwidrig; ausgenommen hiervon sind Beschäftigungen auf Grund von Sondergenehmigungen der Militärregierung gemäß den Bestimmungen des Paragraph 5 dieses Gesetzes.

2. Falls ein jetzt noch nicht in Betrieb genommenes geschäftliches Unternehmen eine Tätigkeit aufzunehmen beabsichtigt, hat seine Leitung als Voraussetzung für die Erteilung der Genehmigung zur Eröffnung oder zum Betrieb zu bescheinigen, daß niemand im Widerspruch mit den Bestimmungen des Paragraph 1 dieses Gesetzes beschäftigt ist.

3. Jedes geschäftliche Unternehmen, das jetzt geöffnet oder im Betrieb ist, hat jede Person, die entgegen Paragraph 1 dieses Gesetzes beschäftigt ist, sofort zu entlassen, widrigenfalls das Unternehmen sofort von der Militärregierung geschlossen wird.

4. Jeder Verstoß gegen die Bestimmungen dieses Gesetzes wird nach Schuldigsprechung des Täters durch ein Gericht der Militärregierung nach dessen Ermessen mit jeder gesetzlich zulässigen Strafe bestraft.

5. Personen, die auf Grund dieses Gesetzes entlassen werden oder denen die Anstellung verweigert wird und die behaupten, sich nicht für irgendeine Tätigkeit der NSDAP oder einer der ihr angeschlossenen Organisationen aktiv eingesetzt zu haben, können bei der örtlichen Militärregierung Vorstellung erheben.

6. Dieses Gesetz tritt am 26. September 1945 in Kraft.

Im Auftrage der Militärregierung.

geschrieben werden wollte. Ich weiß, daß eine ganze Reihe Ärzte sich derzeit gegen die Auswüchse solcher Anordnungen gewehrt hat, aber eines steht fest: im großen und ganzen haben alle Ärzte die ihnen übertragenen Fälle gründlich untersucht. Um persönliche Nachteile zu vermeiden, haben sie in Zweifelsfällen lieber mal einen Menschen zuviel gesund geschrieben als umgekehrt.

Hierfür haben wir heute genügend Beweise. Mehrere Ärzte dürfen heute auf unsere Anordnung hin ihre Praxis nicht ausüben, weil sie während der Nazizeit entgegen ihrer Arztpflicht kranke Menschen für gesund erklärt haben. Viele dahingehende Meldungen gingen bei uns aus der Bevölkerung ein. Wir haben sie nachgeprüft. Wo sich eine solche Belastung bewahrheitete, haben wir den Betroffenen wegen seiner den Nazismus fördernden Haltung abgelehnt.

Heute handeln die Ärzte anders. Sie wissen, daß man sie gerade wegen ihrer früher gezeigten Beeinflußbarkeit zur Verantwortung zieht. Heute im demokratischen Staat markieren sie wieder die unbestechlichen Ärzte. Meines Erachtens haben sie 2 Ziele dabei im Auge: Einmal schützen sie die armen Nazis vor schwerer Arbeit, zum anderen schützen sie sich selbst vor Unannehmlichkeiten, die ihrer Ansicht nach dadurch entstehen können, daß mal wieder andere Leute an die Macht kommen, und dann würden sie wiederum zur Verantwortung gezogen werden.

So ist also heute die Situation. Hieraus ziehen die Nazis den großen Nutzen. Diejenigen also, die das totalitäre System unterstützten, fühlen sich heute verhältnismäßig wohl im demokratischen Staat. Die Militärregierung hat sie aus ihren Stellungen entfernt, zu schwerer Arbeit können sie aber nicht herangezogen werden. Dem Arbeitsamt stehen nur sehr wenige leichte Arbeitsstellen zur Verfügung. Da wir aber genügend politisch Unbelastete haben, für die in erster Linie solche Arbeitsstellen vorgesehen sind, gelingt es ganz selten, überhaupt mal einen dieser kranken Nazis zu regulärer Arbeit heranzuziehen.

Die meisten zwangsentlassenen Nazis haben sich selbst eine einträgliche Arbeit besorgt. Sie sind bei Freunden und Verwandten untergekommen, betätigen sich zum Teil auch selbständig als Wirtschafts- und Steuerprüfer. Andere machen offiziell nichts, in Wirklichkeit aber leben sie von Kompensations- und Schwarzmarktgeschäften. Sehr viele blieben auch offen oder getarnt in ihren alten Positionen. Niemand hinderte sie hieran.

Alles in allem, die Mehrzahl der beschäftigungsunwürdigen Nazis lebte die ganze Zeit besser als der Durchschnittsbremer überhaupt. Dieses sind Tatsachen, die uns leider erst seit kurzem bekannt sind. Zu der Zeit, als diese Zustände einrissen, und wir vielleicht hätten Abhilfe schaffen können, waren sie uns nicht bekannt.

Woran lag nun dieses Übel? - Meines Erachtens daran, daß die Verantwortung für die Entnazifizierung auf zu schwachen Schultern ruhte. Nur unsere Dienststelle, voran unsere amerikanischen Mitarbeiter, hatte eine ehrliches Interesse an einer radikalen Entnazifizierung und Demokratisierung. Alle anderen Dienststellen, ganz gleich ob amerikanische, britische oder deutsche, folgten nur einem gewissen Zwange. Ich könnte zahllose Beispiele anführen, wo amerikanische Offiziere nur sehr zögernd unseren Anordnungen gefolgt sind. Sie hatten Freundschaft geschlossen und Beziehungen angeknüpft zu verkappten Nazis. Es fiel ihnen schwer, sich von ihnen zu trennen. Es ist doch bekannt, daß gerade die Nazis es verstanden haben, sich an die Besatzungstruppen heranzumachen und sich mit ihnen anzufreunden. Infolge ihrer alten Beziehungen gelang es ihnen, diese geschäftlich, aber auch für ihre privaten Ziele zu gebrauchen. Dadurch kam es so weit, daß ein großer Teil der einflußreichen Amerikaner den Zweck ihres Hierseins vergaßen und sich unbewußt zu Fürsprechern der Nazis machten.

Man braucht doch nur einmal in einzelne amerikanische Dienststellen hineinzuschauen. Die Deutschen, welche dort beschäftigt sind, waren früher bestimmt keine Antifaschisten. Soll man von diesen Leuten nun erwarten, daß sie mit demselben Ehrgeiz wie wir die Entnazifizierung durchführen? Wir von unserer Dienststelle sahen derzeit die nach unseren Richtlinien durchgeführte Entnazifizierung als die endgültige Lösung an. Darum wurden anfangs alle Fälle sorgfältig geprüft. Wir kannten allerdings nur zweierlei Entscheidungen, nämlich schwarz oder weiß. Das heißt, belastet und beschäftigungsunwürdig oder unbelastet und beschäftigungswürdig. Wir machten keinen Unterschied darin, ob es sich um einen hohen Staatsbeamten bzw. einen Großunternehmer handelte oder um einen kleinen Behördenangestellten bzw. kleinen Geschäftsmann. Wer nach unserer Ansicht als belastet galt, mußte seine innegehabte Stelle verlassen. Daß bei unseren Entscheidung manches Mal Fehlentscheidungen herauskamen, ist selbstverständlich. Dieses lag zum Teil an einer zweischneidigen Veröffentlichung des derzeitigen Stadtdirektors Mr. Welker[1]. Dieser ließ durch Rundfunk und Presse veröffentlichen, daß jeder gegen jeden politische Belastungen bei der Militärregierung vorbringen könne. Es wurde garantiert, daß der Name des Anzeigers geheimgehalten würde.

Wir waren an diese Anordnung gebunden, hatten also kein Recht, dem jeweils Denunzierten offen entgegenzutreten. Unsere Arbeit wurde sehr erschwert, wir konnten nicht immer nachprüfen, ob die Motive, die den Denunzianten zu seiner Anzeige führten, ehrlicher Art waren oder ob es sich um schmutzige Machenschaften handelte. Wie manches Mal haben wir durch Ermittlungen festgestellt, daß die Denunzierungen lediglich aus persönlicher Rachsucht entstanden, hervorgerufen aus Konkurrenzneid, Familien- oder Mieterstreitigkeiten sowie persönlichen Feindschaften. Alles in allem genommen, haben wir früher die Entnazifizierung streng nach den uns gestellten Richtlinien durchgeführt.

Wir hatten einen großen Apparat aufgezogen nur zu dem Zwecke, um in Zweifelsfällen nachzuprüfen, ob jemand (Mitglied) der NSV, DAF, des RLB oder RKB war oder nicht. Ob jemand Blockhelfer oder Blockwalter eines angeschlossenen Verbandes war, ob jemand gewöhnlicher SA-Mann oder Rottenführer war, ob jemand 1937 oder 1936 Parteimitglied wurde. Mit solchen Untersuchungen haben wir uns monatelang, ja jahrelang beschäftigt. Wenn wir ermittelten, daß sich geringe Abweichungen zwischen Fragebogen und Wirklichkeit ergaben, gab es Anklagen gegen den Betroffenen, die oft zu sehr harten Bestrafungen führten.

Ich glaube nicht, daß in irgendeinem anderen Orte der amerikanischen Zone so viele Gerichtsverfahren gegen Fragebogensünder durchgeführt wurden wie gerade in Bremen. Ich persönlich habe all die bei uns vorliegenden Fälle für die Anklage fertiggemacht und dem Gericht übergeben, bin auch bis vor kurzem immer als Nebenkläger und Sachverständigenzeuge in den Verhandlungen aufgetreten. Ich habe also auf diesem Gebiet Erfahrungen gesammelt, die mir zu denken geben. Im

---

1 Bion C. Welker, Direktor der amerikanischen Militärregierung in Bremen von Mai 1945 bis 20.9.1946. Die folgende Anspielung bezieht sich auf eine Erklärung, die der Weser-Kurier unter dem Titel »Kampf den Gerüchten« am 31.8.1946 veröffentlichte.

Laufe der Zeit wurden von mir etwa 270 Anklagen wegen Fragebogenfälschung, Verschleierung, Aktenänderung usw. erhoben. In fast allen Fällen wurden vom Militärgericht Bestrafungen verfügt, nur in einzelnen Fällen erfolgte Freispruch. Die Art und Höhe der Bestrafung hat sich im Laufe der Zeit gewaltig geändert. Anfangs klagten wir sogar jeden an, bei dem wir eine nach heutiger Ansicht geringfügige Fragebogenunstimmigkeit feststellten. Beispielsweise wenn jemand »vergessen« hatte, daß er mal NSV-, DAF- oder RLB-Mitglied war. Solche Kleinigkeiten, für die wir zum Teil nur schwache Beweise hatten, brachten dem Betroffenen garantiert eine Gefängnisstrafe von ein bis zwölf Monaten ein. Hatte der Betroffene etwa verschwiegen, daß er ein kleines Amt oder Rang in der Partei, ihren Gliederungen oder angeschlossenen Verbänden innegehabt hat, dann gab es Gefängnisstrafen von sechs Monaten aufwärts. Alle ertappten und zur Rechenschaft gezogenen Sünder mußten damals ihre Strafe restlos absitzen. Verschweigen von wichtigeren Tatsachen wie Partei- oder SS-Mitgliedschaft, Betätigung für die Gestapo, auch Aktenänderungen usw. wurden als schwerere Vergehen betrachtet und darum vom mittleren Militärgericht abgeurteilt. In solchen Fällen wurden Strafen ausgesprochen von 1, 2, 5, ja von 10 Jahren Gefängnis. Geldstrafen bis zu RM 73.000,- wurden verhängt. Hier muß aber erwähnt werden, daß keiner der vom mittleren Militärgericht Verurteilten seine Strafe restlos abbüßen mußte. In allen Fällen erfolgte später eine Begnadigung. Die längste Strafe, die überhaupt abgebüßt wurde, dauerte 1 Jahr. Es ist also faktisch so, daß anfangs die kleinen Sünder viel schwerer bestraft wurden als die großen.

Eines Tages trat ein grundlegender Wandel beim Militärgericht ein. Wenn man vorher die Betroffenen je nach Schwere der verschwiegenen Belastung bestrafte, also nicht das Verschweigen als solches, sondern in Wirklichkeit die früher gezeigte Aktivität bestrafte, so beschritt man später ganz neue Wege. Es wurde in allen Fällen vom Gericht genau geprüft, welche Vorteile der Betroffene aus seinem Verschweigen gehabt hat. Waren diese erheblich, beispielsweise, wenn jemand eine belastende Mitgliedschaft verschwieg und auf Grund dessen sich eine ihm nicht gebührende Stellung erschlich, so gab es schwere Strafen. Hatte der Betroffene keinerlei Vorteile, so gab es sehr leichte Strafen, in einigen Fällen sogar einen Freispruch.

Jeder Richter hat eine andere Methode und auch andere Ansichten über Fragebogen und Fragebogensünder. Einzelne betrachten dieses als sehr ernste Angelegenheit und urteilen auch dementsprechend. Andere betrachten es als lästige Nebensache und finden sich nur ungern bereit, ein Urteil zu fällen. Einige Richter sind bei ihrer Urteilsfindung von persönlicher Stimmung abhängig und von außen beeinflußbar. Zwei gleichgeartete Verschweigen, an zwei verschiedenen Tagen von ein und demselben Richter behandelt, haben zu grundverschiedenen Urteilen geführt.

Alles in allem, es herrscht auch beim Militärgericht keine klare Linie. Was der eine als Beweis ansieht, lehnt der andere als solchen ab. Es ist sogar vorgekommen, daß ein Richter ein Dokument (Photokopie vom Document Center Berlin) als Beweis anerkennt und zu einer Verurteilung kommt, in einer anderen Verhandlung ein gleiches Dokument als Beweismittel ablehnt und einen Freispruch verfügt. Alles dieses hat dazu geführt, daß wir mehr und mehr von einer Anklageerhebung wegen Fragebogenfälschung abgekommen sind. Neuerdings erheben wir nur noch ganz vereinzelt, und zwar in ganz schweren Fällen Anklage, also dann, wenn ein Unwürdiger sich auf Grund falscher Angaben einen hohen oder wichtigen Posten erschlichen hat.

Die Zeiten haben sich also geändert. Geringfügigkeiten spielen heute bei objektiver Behandlung der ganzen Entnazifizierungsarbeit gar keine Rolle mehr. Früher sah man in einer leichtfertigen oder beabsichtigten Verschleierung bzw. Nicht-Angabe einer Mitgliedschaft oder Tätigkeit eine schwere Belastung, die neben einer Bestrafung auch unbedingt zur Entlassung führte.

Das war so der Stand der Entnazifizierung bis zum Mai 1947, also bis zum Inkrafttreten des Befreiungsgesetzes[1]. Wir hatten unserer Meinung nach gewaltige Erfolge mit der bis dahin von uns durchgeführten Bereinigung gehabt. Statistisch gesehen, hatten wir die staatlichen und Verwaltungsbehörden sowie die freie Wirtschaft stark von den Nazis gesäubert.

Heute weiß ich es besser.

Wir haben wohl viele Nazis rausgeworfen, zum Teil richtig, zum Teil nur auf dem Papier. Ob es immer die Richtigen waren, bleibt dahingestellt. Wir können nicht in das Herz jedes Einzelnen hineinschauen und prüfen, ob er innerlich Nazi war oder nicht.

Wie schon gesagt, im Mai 1947 ging die verantwortliche Entnazifizierung in deutsche Hände über. Das Befreiungsgesetz in Anlehnung an die entsprechenden süddeutschen Gesetze unter Zugrundelegung einer Militärregierungsanordnung trat in Kraft. Unsere Dienststelle hat nur noch eine beaufsichtigende Tätigkeit. Bald ein Jahr wird nun nach diesem Gesetz gearbeitet. Nachstehend möchte ich die Entwicklung dieser deutschen Behörde und ihre Tätigkeit ausführlich schildern.

Als im Mai 1947 das Befreiungsgesetz in Kraft trat, entstand vorübergehend ein Vakuum. Da das gesamte Personal der Spruchkammer dem Entnazifizierungsproblem vollkommen fremd gegenüberstand, bedurfte es erst einmal einer längeren Anlauffrist, die neuen Mitarbeiter zu schulen und sie auf die Gesetzeshandhabung auszurichten. Dieses war bestimmt nicht ganz einfach, weil unter all den bei der Spruchkammer Angestellten nicht einer dazwischen war, der aus unserer Dienststelle hervorgegangen war, also eine klare Marschrichtung mitbrachte. In Süddeutschland hat man es anders gemacht. Dort hat man bei Errichtung gleichartiger Dienststellen einen Teil der Leute aus den Militärregierungs-Dienststellen übernommen.

Kurz nach Inkrafttreten des Befreiungsgesetzes mußten jeder Bremer und Bremerin im Alter über 18 Jahre einen Meldebogen ausfüllen, in welchem sie Angaben über ihre politische Belastung zu machen hatten. Nach den hier gemachten Angaben wird jeder formell eingestuft in die nach dem Befreiungsgesetz vorgesehenen Klassen, entweder als Hauptschuldiger, Belasteter, Minderbelasteter, Mitläufer, Entlasteter oder Unbetroffener.[2]

Im September 1947 fand endlich die erste öffentliche Verhandlung gegen einen Betroffenen statt. Danach gab es dann wieder eine größere Pause. Erst ab November 1947 begann dann eine rege Spruchkammertätigkeit. Es zeigte sich auch bald, daß verschiedene öffentliche Kläger, Vorsitzende usw. nicht fähig waren, ein solches Amt zu bekleiden. Andere wiederum waren der Militärregierung aus irgendwelchen Gründen nicht genehm. Dieses führte wiederum zu einer vorübergehenden Stokkung. Der Senator für Politische Befreiung legte seinen Posten nieder. Ein neuer

---

1 Gesetz zur Befreiung von Nationalsozialismus und Militarismus vom 9. Mai 1947, s. Anhang
2 Vgl. Art. 15-18 Befreiungsgesetz, ebd.

übernahm dessen Amt.[1] Dieser führte große Änderungen in der Dienststelle ein. Ein Hauptankläger wurde berufen.[2] Es wurden mehrere neue Kammern geschaffen. Es dauerte aber nicht lange, und wieder gab es einen Rückschlag. Die Militärregierung war mit den Urteilen nicht zufrieden. Es hagelte nur so die D- und E-Reporte[3]. Es gab neue Abberufungen und Neueinstellungen.

Das war der Stand vor einem Monat, aber es zeichnet sich schon wieder eine Abwanderung am Horizont ab. Innere Zwistigkeiten und starke Meinungsverschiedenheiten innerhalb der Spruchkammer einerseits und Unzufriedenheit bei unserer Dienststelle andererseits werden dazu führen, daß in allernächster Zeit erneute Personalveränderungen vorgenommen werden müssen.

Dazu kommt noch, daß augenblicklich die Arbeit wieder sehr stockt, weil durch OMGUS-Verfügung eine wesentliche Erleichterung und Vereinfachung in der Entnazifizierung eingetreten ist. Diese Stockung kam dadurch zustande, weil viele Fälle bereits vorbereitet wurden, jetzt verhandlungsreif sind, auch also ein Termin angesetzt wurde. Neuerdings mußten sie aber wieder abgesetzt werden, weil die Betroffenen nach den neuen Bestimmungen als offensichtlich Präsumtivbelastete nicht mehr im mündlichen, sondern im schriftlichen Verfahren behandelt werden. Dieses ist zum Teil auf unsere Schuld zurückzuführen. Herr Daubach[4] schlug dem Mr. Ilson[5] vor mehreren Wochen vor, schon damals all diese Fälle genau wie in Süddeutschland für das schriftliche Verfahren zu bearbeiten. Mr. Ilson lehnte dieses ab.

Was hat die Spruchkammer also bis heute in öffentlichen Verhandlungen geleistet? Bis März 1948 wurden in Bremen insgesamt 228 Fälle verhandelt. Ein Teil hiervon wurde bereits mehrmals verhandelt, so daß insgesamt etwa 290 Verhandlungen stattgefunden haben. Anschließend die Resultate aus den Verhandlungen:

137 wurden als Hauptschuldige in Kl. I angeklagt, aber nur 3 wurden durch Urteil in diese Klasse eingestuft. 26 kamen in die Kl. II, 59 in Kl. III. Der Rest ging als Mitläufer und Entlastete aus.[6]

151 wurden als Belastete in Kl. II angeklagt, aber nur in 28 Fällen lautete das Urteil auf Kl. II. 61 wurden Minderbelastete, der Rest Mitläufer und Entlastete.

128 Verhandlungen wurden durch unsere Inspektoren überwacht, der Verhandlungsverlauf durch Berichte festgehalten.

---

1 Oberschulrat Friedrich Aevermann, am 27.3.1947 zum Senator für Politische Befreiung gewählt, erklärt zum 7.11.1947 seinen Rücktritt aus Gesundheitsgründen. Am 23.11.1947 wurde Dr. Alexander Lifschütz sein Nachfolger. Vgl. den Beitrag von Walther Richter.
2 Heinrich Hollmann, Bremer FDP-Vorsitzender bis zum 20.11.1947; er trat bereits am 31.1.1948 von seinem Amt als Hauptankläger zurück. Vgl. den Beitrag von Walther Richter.
3 Delinquency-and-Error-Reports, Beanstandungen der Militärregierung bei mangelhaften oder fehlerhaften Spruchkammerentscheidungen.
4 August Joseph Daubach, geb. 27.1.1914, gest. 29.10.1961, kommt als gelernter kaufm. Angestellter 1936 nach Bremen, Filialleiter einer Reifenfirma vor dem Krieg. 1945 Einstellung beim Oberfinanzpräsidium, rasche Beförderungen; am 10.12.1946 zum 2. Vorsitzenden des Hauptbetriebsrats des Oberfinanzdirektionsbezirks Weser-Ems gewählt. 20.11.1947 bis 15.7.1948 Hauptstellvertreter des Senators für Politische Befreiung, 1949 als Büroangestellter in der Vermögens- und Schuldenverwaltung beim Senator für Finanzen, wo er bis 1955 zum Regierungsrat aufstieg.
5 Bernard J. Ilson, 1946 Leiter der Special Branch Wesermünde, danach in anderen Funktionen in der Bremer Denazification Division.
6 Klassifizierung nach Befreiungsgesetz, Art. 4, s. Anhang

Von all diesen abgeurteilten Fällen wurden bis heute nur sehr wenige Urteile rechtskräftig. Entweder legte die Verteidigung oder die Kammer Berufung ein. In den meisten Fällen aber erhob die Militärregierung durch D- und E-Report Einspruch. (Ein Teil unserer Leute kann sich nämlich auch heute noch nicht von dem Gedanken freimachen, daß ein Präsumtivbelasteter ein Ist-Schuldiger sein muß.) Genau sind es 15 Urteile der Klassen II und III, die bis heute Rechtskraft erhalten haben, nämlich 2 aus Kl. II, 13 aus Kl. III. Aus Kl. I überhaupt noch keines.

Der ewige Personal- und Richtlinienwechsel wirkt sich bei der augenblicklichen Entnazifizierung verheerend aus. Kaum daß die Leute ihre Arbeit aufgenommen haben, ergeben sich Momente, die dazu zwingen, dieselben wieder abzuberufen. Manchmal sind es politische Belastungen, manchmal ist es bewiesene Unfähigkeit, häufig ergaben sich auch innerbetriebliche Reibereien, die den Personalwechsel herbeiführten. Es wird der Spruchkammer immer schwerer, geeignetes Personal für die dauernden Abgänge zu finden.

1945 war es ein Leichtes, einen großen Entnazifizierungsapparat aufzubauen. Weite Kreise der Bevölkerung stellten sich begeistert zur Verfügung. Diese Begeisterung ist aber längst abgeklungen. Heute sind es nur noch sehr wenige, leider viel zu wenige, die überhaupt noch an einer objektiven Entnazifizierung Interesse zeigen. Darum ist es kaum möglich, die wichtigen Posten in der Entnazifizierung mit einwandfreien Leuten zu besetzen.

Worauf ist dieses nun zurückzuführen? Ich möchte einige Gründe anführen:

1. Ein Teil Schuld liegt bei den Amerikanern selbst. Viele Angehörige der Besatzungstruppen haben sich in Deutschland mit der Bevölkerung angefreundet. Sie gehen bei ihnen ein und aus, machen kleine Geschäfte mit ihnen. Sie quälen sich nicht darum, ob es ehemalige Nazis sind oder nicht. Dies führte leider dazu, daß gerade die Nazis, die doch zum größten Teil den bürgerlichen Schichten angehören, es verstanden haben, den besten Kontakt mit den Amerikanern zu finden. Es liegt doch auf der Hand, daß diese Leute es versucht und auch verstanden haben, ihre neuen Freunde für ihre Ziele zu gewinnen. Die logische Folge war natürlich, daß manch einflußreicher Amerikaner sich für belastete Nazis einsetzte und ihnen einen angenehmen Posten verschaffte.

Ich möchte an dieser Stelle mal ein ganz kleines Beispiel anführen:

Kurz nach dem Zusammenbruch 1945 arbeitete ich auf dem Bremer Flugplatz. Wir mußten mit mehreren hundert Mann unter militärischer Aufsicht die Trümmer beseitigen. Bei unserer Einstellung suchten sich die Amerikaner aus unseren Reihen alle englischsprechenden Leute heraus und machten sie zu Vorarbeitern, Büropersonal usw. Diese Leute waren natürlich alles ehemalige Nazis. Außerdem setzten die Amerikaner einen deutschen Baustellenleiter ein. Dieser war Parteigenosse seit 1933 und politischer Leiter. Er wurde von den Amerikanern mit starken Machtbefugnissen ausgerüstet. Zweifelsohne war dieser Mann ein tüchtiger Fachmann, aber die Arbeiter wehrten sich dagegen, von einem so schwer belasteten Nazi kommandiert zu werden. Sie beschwerten sich beim Amerikaner. Am nächsten Morgen ließ der amerikanische Kommandant sämtliche deutschen Arbeiter antreten. Dann erschien er mit seinem deutschen Bauleiter, dem belasteten Nazi, vor der Front. Unter dem einen Arm hatte er eine Reitpeitsche, den anderen Arm legte er um die Schulter seines deutschen Bauleiters. In kurzer Ansprache teilte er den deutschen Arbeitern mit, daß er es streng verbiete, irgendwie gegen seinen Bauleiter Stellung zu nehmen.

Dieser Mann wäre sein Freund. Wenn irgend jemand es noch einmal wagen solle, diesen irgendwie zu belästigen, dann würde er (der Amerikaner) den Betreffenden mit der Reitpeitsche belehren und dann einsperren lassen. Dieses ist nur ein kleiner Einzelfall, in der Praxis hat es aber viele solcher Art gegeben.

2. Die Alliierten sind sich über die Entnazifizierung selbst nicht einig. Obgleich in der Direktive 24 und Gesetz 38[1] eine für alle vier Besatzungsmächte verbindliche einheitliche Entnazifizierung beschlossen wurde, handeln alle Zonen grundverschieden.

Am laschesten und am stärksten von den gemeinsamen Richtlinien abweichend wird die Entnazifizierung in der englischen Zone betrieben. Dieses wirkt sich für Bremen sehr nachteilig aus, weil diese Stadt mit ihrer engen Umgebung als amerikanische Enklave sozusagen als kleine Insel mitten in der britischen Zone liegt. Bremen ist wirtschaftlich und politisch stark an das britisch gelenkte Hinterland gebunden. Innerhalb der Enklave hat man versucht, Wirtschaft und Verwaltung vom Nazieinfluß zu befreien. In der britischen Zone sind all die alten Kräfte nach wie vor am Ruder. Daß diese Kräfte nur sehr wenig geneigt sind, mit uns Bremern zu handeln, ist selbstverständlich. Überall zeigen sich spürbare Hindernisse.

Diese unterschiedliche Entnazifizierung ist ein Vorteil für viele Nazis. Die offensichtlich am schwersten belasteten Aktivisten haben es zum großen Teil vorgezogen, nicht an die Stätte ihres früheren Wirkens zurückzukehren. Sie halten sich in der näheren und weiteren Umgebung auf, teils verborgen, teils öffentlich. Dort brauchen sie kaum Angst zu haben, daß sie verfolgt werden.

Andere wiederum versuchten es und haben es auch schon fertig gebracht, sich in der englischen Zone nach den dort geltenden Bestimmungen entnazifizieren zu lassen. Dort werden sie viel, viel milder eingestuft.

Ganz Vorsichtige haben den Sitz ihrer Firma in die Umgebung, also in die britische Zone verlegt.

3. Die wirtschaftliche Lage in unserem Gebiet hat sich in den letzten Jahren von Woche zu Woche verschlechtert. Sie spitzte sich im letzten halben Jahr dermaßen zu, daß man beinahe von einer Katastrophe sprechen kann. Die Lebensmittelzuteilungen erreichten einen Stand, der weit unter dem Lebensmöglichen liegt. Fett und Fleisch, also die wichtigsten Nahrungsmittel, wurden nur im beschränktesten Maße geliefert. Was früher ein normal lebender Mensch, auch ein schlecht verdienender Arbeiter, in wenigen Tagen verzehrte, bekommt er in letzter Zeit als Zuteilung für den ganzen Monat. Milch, Obst und Gemüse werden nur in bescheidenstem Umfange geliefert.

Genau so trostlos sieht es auf allen anderen Gebieten aus. Die Bevölkerung bekommt kein Schuhzeug, keine Bekleidung, keine Möbel und Haushaltsgegenstände. Es fehlt an Baustoffen, Handwerkszeug usw. Mit anderen Worten, es mangelt an allem, was

---

1 Richtig: Direktive Nr. 38 vom 12.10.1946 über Verhaftung und Bestrafung von Kriegsverbrechern, Nationalsozialisten und Militaristen und Internierung, Kontrolle und Überwachung von möglicherweise gefährlichen Deutschen. Direktive Nr. 24 vom 12.1.1946 zur Entfernung von Nationalsozialisten und Personen, die den Bestrebungen der Alliierten feindlich gegenüberstehen, aus Ämtern und verantwortlichen Stellungen, beide in: Sammlung der vom Alliierten Kontrollrat und der Amerikanischen Militärregierung erlassenen Proklamationen, Gesetze, Verordnungen, Befehle, Direktiven, bearb. v. R. Hemken, Stuttgart 1946.

unsere ausgehungerte, zerlumpte Bevölkerung dringend benötigt.
Die Moral sinkt immer mehr. Unsaubere Elemente zeigen sich überall als die Stärkeren und die Nutznießer.
Die breite Masse der Bevölkerung aber wird von ihren Sorgen erdrückt. Überall, wo man hinhört, wird nur ein Thema ernsthaft durchgeführt. Auf den Arbeitsstellen, auf der Straßenbahn und in der Eisenbahn, in den langen Schlangen vor den Geschäften, überall hört man nur ein Thema, und zwar: Die trostlose Wirtschaftslage, die Schuldfrage, die Mißwirtschaft, hervorgerufen dadurch, daß man Unfähige (!?!) in die Ämter gesetzt hat usw.
Dieses sind die Probleme, die die breite Masse in der Hauptsache, man möchte beinahe sagen fast ausschließlich, bewegen.
Wenn man diese 3 Punkte berücksichtigt, dann kann man auch verstehen, warum bei der Bevölkerung eine gewisse Müdigkeit in puncto Entnazifizierung eingetreten ist. Ich übertreibe nicht, wenn ich behaupte, daß ein großer Teil der Bevölkerung, ich spreche jetzt von den Kreisen der Nazigegner, wünscht, daß die Entnazifizierung abgeschlossen wird bzw. auf den Kreis der wirklich Hauptschuldigen beschränkt wird.
Wenn ich an anderer Stelle schon die Entwicklung der Entnazifizierung bis zu der Zeit des Inkrafttretens des Befreiungsgesetzes schilderte und auch die Tätigkeit der Kammern streifte, so möchte ich anschließend doch noch einiges über das Gesetz, die Kammern und ihre Tätigkeit und über unsere Aufgaben sagen.
Wie schon gesagt, im Mai 1947 wurde in Bremen der Vollzug der Entnazifizierung in deutsche Hände gelegt. Unsere Dienststelle sollte von dem Zeitpunkt an nur noch eine beaufsichtigende und beratende Tätigkeit ausüben. Ich sage ausdrücklich: sollte. In Wirklichkeit ist leider nicht in allen Abteilungen so verfahren worden. Dieses ist mir erst jetzt so richtig bei meiner neuen Tätigkeit[1] zur Kenntnis gekommen.
Beispielsweise unsere Special Branch hat noch monatelang nach Inkrafttreten des Befreiungsgesetzes Vorstellungsverfahren nach unseren Richtlinien bearbeitet und entschieden. Gerade diese Tatsache trug wesentlich dazu bei, daß ein großes Durcheinander auf dem Gebiet der Entnazifizierung eintrat. Wir entschieden noch immer lustig weiter, ob eine Person beschäftigungswürdig war oder nicht. Die Art der Beschäftigung interessierte uns nicht. Uns war es gleich, ob der Betroffene ein hoher Staatsbeamter, leitender Wirtschaftsführer oder kleiner Beamter oder Angestellter war. Fanden wir, daß er politisch schwer belastet war, dann verlangten wir die Entlassung.
Das mittlerweile in Kraft getretene Befreiungsgesetz enthält aber von Anfang an ganz andere, zum Teil viel mildere Bestimmungen. Diese wurden später noch durch Amnestierungen bzw. Gesetzesänderungen erleichtert. Nach dem Befreiungsgesetz dürfen belastete Nazis ihre alte Tätigkeit unbehindert weiter ausüben, ganz gleich, ob als Unternehmer, leitende Angestellte oder Arbeiter, wenn es sich um geschäftliche Unternehmen mit weniger als 10 Angestellten handelt.
Bei größeren Unternehmen sowie bei Behörden usw. müssen nur die in nicht gewöhnlicher Arbeit Stehenden, soweit sie schwer belastet sind (also unter Kl. I oder

---

1 Buschmann war 1948 in der Inspection Section der Denazification Division tätig, die die Überprüfung des Vollzugs der Vorschriften zur Aufgabe hatte.

II fallen), vollständig ausscheiden, während die weniger Belasteten, also in Kl. III oder IV Fallenden, lediglich von nicht gewöhnlicher Arbeit in gewöhnliche Arbeit zurückversetzt zu werden brauchen. Die in gewöhnlicher Arbeit Stehenden können auch hier ihre Arbeit ungehindert weiter ausüben.

Also auf der einen Seite steht das verbindliche Gesetz, auf der anderen Seite verfügen wir immer noch weiter Entlassungen nach unseren Richtlinien. Als Kuriosum kommt noch hinzu, daß nicht wir dem Betroffenen die Entlassung zustellten, sondern dieses geschah über den Senator für Politische Befreiung. Er mußte dieses in seinem Namen dem Betroffenen mitteilen. Wir traten nach außen überhaupt nicht in Erscheinung. Folglich gab es ein großes Durcheinander. Auf der einen Seite verlangten wir vom Senator, daß das Gesetz genauestens eingehalten wird, auf der anderen Seite zwangen wir ihn indirekt dazu, das Gesetz grob zu verletzen. Dieses hätte leicht vermieden werden können.

Wir hätten genau so handeln müssen, wie es die Militärregierung in Süddeutschland tat. Mit dem Tage, an dem das Befreiungsgesetz dort in Kraft trat,[1] stellte die Militärregierung die Bearbeitung der Vorstellungsverfahren ein und beschränkte sich tatsächlich auf ihre neue Aufgabe. Sämtliche Beschäftigungsgenehmigungen, die bis zur Beendigung des Vorstellungsverfahrens ausgestellt waren, wurden für ungültig erklärt. Nur die Genehmigungen auf Grund des Art. 60 des Gesetzes[2] waren verbindlich. Ja, wenn wir hier in Bremen auch so verfahren wären, dann hätten wir der Sache einen großen Dienst getan. Wir hätten uns und der Spruchkammer viel, viel Arbeit erspart, hätten vor allem das Ansehen der Sache nicht geschädigt. Ich persönlich habe manches Mal bei den hierfür verantwortlichen Herren unserer Dienststelle, Mr. Dehn und Mr. Harriman,[3] versucht, die Arbeit einstellen zu lassen. Leider ohne Erfolg. Ich glaube, es werden sogar jetzt noch restliche Vorstellungsverfahren bearbeitet.

Etwas, was auch noch zu diesem Punkt gehört, ist der Begriff »gewöhnliche Arbeit«. Dieser hat sich gegenüber unserer früheren Auffassung grundlegend geändert. Wir vertraten früher den Standpunkt, daß »gewöhnliche Arbeit« immer eine Arbeit im wahrsten Sinne des Wortes ist, nämlich neben untergeordneter auch körperliche und gering bezahlte, nach Möglichkeit sogar unerwünschte Arbeit.

Das Befreiungsgesetz legt den Sinn der »gewöhnlichen Arbeit« ganz anders aus. Art. 63 gibt hierzu die Erläuterungen. Es heißt dort: Als gewöhnliche Arbeit im Sinne dieses Gesetzes gilt eine Tätigkeit in gelernter oder ungelernter Arbeit oder als Angestellter in einer Stellung von untergeordneter Bedeutung, in der der Beschäftigte nicht irgendwie in aufsichtführender, leitender oder organisierender Weise tätig wird oder an der Einstellung oder Entlassung von Personen und an der sonstigen Personalpolitik beteiligt ist.

Dies ist also eine ganz andere Auslegung gegen früher. Heute ist es also so, daß ein

---

1 5.3.1946
2 Der Artikel bestimmt unter der Überschrift »Einstweilige Befreiungen« die Voraussetzungen für eine widerrufliche Aussetzung des Beschäftigungsverbotes.
3 Leiter der Special Branch Stadt Bremen. George Dehn leitete 1946 die Operations Section der Special Branch und wurde bei der Einrichtung der Entnazifizierungsabteilung im März 1947 Leiter der Special Branch Stadt Bremen. Er hatte Eltern in Nürnberg (StA Bremen 16,1/2-6/96-1/43 u. 48). Nachfolger Edward E. Harriman war 1946 Sachbearbeiter der Bremer Information Control Branch.

belasteter Nazi ungehindert eine gutbezahlte Stellung innehaben kann, sei es als Ingenieur, evtl. auch als Oberinspektor, Obersekretär usw., weil er die Voraussetzungen des Art. 63 erfüllt. Auf der anderen Seite muß ein kleiner Vorarbeiter aus seiner Stellung ausscheiden, nur weil ein Passus des Art. 63 auf ihn zutrifft. Er übt nämlich eine »aufsichtführende« Tätigkeit aus.

Das Gesetz läßt also dem gutsituierten Bürger einen weiten Spielraum, um sich in seinem Berufsleben frei zu bewegen, während der kleine Mann, der meines Erachtens weit ungefährlicher ist, als vom Gesetz Betroffener allen Beschränkungen unterliegt.

Nehmen wir doch einmal ein Beispiel:
Bei der Reichsbahn darf ein belasteter Nazi weiter seine Tätigkeit als Betriebsoberingenieur, also eine sehr gut bezahlte und sehr einflußreiche Stellung, weiter ausüben, weil seine Stellung angeblich nicht aufsichtführend, leitend und organisierend ist. Er leistet also gewöhnliche Arbeit im Sinne des Gesetzes. In dem gleichen Betrieb wird aber ein belasteter »Rottenführer« entlassen, weil er eine aufsichtführende Tätigkeit ausübt. Aufsichtführend insofern, weil er einigen ihm unterstellten Streckenarbeitern Arbeitsanleitungen und -anweisungen erteilen kann. Dafür bekommt er vielleicht einige Pfennige Stundenlohn mehr als seine Mitarbeiter, muß aber von Zeit zu Zeit genau so schwer körperlich zupacken und ist ebenso dem Wind und Wetter ausgesetzt wie seine Mitarbeiter.

Das Gesetz verlangt es so. - Ist das aber recht, was hier getan wird? Eine Antwort hierauf brauche ich wohl nicht zu geben.

In meiner neuen Tätigkeit als Inspektor sind mir so manche Dinge zur Kenntnis gekommen, die mir klar erweisen, daß wir weit, weit abgekommen sind von dem Ziel, das wir uns mal gesteckt hatten.

Unser ideales Ziel war Bereinigung sämtlicher Staatsstellen und des gesamten Wirtschaftslebens, und zwar von oben nach unten, vom Nazieinfluß. Aufbau eines freien, demokratischen Staatskörpers. Bestrafung der Schuldigen. Sühneleistung aller Nazis entsprechend ihrer Mitschuld und ihrem Vermögen. Wir wollten also nicht nur bestrafen, sondern vor allen Dingen verhindern, daß solche Zustände überhaupt jemals wieder vorkommen können.

Heute glaube ich nicht mehr, daß uns das eine und das andere durch die Entnazifizierung restlos gelingen wird. Die Karre ist total verfahren. Hauptsächlich dadurch, weil die englische und amerikanische Militärregierung sich von vornherein nicht einig waren. Da die von diesen Mächten besetzten Gebiete wirtschaftlich eng zusammenarbeiten, wäre es von vornherein erforderlich gewesen, daß eine einheitliche Entnazifizierung durchgeführt (worden) wäre.

Da aber heute eine rückläufige Bewegung nicht mehr angebracht erscheint, bleibt nichts anderes übrig, als in der amerikanischen Zone auch die in der englischen Zone angewandte mildere Beurteilung anzuwenden.

Hätte man doch im Jahre 1945 den deutschen Antifaschisten freie Hand gelassen, dann wäre die Entnazifizierung auch ohne Richtlinien konsequenter durchgeführt worden. Dann wäre dieses Problem heute längst vergessen. Es wäre längst eine Beruhigung eingetreten. Wir könnten uns besseren und wichtigeren Aufgaben zuwenden, vor allem der einer politischen Umerziehung aller überzeugten ehemaligen Nazis, um sie langsam auf den Weg des demokratischen Denkens zurückzubringen.

Nichts ist gefährlicher als Halbheiten. Was wir bisher gemacht haben, waren aber nur Halbheiten. In dreijähriger Arbeit ist es uns nicht gelungen, ein Problem wie das der Entnazifizierung zum Abschluß zu bringen. Wird dieses aber in absehbarer Zeit gelingen? Ich will es hoffen. Denn sonst sieht es traurig aus um ein demokratisches Deutschland. Das Volk als Ganzes muß endlich eine Beruhigung erfahren. Es darf nicht immer wieder neue Aufregung hineingetragen werden. Ein Teil des Volkes darf nicht ständig in Angst leben, daß der neue Tag wieder ungünstige Entscheidungen bringt.

Man wird jetzt sagen, der Buschmann ist aber ein Nazi-Freund. Nein, das ist er nicht. Aber er will eins, und das ist Gerechtigkeit. Ich habe die Nazis bekämpft, eben weil sie gegen das Volk regierten. Heute haben die Nazis abgewirtschaftet. Sie sollen für ihre Schuld bestraft werden, aber die Untersuchungszeit muß einmal ein Ende haben. Drei Jahre sind wahrhaftig lange genug. Dieses trifft für den, der ohne Urteil im Lager sitzt, genau so gut zu wie für den, der in Freiheit seinen endgültigen Sühnespruch abwartet.

Anhand einiger Beispiele möchte ich aufzeigen, in welcher Form ewige Beunruhigung ins Volk getragen wird. Ich erwähnte schon, daß wir anfangs fast sämtliche Belasteten als beschäftigungsunwürdig ansahen und ihre Entlassungen anordneten. Diese Leute wurden auch entlassen. In vielen Fällen erwies sich aber, daß die eine oder andere Person nicht zu entbehren war. Deutsche, amerikanische und auch englische Dienststellen stellten Anträge auf vorläufige Weiterbeschäftigung. Diese wurden genehmigt. Die Leute kamen wieder hinein. Die Arbeitserlaubnis galt bis zur Beendigung des Vorstellungsverfahrens. Wurde dieses positiv entschieden, so durfte die betreffende Person weiter tätig bleiben. Wurde es abgelehnt, dann hatte die Person abermals auszuscheiden. In der Zwischenzeit hatten diese erneut abgelehnten Leute aber meist schon wieder über ein Jahr gearbeitet. Wir hatten hiergegen nie etwas einzuwenden.

Nach Inkrafttreten des Befreiungsgesetzes machte der Senator für Politische Befreiung[1] von seinem Recht Gebrauch und gab etwa 130 Nazis, deren Vorstellungsverfahren abgelehnt war, eine Weiterbeschäftigungserlaubnis nach Art. 60 des Gesetzes. Es handelt sich hierbei teils um dieselben Leute, denen wir früher auch schon mal eine Arbeitserlaubnis erteilt hatten. Es war also in Wirklichkeit genau dasselbe wie früher, nur mit dem Unterschied, daß nicht wir, sondern die Deutschen eine Erlaubnis erteilt hatten. Die Leute kamen zum 3. Mai (1947) in ihre Stellung.

Aber jetzt runzelte man in unserer Dienststelle die Stirn. Man grollte mit Senator Aevermann, weil er so viele Beschäftigungsgenehmigungen erteilte. Senator Aevermann ließ sich aber nicht beirren.

Nach seinem Rücktritt[2] wurde aber von uns erneut gerührt. Herr Daubach verstand unseren Wunsch. Er machte eine Verbeugung vor der Militärregierung und zog die von Senator Aevermann erteilten Arbeitserlaubnisse zurück. Zu unserer Beruhigung sandte er uns die Durchschriften der Entlassungsverfügungen. Damit glaubte er, seiner Pflicht Genüge getan zu haben. Dieses geschah um die Jahreswende 1947/48. Wieder trat also in der Öffentlichkeit eine Beunruhigung ein. Aber diesmal nahm man die Sache nirgends so ernst.

---

1 Aevermann
2 am 7.11.1947

Es scheint so, als ob der mutige Herr Daubach von deutschen Stellen ganz nett einen auf den Kopf bekommen hatte[1]. Denn anders kann ich es mir nicht vorstellen, warum er bis heute schon wieder über 80% der von ihm Abgelehnten still und leise eine erneute Arbeitserlaubnis erteilt hat. Die restlichen 20%, fast sämtlich Behördenangestellte, arbeiten ohne Erlaubnis weiter. Dieses ist der Spruchkammer bekannt, aber nichts wurde hiergegen unternommen.

Ist es verwunderlich, daß viele dieser Leute die Entnazifizierung gar nicht mehr ernst nehmen? Es sind noch ganz andere Sachen passiert. Sie alle hier aufzuzählen, würde zu weit führen. Eines möchte ich aber doch noch erwähnen:

Wenn früher ein Nazi entlassen wurde, dann reichte er ein Vorstellungsverfahren ein. Mancher von ihnen wurde in der Zwischenzeit durch das Arbeitsamt in wirklich unerwünschte Arbeit vermittelt, sei es als Hilfsarbeiter, Straßenfeger, sogar als Klosettreiniger.

Wenn dann das Vorstellungsverfahren von uns abgelehnt wurde, schickten wir erneut eine Entlassungsverfügung an das Arbeitsamt. So konnte es denn passieren, daß ein Betroffener aus seiner unerwünschten Stellung nochmals entlassen wurde, nur weil wir keine klaren Entscheidungen herausschickten. Es hat eine ganze Zeit gedauert, bis man beim Arbeitsamt unseren Unfug bemerkte und für Abstellung sorgte.

Hoffen wir also, daß das ewige Umrühren im Entnazifizierungstopf mal aufhört und die Sache endlich mal zum Abschluß geführt wird. So oder so.

Ich war vor einigen Wochen in der Ostzone, habe dort die Gelegenheit wahrgenommen, die augenblicklichen Zustände zu studieren. Mir ist allerhand aufgefallen, was grundsätzlich von den Zuständen in unserer Zone abweicht. Ich bin bestimmt kein Freund der Russen und der SED-Politik. Aber dennoch muß ich anerkennen, daß in der Ostzone in mancher Beziehung besser und konsequenter gearbeitet wurde, vor allem auch auf dem Gebiet der Entnazifizierung.

Ich war im Ort Thalheim, einer erzgebirgischen Industriestadt mit ca. 13.000 Einwohnern. Es ist der wichtigste Industrieort der dortigen Gegend. Tausend auswärts wohnende Arbeiter sind dort neben der einheimischen Bevölkerung in den Strumpffabriken tätig.

In diesem Ort habe ich mich eingehend nach dem Stand der Entnazifizierung erkundigt und folgendes erfahren: Die gesamte städtische Verwaltung ist restlos von Nazis gesäubert, das heißt, alle Beamten, herab vom obersten bis zum untersten, einschließlich Polizisten usw., die Parteimitglied waren, wurden aus ihren Stellungen entfernt. Sie verloren sämtliche Rechte aus ihrem ehemaligen Beamtenverhältnis. Aus antifaschistischen (hauptsächlich der SED nahestehenden) Kreisen wurden freigewordene Stellungen neu besetzt. Vorweg wurden diese Leute aber durch gründliche Schulung auf ihr neues Aufgabengebiet vorbereitet.

Aus den Privatfirmen hat man lediglich die vermutlich schwer belasteten Inhaber

---

1 Schwierigkeiten entstanden u.a. dadurch, daß ein Verteidiger in einem spektakulären Judenmordprozeß von der Zurücknahme der Arbeitserlaubnis betroffen war und sein Mandat kurzfristig niederlegen mußte; der Prozeß drohte zu platzen, Daubach wurde bei höchsten Stellen angeschwärzt und illegaler Praktiken bezichtigt. Nach Vorlage einer schriftlichen Rechtfertigung wurde von der Einleitung eines Ermittlungsverfahrens gegen ihn abgesehen (StA Bremen 3-I.5.Nr.140,2)

und leitenden Angestellten herausgezogen. In den Fällen, wo der Betriebsinhaber als schwer belastet gilt, wurde ihm der Betrieb weggenommen. Er wurde restlos enteignet. Sein Betrieb wurde der Allgemeinheit übergeben und gilt jetzt als »volkseigener Betrieb«. Der Betriebsrat führt das Unternehmen verantwortlich weiter mit allen Aktiven und Passiven.
Wenn ein Betriebsinhaber gegen seine Enteignung Einspruch erhebt, wird ein ordentliches Verfahren gegen ihn durchgeführt, ähnlich unserem Spruchkammerverfahren. Ein Gericht, zusammengesetzt aus Angehörigen der politischen Parteien und Mitgliedern des jeweiligen Betriebsrates entscheidet im mündlichen Verfahren, bei dem alle Zeugen ihre Be- und Entlastungen persönlich vorbringen können, ob die Enteignung aufrechterhalten oder widerrufen wird. Die ganze Entnazifizierung erfolgt dort ohne einen groß aufgeblähten Apparat, ohne Frage- und Meldebogen. Auf diese Weise wurden in Thalheim von insgesamt etwa 250 größeren Betrieben bisher sechs enteignet.
Ja, wenn wir so oder so ähnlich im Jahre 1945 verfahren wären, dann hätten wir uns viel Kummer erspart. Dann wären die durch den generellen Schritt hervorgerufenen Wunden längst wieder vernarbt. Dann wären die verantwortlichen Behördenleiter gezwungen gewesen, schnellstens einen gesunden Nachwuchs heranzubilden. Heute, nach drei Jahren, hätten wir darüber schon verfügen können.
Aber wie sieht es bei uns in Wirklichkeit aus? Keine Behördenstelle hat sich ernstlich Mühe gegeben, neue Kräfte heranzubilden. In den meisten Fällen hat man es verstanden, offen oder versteckt die Stellen der entlassenen Nazis offenzuhalten, und zwar so lange, bis es gelang, dieselben Leute wieder hereinzubekommen. Man braucht sich doch nur einmal die Personalstatistik einzelner Behörden und Berufsgruppen anzusehen.
Nachstehend einige Beispiele:
Anhand der uns vorliegenden Aufstellungen nach der 7. Durchführungsverordnung[1] gebe ich nachstehend eine genaue Übersicht über den Stand der Beschäftigten in den 255 Behörden und Körperschaften des öffentlichen Rechts.
Am Ende des vergangenen Jahres waren bei diesen Stellen 40.773 Personen beschäftigt. 10.229 hiervon, also rund 25%, sind politisch belastet.
Wenn man diese Zahlen betrachtet, sehen sie gar nicht so schlimm aus. Dieses ändert sich aber sofort, wenn man die Statistik bis in alle Einzelheiten betrachtet und dabei feststellt, daß die leitenden und hochbezahlten Stellungen, prozentual gesehen, weit stärker mit ehemaligen Nazis besetzt sind als die unteren.
Der Stellenplan des Bremer Staates sieht einen Sollstand für die höchsten Beamten- und Angestelltenstufen von 1.140 Personen vor. Es handelt sich hier um Stellungen mit einer Besoldung zwischen 500,- und 1.000,- RM pro Monat. Von diesen 1.140 Planstellen sind im Augenblick 945 besetzt. (Werden die restlichen 200 etwa für zurückzuerwartende Nazis freigehalten?) 50% hiervon, genau 453, sind vom Gesetz betroffen.
360 von diesen haben eine Genehmigung der Militärregierung, 15 eine Genehmigung des Senators für Politische Befreiung nach Art. 60. 16 haben eine rechtskräftige Entscheidung der Spruchkammer. 42 machen schon immer gewöhnliche Arbeit

---

1 7. Durchführungsverordnung zum Gesetz zur Befreiung von Nationalsozialismus und Militarismus über die Meldung der Beschäftigten durch Behörden und Körperschaften des öffentlichen Rechts vom 31.5.1947, Brem. Gesetzblatt 1947, S.93ff.

(!!! Man bedenke, gewöhnliche Arbeit und dann so hohe Gehaltsstufe!!!). 2 wurden von einer Behörde zur anderen, 8 in derselben Dienststelle von leitender Stellung in gewöhnliche Arbeit zurückversetzt. Das Gehalt wurde aber anscheinend nicht gekürzt. 10 Belastete aus diesen hohen Gehaltsstufen scheinen so unentbehrlich zu sein, daß man sie sogar ohne jede Genehmigung im Amt beläßt.
In der nächstniedrigeren Gehaltsstufe sieht es so ähnlich aus (Gehalt zwischen 300 bis 600.- RM).
Auch hier ist die Sollstärke längst nicht erfüllt.
Von 4.857 vorgesehenen Stellen sind nur 3.922 besetzt, also etwa 1.000 warten noch auf einen Bewerber. - Auch hier sind etwa 50%, genau 1.910, vom Gesetz betroffen.
In den nächstniedrigeren Gehaltsklassen ändert sich das Bild schon etwas. Von 17.000 Beschäftigten sind nur etwa 5.000, also 30%, vom Gesetz betroffen.
Am günstigsten ist das Verhältnis bei den niedrigstbezahlten Leuten. Von etwa 19.000 Beschäftigten sind 3.000, also 15%, vom Gesetz betroffen.
Nachstehend möchte ich aus dieser großen Zusammenstellung noch einzelne kleinere Gruppen herausholen und statistisch aufführen.
Bei den senatorischen Dienststellen waren am 1.4.1945 beschäftigt:

Beamte	3.854	davon Polizei	1.260
Angestellte	2.005	davon Polizei	132
Aushilfsang.	2.828	davon Polizei	149

Aus politischen Gründen wurden auf Anordnung der Militärregierung in der Zeit vom 1.4.1945 bis 29.2.1948 entlassen:

Beamte	2.674	davon Polizei	852
Angestellte	1.218	davon Polizei	63
Aushilfsang.	315		-

Beschäftigungsgenehmigungen haben erhalten bzw. wiedereingestellt sind:

bei der Polizei	197 Beamte und 16 Angestellte
bei den übrigen Verwaltungen	rund 70 - 80% der entlassenen Beamten
	rund 50% der entlassenen Angestellten
	rund 20% der Aushilfsangestellten

Diese Zahlen sind nicht willkürlich aus der Luft gegriffen, sondern sie wurden vom Oberregierungsrat Osterloh für uns zusammengestellt.
Heute sind bei der Polizei einschließlich Verwaltung und Kripo 2.473 Personen beschäftigt. 400 hiervon, also rund 16%, gelten als vom Gesetz betroffen.
Zu meiner Meldung über die Polizei möchte ich noch etwas erwähnen, was an sich nicht im Zusammenhang mit meiner statistischen Aufstellung steht, auf der anderen Seite aber doch für mich bedeutungsvoll erscheint.
Bei der Bremer Polizei sind im Laufe der Zeit dauernd Neueinstellungen vorgenommen worden, einmal als Ersatz für die aus politischen Gründen Ausscheidenden, zum anderen aber auch als Ersatz für die vielen, vielen aus anderen Gründen Entlassenen. (Polizeidirektor Noch erklärte unlängst in einer nicht öffentlichen Versammlung, er habe im vergangenen Jahr weit über 1000 Polizisten entlassen müssen, weil diese strafbare Handlungen begangen hätten, wie beispielsweise Bestechung, Amtsanmaßung, Diebstahl, Korruption usw.)
Wir, d.h. die Sozialdemokraten, haben nur ein großes Interesse daran, die Polizei

durch Neueinstellungen zu einem Instrument zu machen, welches in jeder Beziehung die Gewähr dafür gibt, daß der nazistische und reaktionäre Einfluß bei dieser Einheit gänzlich ausgeschaltet wird.

Wir erinnern uns nämlich noch genau der Zeit zwischen 1918 und 1933. Damals gelang es der demokratischen Arbeiterschaft nicht, einen maßgebenden Einfluß in der Polizei zu gewinnen. Zum Teil weigerten sich die jungen Leute aus den Arbeiterkreisen, die gerade vom Kriegsdienst zurückkamen, weiter in einer uniformierten Formation Dienst zu tun.

In erster Linie war es der Nachwuchs aus gutbürgerlichen Kreisen, der sich zur Polizei meldete. Dieses war auch der Grund, warum die Polizei in Deutschland später ein so willfähriges Werkzeug für den aufkommenden Nazismus wurde.

Heute ist die Situation eine andere. Junge Menschen aus allen Bevölkerungsschichten trachten danach, in die Polizei aufgenommen zu werden. Hierzu zählen auch sehr viele, die aus den Kreisen der antifaschistischen Arbeiterschaft stammen, also demokratisch erzogen sind. Diese jungen Leute haben meistens einen handwerklichen Beruf erlernt.

Dem Polizeidirektor Noch[1] ist es heute fast unmöglich, diese Leute einzustellen, und zwar aus folgenden Gründen: Nach einer Anordnung der Militärregierung sind die Arbeitsämter verpflichtet, sämtliche Angehörige sogenannter Mangelberufe nur in ihren erlernten Berufen einzusetzen. Zu diesen Mangelberufen gehören u. a. der Maurer-, Zimmerer- und Autoschlosserberuf. Von dieser Anweisung machen die Arbeitsämter natürlich reichlich Gebrauch. Leute, die solchen Berufen angehören, werden einfach nicht für die Polizei freigegeben.

Was bedeutet das nun?

Die Arbeiterschaft wird wiederum weitgehend als Nachwuchs für die Polizei ausgeschaltet. Es sind wiederum dieselben Kreise, die bevorzugt in die Polizei hineinkommen. Die Kreise, die schon einmal durch ihre politische Unentschlossenheit und Beeinflußbarkeit zum Unglück der Welt beigetragen haben.

Geschieht dieses nun bewußt oder unbewußt von den maßgebenden Stellen? Ich glaube das letztere. Man wird kurzsichtigerweise wirtschaftliche Ziele im Auge haben, wenn man einzelne Berufsgruppen für solche Zwecke nicht freigibt. Meines Erachtens hätten aber gerade hier die wirtschaftlichen Ziele hinter den politischen Zielen zurückstehen müssen. Man hätte genau so schnell diese Mangelberufe durch Umschulung und Anlernung neuer Kräfte auffüllen können, und zwar gerade aus Angehörigen der Berufe, die infolge des verlorenen Krieges stark zurückgegangen sind (hierzu zählen vor allem Handels- und Kaufmannsberufe). Man sollte also nicht die zuletzt Genannten bevorzugt für die Polizei freistellen, sondern in die Mangelberufe einweisen, dafür aber Leute aus diesen Berufen für die Polizei freigeben.

Im Augenblick werden etwa 1.600 Lehrkräfte an den Bremischen Schulen beschäftigt. Hiervon etwa 1.000 in den Volksschulen und je 300 in den höheren und Berufsschulen.

---

1 Franz Noch, geb. 3.2.1886, gest. 2.12.1961. 1911 Eintritt in den brem. Polizeidienst, 1920 in die Bürgerschaft gewählt, 1933 aus dem Dienst entlassen. 1945 Kommandant der Schutzpolizei, dann polizeilich verantwortlich für die Häfen. Seit 9.11.1947 Bremer Polizeichef, am 1.3.1951 pensioniert.

Von 1945 bis jetzt wurden aus politischen Gründen entlassen
242 Lehrkräfte von Volksschulen
124 Lehrkräfte von höheren Schulen
93 Lehrkräfte von Berufsschulen
Neueinstellungen sind in der gleichen Zeit erfolgt, und zwar
315 Lehrkräfte an Volksschulen
86 Lehrkräfte an Hochschulen
75 Lehrkräfte an Berufsschulen
Heute sind noch etwa 45% der beschäftigten Lehrerschaft vom Gesetz betroffen.

Beim Landgericht waren im Jahre 1945 insgesamt 437 Personen beschäftigt. Aus politischen Gründen wurden im Laufe der Zeit 61 Personen entlassen.
Im Dezember 1947 waren dort noch 376 Personen beschäftigt.
Für die Abgänge erfolgten also keine Neueinstellungen. Anscheinend kann kein anderer als die Entlassenen die Arbeit ausüben, also wird man in dieser Dienststelle wohl warten, bis die Herausgeworfenen ihren Dienst wieder antreten können.
Von den heute noch beim Landgericht Beschäftigten sind 216 politisch belastet. Dies sind ungefähr 60%. Etwa 45 der heute noch tätigen Nazis wurden schon vor langer Zeit von uns abgelehnt. Lahusen[1] hat es verstanden, diese Leute im Dienst zu behalten.

Weitere statistische Einzelheiten:
Von   228 Bremer Ärzten, sind 155 (rund 67%) politisch belastet
Von   144 Bremer Dentisten, sind 87 (rund 60,4%) politisch belastet.
Von   52 Bremer Apothekern, sind 34 (rund 65,3%) politisch belastet.
Von   125 Bremer Zahnärzten, sind 63 (rund 50%) politisch belastet.
Von   58 dem Bund Deutscher Architekten angeschlossenen Bremer Architekten, sind 12 (rund 20%) politisch belastet.

Wenn ich auf den letzten Seiten nähere statistische Angaben über die Behörden machte, so möchte ich nachstehend auch noch einige Angaben über die Firmen der freien Wirtschaft machen.
Nach dem Befreiungsgesetz, 5. Durchführungsverordnung,[2] sind sämtliche größeren Firmen im Lande Bremen verpflichtet, von Zeit zu Zeit eine Betriebsübersicht über den Stand der Beschäftigten abzugeben.
Von dieser Meldepflicht sind sämtliche Betriebe mit 10 und mehr Arbeitnehmern betroffen, darüber hinaus auch sämtliche Unternehmen der freien Berufe mit 2 und mehr Hilfskräften. Zu diesen letztgenannten zählen: Ärzte, Dentisten, Apotheker, Rechtsanwälte, Architekten, Steuerberater, Wirtschaftsprüfer, Gaststätteninhaber usw.
Aus der bei uns eingegangenen Dezembermeldung (1947) des Landesarbeitsamtes Bremen (dieses umfaßt Bremen, Vegesack und Bremerhaven) gebe ich folgende Einzelheiten zu Vergleichszwecken:

---

1 Dr. Diedrich Lahusen, kommissar. Präsident des Landgerichts seit 15.6.1945
2 Meldung der Beschäftigten durch die Betriebe an das Arbeitsamt, 31.5.1947, Brem. Gesetzblatt 1947, S. 89ff.

Gemeldet haben im Lande Bremen 1.797 Betriebe mit insgesamt 94.336 Beschäftigten. Von diesen Beschäftigten sind 15.411 (16 1/3%) politisch belastet.

Die Beschäftigten sind wie folgt unterteilt:
Eigentümer, Teilhaber, Treuhänder: insgesamt 2.590 Personen, hiervon politisch belastet 703 Pers. (28%).

Vorstandsmitglieder und Aufsichtsratsmitglieder: insgesamt 459 Personen, davon 106 (22%) politisch belastet.

Leitende Angestellte: insgesamt 2.241 Personen, davon 477 (22%) politisch belastet.

Sonstige Angestellte in nicht gewöhnlicher Arbeit: insgesamt 4.005 Personen, davon 550 (15 1/2%) politisch belastet.

In gewöhnlicher Arbeit mit einem Bruttoverdienst über 300 RM:
insgesamt 4.237 Personen, davon 1.351 (32%) politisch belastet.

In gewöhnlicher Arbeit mit einem Bruttoverdienst unter 300 RM:
insgesamt 80.804 Personen, davon 12.224 (15%) politisch belastet.

Dieses sind Einzelheiten, die ich auszugsweise aus unseren Betriebsübersichten entnommen habe. Anschließend gebe ich einige Zahlen, die ich mir vom Bremer Arbeitsamt geben ließ:

Stichtag 31. Dezember 1947.

Gesamtregistriert beim Arbeitsamt Bremen: 219.003 Personen, das heißt also 219.003 Personen in Bremen sind im Besitze einer Arbeitskarte.

Herr Krefft vom Arbeitsamt berichtet mir, daß in Bremen 84.557 Personen politisch belastet, also vom Gesetz betroffen sind (diese Zahl will er vom Senator für Politische Befreiung erhalten haben). Danach sind also etwa 38% der in Bremen Registrierten vom Gesetz betroffen.

In Bremen gibt es etwa 17.000 selbständige Unternehmen, angefangen vom sogen. 1-Mann-Betrieb bis zum Großbetrieb. Von der 5. Durchführungsverordnung (Betriebe über 10 Beschäftigte und freie Berufe mit 2 und mehr Hilfskräften) wurden erfaßt:

1.199 Betriebe mit 59.978 Beschäftigten.
235 dieser Betriebe beschäftigten mehr als 50 Personen.
Von den 59.778 Beschäftigten sind 9.394 (15%) politisch belastet.

Von den Letztgenannten haben 1.415 (15%) eine Arbeitsgenehmigung für nicht gewöhnliche Arbeit. 68% waren schon immer in gewöhnlicher Arbeit, 13,3% umgesetzt in gewöhnliche Arbeit in anderen Betrieben, 1,2% machen gewöhnliche Arbeit im alten Betrieb, 64 Personen (0,69%) arbeiten ohne Genehmigung in nicht gewöhnlicher Arbeit.

Soweit die Zahlen, die mir vom Arbeitsamt Bremen gegeben wurden. An dieser Stelle möchte ich noch folgendes erwähnen. Eine kleine Anzahl Bremer Betriebe, die nach der 5. DVO meldepflichtig sind, ist im letzten Jahr ihrer Meldepflicht nicht ordnungsgemäß nachgekommen. Es gelang dem Arbeitsamt zum Teil mit unserer Hilfe, etwa 40 solcher Betriebe ausfindig zu machen. Diese wurden wegen ihrer Säumigkeit zur Verantwortung gezogen und zu Geldstrafen in Höhe von 50 bis 250 RM verurteilt.

Weitere statistische Aufstellungen:

Reichsbahn

Nach einer von der Reichsbahn eingereichten Aufstellung waren am 1.4.1945 beim Reichsbahnbetriebsamt I Bremen 8.087 Personen beschäftigt. Bis jetzt wurden 303 Personen aus politischen Gründen entlassen. Von diesen wurden im Laufe der Zeit 147 wieder eingestellt, und zwar 23 in nicht gewöhnliche und 124 in gewöhnliche Arbeit.

Aus der bei uns vorliegenden Betriebsübersicht des Reichsbahnbetriebsamtes I geht hervor, daß dort am 31.12.1947 10.361 Personen beschäftigt waren, von diesen sind 2.636 (26%) vom Gesetz betroffen. Diese Zahlen im Ganzen gesehen sehen ziemlich harmlos aus. Wenn man sie aber genauer auseinanderzieht, dann zeigen sich aber bedenkliche Zahlen:

11 Reichsbahnbeamte werden nach den höchsten Gehaltsklassen besoldet, von diesen sind 8 (72%) politisch belastet.

171 Personen erhalten Besoldung nach den nächstniederen Gehaltsklassen. Von diesen sind 135 (79%) politisch belastet.

1.242 Personen fallen in die mittleren Gehaltsklassen. Von diesen sind 716 (59%) politisch belastet.

1.201 Personen werden nach den unteren Gehaltsklassen besoldet. Von diesen sind 413 (34%) politisch belastet.

Von den 7.736 als Arbeiter Beschäftigten sind nur 1.364 (17%) politisch belastet.

Reichspost

Nach einer uns hergereichten Aufstellung waren am 1.4.1945 bei der Oberpostdirektion Bremen 3.513 Personen beschäftigt. Von diesen wurden im Laufe der Zeit 266 aus politischen Gründen entlassen. 108 hiervon befanden sich in gehobener Stellung. Wieder eingestellt wurden 210 Personen, 47 werden wieder in gehobener Stellung beschäftigt.

Aus der bei uns vorliegenden Betriebsübersicht geht hervor, daß im Dezember 1947 5.010 Personen bei der Reichspost beschäftigt waren, von diesen sind 1.809 (36%) politisch belastet.

In den einzelnen Gehaltsklassen sieht es hier genau so trostlos aus wie bei der Reichsbahn, und zwar:

Beschäftigte in den höchsten Gehaltsklassen: 26 Personen, davon 24 (92%) politisch belastet.

Beschäftigte in den nächstniederen Gehaltsklassen: 340 Personen, davon 267 (78%) politisch belastet.

Beschäftigte in den mittleren Gehaltsklassen: 1.407 Personen, davon 537 (38%) politisch belastet.

Beschäftigte in den unteren Gehaltsklassen: 1.357 Personen, davon 684 (50%) politisch belastet.

Als Arbeiter beschäftigt: 1.880 Personen, davon 297 (15%) politisch belastet.

Wirtschaftsamt der Freien Hansestadt Bremen

Stand der Beschäftigten im April 1945: 541 Personen.

Aus politischen Gründen bisher entlassen 51 Personen, und zwar drei Beamte, 17

Angestellte in gehobener Stellung und 31 Angestellte in gewöhnlicher Stellung. Von diesen wurde keiner wieder eingestellt.
Aus der bei uns vorliegenden Betriebsübersicht, Dezember 1947, ist ersichtlich, daß zu der Zeit nur noch 226 Personen insgesamt beschäftigt werden. Von diesen sind nur 6 (2,6%) politisch belastet.

Wohlfahrtsamt

Stand der Beschäftigten vom 1.4.1945: 425 Personen.
Von diesen wurden bisher aus politischen Gründen 191 Personen entlassen, davon waren 25 in leitender Stellung und 166 in gewöhnlicher Stellung.
Von diesen entlassenen Personen wurden 76 bisher wieder eingestellt, und zwar 5 in leitende Stellung und 71 in gewöhnliche Arbeit.
Aus der bei uns vorliegenden Betriebsübersicht ist ersichtlich, daß im Dezember 1947 593 Personen beschäftigt wurden, von diesen sind 119 (20%) politisch belastet.
Detailliert sieht dieses folgendermaßen aus:
Höchste Gehaltsklassen: 4 Personen, davon 3 (75%) politisch belastet.
Nächstniedere Gehaltsklassen: 75 Personen, davon 30 (40%) politisch belastet.
Mittlere Gehaltsklassen: 253 Personen, davon 49 (20%) politisch belastet.
Untere Gehaltsklassen: 135 Personen, davon 20 (15%) politisch belastet.
Arbeiter: 124 Personen, davon 17 (14%) politisch belastet.

Senator für das Bauwesen

Stand der Beschäftigten am 1.4.1945: 1.341 Personen.
Aus politischen Gründen bisher entlassen: 339 Personen.
Wieder eingestellt wurden 72 Personen.
Aus der bei uns vorliegenden Betriebsübersicht geht hervor, daß von den 1.518 im Monat Dezember 1947 beschäftigten 299 (18%) politisch belastet sind. Und zwar:
Höchste Gehaltsklassen: 34 Beschäftigte, davon 9 (26%) politisch belastet.
Nächstniedere Gehaltsklassen: 149 Personen, davon 45 (30%) politisch belastet.
Mittlere Gehaltsklassen: 248 Personen, davon 41 (16%) politisch belastet.
Untere Gehaltsklassen: 113 Personen, davon 10 (9%) politisch belastet.
Arbeiter: 973 Personen, davon 194 (20%) politisch belastet.

Landesarbeitsamt Bremen

Zahl der Beschäftigten am 1.4.1945: 55 Personen.
Aus politischen Gründen bisher entlassen: 34 Personen. Hiervon wurden 3 Personen wieder eingestellt.
Nach der bei uns vorliegenden Betriebsübersicht sind von den heute beim Landesarbeitsamt beschäftigten 78 Personen insgesamt 5 politisch belastet.

Arbeitsamt Bremen

Zahl der Beschäftigten am 1.4.1945: 268 Personen.
Bisher aus politischen Gründen entlassen: 84 Personen. Hiervon wurden 3 wieder eingestellt.
Aus der bei uns vorliegenden Betriebsübersicht geht hervor, daß von den heute beim Arbeitsamt beschäftigten 240 Personen insgesamt 8 politisch belastet sind.

Allgemeine Ortskrankenkasse

Stand der Beschäftigten am 1.4.1945: 165 Personen.
Hiervon wurden 77 Personen bisher aus politischen Gründen entlassen. 21 von diesen wurden wieder eingestellt, und zwar 2 in leitender Stellung und 19 in gewöhnlicher Stellung. Nach der bei uns vorliegenden Betriebsübersicht werden bei der Ortskrankenkasse heute 180 Personen beschäftigt. Von diesen sind 51 (28%) politisch belastet.

Handelskrankenkasse Bremen

Beschäftigte im April 1945: 49 Personen.
Hiervon wurden aus politischen Gründen entlassen: 7 Personen. 4 von diesen wurden wieder eingestellt.
Nach der bei uns vorliegenden Betriebsübersicht werden bei der Handelskrankenkasse heute 50 Personen beschäftigt, von diesen sind 5 (10%) politisch belastet.

Seewasserstraßendirektion Bremen

Von den 857 im April 1945 Beschäftigten wurden 147 aus politischen Gründen entlassen, und zwar 69 Beamte (7 des höheren Dienstes), 25 Angestellte (2 aus den höheren Gehaltsklassen) und 48 Lohnempfänger. Von diesen wurden 98 wieder eingestellt, und zwar: 49 Beamte (6 des höheren Dienstes), 18 Angestellte und 31 Lohnempfänger. Nach der bei uns vorliegenden Betriebsübersicht wurden im Dezember 1947 916 Personen beschäftigt, von diesen waren 276 (30%) politisch belastet.
Diese unterteilen sich wie folgt:
Höchste Gehaltsklassen: 12 Personen, davon 9 (75%) politisch belastet.
Nächstniedere Gehaltsklassen: 33 Personen, davon 17 (50%) politisch belastet.
Mittlere Gehaltsklassen: 98 Personen, davon 56 (56%) politisch belastet.
Untere Gehaltsklassen: 40 Personen, davon 21 (50%) politisch belastet.
Arbeiter: 733 Personen, davon 173 (24%) politisch belastet.

Hafenbauamt

Von den 1945 beschäftigten 67 Personen wurden 28 aus politischen Gründen entlassen, und zwar 17 Beamte, 15 Angestellte und 29 Arbeiter.
Von diesen wurden 3 Beamte und 3 Angestellte bisher wieder angestellt.
Aus der bei uns vorliegenden Betriebsübersicht geht hervor, daß im Dezember 1947 162 Personen beschäftigt wurden. Von diesen sind 33 (20%) politisch belastet.

Oberfinanzpräsidium im Lande Bremen

Stand der Beschäftigten im April 1945:
Gehobene Stellung: 38 Beamte, 4 Angestellte.
Gewöhnliche Stellung: 732 Beamte, 357 Angestellte, 79 Arbeiter.
Später kamen dann noch sehr viele vom Militärdienst bzw. aus der Kriegsgefangenschaft zurück und wurden vorerst wieder eingestellt.
Aus politischen Gründen wurden bisher entlassen:
Gehobene Stellung: 42 Beamte, 3 Angestellte.
Gewöhnliche Stellung: 1077 Beamte, 149 Angestellte, 9 Arbeiter.

Von diesen wurden wieder eingestellt:
Gehobene Stellung: 12 Beamte (29%), 1 Angestellter (33%).
Gewöhnliche Stellung: 516 Beamte (47%), 66 Angestellte (44%), 3 Arbeiter (33%).
Nach der bei uns vorliegenden Betriebsübersicht wurden im Dezember 1947 1.494 Personen, davon 779 (52%) politisch Belastete beschäftigt, und zwar:
Höchste Gehaltsklassen: 31 Beschäftigte, davon 23 (74%) politisch belastet.
Nächstniedere Gehaltsklassen: 365 Beschäftigte, davon 216 (60%) politisch belastet.
Mittlere Gehaltsklassen: 728 Beschäftigte, davon 437 (60%) politisch belastet.
Untere Gehaltsklassen: 218 Beschäftigte, davon 75 (34%) politisch belastet.
Arbeiter: 152 Beschäftigte, davon 28 (18%) politisch belastet.
Schon die Gesamtstatistik zeigt, daß in dieser Behörde weit über die Hälfte der jetzt Beschäftigten politisch belastet ist. Detailliert gesehen sind auch hier in den höchstbezahlten Stellungen die politisch Belasteten am stärksten vertreten.
Die Betriebsübersicht weist aber noch eine besondere Tatsache auf. In den Höchstgehaltsstufen sind nach dem Stellenplan 54 Personen vorgesehen, aber nur 31 werden beschäftigt.
In den nächstniederen Gehaltsklassen können nach dem Stellenplan 519 Personen beschäftigt werden, aber nur 365 sind tätig.
In den mittleren Gehaltsklassen sind es nach dem Stellenplan 949, wohingegen nur 728 Personen beschäftigt werden.
Nur in den unteren Gehaltsklassen und bei den Arbeitern stimmen Sollstärke nach dem Stellenplan mit dem Stand der tatsächlich Beschäftigten überein.
Wartet diese Behörde evtl. auch ab, bis sie die auf den höchsten Gehaltsstufen Entlassenen zurückbekommt?

Evangelische Kirchenkanzlei

Stand der Beschäftigten im April 1945: 154 Personen, davon 59 Pastore.
Aus politischen Gründen wurden entlassen: 22 Personen, davon 15 Pastore.
Wieder eingestellt wurden 8 Personen, davon 6 Pastore.
Nach der bei uns vorliegenden Betriebsübersicht sind von den jetzt in Bremen tätigen 59 Pastoren 10 politisch belastet.

Katholische Gemeinde

Die Katholische Gemeinde meldet mir, daß von den 22 beschäftigten Personen (darunter 7 leitende) keine aus politischen Gründen entlassen wurden.
Ob und wieviel dieser Beschäftigten politisch belastet sind, kann ich leider nicht feststellen, da uns keine Betriebsübersichten eingereicht wurden.

Nachwort

Der Buschmann-Report, überliefert in den Akten der amerikanischen Militärregierung für Bremen[1], ist ein Dokument besonderer Art nicht nur für die bremische Nachkriegsgeschichte. Hier beschreibt einer seine Motive, Hoffnungen, und Enttäuschungen, der im verordneten gesellschaftlichen Reinigungsprozeß nach 1945 selbst Dreckarbeit geleistet hat. Er resümiert persönliche Erfahrungen. Dies ist nicht Teil der öffentlichen Auseinandersetzung um die Entnazifizierung, wie sie von wortge-

---

1 Auf Mikrofiches, StA Bremen 16,1/2- 6/90-2/32.

wandten Journalisten und rhetorisch versierten Politikern geführt wurde, dies ist ein dienstlicher Bericht, der für den internen Gebrauch gedacht war - eine Auftragsarbeit sicherlich, denn kein Bediensteter macht sich freiwillig die Mühe, umfassend über Verlauf und Erfolg seiner Tätigkeit schriftlich Rechenschaft abzulegen. Neben dieser Akte Buschmanns - Titel: Dienstliche Berichte - gibt es auch noch eine nicht so ausführliche und weniger ergiebige Stellungnahme ähnlicher Art des Kollegen Alfred Göbel[1], die hier unberücksichtigt geblieben ist. In der Regel werden solche dienstlichen Berichte zu Leistungsbilanzen, die die besondere Tüchtigkeit des Berichterstatters bei allen Schwierigkeiten zumindest nicht verschweigen. Buschmann schreibt aus einem Gefühl tiefer Irritation, einem Empfinden von Mißerfolg und Scheitern, für das er Gründe sucht. Eigene Leistung kann nur betont werden als guter Wille am Anfang, Konsequenz und Nachdruck während der Arbeit und frühzeitiges Hinweisen auf Fehler oder Mißstände. Buschmann tut dies, jedoch ohne Penetranz. Den Idealismus, das Streben nach Gerechtigkeit nimmt man ihm ab bei einer Tätigkeit, die in der Bevölkerung rasch so umstritten war wie die Entnazifizierung.

Der Berichterstatter ist kein Intellektueller, sondern ein Mann aus dem Volk. Das besagt seine Biographie, das läßt auch der eher schlichte schriftliche Ausdruck mit seiner zuweilen holprigen Grammatik erkennen. Aber diese Besonderheit zeichnet den Buschmann-Report aus, gibt ihm nicht nur durch die mitgeteilten Daten und Fakten Bedeutung. Diktion und Denkweise atmen Direktheit, historische Unmittelbarkeit. Der Bericht ist für die Bremer Entnazifizierung ein herausragendes Dokument einer »Geschichte von unten«, eine Innenansicht aus dem Blickwinkel dessen, der nicht Sonntagsreden halten und Wahlen gewinnen mußte, sondern die Spannungen und Reibungen auszuhalten hatte, die der tägliche administrative Vollzug einer umfassend konzipierten, mit hohem Anspruch begonnenen politisch-moralischen Säuberungsaktion mit sich brachte.

Friedrich Hermann Buschmann war gebürtiger Bremer. Seinen eigenen Angaben über den beruflichen und politischen Werdegang ist hinzuzufügen, daß er 1930 eine Bremerin heiratete und 1931 Vater einer Tochter wurde. Als Mitarbeiter der amerikanischen Militärregierung im Bereich Entnazifizierung ist er praktisch ein Mann der ersten Stunde: Erst Ende Juli/Anfang August 1945 trafen speziell für die Entnazifizierung ausgebildete Offiziere in der Enklave ein und schickten umgehend ausgewählte deutsche Mitarbeiter zu Schulungskursen nach Bad Orb[2]. Am 27. August konnte die Arbeit mit den neuen Fragebogen beginnen, im Oktober 1945 waren fünf Offiziere und 38 geschulte deutsche Mitarbeiter in der Special Branch tätig. Einer von Ihnen war Buschmann. Später, wohl Anfang 1947, erscheint er als einer von 13 Investigatoren der Investigation Section, Special Branch, die monatelang kommissarisch mit gutem Erfolg von dem deutschen chief investigator Alfred Göbel geleitet worden war. Zu der Zeit waren 40 Deutsche in der Special Branch beschäftigt. Eine herausgehobene, verantwortliche Position hatte Buschmann demnach nicht. Das gerade erhöht den Reiz seiner Ausführungen. Nach der Episode als Mitarbeiter der amerikanischen Militärregierung lebte er bis zu seinem Tode am

---

1 Ebd. 6/92-1/13
2 Andreas Röpcke, Die amerikanische Militärregierung in Bremen (Ms. im Staatsarchiv Bremen), Teil B, S.26.

31.7.1962 als kaufmännischer Angestellter in Bremen. Seine Tätigkeit in der Entnazifizierung hat ihm offenbar weder genützt noch spürbar geschadet. In der Bremer SPD, die die politische Kultur der Hansestadt nach 1945 entscheidend geprägt hat, ist er nicht hervorgetreten. In der groß angelegten Studie über Widerstand und Verfolgung in Bremen während der NS-Zeit findet sich sein Name nicht[1]. Über die Wirtshausschlägerei mit SA-Leuten am 30. März 1933 hat die Presse nicht berichtet, und Buschmann hat daraus nach 1945 - soweit erkennbar - keine Wiedergutmachungsansprüche abgeleitet. Es ist schon möglich, daß er den Vorfall hier etwas stilisiert hat, um sich als Naziopfer zusätzliche moralische Legitimation für seine Arbeit zu verschaffen. Es wäre jedoch falsch, von daher seine Glaubwürdigkeit insgesamt in Frage zu stellen. Gerade der Hinweis, daß ihm sonst bis auf eine Hausdurchsuchung keine weiteren Drangsalierungen widerfahren seien, spricht für sein Bemühen um Ehrlichkeit. Hier hätte man leicht unüberprüfbare kleine Schikanen und Behinderungen einfließen lassen können, wie andere es taten.

Der Bericht entstand in einer Umbruchsituation. Die ins Haus stehenden Veränderungen betrafen nicht allein die Entnazifizierung, sondern die Besatzungsverwaltung insgesamt. Für Juli 1948 war die Übernahme in den Verantwortungsbereich des State Department vorgesehen. Teilweise drastischer Personalabbau machte Überlegungen zu organisatorischen Umstrukturierungen unumgänglich. Der Stellenplan der Bremer Militärregierung wies am Jahresende 1947 noch 119 Stellen für Amerikaner aus; am 1. Mai 1948 waren es noch 84, am 15. Juli gerade noch 61. Im September 1948 wurde die Entnazifizierungsabteilung bei der Bremer Militärregierung aufgelöst, von 35 deutschen Angestellten der Abteilung erhielten 32 ihre Kündigung zum 1.12.1948.[2] Speziell für die Entnazifizierung war das 4. Gesetz zur Änderung des Befreiungsgesetzes von Bedeutung, das in Bremen am 25. März 1948 in Kraft gesetzt wurde.[3] Es verfolgte den Zweck der Verfahrensbeschleunigung und erleichterte wesentlich die Einreihung Beschuldigter in die Gruppe der Minderbelasteten und Mitläufer. Von Sühnemaßnahmen konnte nun ganz abgesehen werden, wenn ein Betroffener sich bereits bewährt hatte. Das Gesetz über die Anwendung des Befreiungsgesetzes auf Heimkehrer vom 20. April des Jahres[4] verfolgte dieselbe Tendenz. Die Mitläuferfabrik, wie Lutz Niethammer die Entnazifizierung tituliert hat,[5] erhielt effiziente Maschinerie. Zur Ankurbelung der Wirtschaft schließlich wurde zum 10. Mai 1948 das Gesetz Nr. 8 der Militärregierung aufgehoben, das die Beschäftigung Belasteter nur in »gewöhnlicher Arbeit« erlaubte. Einer Genehmigung der Militärregierung zur Wiedereinsetzung Entlassener bedurfte es künftig nicht mehr, die Korrektur von Spruchkammerentscheidungen durch *Delinquency and Error Reports* der Besatzungsbehörde würde es nicht mehr geben.[6] Schon am 3. April 1948 war die Herausnahme Minderbelasteter aus der Vermögenskontrolle verfügt worden[7]. Dies

---

1 Inge Marßolek/René Ott, Bremen im Dritten Reich. Anpassung-Widerstand- Verfolgung, Bremen 1989.
2 Weser-Kurier 7.9.1948; StA Bremen 16,1/2- FHMG A.3/I, S. 5 ff., sowie Organisations- und Stellenpläne in 16,1/2- 6/1-1/23, 6/1-2/1, 6/2-1/27, 6/58-1/19, 6/67-2/1.
3 Brem. Gesetzblatt 1948, S. 53.
4 Ebd. S. 74 f.
5 Die Mitläuferfabrik. Die Entnazifizierung am Beispiel Bayerns. Bonn 1982.
6 Amtsblatt des Senators für politische Befreiung Nr. 4, 24.5.1948, StA Bremen 3-B.10.b.Nr.131.

alles zusammen datiert die Abfassung des Berichts auf April 1948 und erklärt das Gefühl des Berichterstatters, in eine neue Phase einzutreten, die auf ein rasches Ende des verkorksten Entnazifizierungsprozesses hinführen sollte.
Leider ist nicht bekannt, welche Kreise der Buschmann-Report gezogen hat, wie Kollegen und Vorgesetzte ihn aufgenommen haben, ob er in die Akten bremischer Dienststellen gelangte. Man wird davon ausgehen dürfen, daß er dem Abteilungsleiter Joe Napoli bekannt war und auf die Abfassung des Jahresberichtes für 1948 und seine folgenden öffentlichen Äußerungen Einfluß nehmen konnte[1], so daß es möglicherweise eine innere Abhängigkeit der beiden Texte voneinander gibt.
Bei der Edition ist in Orthographie und Zeichensetzung regulierend eingegriffen worden, Nachträge wurden an die ihnen zugedachte Stelle gerückt. Durch einzelne Auslassungen ist der Text geringfügig gekürzt. Anmerkungen wurden nur dort angebracht, wo es für das Verständnis notwendig schien. Letzlich kam es darauf an, Friedrich Buschmanns Erfahrungen publik zu machen in der Hoffnung, daß sie auf Interesse stoßen und der Forschung Impulse geben. Der Bericht spricht für sich. Und er spricht eine deutliche Sprache.

---

7   Durch Änderung des Erlasses des Präsidenten des Senats vom 15.11.1947, Brem. Gesetzblatt 1948, S. 66.
1   Siehe Napolis Aufsatz »Die Entnazifizierung...« in diesem Heft.

Walther Richter

Dr. Alexander Lifschütz,
Senator für politische Befreiung in Bremen
(27.11.1947 bis 31.12.1949)

Die Durchführung der Entnazifizierung im Lande Bremen ist wesentlich mit der Person von Senator Dr. Lifschütz verbunden.

Dr. Alexander Lifschütz, geboren am 3. Oktober 1890 in Berlin-Pankow, kam 1904 mit seinen Eltern und seinen beiden Schwestern nach Bremen, wo sein Vater als Chemiker Beschäftigung gefunden hatte. 1910 legte er am Alten Gymnasium die Reifeprüfung ab. Nach dem rechtswissenschaftlichen Studium an den Universitäten Göttingen und München und nach Ableistung der Referendarzeit in Bremen bestand er 1916 die Zweite Juristische Staatsprüfung vor der Justizprüfungskommission beim Hanseatischen Oberlandesgericht Hamburg. Als Rechtsanwalt in Bremen zugelassen, trat er in eine sehr renommierte bremische Anwaltskanzlei ein. Schon bald erwarb er sich einen außerordentlich guten Ruf nicht nur in Bremen und im ganzen Reichsgebiet, sondern auch im Ausland, insbesondere in den USA. Außerdem trat er durch zahlreiche rechtswissenschaftliche Aufsätze in Fachzeitschriften, insbesondere zur Reform des Aktienrechts, hervor.

Aus dieser ungewöhnlich erfolgreichen Berufstätigkeit wurde er plötzlich durch das nationalsozialistische Regime herausgerissen. Nach dem Gesetz über die Zulassung zur Rechtsanwaltschaft vom 7.4.1933 konnte die Justizverwaltung jedem Rechtsanwalt, bei dem ein Eltern- oder Großelternteil nicht arisch war und der nicht schon vor dem 1.8.1914 zugelassen worden war oder nicht als Frontkämpfer am Ersten Weltkrieg teilgenommen hatte, die Zulassung entziehen. Wie die übrigen Landesjustizverwaltungen legte auch der damalige nationalsozialistische bremische Senat diese Kann-Bestimmung als eine zwingende Vorschrift aus, d.h. er vertrat die Ansicht, daß jedem Rechtsanwalt, der einen jüdischen Vorfahren hatte und auf den die Ausnahmebestimmungen nicht zutrafen, die Zulassung nicht bloß entzogen werden könne, sondern entzogen werden müsse, ohne daß zu prüfen sei, ob dieser Eingriff im Einzelfalle grob unbillig oder unverhältnismäßig sei. So wurde auch Dr. Lifschütz am 16.6.1933 die Zulassung als Anwalt entzogen und am 22.6.1933 die Bestellung zum Notar zurückgenommen, nachdem schon am 22.4.1933 ein Vertretungsverbot gegen ihn ergangen war.

Damit stand Dr. Lifschütz, der auch Familie hatte, nach einer ungewöhnlich erfolgreichen beruflichen Tätigkeit als Anwalt und Notar vor dem Nichts. Da er die Lage richtig einschätzte und ihm klar war, daß ihm unter dem nationalsozialistischen Regime jegliche berufliche Tätigkeit verschlossen war, entschloß er sich im Mai 1934 zur Auswanderung. Dabei mußte er ein Viertel seines Vermögens als Reichsfluchtsteuer zahlen. Nach kurzem Aufenthalt in der Schweiz ließ er sich in Amsterdam nieder und baute sich dort als Rechtsberater - als Anwalt konnte er mangels der in Holland erforderlichen Prüfung nicht tätig werden - eine bescheidene neue Existenz auf, deren Einkünfte sehr gering waren.

In der Emigration holte ihn das nationalsozialistische Terrorregime mit der Besetzung der Niederlande durch deutsche Truppen im Mai 1940 wieder ein. Unter der

Dr. Alexander Lifschütz

deutschen Militärverwaltung lebte er in ständiger Angst vor Razzien, versteckte sich bei Freunden und mußte die jüdischen Mitbürgern auferlegten Demütigungen wie Abliefern des Radiogerätes, Tragen des Judensterns erdulden.

In dieser Zeit der deutschen Besetzung der Niederlande schrieb er zwei Aufsätze, im Februar 1944 »Sünde und Sühne« und im Februar 1945 »Zurück zum Recht«, die er zusammen mit einem 1946 verfaßten dritten Aufsatz »Anstand im Recht« erst 1953 unter dem Titel »Sorgen ums Recht« veröffentlichte. In den beiden ersten Aufsätzen, deren Titel die Annahme nahelegen könnten, daß sie eine Abrechnung mit dem Nationalsozialismus zum Gegenstand hätten, befaßte er sich ausschließlich mit Fragen des Wiederaufbaus einer rechtsstaatlichen Ordnung in Deutschland nach Beendigung des Krieges. Für seine Tätigkeit im Rahmen der Entnazifizierung ist besonders der schon 1944 verfaßte Aufsatz »Sünde und Sühne« von unmittelbarem Interesse. Sünde und Sühne waren für Dr. Lifschütz Grundprobleme des Menschseins. Auch Unrecht ist Sünde, eine Verletzung der rechtlich geordneten, im Gleichgewicht befindlichen Gemeinschaft. Strafe als Sühne des begangenen Unrechts ist zwar als Unrechtsfolge ein Übel, aber die Gemeinschaft fordert sie von dem Täter, »um der Wiederherstellung des gemeinsamen Gleichgewichts willen«. Der Gedanke an Sühne als eine Form der Rache ist Dr. Lifschütz stets fremd gewesen und ihm auch als Senator für politische Befreiung stets fremd geblieben.

Nachdem sich Dr. Lifschütz gegen Ende des Krieges und unmittelbar nach dem Zusammenbruch des Dritten Reiches so eingehend mit dem Aufbau eines demokratischen Rechtsstaates in Deutschland befaßt hatte, entsprach es seinem Wesen und seiner Einstellung, sich für den Wiederaufbau rechtlich geordneter Verhältnisse in Deutschland zur Verfügung zu stellen.

In einem Schreiben vom 30.10.1946[1] an die US-Militärregierung in Bremen, der er gleichzeitig den ausgefüllten Fragebogen übersandte, beantragte er seine Wiedereinsetzung als Rechtsanwalt und Notar. Darin erwähnte er zwei Briefe vom 6.6.1945 und vom 18.4.1946 an die US-Militärregierung und an den Bremer Senat, die wohl dasselbe Anliegen zum Gegenstand hatten, da er auf diese Schreiben im Antrag vom 30.10.1946 ausdrücklich Bezug nahm. Der Gerichtsoffizier der Militärregierung in Bremen, Mr. Robert W. Johnson, hatte bereits am 10.10.1946 sich wegen der Verwendung von Dr. Lifschütz an das Büro des Chief of Counsel for War Crimes bei OMGUS (Office of Military Government for Germany, United States), Berlin gewandt; denn diese Behörde teilte unter Hinweis auf dieses Schreiben am 7.11.1946[2] Mr. Johnson mit, daß dem Amt des Chief of Counsel for War Crimes an der Gewinnung von Dr. Lifschütz als Berater der Anklage in den Nürnberger Prozessen sehr gelegen sei und Dr. Lifschütz im Falle seines Interesses so bald wie möglich sich in diesem Amt vorstellen möge. Als Entgelt wurde ein Gehalt von 702 RM bis 1.227 RM »plus one meal per day« in Aussicht gestellt. Von dieser Möglichkeit machte Dr. Lifschütz aber keinen Gebrauch; ihn zog es wieder nach Bremen.

Am 6.11.1946[3] bat er den Präsidenten des damals für Bremen zuständigen Hanseatischen Oberlandesgerichts Hamburg, ihm zu bestätigen, »daß ich berechtigt bin, die

---

1 Landgericht Bremen Anwaltsakte 3 L 15 (Dr. Lifschütz) Bl. 1
2 a.a.O. Bl. 6
3 Personalakte der Hanseatischen Rechtsanwaltskammer Bremen

Funktionen als Rechtsanwalt und Notar in Bremen auszuüben. Sollte der Herr Präsident der Meinung sein, daß es hierfür einer Wiederzulassung bedarf, so bitte ich, meinen vorstehenden Antrag in diesem Sinne aufzufassen.« Am 25.1.1947 wurde er wieder als Rechtsanwalt eingesetzt, und zwar unter Befreiung von der Residenzpflicht, so daß er weiterhin sein Büro in Amsterdam aufrechterhalten konnte. Ebenfalls wurde er wieder als Notar zugelassen.

Bereits in einem Schreiben vom 11.1.1947[1] »to whom it may concern« hob Mr. Johnson als Chief Legal Officer der bremischen Militärregierung hervor, daß Dr. Lifschütz vor 1934 in sehr hohem Ansehen gestanden habe, als er vom Nazi-Regime gezwungen worden sei, Deutschland zu verlassen. Seine Rückkehr nach Bremen werde von allen mehr als willkommen geheißen, da sein Ruf hier über jeden Tadel erhaben sei. Dr. Lifschütz sei eine Ausreiseerlaubnis für wiederholte Reisen nach Bremen gegeben worden, und alle alliierten Behörden sollten ihm diese Reisen wie auch seinen Aufenthalt in Deutschland erleichtern sowie ihn in seinen Bemühungen um seine Rückkehr nach Deutschland wie auch in der Wiederaufnahme seiner Anwalts- und Notarpraxis in Bremen unterstützen.

Schon bald trat der Bremer Senat an Dr. Lifschütz heran, um ihn für eine Aufgabe im Rahmen der Entnazifizierung zu gewinnen, zumal nur sehr wenige unbelastete Juristen zur Verfügung standen.

Zunächst war in Bremen die Entnazifizierung durch die US-Militärregierung selbst durchgeführt worden, der die deutschen Prüfungsausschüsse im Rahmen des US-Militärregierungsgesetzes Nr. 8 und der auch für die Enklave Bremen geltenden Zonenexekutivanweisung Nr. 3 der britischen Militärregierung im sog. Vorstellungsverfahren nur Vorschläge unterbreiten durften, selbst aber keine Entscheidungen treffen konnten.[2] Dieses Verfahren wurde durch das Spruchkammerverfahren entsprechend dem in den anderen Ländern der US-Besatzungszone schon seit 14 Monaten geltenden Gesetz zur Befreiung von Nationalsozialismus und Militarismus vom 9.5.1947[3], dem sog. Befreiungsgesetz, abgelöst. Die Durchführung der Entnazifizierung wurde durch dieses Gesetz, wie die Präambel ausdrücklich sagt, »dem deutschen Volk anvertraut«, und die Spruchkammern, besetzt mit einem zum Richteramt oder zum höheren Verwaltungsdienst befähigten Vorsitzenden und zwei Beisitzern (Art. 24), hatten darüber zu entscheiden, in welche der in Art. 4 gebildeten fünf Gruppen (I Hauptschuldige, II Belastete, III Minderbelastete, IV Mitläufer, V Entlastete) der Betroffene jeweils einzureihen war. Gegen die Entscheidung der Spruchkammer war die Berufung zulässig (Art. 46). Nach Art. 23 hatte der Präsident des Bremer Senats einen Senator für die politische Befreiung zur Durchführung des Gesetzes zu ernennen, der auch zur Überprüfung jeder Entscheidung der Spruchkammern, ggf. zu deren Aufhebung befugt war (Art. 52f), wenn diese offensichtlich verfehlt war oder im Widerspruch mit den Zielen des Gesetzes stand.

Wegen eines neu zu ernennenden Senators beschloß die Bürgerschaft am 13.3.1947, die Zahl der Senatoren von 14 auf 15 zu erhöhen; der 15. Senator brauchte nicht aus der Mitte der Bürgerschaft gewählt zu werden. Auf Vorschlag des Senats wählte

---

1 Landgericht Bremen 3 L 15 Bl. 12
2 Vgl. hierzu das bremische Gesetz über Ausschüsse zur Befreiung vom Nationalsozialismus und Militarismus vom 17.12.1946 - BremGBl. S. 120 - im Anhang
3 BremGBl. S. 67 - im Anhang

diese am 27.3.1947 den Oberschulrat Friedrich Aevermann zum Senator für die Befreiung von Nationalsozialismus und Militarismus.[1]

Schon am 25.3.1947 hatte der Senat Dr. Lifschütz zum Vorsitzenden der Berufungskammer für die Befreiung von Nationalsozialismus und Militarismus bestellt. Für Dr. Lifschütz bedeutete die Übernahme dieses Amtes ein besonderes Opfer. Abgesehen davon, daß er weiterhin sein Büro in Amsterdam sowie seine Anwalts- und Notariatspraxis in Bremen betrieb, war die Entnazifizierung schon 1947 in der Bevölkerung und in den Parteien umstritten. Die Schwierigkeit lag vor allem darin, daß hier ein politisches Problem mit juristischen Mitteln gelöst werden sollte. Dazu kam, daß in Bremen über 400.000 Fragebogen auszuwerten und zu behandeln waren. Das erforderte einen hohen Personal- und Sachaufwand, der gerade in dieser Zeit vor der Währungsreform nur beschränkt gedeckt werden konnte.

Schon vor Inkrafttreten des Befreiungsgesetzes hatte die Militärregierung wiederholt die sehr schleppend vorangehende Entnazifizierung beanstandet. Mit Schreiben vom 28.7.1947[2] an den Präsidenten des Senats monierte sie die passive Haltung gegenüber der Entnazifizierung und forderte die sofortige Einrichtung des Spruchkammersystems, nachdem schon am 30.4.1947 die US-Armeezeitung »Stars and Stripes«[3] geschrieben hatte: »Land Bremen Military Government has accused the German Bremen senate of being either unable or unwilling to arrive at a selection of personnel for the new denazification machinery.« Senator Aevermann nahm den im Schreiben der Entnazifizierungsabteilung der Bremer Militärregierung vom 10.10.1947 an den Präsidenten des Senats enthaltenen Vorwurf in einer Antwort vom 30.10.1947[4] auf sich, nicht genug Spruchkammermitglieder bestellt zu haben, nannte aber als Grund dafür die ständige Abnahme des allgemeinen Interesses an öffentlichen Pflichten, weil jeder sich bei der allgemeinen Sorge und Hoffnungslosigkeit gezwungen sehe, sich mit seiner eigenen Lage zu beschäftigen, und die geringe Zahl verfügbarer Juristen, die vielleicht selbst belastet seien. Eine Dienstverpflichtung von Spruchkammerrichtern und öffentlichen Klägern sei »ein nicht durchzuführender Gedanke«.[5] Diese personellen Schwierigkeiten bestanden während der ganzen Zeit der Entnazifizierung. Am 26.1.1948 erklärte Dr. Lifschütz vor der Deputation für politische Befreiung, daß die Besetzung der Spruchkammern die schwierigste Aufgabe sei. »Die meisten Juristen sind belastet. Das Gesetz fordert aber völlige Unbelastung. In Bremen sind ca. zwölf Juristen ohne Belastung, aber nicht zur Mitarbeit bereit oder nicht fähig. Die Methode der Dienstverpflichtung ist im neuen Staat nicht anzuwenden.«[6] Für die damaligen drei Länder der amerikanischen Besatzungszone (Großhessen, Bayern und Württemberg-Baden) war schon am 20.11.1946 zur Behebung der personellen Schwierigkeiten ein »Gesetz über die staatsbürgerliche Pflicht zur Mitarbeit an der Entnazifizierung« erlassen worden,[7] das aber keinen nachhaltigen Erfolg erzielte.

---

1 Verhandlungen der Bremischen Bürgerschaft 1947, S. 115 und S. 118; Verhandlungen zwischen dem Senate und der Bürgerschaft 1947, S. 49
2 Staatsarchiv Bremen 4,66-XXIII-1a
3 a.a.O.
4 Staatsarchiv Bremen 4,66-XXIII-1b
5 a.a.O.
6 Staatsarchiv Bremen 4,66-36

Dr. Lifschütz, der seit Herbst 1946 wieder in Bremen weilte, kannte diese mit der Entnazifizierung verbundenen Schwierigkeiten, ebenso das Fehlen der erforderlichen sachlichen Ausstattung. In einem Schreiben vom 26.2.1948[1] beklagte er, daß er bei Antritt seines Amtes als Vorsitzender der Berufungskammer »nur ein leeres Zimmer vorgefunden« habe, »nicht ein Tisch, nicht ein Stuhl, nicht einmal ein Tintenfaß.« Wenn er sich gleichwohl entschloß, dieses ihm angetragene Amt zu übernehmen, so wußte er, daß er ein sehr arbeitsreiches und auch sehr dornenvolles Amt antrat. Jedenfalls scheute er sich im Gegensatz zu der allgemeinen Ablehnung nicht, ein öffentliches Amt in der Entnazifizierung zu übernehmen und sich dieser Aufgabe zu unterziehen, noch dazu ein Amt, das stets im Blickpunkt und in der Kritik der Öffentlichkeit stand und bei dem auch mit persönlichen Angriffen zu rechnen war.

Freilich mag es ihn auch befriedigt haben, nunmehr zur Durchführung des Befreiungsgesetzes in Bremen als »Oberster Richter und Vorsitzender der Berufungskammer« eingesetzt zu sein, wie in seinem Amtlichen Ausweis vom 4.10.1947[2] - wohl nicht ohne sein Zutun - eingetragen wurde.

Jedenfalls war seine Tätigkeit erfolgreich, da nicht nur in den Deputationssitzungen kein Wort der Kritik an seiner Amtsführung laut wurde, sondern auch der Präsident des Senats nach dem Rücktritt des Senators Aevermann aus gesundheitlichen Gründen am 7.11.1947 Dr. Lifschütz als Nachfolger im senatorischen Amt der Bürgerschaft zur Wahl vorschlug. Bürgermeister Kaisen und die Fraktionsvorstände der Bremischen Bürgerschaft in einer interfraktionellen Sitzung erklärten sich mit der Forderung von Dr. Lifschütz einverstanden, daß er weder seinen Wohnsitz in Holland noch seine Anwaltstätigkeit in Bremen aufgeben und deshalb »nur etwa die Hälfte« seiner Zeit »für dieses Amt hergeben« könne.[3]

Am 21.11.1947 wurde er von der Bürgerschaft einstimmig bei Stimmenthaltung zweier kommunistischer Abgeordneter zum Senator für politische Befreiung gewählt.

Bürgermeister Wilhelm Kaisen hatte ihm, als er ihm dieses Amt antrug, gesagt: »Sie müssen für das bremische Gemeinwesen dieses Opfer bringen«,[4] und Dr. Lifschütz erklärte vor der Bürgerschaft in seiner Rede vom 22.9.1949 zu Recht: »Ich glaube, ich habe dieses Opfer voll gebracht.«[5] Als er seine Tätigkeit als Senator begann, mußte er erst die erforderliche Organisation, soweit sie nicht schon durch Senator Aevermann geschaffen war, »aus dem Boden stampfen«.[6] Schließlich arbeiteten im März 1948 in Bremen 17 Spruchkammern - im Oktober 1947 waren es nur elf gewesen[7] -, aber noch immer fehlte es an genügend tatkräftigen Persönlichkeiten, ebenso an den Arbeitsvoraussetzungen wie Räumlichkeiten, Mobiliar und vor allem

---

7 Justus Fürstenau, Entnazifizierung, 1969, S. 233, 182ff.
1 Staatsarchiv Bremen 4,66-XXIII-1b
2 Von Frau Herta Lifschütz freundlicherweise zur Verfügung gestellt
3 Dr. Lifschütz vor der Bremischen Bürgerschaft am 22.9.1949 - Verhandlungen der Bremischen Bürgerschaft 1949, S. 298
4 a.a.O., S. 303
5 a.a.O.
6 a.a.O., S. 302
7 Bericht des Senators für politische Befreiung zum Abschluß der Arbeiten seines Amtes, erstattet in der Senatssitzung vom 23. Dezember 1949 - Verhandlungen zwischen dem Senate und der Bürgerschaft 1950, S. 25ff., 27

Schreibmaschinen. Beschlagnahme und Dienstverpflichtung lehnte Dr. Lifschütz ab.[1] Trotz all dieser Schwierigkeiten verstand er es zu organisieren, daß die gesamten Verfahren zügig in verhältnismäßig kurzer Zeit durchgeführt wurden.
Schon Ende 1947 erließ er als Senator für politische Befreiung in Übereinstimmung mit dem Senat und dem zuständigen Bürgerschaftlichen Ausschuß in den Bremer Tageszeitungen einen Aufruf, der den Betroffenen, die nicht ungünstiger als Minderbelastete einzuordnen waren, die Gelegenheit gab, sich dem Verfahren zu unterwerfen. Dabei knüpfte er an die frühere bremische Tradition der steuerlichen Selbsteinschätzung sowie an das Steuer-, Devisen- und Zollunterwerfungsverfahren an. »Um wieviel mehr darf erwartet werden, daß diesem Ruf Folge geleistet wird, wo es sich um die ganze Lebensgestaltung des einzelnen und die der Allgemeinheit handelt... Zu diesem Entschluß gehört Mut, aber nur der zur Ehrlichkeit. Er wird behördliche Anerkennung im Unterwerfungsverfahren finden.«[2] Als Frist für eine solche Meldung wurde der 31.1.1948 festgesetzt. Hier klingt der Gedanke der Läuterung durch Einsicht an, wie ihn Dr. Lifschütz in seinem Aufsatz »Sünde und Sühne« schon 1944 entwickelt hatte.
Nach Mitteilung von Dr. Lifschütz in der Deputationssitzung vom 26.1.1948 waren bis dahin nur 1.800 Unterwerfungsmeldungen eingegangen.[3] Der Erfolg dieser Aktion war daher verhältnismäßig gering.
Andererseits war bis zum 16.2.1948 allen Nichtbetroffenen (295.166)[4] die amtliche Mitteilung hierüber übersandt worden. Der Direktor der Militärregierung in Bremen sprach aus diesem Anlaß dem Präsidenten des Senats im Schreiben vom 17.2.1948[5] seine wärmsten Glückwünsche für die Durchführung einer äußerst schwierigen Aufgabe aus. »We wish to commend the manner in which this office of Senator Dr. Alexander Lifschütz has been reorganized.«
Ohne die durch die Jugend- (49.713) und Weihnachtsamnestien (46.720) erledigten Fälle waren noch etwa 16.500 Fälle im Spruchkammerverfahren abzuwickeln, darunter aber die besonders schwierigen Fälle der Belasteten der Gruppen I und II. Eine weitere Verfahrenserleichterung brachte die Einführung des beschleunigten Verfahrens, das Dr. Lifschütz vorgeschlagen und dem der Entnazifizierungsoffizier der Militärregierung, Mr. Napoli, mit Schreiben vom 12.3.1948 zugestimmt hatte.[6] So blieben im April 1948 nur noch 1.500 Fälle übrig. Der Direktor der bremischen Militärregierung, Mr. Dunn, bat mit seinem Schreiben vom 27.4.1948[7] den Präsidenten des Senats, Senator Dr. Lifschütz und seinem Vertreter die wärmsten Glückwünsche des Büros der Militärregierung für Bremen zur Beendigung der beschleunigten Verfahren zu übermitteln. Er fuhr fort: »Der harte Kern von 1.500 Fällen, die noch abgeurteilt werden müssen, wird - dessen bin ich sicher - die richtige und gründliche Behandlung erfahren, die Dr. Lifschütz' Büro in der Vergangenheit gekennzeichnet hat«. Nach der Deputationssitzung vom 9.6.1949 teilte Dr. Lifschütz den Deputationsmitgliedern mit, daß in erster Instanz noch 224 und in zweiter

---

1 Staatsarchiv Bremen 4,66-XXIII-1b - Schreiben Dr. Lifschütz' vom 26.2.1948
2 Staatsarchiv Bremen 4,66-59
3 Staatsarchiv Bremen 4,66-36
4 Bericht des Senators für politische Befreiung vom 23.12.1949 - a.a.O., S. 25
5 Staatsarchiv Bremen 4,66-XXIII-1b
6 a.a.O.
7 a.a.O.

Instanz noch 386 Fälle zu erledigen seien. Bis zum 26.10.1949 würden sie auf 99 bzw. 52 Fälle reduziert werden.[1]

Wie ernst es Dr. Lifschütz gerade im Spruchkammerverfahren mit der Wahrung rechtsstaatlicher Grundsätze war, zeigt seine »Anordnung über Maßnahmen zur Sicherung des Verfahrens gegen Betroffene« vom 26.4.1949.[2] Darin machte er den Mitgliedern der Spruchkammern und den öffentlichen Klägern zur Pflicht, sich mündlich wie schriftlich sowie in den Hauptverhandlungen jeden vorgreiflichen Werturteils zu enthalten, den Sachverhalt unparteiisch aufzuklären, im Falle einer Schuldfeststellung den Betroffenen zur Einsicht und zum Erkennen seines Fehlverhaltens zu führen, bei der Abwägung der Beweise Ursache, Beweggründe und Ziel des Handelns zu prüfen und die Glaubwürdigkeit von Personen und Erklärungen nicht äußerlich und oberflächlich zu betrachten, sondern nach »sorgfältig anzuwendender Menschenkenntnis und Erfahrungswissen« zu beurteilen.

Es nimmt daher nicht wunder, daß die Deputation für politische Befreiung trotz mancher Angriffe aus der Öffentlichkeit gegen Dr. Lifschütz ihm in der Sitzung vom 21.4.1948[3] »ihr ganz besonderes Vertrauen« aussprach und am 8.8.1949[4] gegenüber der Bürgerschaft, dem Senat und der Öffentlichkeit zu den Angriffen von Mitgliedern der Deutschen Partei gegen Dr. Lifschütz einstimmig folgende Erklärung abgab:

»1. Die Deputation für politische Befreiung hat sich mit den öffentlich erhobenen Angriffen gegen den Senator für politische Befreiung Dr. Lifschütz beschäftigt.
2. Abseits jeder politischen Stellungnahme zu dem Problem der Durchführung überhaupt wünscht die Deputation, nachdem die Militärregierung ohnehin die Durchführung des Entnazifizierungsproblems angeordnet hat, diese Arbeiten unter der bisherigen Leitung des Senators Dr. Lifschütz zu Ende geführt zu sehen.
3. Angesichts der bisherigen, sachlichen und gesetzesentsprechenden Durchführung dieser überaus schwierigen Aufgabe spricht die Deputation dem Senator Dr. Lifschütz ihr Vertrauen aus.«

Ein besonderes Problem stellte für Dr. Lifschütz seine Befugnis zur Überprüfung der Spruchkammerentscheidungen mit der Möglichkeit der Kassation dar. Bereits in der Deputationssitzung vom 21.4.1948[5] teilte er seinen Gedanken mit, die Kassation »in neutrale Hände zu legen« und damit ein Gremium von drei Richtern zu betrauen. Die Mehrheit der Deputationsmitglieder erhob allerdings dagegen Bedenken, wohl zu Recht, weil nach Art. 52 Abs. 1 des Befreiungsgesetzes allein der Senator für politische Befreiung hierfür zuständig war. Allerdings machte Dr. Lifschütz von dieser Befugnis zur Kassation nur sehr sparsamen Gebrauch. Gegenüber einem Angriff in der Presse, er nutze diese Ermächtigung mißbräuchlich, erklärte er am 22.9.1949[6] vor der Bürgerschaft, daß er von 1.579 letztinstanzlichen Entscheidungen nur 59 (= 3,7%) und unter Einbeziehung der Sühnebescheide von 18.500 Entscheidungen nur 204 (= 1,1%) aufgehoben habe.

1 Staatsarchiv Bremen 4,66-36
2 Staatsarchiv Bremen 4,66-59
3 Staatsarchiv Bremen 4,66-98
4 Staatsarchiv Bremen 4,66-82
5 Staatsarchiv Bremen 4,66-98
6 Verhandlungen der Bremischen Bürgerschaft 1949, S. 297ff., 300

Freilich war Dr. Lifschütz von Anfang an sehr empfindlich, wenn »das Tribunal zur Bühne gemacht wird ... und etwa das Dritte Reich vor der Spruchkammer verteidigt wird.«[1] Als im Rahmen einer öffentlichen Verhandlung vor einer Spruchkammer ein Rechtsanwalt als Verteidiger eines Betroffenen Ausführungen zur Verteidigung des Nationalsozialismus gemacht hatte, wollte Dr. Lifschütz dem einen Riegel vorschieben und als Voraussetzung für das Auftreten bei einer Spruchkammer als Verteidiger eine besondere Genehmigung durch den Senator für politische Befreiung einführen. Die Bürgerschaft machte sich diese Anregung zu eigen und beschloß am 15.4.1948,[2] den Senat zu ersuchen, im Verordnungswege eine Verfügung zu erlassen, daß ein Verteidiger oder Rechtsbeistand vor der Spruchkammer nur mit einer besonderen Genehmigung des Senators für politische Befreiung auftreten dürfe. Die Rechtsanwälte fühlten sich durch eine solche Einschränkung ihres Vertretungsrechts belastet, und am 7.6.1948[3] berichtete Dr. Lifschütz in der Deputation, daß seine Verhandlungen mit Vertretern der Rechtsanwaltskammer ohne Erfolg geblieben seien. Im Senat waren die Ansichten geteilt. Am 13.7.1948[4] berichtete Dr. Lifschütz dort über seine Gespräche mit der Anwaltskammer. Justizsenator Bürgermeister Dr. Spitta hielt zwar das Verhalten des Verteidigers für ungehörig und strafbar, erhob aber Bedenken unter Vorlage eines Gutachtens von Prof. Dr. Jellinek, der eine Genehmigungspflicht für Verteidiger vor einer Spruchkammer für unzulässig hielt, weil dem Befreiungsgesetz als einem zoneneinheitlichen Gesetz ein höherer Rang als einem Landesgesetz zukomme und dessen Art. 35 Abs. 4 die Verteidigung durch einen Rechtsanwalt oder sonstigen Rechtsbeistand uneingeschränkt gestatte, so daß ein Anwalt nur durch eine Anordnung der Militärregierung von der Verteidigung vor einer Spruchkammer ausgeschlossen werden könne.
Die Bürgerschaft beschloß am 15.7.1948 das vorgeschlagene Zusatzgesetz zum Befreiungsgesetz, nach dessen Art. 1 Rechtsanwälte und Rechtsbeistände einer Zulassung für die Vertretung von Betroffenen im Verfahren nach dem Befreiungsgesetz bedurften und dessen Art. 2 den Senator für politische Befreiung zum Erlaß der erforderlichen Durchführungsbestimmungen ermächtigte.[5]
Der Senat hatte nunmehr das Gesetz gemäß Art. 123 Abs. 3 der bremischen Landesverfassung auszufertigen und zu verkünden, konnte aber nach deren Art. 104 Bedenken gegenüber der Bürgerschaft erheben. Am 23.7.1948 wandte sich die Anwaltskammer an den Justizsenator und erklärte, daß die Einführung einer Sondergenehmigung ein Eingriff in die gesetzliche Unabhängigkeit des Rechtsanwalts sei, der an den Volksgerichtshof erinnere, bei dem der Vorsitzende die Wahl eines Verteidigers zu genehmigen hatte.[6] In der Senatssitzung vom 17.8.1948[7] erklärte Dr. Lifschütz, daß er sich den Bedenken der Anwaltskammer nicht anschließen könne. Seitens des Justizsenators wurde auf eine Anweisung von OMGUS hingewiesen, nach der Änderungen und Ergänzungen von Länderratsgesetzen der Zustimmung der Militärregierung bedürfen. Daraufhin erklärte Dr. Lifschütz, daß ihm

---

1 Staatsarchiv Bremen 4,66-98
2 Verhandlungen zwischen dem Senate und der Bürgerschaft 1948, S. 63
3 Staatsarchiv Bremen 4,66-98
4 a.a.O.
5 a.a.O.
6 a.a.O. - Schreiben des Justizsenators vom 26.7.1948 an den Senator für politische Befreiung
7 a.a.O.

diese Weisung nicht bekannt sei und er deshalb mit der Militärregierung Rücksprache nehmen wolle. Der Direktor der Militärregierung für Bremen hatte bereits am 12.8.1948[1] den Präsidenten des Senats auf diese Anordnung von OMGUS aufmerksam gemacht und »in Anbetracht dieses Widerspruchs« des Ergänzungsgesetzes zu der Anordnung von OMGUS den Präsidenten des Senats angewiesen, »das Inkrafttreten dieses Gesetzes auf unbestimmte Zeit zu verschieben«. In der Mitteilung des Senats vom 13.8.1948[2] hatte der Senat der Bürgerschaft dieses Schreiben mitgeteilt und erklärt: »Der Senat ist nach dieser Stellungnahme nicht in der Lage, das Zusatzgesetz zum Gesetz zur Befreiung von Nationalsozialismus und Militarismus zu verkünden.«
Dr. Lifschütz fand sich aber mit dieser Auffassung der Militärregierung nicht ab und wandte sich mit Schreiben vom 23.8.1948[3] an den Leiter der Entnazifizierungsabteilung bei der Militärregierung für Bremen, Mr. Napoli. Darin vertrat er die Auffassung, daß jedes Ausführungsgesetz zum Befreiungsgesetz rechtmäßig und gültig sei, wenn es mit den Zwecken des Befreiungsgesetzes übereinstimme. Das sei bei dem Zusatzgesetz der Fall. Am 7.9.1948[4] übersandte Mr. Napoli dem Senator für politische Befreiung mit der Bitte um Stellungnahme ein Memorandum von Mr. Clark, dem Leiter der Governmental Affairs Division der Militärregierung, der den Standpunkt von Mr. Dunn vertrat.
Die Bremische Bürgerschaft beschloß auf die Mitteilung des Senats vom 13.8.1948 hin in ihrer Sitzung vom 2.9.1948: »Die Bürgerschaft nimmt die Mitteilung des Senats vom 13.8.1948 dankend entgegen.«[5] Damit war das Gesetzgebungsverfahren betreffend das Zusatzgesetz zum Befreiungsgesetz praktisch beendet.
Dr. Lifschütz gab aber noch am 15.10.1948[6] die erbetene Stellungnahme gegenüber Mr. Napoli ab. Er bedauerte, die Gründe der Militärregierung nicht einsehen zu können, aber nach Vortrag des Standpunktes der Militärregierung vor der Deputation »entschlossen wir uns, von weiterem Tätigwerden zur Ergänzung des Gesetzes Abstand zu nehmen«.
Der Versuch von Dr. Lifschütz, unzulässige Ausführungen von Verteidigern im Spruchkammerverfahren von vornherein auszuschließen, war damit am Einspruch der Militärregierung gescheitert. Allerdings kann man hier nicht von einem Fehler von Dr. Lifschütz sprechen, da die Frage der Gültigkeit eines Zusatzgesetzes zum Befreiungsgesetz durchaus unterschiedlich beurteilt werden konnte und der Standpunkt der Militärregierung sehr formalistisch war. Die Absicht von Dr. Lifschütz, das Spruchkammerverfahren von Ausführungen zu einer Rechtfertigung des Nationalsozialismus von vornherein freizuhalten, war jedenfalls durchaus billigenswert und sachgerecht.
Kränkend für Dr. Lifschütz waren dagegen manche Dienstaufsichtsbeschwerden, die zum Teil unsachliche und persönliche Angriffe enthielten. So war eine Dienstaufsichtsbeschwerde darauf gestützt worden, daß Dr. Lifschütz nicht die deutsche Staatsangehörigkeit besitze, diese aber Voraussetzung für die Berufung in das Amt eines Senators sei. Diese Beschwerde wurde nicht mit dem Hinweis auf die rechtswidrige Aberkennung der Staatsangehörigkeit von im Ausland lebenden Juden durch

---

1 a.a.O.
2 Verhandlungen zwischen dem Senate und der Bürgerschaft 1948, S. 129
3 Staatsarchiv Bremen 4,66-98
4 a.a.O.
5 Verhandlungen zwischen dem Senate und der Bürgerschaft 1948, S. 139
6 Staatsarchiv Bremen 4,66-98

§ 2 Buchst. a der 11. Verordnung zum Reichsbürgergesetz vom 25.11.1941[1] zurückgewiesen, sondern mit dem Argument, daß Dr. Lifschütz durch die Ernennung zum Vorsitzenden der Berufungskammer nach § 14 Reichs- und Staatsangehörigkeitsgesetz vom 22.7.1913[2] die deutsche Staatsangehörigkeit wieder erhalten habe.[3]
Ganz besonders belastend waren aber mehrere polemische Angriffe in Zeitungsartikeln. Schon im März 1948, d. h. erst vier Monate nach Übernahme des senatorischen Amtes, erschien in der Bremerhavener »Nordsee-Zeitung« und in dem in Bremen erscheinenden »Weser-Kurier« der Artikel »Flucht in die Öffentlichkeit«, in dem Vorwürfe gegen »verschiedene in der Entnazifizierung tätige Persönlichkeiten Bremens und Bremerhavens« - Namen wurden nicht genannt - erhoben wurden. Ferner war die Rede von Willkürakten einzelner Bremerhavener Spruchkammerangehöriger und von »Rechtsbrüchen am laufenden Band« , und die Bremerhavener Spruchkammer 4 wurde als der »Schrecken Bremerhavens« bezeichnet, bei der die Angeklagten schlimmer als vor dem Volksgerichtshof behandelt würden. Dr. Lifschütz nahm zu diesen Angriffen in der öffentlichen Verhandlung der Bremischen Bürgerschaft am 29.4.1948 Stellung.[4] Der Vorsitzende der Bremerhavener Kammer sei von seinem Amtsvorgänger eingesetzt worden. Ein Teil der Mitglieder dieser Spruchkammer in Bremerhaven wie auch der öffentliche Kläger seien inzwischen entlassen worden. Als zwei Herren aus Bremerhaven ihm und seinem Vertreter vorgetragen hätten, die Verhältnisse bei der Spruchkammer in Bremerhaven seien unglaublich, habe er um konkrete Angaben gebeten. Bis heute seien ihm diese nicht gemacht worden, so daß er nicht die Möglichkeit einer Nachprüfung habe.[5]
Dann erschien am 7.5.1948 in der Zeitung »Volksecho« der Artikel »Neun Fragen zur Entnazifizierung« mit dem Untertitel »Der Herr Senator weilt in Amsterdam«.[6]
Am 27.5.1949 wurde er in der »Bremer Volksstimme« in dem Artikel »So kann es nicht weitergehen« angegriffen. Grund für diesen Artikel lieferte die Veröffentlichung eines Teiles eines internen Rundschreibens des Senators, das auch Schwierigkeiten mit öffentlichen Klägern und Mitgliedern von Spruchkammern zum Gegenstand hatte. Diese Schwierigkeiten wurden von Dr. Lifschütz in persönlichen Gesprächen mit den Betroffenen beigelegt.[7] Die ihm in diesem Zeitungsaufsatz gemachten Vorwürfe wurden in der Deputationssitzung vom 9.6.1949 erörtert, und Dr. Lifschütz übersandte am 10.6.1949 der Redaktion dieses Blattes eine mit der Deputation abgestimmte Gegenerklärung.[8]

---

1 RGBl. I., S. 722
2 RGBl. I., S. 385
3 Staatsarchiv Bremen 4,66-84 - Bescheid vom 24.9.1949 - Allerdings war schon seit dem 15.3.1948 das in der US-Besatzungszone ländereinheitlich erlassene bremische »Gesetz über die Staatsangehörigkeit der Ausgebürgerten« vom 15.4.1948 - BremGBl. S. 65 - in Kraft, nach dessen § 1 Nr. 2 eine Ausbürgerung aus rassischen Gründen nach der 11. VO zum Reichsbürgergesetz auf Antrag rückwirkend für nichtig erklärt wurde (vgl. hierzu auch Art. 116 Abs. 2 GG). Dr. Lifschütz hat wohl keinen solchen Antrag gestellt, da er nach seiner Erklärung vor der Bürgerschaft am 22.9.1949 - Verhandlungen der Bremischen Bürgerschaft 1949, S. 298 - noch im Besitze eines Staatenlosen-Passes war. Gleichwohl wäre ein Hinweis auf diese rechtswidrige Ausbürgerung durch die 11. VO zum Reichsbürgergesetz angezeigt gewesen.
4 Verhandlungen der Bremischen Bürgerschaft 1948, S. 182 bis 185
5 a.a.O., S. 182f.
6 Staatsarchiv Bremen 4,66-82
7 Staatsarchiv Bremen 4,66-36

Die schlimmsten Angriffe kamen aber durch gleichlautende Artikel in der in Hamburg erscheinenden »Niederdeutschen Zeitung« vom 2.7.1949 und kurz darauf in der von der Deutschen Partei herausgegebenen Zeitung »Der Deutsche« mit der Überschrift »Gedanken zur Entnazifizierung in Bremen«.[1]

Wenn auch für den Zeitpunkt des Erscheinens dieses Artikels der Wahlkampf für die Bundestagswahl am 14.8.1949 eine Rolle gespielt haben kann, so ist für die Angriffe gegen Dr. Lifschütz in erster Linie der Grund darin zu finden, daß schon ab Frühjahr 1948 die Entnazifizierung weitgehend als Fehlschlag bezeichnet wurde und auch in den Parlamenten eine »Befreiung von der politischen Befreiung« gefordert wurde.[2] Diese allgemeine Stimmung mußte gerade einen Mann wie Dr. Lifschütz, der voll Idealismus und Glauben an Einsicht und Läuterung der Betroffenen die Entnazifizierung durchzuführen bestrebt war, mit Bitterkeit erfüllen. Diese spricht aus seinen Worten gegen Schluß seiner Ausführungen vor der Bürgerschaft am 29.4.1948: »Ich weiß, unser Amt ist nicht beliebt. Wir sind noch unbeliebter als das sprichwörtlich unbeliebte Finanzamt. Ich weiß allerdings nicht, warum wir so unbeliebt sind. ... Wir sind auch vogelfrei für jeden, der uns angreift, und wir tragen es.«

Die Bremische Bürgerschaft gab Dr. Lifschütz Gelegenheit, zu den Angriffen in der Öffentlichkeit in der Sitzung vom 22.9.1949 Stellung zu nehmen.[3] Sein Schweigen gegenüber den gegen ihn erhobenen Vorwürfen erklärte er nicht nur damit, daß er es angesichts der unfairen Anwürfe unter seiner Würde gehalten habe, sich »darüber in eine Polemik in den Tageszeitungen einzulassen«, sondern vor allem damit, daß er sein Amt »aus den Händen dieses Hohen Hauses erhalten habe und nur diesem Hause volle Rechenschaft schuldig« sei.[4] Auf die wiederholten Vorwürfe, er habe sich zu wenig in Bremen aufgehalten, erwiderte er, daß er vor Antritt seines Amtes darauf hingewiesen habe, daß er wegen seines Amsterdamer Büros und seiner Anwaltstätigkeit in Bremen nur die Hälfte seiner Zeit seinem Amte widmen könne und sowohl Bürgermeister Kaisen wie die Bürgerschaft hiermit einverstanden gewesen seien. Tatsächlich habe er aber die meiste Zeit für sein Amt als Senator aufgewandt und sei bis zu fünf Wochen in Bremen gewesen. Durch eine Ausnahmebewilligung der holländischen Regierung habe er eine ständige telefonische Verbindung mit seinem Amt in Bremen gehabt und im Falle seiner Abwesenheit von Bremen täglich bis zu dreimal angerufen, um sich unterrichten zu lassen und ggf. Anordnungen zu treffen. Die Kosten für die Gespräche aus Amsterdam habe er stets selbst getragen.[5]

Diese Rede vor der Bürgerschaft ist ein Musterbeispiel der Eloquenz von Dr. Lifschütz. Nach einer captatio benevolentiae handelte er die einzelnen Angriffe in überzeugender Weise sachlich ab, um dann vernichtend mit zwei Personen abzurechnen, die ihn im Wahlkampf - Dr. Lifschütz selbst gehörte keiner Partei an - in unfairer Weise angegriffen hatten. Zum Schluß gab er noch eine Darstellung des bisherigen Ergebnisses der Entnazifizierung in Bremen. Cicero, den Dr. Lifschütz sehr verehrte, hätte an dieser glanzvollen Rede seine Freude gehabt. Diese war so

---

8 a.a.O.
1 Verhandlungen der Bremischen Bürgerschaft 1949, S. 297f.
2 Fürstenau, a.a.O., S. 206
3 Verhandlungen der Bremischen Bürgerschaft 1949, S. 297 bis 303
4 a.a.O., S. 297
5 a.a.O., S. 298

eindrucksvoll, daß die bremischen Tageszeitungen sie am 29.9.1949 im Auftrag des Senats im vollen Wortlaut unter der Überschrift »Entnazifizierungsbilanz für Bremen« veröffentlichten.

Als nunmehr die Entnazifizierung in Bremen vor dem Abschluß stand, teilte der Senat der Bürgerschaft am 27.9.1949 mit, daß »wegen Abbaus zeitbedingter Bewirtschaftungsstellen und Übertragungen von Regierungsaufgaben auf die Bundesrepublik Deutschland« die Zahl der Senatoren um zwei verringert werden solle.[1] Da damals die Entnazifizierung bis auf nur wenige Fälle abgeschlossen war, schied Dr. Lifschütz zum Ende des Jahres 1949 aus dem Senat aus.

Der Präsident des Senats, Bürgermeister Wilhelm Kaisen, sprach Dr. Lifschütz in einem sehr persönlich gehaltenen Schreiben Dank und Anerkennung des Senats für die von ihm geleisteten Dienste aus. »Der Senat hat sich mehrfach davon überzeugt, daß Sie und Ihre Mitarbeiter bei dieser Arbeit von dem ernsten Willen zur Sachlichkeit und Gerechtigkeit beseelt waren... Sie selbst haben sich als ein Verteidiger des Rechts stets dafür eingesetzt, jeden Formalismus zu vermeiden und nach dem Grundsatz der individuellen Behandlung des Einzelfalls zu verfahren. Sie standen dabei unter demokratischem Verantwortungsgefühl und Staatsbewußtsein...Wenn Sie nunmehr Ihre Tätigkeit abschließen, darf ich Ihnen im Namen des Senats bestätigen, daß Sie Bremen in dieser schweren Nachkriegszeit einen großen Dienst geleistet haben, indem Sie dieses mit einem unausweichlichen Übergangsprozeß zu lösende Problem meisterten...«[2]

Ehe Dr. Lifschütz am 31.12.1949 aus seinem Amte schied, berichtete er dem Senat am 23.12.1949[3] über die von ihm und seinen Mitarbeitern geleistete Arbeit und über den Stand der Entnazifizierung. Von den 411.487 Personen, die Meldebogen abgegeben hatten, waren 295.166 Personen vom Befreiungsgesetz nicht betroffen, und in weiteren 99.671 Fällen wurden die Verfahren aufgrund der Jugend- und Weihnachtsamnestie oder aus sonstigen Gründen eingestellt. Nur ca. 5% der bremischen Bevölkerung, nämlich 16.587 Personen, waren in die fünf Gruppen des Befreiungsgesetzes einzuordnen.

Diese Einordnung hatte folgendes Ergebnis, dem zum Vergleich die Prozentzahlen für Bayern, für die gesamte amerikanische Besatzungszone[4] und für das Gebiet der Bundesrepublik Deutschland[5] gegenübergestellt werden:

---

1 Verhandlungen zwischen dem Senate und der Bürgerschaft 1949, S. 238
2 Bremer Nachrichten vom 31.12.1949
3 Verhandlungen zwischen dem Senate und der Bürgerschaft 1950, k S. 25ff., s. den folgenden Text
4 Fürstenau, a.a.O., S. 227ff. Die Angaben für die amerikanische Besatzungszone betreffen den Stand vom 31.8.1949
5 Fürstenau, a.a.O. Die Angaben für das Bundesgebiet enthalten die Statistiken für die amerikanische Besatzungszone vom 31.8.1949 und für die britische sowie die französische Besatzungszone vom 28.2.1950. Für die britische Besatzungszone sind Angaben zu den Gruppen 1 und 2 nicht mitgeteilt, da diese Eingruppierung durch die britische Militärregierung erfolgte. Die Statistiken sind daher nur cum grano salis vergleichbar und verwertbar - so Fürstenau a.a.O., S. 229.

Gruppen	Anzahl	Bremen in %	Bayern in %	US-Zone in %	Bundesrepublik in %
1 Hauptschuldige	13	0,1	0,3	-	-
2 Belastete	155	0,9	3,8	-	-
1+2 zusammen	168	1,0	4,1	3,7	1,1
3 Minderbelastete	640	3,9	18,3	16,8	6,2
4 Mitläufer	14.746	88,9	74,6	76,6	42,0
5 Entlastete	1.033	6,2	3,0	2,9	50,7
Zusammen	**16.587**	100,0	100,0	100,0	100,0

Die Tatsache, daß in Bremen nur 5% der Bevölkerung vom Befreiungsgesetz betroffen war, führte Dr. Lifschütz darauf zurück, daß Bremen »kein besonders geeigneter Nährboden für den Nationalsozialismus« war. Er verglich das Bremer Ergebnis mit dem Bayerns, dessen Statistik allein damals erst vorlag und kam dabei - dasselbe gilt für die amerikanische Besatzungszone insgesamt - zu dem Schluß, daß Bremen bei den ersten drei Gruppen der stärker Belasteten weit geringere Prozentsätze aufweist, dagegen bei den Gruppen 4 und 5 erheblich höhere. Das veranlaßte ihn zu der Bemerkung: »Die Bremer Entnazifizierung (war) vielleicht nicht gerechter - das will ich für mich nicht in Anspruch nehmen -, aber jedenfalls milde.«[1] Und das sagte ein Mann, dem gerade von den Nationalsozialisten bitteres Unrecht zugefügt worden war und der deshalb das Leid und die Ängste des Emigrantendaseins erduldet hatte, die besonders schlimm während der fünf Jahre unter deutscher Besatzung waren.

Dieses Ergebnis der Entnazifizierung in Bremen, auf das Dr. Lifschütz mit Recht stolz sein konnte und das auch durch die von ihm veranlaßte, unter den gegebenen Umständen gute Organisation und durch zügiges Durchführen der Verfahren erreicht wurde, war derart, daß die Entnazifizierung in Bremen Ende 1949 praktisch abgeschlossen war, denn am 1.1.1950 waren nur noch ca. 15 Verfahren bei den Spruchkammern und weitere ca. 15 Verfahren bei den Berufungskammern anhängig. Der Senat übersandte daher den Bericht von Dr. Lifschütz zur Begründung seines Entwurfes eines »Gesetzes zum Abschluß der politischen Befreiung« am 8.2.1950 der Bremischen Bürgerschaft.[2] Diese beschloß das Abschlußgesetz am 31.3.1950, das vom Senat am 4.4.1950 bekanntgemacht wurde.[3] Die noch anhängigen Verfahren wurden unter Leitung des Senators für Inneres abgewickelt.

Versucht man, die Leistung von Dr. Lifschütz bei der Entnazifizierung insgesamt zu würdigen, so hat er in der Tat, wie Bürgermeister Kaisen in seinem Dankschreiben ausführte, Bremen einen großen Dienst in schwerer Zeit erwiesen. Er hatte das Amt des Senators in einer Zeit übernommen, als die Entnazifizierung schon sehr umstritten war, und mußte von Anfang an nicht nur mit Kritik, sondern auch mit unsachlichen und persönlichen Angriffen rechnen. Er blieb stets ein Streiter für Recht und

---

1 Verhandlungen zwischen dem Senate und der Bürgerschaft 1950, S. 26
2 a.a.O., S. 23ff.
3 BremGBl. S. 43

Gerechtigkeit und vertrat aufrecht seinen Standpunkt, ohne sich um die Gunst der Öffentlichkeit zu bemühen. Es war auch eine außergewöhnliche organisatorische Leistung, kurz nach Inkrafttreten des Befreiungsgesetzes die Spruchkammern trotz erheblicher personeller Schwierigkeiten einzurichten und mit den zeitbedingten Mängeln an sachlicher Ausstattung und im Winter an Heizung fertig zu werden. In seiner Rede vom 29.4.1948 vor der Bürgerschaft konnte er daher mit Stolz sagen: »Wir haben diese Arbeit (sc. bis auf noch 1500 zu verhandelnde Fälle), in zehn Monaten geleistet, in einer Zeit, die 14 Monate später liegt als in Süddeutschland, wo das Gesetz schon 14 Monate früher eingeführt worden ist. Und wir sind das erste Land in der amerikanischen Zone, das mit der Arbeit so weit gekommen ist.«[1]

Er selbst hatte sich hohe Maßstäbe gesetzt, als er bei der ersten Spruchkammersitzung am 28.8.1947 nach Ansprachen von Senator Aevermann, dem Direktor der Militärregierung für Bremen, Mr. Dunn, und Bürgermeister Wilhelm Kaisen als Vorsitzender der Berufungskammer hervorhob, daß das Verfahren der Entnazifizierung mit allen Garantien des Rechtsstaates durchgeführt werden müsse. Die Spruchkammern »müssen überall dort, wo sie auf Schuld stoßen, den Betroffenen zu der Einsicht und Erkenntnis führen, daß er gefehlt hat.« Diese Aufgabe ist »unendlich schwer, ... ebenso schwierig ist es für den einzelnen, seine Schuld zu bekennen«. Zur Durchführung des Verfahrens erklärte er: »Schnelles Erfassen und Gründlichkeit sind keine Gegensätze, ebenso wenig, wie Breite und Langsamkeit eine Garantie für eine gerechte Entscheidung sind. Die Tätigkeit der Spruchkammern soll keine Totengräber-Arbeit sein, sondern Aufbau.« Ziel der Entnazifizierung war für ihn die Wiederherstellung des Gleichgewichts der Gesellschaft, das gerade durch den Nationalsozialismus zerstört worden war. Aber er war sich auch bewußt, daß dieses Ziel nur sehr schwer erreicht werden kann. »Aber solange dieses höhere Ziel des Gesetzes nicht erreicht wird, werden wir der Gemeinschaft die gesunde und gefestigte Grundlage von Recht und Anstand, deren sie für das verloren gegangene Gleichgewicht so dringend bedarf, nicht zurückgegeben haben.«[2]

Diese Grundsätze, die er in seinen Aufsätzen »Sünde und Sühne« von Februar 1944 und »Zurück zum Recht« von Februar 1945 niedergelegt hatte, bestimmten auch sein Handeln als Senator: das Recht als Basis der Ordnung für eine Gesellschaft im Gleichgewicht zu verwirklichen und den Betroffenen zur Einsicht in sein Fehlverhalten und damit zur Läuterung zu führen. Es spricht für seine menschliche Größe, daß er diesen an sich selbst gestellten Forderungen durch sein eigenes Handeln gerecht wurde. Er war ein Idealist und glaubte an das Gute im Menschen und an die Einsichtsfähigkeit des Menschen, die aber nicht oft zu finden ist. So war das selbst gesteckte Ziel kaum erreichbar, und so wird verständlich, daß er am Schluß seiner Rede vom 22.9.1949 vor der Bürgerschaft resigniert fragte: »Was hat sich dann in jenen 16 Jahren (sc. seit 1933) geändert, das uns das Recht gibt, von einer geistigen Läuterung auf breiter Front zu sprechen? Ich glaube, wir haben noch ein großes Stück Weges, bis wir an dem Ziele angelangt sind, das allen friedfertigen Menschen vorschwebt.«[3] Dieses Ziel wird wohl nie erreicht werden, aber gleichwohl bedarf es der Menschen, die dieses Ziel zu verwirklichen und zu erreichen suchen. Und Dr.

---

1 Verhandlungen der Bremischen Bürgerschaft 1948, S. 184
2 Weser-Kurier vom 30.8.1947
3 Verhandlungen der Bremischen Bürgerschaft 1949, S. 303

Lifschütz gab uns ein Beispiel in seinem Einklang von Denken und Tun.
Nach seinem Ausscheiden aus dem Senat blieb Dr. Lifschütz weiterhin als Rechtsanwalt tätig. Ohne einer Partei anzugehören, wurde er von der Bürgerschaft zum Mitglied des Staatsgerichtshofs der Freien Hansestadt Bremen gewählt, dessen Mitglieder Lifschütz aufgrund seiner Persönlichkeit zum Präsidenten dieses Verfassungsgerichts wählten. Auch in den drei folgenden Legislaturperioden hatte er dieses Amt inne.
Nach seinem Tod am 8. April 1969 gedachte der Bremer Senat seiner Verdienste um Bremen in einem Staatsakt am 11. April 1969.[1]

---

[1] Anm.: Dieser Beitrag wurde Walther Richters Monographie "Dr. Alexander Lifschütz. Ein Leben für die Gerechtigkeit." Veröffentlichungen der Hansestädtischen Rechtsanwaltskammer Bremen, Bd.1, Bremen 1990, S.57-266, hier bes. S.217-241, entnommen.

Alexander Lifschütz

Bericht des Senators für politische Befreiung zum Abschluß der Arbeiten seines Amtes, erstattet in der Senatssitzung vom 23. Dezember 1949[1]

Ehe ich auf meinen eigentlichen Bericht[2] komme, muß ich einige Bemerkungen vorwegnehmen. Ende September d. J., nach Erstattung meines damaligen Referats in der Bürgerschaft, legte ich mir noch einmal die Frage vor, welche Maßnahmen wir ergreifen sollten, um unsere Arbeiten erneut abzukürzen, und wie vor allem der Endtermin vom 31. Dezember 1949 sichergestellt werden könnte. Denn ich war schon zweimal überfällig geworden: einmal zum April d. J., für welchen Zeitpunkt ich mir seinerzeit den Abschluß der Arbeiten gedacht hatte; und dann noch einmal zum 30. Juni 1949.

Die Maßnahmen, die wir zu diesem Ziel trafen, waren die folgenden: Zunächst hatte ich einmal vor mir selbst ein Gelübde abzulegen; ich hatte mir zu versprechen, daß ich keine Kassationen (Art. 52) mehr vornehmen würde, und zwar weder pro noch contra. Denn wenn ich kassierte, so bedeutete dies in jedem Falle die Durchführung eines neuen Verfahrens - mindestens für *eine* Instanz, gegebenenfalls aber auch für zwei Rechtszüge. Dem gleichen Ziel der Arbeitsbeschleunigung dienten eine Reihe weiterer Maßnahmen, die ich im Verein mit meinen Mitarbeitern Ende September festlegte. Ich besprach mich damals mit sämtlichen öffentlichen Klägern, sämtlichen Vorsitzenden der zwei Instanzen, dem Betriebsrat und den engeren Mitarbeitern der Amtsleitung. Wir beschlossen, keine Berufungen gegen erstinstanzliche Sprüche mehr einzulegen. Dies stieß zunächst auf den Widerstand der öffentlichen Kläger, was begreiflich war. Wir beschlossen ferner, keine *Wiederaufnahmen* zu beantragen: Verfahren also, die auf Grund neuen Tatsachenmaterials gegenüber einem rechtskräftigen Spruch begründet erscheinen konnten.

Wir beschlossen damals, daß die *Gnadensachen* nur noch von der Rechtsabteilung bearbeitet werden sollten, um die zeitraubende Berichterstattung der öffentlichen Kläger und der Vorsitzer zu ersparen, deren Arbeitskraft voll und ganz für die Erledigung ihrer Hauptaufgabe reserviert werden sollte. Wir beschlossen schließlich, von dem schriftlichen Verfahrensgang den weitestgehenden Gebrauch zu machen, soweit das Gesetz dies überhaupt zuläßt; bekanntlich schreibt das Gesetz für die »Hauptschuldigen« das mündliche Verfahren obligatorisch vor, während bei den »Belasteten« das schriftliche Verfahren, jedenfalls im Einverständnis des Betroffenen, zulässig ist, in allen übrigen Fällen überhaupt.

Endlich habe ich dann noch eine Hypothek auf mein Nachfolge-Ressort genommen. Ich hoffe, daß der Senat mir darum nicht böse sein wird. Denn inzwischen ist diese Belastung, wie ich noch darzulegen haben werde, gegenstandslos geworden. Ich

---

1 Verhandlungen zwischen dem Senate und der Bürgerschaft 1950, S. 25 - 28
2 Lifschütz schied am 31. Dezember 1949 aus seinem senatorischen Amt aus. Sein Bericht ist die offizielle Abschlußbilanz. Ihr förmliches Ende nahm die Entnazifizierung am 31. März 1950, als die Bürgerschaft ihren Abschluß mit einem entsprechenden Gesetz beschloß (s. den Beitrag von Walther Richter).

habe in diesem Zusammenhang 237 sogenannte *Nachverfahren* bis über den 31. Dezember 1949 zurückgestellt. Hier will ich ein kurzes erläuterndes Wort zu dieser Verfahrensart sagen. Bekanntlich haben wir im Befreiungsgesetz eine Gruppe III, die sogenannten *Minderbelasteten*, die an sich keine selbständige Kategorie darstellen, sondern einen Personenkreis, der sich eine Zeitlang - nämlich während der sogenannten Bewährungsfrist - in einem Reservoir befindet, um dann nach Ablauf der Bewährung in einem erneuten Verfahren - und das ist das *Nachverfahren* - endgültig in eine der vier übrigen Kategorien des Befreiungsgesetzes eingereiht zu werden. Nun mag der gesetzliche Abschlußakt der Entnazifizierung ausfallen, wie auch immer; *eines* ist sicher, daß nach allen vorliegenden Abschlußentwürfen das sogenannte Nachverfahren in Wegfall kommen wird. Die Hypothek, von der ich eben sprach, und die im September d. J. noch einen Vorgriff auf die Zukunftsarbeit und noch ein gewisses Risiko darstellte, kann danach schon heute als löschungsfähig angesehen werden.

Ich glaube, daß ich an dieser Stelle gleich einige Worte dazu sagen sollte, wie ich mir die Abwicklung der *Restarbeiten* für die Zeit nach dem 31. Dezember 1949 vorstelle. Diese Frage zerfällt in zwei Unterfragen: einmal nämlich, was an Restarbeiten noch vorhanden sein wird, und weiter, wo und wie diese Restarbeiten erledigt werden sollen. Nehme ich zunächst den zweiten Punkt, so habe ich hierzu das Folgende zu sagen: Ich glaube mich zu erinnern, und zwar aus gelegentlichen Bemerkungen des Herrn Senators für Justiz und Verfassung wie auch des Herrn Senators für die Innere Verwaltung, daß beide Herren wenig Neigung haben, diese Restarbeiten in ihr Ressort mit zu übernehmen. Ich glaube mich aber auch zu erinnern, Herr Präsident, daß Sie in einer Besprechung vor mehreren Wochen mit mir der gleichen Meinung gewesen sind, daß die Restarbeiten nach dem 31. Dezember 1949 unter der Leitung eines zuverlässigen Angestellten meines Amtes unmittelbar *Ihrer* Kontrolle unterstellt werden könnten. So komme ich zu der anderen Frage, was noch nach dem 31. Dezember 1949 zu erledigen sein wird. Dabei wird es sich, wie ich später noch im einzelnen auszuführen haben werde, im wesentlichen um etwa **15** Verfahren bei den Spruchkammern und um etwa weitere **15** Verfahren, bei den Berufungskammern handeln. Alles andere dürfte mehr oder weniger in Fortfall kommen. Nachverfahren nach Artikel 42 wird es nicht mehr geben, wie immer die gesetzliche Abschlußregelung ausfallen wird. Das habe ich eben schon hervorgehoben. Vollziehungsarbeiten, d. h. Einziehung von restlichen Sühnegeldern und Kosten, wird es auch nicht mehr geben, wie wir unter Zustimmung des Herrn Finanzsenators in unserer Aussprache vom 13. Dezember d.J. bereits festgelegt haben. Kommt es aber im übrigen zu einer gesetzlichen Abschlußregelung, wie ich sie mir vorstelle und wie ich es später noch darzulegen haben werde, dann wird es auch keine *Wiederaufnahmen* nach Artikel 48 mehr geben, keine *Kassationen* nach Artikel 52, keine *Herabstufungen* nach Artikel 53, und auch *Gnadenerweise* des Herrn Senatspräsidenten nach Artikel 54 werden nicht mehr nötig sein.

Diese restlichen Arbeiten werden sich nach meiner Meinung bewältigen lassen mit etwa dem folgenden Apparat:
mit je einem Spruchrichter für die I. Instanz, einem solchen für die II. Instanz, mit dem hierzugehörigen technischen Personal, einem Amtsleiter und einigen dazugehörigen Arbeitskräften, insgesamt mit einem Personal von etwa zwölf bis 15

Personen, und zwar, wie ich schon sagte, unter der Kontrolle des Herrn Senatspräsidenten.
Nach Abschluß meines Referats wird der Senat sich zu dieser Frage schlüssig werden müssen.
Soviel zum Allgemeinen. Ich komme nun zu meinem eigentlichen Bericht.
Hier will ich zunächst das rein zahlenmäßige Ergebnis herausstellen. Wir haben während des Bestehens des Amts an Anmeldungen gehabt einen Meldebogeneingang von 411.487 Personen.
Davon waren echte Nichtbetroffene: 295.166 Personen.
Das bedeutet ca. 71% echte Nichtbetroffene der gesamten meldepflichtigen Bevölkerung.
Wir haben ferner die folgenden amnestierten Nichtbetroffenen gehabt:

durch die Jugendamnestie:	49.713 Nichtbetroffene,
durch die Weihnachtsamnestie:	46.720 Nichtbetroffene.

Aus anderen Gründen eingestellte Verfahren, wie z. B. Tod, 3.238 Nichtbetroffene.
Das bedeutet weitere ca. 24% an Nichtbetroffenen der meldepflichtigen Bevölkerung.
Insgesamt hatten wir also in Bremen ca. 95% Nichtbetroffene in der Bevölkerung. Ich bitte, diese Zahl im Gedächtnis zu behalten, weil wir ihr noch in anderem Zusammenhang begegnen werden. Die restlichen 5% der Bevölkerung verteilten sich auf die fünf Kategorien des Befreiungsgesetzes wie folgt:

Hauptschuldige	13
Belastete	155
Minderbelastete	640
Mitläufer	14.746
Entlastete	1.033

Zu den Minderbelasteten bemerke ich, daß 403 derselben bereits in dem vorhin beschriebenen Nachverfahren zu *Mitläufern* erklärt sind, so daß die bereits erwähnten 237 Personen verbleiben, für die noch das Nachverfahren offen ist, aber nach dem früher Gesagten nicht mehr in Frage kommen wird.
Ich will noch erwähnen, daß wir durch den Zuzug von Fremden nach Bremen laufend Meldeeingänge gehabt haben, die sich im November d. J. noch auf ca. 600 Anmeldungen beliefen. Freilich konnte der größte Prozentsatz als nichtbetroffen oder amnestiert sofort abgebucht werden, so daß pro Monat nicht mehr als fünf bis zehn Meldungen durch die Kammern zu behandeln waren.
Noch ein Wort der Erläuterung zu der oben erwähnten Weihnachtsamnestie und Jugendamnestie: Diese Amnestien wurden Ende 1946 in den anderen Ländern der amerikanischen Zone erlassen. In Bremen wurden sie als Artikel 3a gleich in das Gesetz hineingearbeitet, das bei uns erst 14 Monate später, nämlich am 9. Mai 1947 in Kraft trat.
Materiell hatten die Amnestien folgenden Inhalt:
Wer nur nominelles Parteimitglied war, galt zufolge der Amnestie auch als nichtbetroffen, wenn er dem folgenden Personenkreis angehörte: entweder nach dem 1. Januar 1919 geboren war oder aber im Jahre 1943 ein geringeres Einkommen als 4068,- RM gehabt hatte oder schließlich 50% und mehr kriegsbeschädigt war.

Das ist das zahlenmäßige Ergebnis unserer Arbeit. Ich glaube aber, daß ich auch noch ein Wort über die Art unseres Arbeitsganges in aller Kürze sagen muß. Dabei wird immer zu beachten bleiben, daß die ungeheuren Schwierigkeiten in personeller und materieller Beziehung durch statistische Zahlen niemals festgehalten oder gar erwiesen werden können. Ich will in diesem Zusammenhang dem Senat noch folgendes ins Gedächtnis zurückrufen. Noch im März 1948 mußte ich auf einer Bürgerversammlung (damals nannten wir so etwas noch town-meeting), die auf Anregung der damaligen Militärregierung unter dem Vorsitz unseres Senatspräsidenten und in Anwesenheit der Militärregierung mit Mr. Dunn an der Spitze stattfand, die anwesenden Vertreter der politischen Parteien und übrigen Verbände inständigst bitten, uns noch weitere geeignete Arbeitskräfte und technisches Material zur Verfügung zu stellen. Ich bettelte damals noch um einige Schreibmaschinen. Unter solchen Schwierigkeiten vollzog sich unser Arbeitsgang.

Wir haben anfangs die Meldebogen registriert, die - wie erwähnt - auf insgesamt 411.487 angewachsen sind.

Nach der ursprünglichen Gesetzeslage konnten zunächst nach kurzer Überprüfung nur

357.577	Nichtbetroffenen- und Amnestiebescheide erteilt werden.
34.624	Betroffene, bei denen noch besondere Ermittlungen stattzufinden hatten, blieben zurückgestellt und konnten im *Schnellverfahren* erst mit den später erlassenen Erleichterungsgesetzen behandelt werden.

Wir haben in unserer Arbeit in den etwa zwei Jahren folgende Leistungen vollbracht:

1.728	*mündliche* Verfahren wurden durchgeführt (teilweise mehrtägig), davon 1.464 erstinstanzliche Verfahren,
155	Wiederaufnahmeverfahren (Art. 47, Abs. 3, 48, 52),
109	zweitinstanzliche Verfahren.
7.734	schriftliche Verfahren wurden durchgeführt, wobei zu beachten bleibt, daß es immerhin Verfahren mit *mündlicher Beratung* unter Zuziehung von Beisitzern betrifft. Davon
1.143	erstinstanzliche Verfahren,
4.430	Einspruchverfahren gegen Sühnebescheide,
113	Wiederaufnahmeverfahren (nach Art. 47, Abs. 3, 48, 52),
1.671	zweitinstanzliche Verfahren,
403	Nachverfahren,
16.188	*Sühnebescheide* wurden erlassen, wohl ohne Zuziehung von Beisitzern, aber immerhin im Zusammenwirken von öffentlichen Klägern und Kammervorsitzern.
2.106	*Herabsetzungsverfahren* wegen Verfahrenskosten wurden behandelt.
1.597	*Gnadengesuche* wurden erledigt (davon 972 befürwortet, während 557 abschlägig beschieden wurden und noch 68 Anträge unerledigt sind).

Die reine Verwaltungsarbeit ist mit diesen Zahlen noch nicht einmal berührt. Zeitlich vollzog sich der eben geschilderte Arbeitsgang so, daß bis zum März 1948 330.824 echte Nichtbetroffene und Amnestie-Nichtbetroffene beschieden werden konnten. Nach Erlaß der beiden Erleichterungsgesetze aus Oktober 1947 und März 1948 wurden dann weitere 45.133 Schnellverfahren durch Sühnebescheide und Amnestiebescheide im April und Mai 1948 erledigt.

Dieser Arbeitsgang hat trotz seiner schematischen Durchführung nicht mehr Korrekturen erforderlich gemacht als ca. 120 Wiederaufnahmen und ca. 150 Kassationen.

Ich kann diesen Abschnitt meines Berichts nicht schließen, ohne nicht zugleich Vergleiche zu ziehen. An sich wäre es erwünscht gewesen, an Hand von Zahlenmaterial der übrigen Länder der amerikanischen Zone, mit denen wir unter dem gleichen Befreiungsgesetz leben, eine Gegenüberstellung zu den Arbeitsergebnissen dieser Länder vorzunehmen. Leider haben die Länder Württemberg-Baden und Hessen bisher Abschlußberichte nicht herausgegeben. Wohl aber hat Bayern vor wenigen Wochen einen gedruckten Bericht geliefert, der sich in einem Sonderdruck der Bayerischen Staatszeitung vorfindet. Da Bayern das größte Land in der amerikanischen Zone ist und Bremen das kleinste, dürfte ein Vergleich und eine Gegenüberstellung der Arbeitsergebnisse dieser beiden Länder besonders wertvoll und lehrreich sein.

Bayern hat einen Meldebogeneingang verzeichnet von 6.751.567. Das ist entsprechend der größeren Bevölkerungszahl das genau Fünfzehnfache der bremischen Anmeldungen unter den gleichen Gesetzesvoraussetzungen. Hiervon meldet Bayern als Nichtbetroffene 4.886.548. Bayern hat nun die Nichtbetroffenen nicht zerlegt in echte Nichtbetroffene einerseits und amnestierte Nichtbetroffene andererseits, so daß ich bei der Gegenüberstellung auch für Bremen die beiden Nichtbetroffenenkategorien zusammenziehen muß. Während nun in Bayern die Zahl der Nichtbetroffenen einen Prozentsatz von ca. 73 Prozent darstellt, habe ich vorhin für Bremen einen Prozentsatz von 95 Prozent angeben können. Bremen hat also 22 Prozent mehr Nichtbetroffene als Bayern aufzuweisen.

Aber die Zahlen werden noch interessanter, wenn man die Kategorisierungsergebnisse im *übrigen* gegeneinanderhält. Dabei ergibt sich - zunächst generell gesagt -, daß Bayern, gemessen an dem Bremer Ergebnis, in den drei ersten Gruppen (Hauptschuldige, Belastete, Minderbelastete), also bei den schweren Kategorien, verhältnismäßig mehr Betroffene auszuweisen hat als Bremen, während Bayern in den beiden leichteren Gruppen (Mitläufer, Entlastete) hinter Bremen nicht unwesentlich zurückbleibt. Im einzelnen: Wäre das Ergebnis der Kategorisierung in Bayern dem Bremer Ergebnis entsprechend, dann hätte Bayern (bei dem 15fach höheren Meldebogeneingang) höchstens 196 Hauptschuldige haben dürfen, während es 744 Hauptschuldige meldet: also etwa das Vierfache gegenüber Bremen! Weiter: Gemessen am Bremer Ergebnis dürfte Bayern nur etwa 2300 Belastete haben, während es 11.067 Belastete aufführt. Also etwa das Fünffache! Gemessen am Bremer Ergebnis dürfte Bayern höchstens 10.000 Minderbelastete haben, während es 52.992 verzeichnet. Nun aber die beiden letzten Gruppen! Hier ist das Verhältnis gerade umgekehrt. Gemessen am Bremer Ergebnis müßte Bayern mindestens 235.000 Mitläufer haben; es meldet aber nur 215.767 Mitläufer. Wäre das bayerische Ergebnis dem bremischen kongruent, dann hätte Bayern mehr als 16.000 Entlastete verzeichnen müssen; es finden sich aber nur 8841 Entlastete im bayerischen Bericht.

Will man aus dieser Vergleichsetzung einen Schluß ziehen, so darf derselbe bei vorsichtiger Bewertung doch so lauten: Einmal dürfte Bremen kein besonders geeigneter Nährboden für Nationalsozialismus gewesen sein, wie ich es schon früher einmal gesagt habe. Weiter aber war die Bremer Entnazifizierung vielleicht nicht gerechter - das will ich für mich nicht in Anspruch nehmen -, aber jedenfalls *milde*.

Und das glaube ich nicht nur in der erörterten Relation zu einem Land wie Bayern, sondern auch in absoluter Beziehung sagen zu dürfen: denn 13 Hauptschuldige und 155 Belastete sind - auch absolut gesehen, um es noch einmal zu sagen - jedenfalls kein blutiges Ergebnis.

Ich komme nunmehr zu dem zweiten Abschnitt meines Berichts, nämlich der Frage: Mit welcher Organisation und in welcher Zeit haben wir unsere Arbeit geschafft und das vorgetragene Ergebnis erreicht. Zeitlich habe ich zu bemerken, daß wir 14 Monate später begonnen haben als die anderen Länder der amerikanischen Zone und dennoch früher fertig geworden sind! Denn wir haben nur noch ca. 30 Verfahren in der I. und II. Instanz zusammen übrig behalten, während nach dem bayerischen Bericht immerhin noch mindestens 8000 Verfahren offen geblieben sind.

Wir haben diese Arbeit in der Höchstkonjunktur im März 1948 mit einer Zahl von 645 Angestellten erledigt, die seitdem laufend *verringert* worden ist und im Dezember 1949 sich nur noch auf 55 Angestellte beläuft. Hiervon werden nach dem 31. Dezember 1949 nur noch ca. 12 bis 15 Arbeitskräfte benötigt werden. Wir haben in der gleichen Zeit mit einer Höchstzahl von 17 Spruchkammern I. Instanz gearbeitet, die laufend abgebaut worden ist und im Augenblick noch mit drei Kammern zu beziffern ist. Vom 1. Januar 1950 ab wird nach dem, was ich vorhin sagte, nur noch *eine* Spruchkammer benötigt werden. Wir haben eine Höchstzahl von sieben Berufungskammern gehabt, die sich gegenwärtig noch auf vier beläuft; nach dem 1. Januar 1950 wird nur noch eine Berufungskammer zu arbeiten brauchen.

Im übrigen wird auf die nachfolgende Tabelle verwiesen, die die Entwicklung des Personalbestandes wiedergibt.

Der Personalbestand des Amtes:

	Gesamt ohne 360 Beisitzer	Dienststelle des Senators	Interniertenlager	Spruchkammern einschl. Kläger		Berufungskammern	
				Anzahl der Kammern	Anzahl der Angestellten	Anzahl der Kammern	Anzahl der Angestellten
Mai 1947	40	40	-	-	-	-	-
Oktober 1947	402	80	76	11	246	-	-
März 1948	645	96	152	17	393	-	4
September 1948	520	118	121	15	270	3	11
Oktober 1948	356	97	78	12	170	3	11
März 1949	189	49	-	9	125	7	15
August 1949	117	43	-	7	63	6	11
Dezember 1949	55	22	-	3	25	4	8

An dieser Stelle meines Berichts kann ich zugleich zu der Frage Stellung nehmen, wie sich das Sicherungsgesetz zugunsten der Angestellten meines Amtes ausgewirkt hat. Von den 645 Angestellten des Amtes haben Sicherungsanträge gestellt: 537 Personen. Positiv entschieden wurden hiervon 386 Anträge, negativ entschieden 11 Anträge. Über 58 Anträge wurde bisher nicht entschieden, da die Betreffenden noch im Dienst sind. 82 Anträge fielen fort, da die Antragsteller vorzeitig ausschieden. Von den positiv entschiedenen 386 Anträgen entfielen

    265   auf Abfindungen;
    98   Personen wurden im öffentlichen Dienst untergebracht;
    23   Personen müßten noch im öffentlichen Dienst untergebracht werden (vergl. im übrigen die anliegende Zusammenstellung - Unterlage 1 -).

Ein Wort noch zur Frage der Abfindung.
Bei meinen Mitarbeitern besteht der Wunsch, die Abfindung völlig steuerfrei zu erhalten, ein Wunsch, dem sich der Herr Finanzsenator in unseren bisherigen Verhandlungen noch verschlossen hat, während er wohl bereit gewesen ist, die Abfindung als ein einfaches künftiges Jahreseinkommen zu betrachten. Ich habe die Bitte auszusprechen, daß diese Verhandlungen mit meinen Mitarbeitern von dem Herrn Präsidenten des Senats und dem Herrn Finanzsenator noch weitergeführt und zu einem Ende gebracht werden.
Ich wende mich nun demjenigen Abschnitt meines Berichts zu, der den *Kostenaufwand* meines Amtes betrifft.
Die Ausgaben des Amtes beliefen sich in *RM-Zeit* - mithin für einen Zeitraum von etwa einem Jahre - auf

                  RM 2.550.499,65.

Diese Ausgaben konnten von uns ohne Inanspruchnahme von Staatsmitteln durch vereinnahmte Verfahrenskosten völlig gedeckt werden. Wir haben also sozusagen uns aus uns selbst ernährt. Die Ausgaben betrafen sowohl Sachausgaben wie Personalausgaben wie die Unterhaltung des Interniertenlagers.

An Sachausgaben hatten wir	RM	341.581,31
an Personalausgaben hatten wir	RM	1.431.744,26
das Interniertenlager kostete uns	RM	777.174,08
das ergibt einen Betrag von	RM	2.550.499,65

Wir vereinnahmten an Verfahrenskosten, die für die Deckung unserer Ausgaben verwendet werden durften,

                  RM 3.803.129,16.

Wir hatten also einen *Überschuß* von rund RM 1.300.000.-, die über die Währungsumstellung hinweg in Höhe von rd. DM 130.000.-
gerettet werden konnten.
In der *DM-Zeit* hatten wir einen Aufwand von

                  DM 2.930.485,77.

In diesem Betrage sind aber enthalten die oben erwähnten Abfindungen mit

                  DM 924.178,94.

Dies war kein Aufwand für die Vergangenheit, sondern geht auf die Zukunft. Er darf daher von dem Gesamtbetrage abgesetzt werden, so daß sich dieser für die 18 Monate seit der Währungsumstellung verringert auf etwa DM 2.000.000. Von diesem Betrage gehen ab die in der DM-Zeit vereinnahmten *Verfahrenskosten* mit DM 480.652,57. Es verbleibt daher ein Kostenaufwand in der DM-Zeit von rd.

1.500.000,-. Hiervon aber sind ferner abzusetzen die aus der RM-Zeit geretteten und oben erwähnten 130.000.-, so daß der Gesamtkostenaufwand sich beläuft für die DM-Zeit auf etwa

DM 1.370.000.-.

In diesem Betrage sind zugleich enthalten die Aufwendungen für die Sachausgaben mit DM 228.684,81.- und für die Unterhaltung des Interniertenlagers mit DM 339.997,65.

Ich kann in diesem Zusammenhang gleich berichten über diejenigen Beiträge, die wir an *Sühnen* vereinnahmt und ihrer Zweckgebundenheit entsprechend für *Wohlfahrtszwecke* zur Verfügung gestellt haben.

In der RM-Zeit vereinnahmten wir an Sühnen RM 11.597.225,84. Dieser Betrag ging an den Herrn Senator für Wohlfahrt. In der DM-Zeit vereinnahmten wir an Sühnen DM 208.701,44. Auch dieser Betrag floß an den Herrn Senator für die Wohlfahrt.

Außenstände an Sühnen und Kosten haben wir noch:

für die ersteren:	DM	127.976,11,
für die letzteren:	DM	163.086,87.

Diese beiden Beträge werden angesichts der Abschlußregelung, wie sie zu erwarten ist und wie ich oben bereits berichtet habe, als gestrichen anzusehen sein (vergl. zum Kostenaufwand und Sühneeingang Unteranlage 2).

Ich habe nun noch zum Schluß meines allgemeinen Berichts einige Worte über die *Interniertenfrage* zu sagen.

Im August 1947 wurde dem Amt von der damaligen Militärregierung das Interniertenlager im Bunker an der Parkallee übergeben. Hierbei handelte es sich um 80 Internierte. Der größte Teil der Bremer Internierten befand sich damals aber noch in süddeutschen Lägern. Die Beteiligten kamen erst im Januar-Februar 1948 aus Süddeutschland herauf. Hierfür wurde das Lager »Riespot« eingerichtet und zur Verfügung gestellt. Die höchste Stärke des Lagers belief sich auf 446 Internierte. Der größte Teil der Internierten wurde mit Aufhebung des autmatischen Arrestes - Befehl des Generals Clay - in den Monaten März-Juli 1948 entlassen. Es betraf dies 259 Internierte.

Im übrigen verteilen sich die Entlassungen wie folgt:

Entlassungen vor der Spruchkammerverhandlung	264
Entlassungen auf Grund von Kammerentscheidungen, die kein Arbeitslager festsetzten	206
Entlassungen auf Grund von Begnadigungen	18
Überführung zu anderen Lägern oder Besatzungszonen	15
sonstige Abgänge (Krankheit, Flucht)	67
Entlassungen nach Haftverbüßung	7

Zum 1. Februar 1949 wurde das Lager »Riespot« zur Kostenersparnis aufgelöst und die Internierten nach kurzem Aufenthalt im Untersuchungsgefängnis in Bremen in das Festungsgebäude in Bremerhaven übergeführt. Dort befinden sich zur Zeit noch 8 Internierte. Einige weitere Personen können als Internierte noch in Frage kommen. Erfreulicherweise ist es inzwischen gelungen, mit der Unterstützung des Herrn Bausenators eine Lösung zu finden, derzufolge die Internierten aus Bremerhaven nach Bremen gebracht werden können, um hier in der Trümmerverwertung zu

arbeiten und zugleich in einer geeigneten Baracke in Bremen Unterkunft zu finden. Das würde auch den vielfach vorgebrachten Wünschen der Internierten entsprechen, die arbeiten wollen und sich in Bremerhaven unglücklich fühlen.
Damit wäre auch diese Frage gelöst, und zwar - nach den Mitteilungen des Herrn Bausenators - ohne besondere Kosten für unser Amt.

Unteranlage 1

Bisher eingegangene Anträge auf Sicherung:	537
Davon	
a) Anträge auf Beschäftigung im öffentlichen Dienst:	261
b) Anträge auf Beschäftigung in der freien Wirtschaft:	9
c) Anträge auf Selbständigkeit:	3
d) Anträge auf Ermöglichung einer Berufsausbildung:	keine
e) Anträge auf Abfindung:	264
Bewilligte Anträge:	386
Noch nicht entschiedene Anträge, da noch im Dienst:	58
Noch nicht zum Zuge gekommene Anträge, da vorzeitig ausgeschieden:	82
Abgewiesene Anträge:	11
Einsprüche gegen abgewiesene Anträge:	3
über Einsprüche entschieden (erneut abgelehnt):	3
Bewilligte Abfindungen:	265
Davon	
263 mit 100%iger Abfindung, 2 mit 60%iger Abfindung.	
Bislang im öffentlichen Dienst untergebracht:	98
(Übergangsgeld):	23

Unteranlage 2

Haushaltsausgaben:
1. Geldsühne zur Wiedergutmachung.

Soll (Die von den Kammern verhängten rechtskräftigen Sühnen nach Abzug der auf dem Gnadenwege ermäßigten Beträge)	*Bisher* eingezahlt	*Noch* einzuzahlende Sühnen. (Diese können sich noch durch den Gnadenweg ermäßigen)
11.597.225,84 RM	11.597.225,84 RM	–
336.677,55 DM	208.701,44 DM	127.976,11 DM

Die obigen Sollbeträge sind schon im Gnadenerlaß um RM 2.287.470,95. und DM 244.790,15. Sühne ermäßigt.

2. Verfahrenskosten.

Soll (Die von den Kammern verhängten rechtskräftigen Kosten nach Abzug der Kostenberichtigungen sowie der Kostenermäßigungen nach § 6 der Geb.-Ordnung)	Bisher eingezahlt	Noch einzuzahlende Kosten. (Diese können sich noch durch laufende Anträge ermäßigen)
3.803.129,16 RM	3.803.129,16 RM	–
643.739,44 DM	480.652,57 DM	163.086,87 DM

Die obigen Sollbeträge sind schon durch Kostenberichtigungen und Kostenermäßigungen nach § 6 der Gebührenordnung um RM 1.628.233,06. und DM 369.379,02. Verfahrenskosten ermäßigt.

3. Ausgaben des Amtes bis heute (21.12. 1949):

RM 2.550.499,65
DM 2.930.485,77

Die obigen Ausgaben des Amtes verteilen sich auf die einzelnen Sachgebiete wie folgt:

Sachliche Ausgaben	Personalkosten	Abfindung	Internierten-Lager
341.581,31 RM	1.431.744,26 RM	–	777.174,08 RM
228.684,81 DM	1.437.624,37 DM	924.178,94 DM	339.997,65 DM

Joseph F. Napoli

Die Entnazifizierung vom Standpunkt eines Amerikaners

Übersetzt und mit einem Nachwort versehen von Andreas Röpcke

Die Entnazifizierung - ein Begriff, der zunächst die Ausrottung des Nationalsozialismus in Deutschland bedeutete, ist allmählich dahin entartet, daß unter ihm die Reinwaschung von Nationalsozialisten zu verstehen ist. Nach fast vier Jahren Besatzungszeit ist es Mode geworden, die Entnazifizierung als ein ungerechtes, weil nachträglich konstruiertes (ex post facto) und schlecht geführtes Verfahren zu bezeichnen.

Wir, die wir daran arbeiten, die Politik der Militärregierung durchzuführen, haben einen - wie es jetzt erscheint - vergeblichen Kampf um eine gründliche Entnazifizierung sowohl der öffentlichen wie der privaten Dienstverhältnisse in Deutschland geführt. Es ist die Beschuldigung vorgebracht worden, daß Millionen von Menschen zu Unrecht aus ihren Berufen entlassen worden seien und weiterhin, daß gewöhnliche Arbeit die einzige Art der Beschäftigung war, die Mitgliedern der Nazi-Partei gestattet wurde. Es ist u. a. auch der Vorwurf erhoben worden, daß Studenten von Universiäten ausgeschlossen worden sind, weil sie Mitglieder von der Partei angeschlossenen Verbänden waren; daß keine Einheitlichkeit im Gesetz besteht, daß die Untersuchungsgerichte sich zu Organen entwickelt haben, die nur auf politische Schikane bedacht sind. Diese Argumente sind mit der Behauptung geschmückt worden, daß der Deutsche politisch naiv, aber seiner Regierung ergeben sei.

Es wird behauptet, daß die Bestrafung des Nationalsozialismus zur Bestrafung der Gedankenfreiheit geworden ist, und daß die Gerichte, die eingerichtet worden waren, um Nationalsozialisten abzuurteilen, ausschließlich aus Personen bestehen, die auf Grund ihrer politischen Ansichten gewählt wurden. Ein sehr einleuchtender Punkt in den Argumenten der Gegner der Entnazifizierung ist die Feststellung, daß das auf Grund des Befreiungsgesetzes[1] angewandte Verfahren den Wiederaufbau Deutschlands nach dem Marshall-Plan hindere und »Korruption, Bestechlichkeit und politischen Egoismus« fördere.

Wir, die wir in der Entnazifizierung tätig gewesen sind, haben von den ersten Tagen der Besetzung gemerkt, daß wir gegen den Strom schwimmen. Wir sind als Kommunisten, jüdische *Rächer*[2] und als unpraktische Idealisten angegriffen worden. Diese Angriffe auf uns kamen sowohl von deutscher als auch von amerikanischer Seite.

Gegner der Entnazifizierung

Im Rückblick auf vier Jahre der Besetzung ist es eine gesicherte Feststellung, daß die Personen, die die Entnazifizierung am beharrlichsten und geschicktesten bekämpft haben, mit den Elementen identisch sind, denen auch Dekartellisierung, Entmilitarisierung, Restitutionen und Reparationen mißfallen haben. Dieselben

---
1 Gesetz zur Befreiung von Nationalsozialismus und Militarismus, in den süddeutschen Ländern der US-Zone am 5.3.1946 in Kraft gesetzt, in Bremen am 9.5.1947, siehe Anhang, Nr. 1.
2 Auch im amerikanischen Text als deutsches Wort kursiv geschrieben.

Joseph F. Napoli in seiner Bremer Zeit

Elemente, die argumentieren, daß Deutschland bewaffnet sein müsse, um der Bedrohung aus dem Osten standzuhalten, argumentieren, daß der Westen unklug handele, wenn er diejenigen bestrafe, die den Bolschewismus so lange und so mutig bekämpften. Unter den Besatzungsstreitkräften gibt es politisch unreife Elemente, die der Ansicht sind, daß die Gestapo und der *Sicherheitsdienst*[1] heute mit unseren Nachrichtendiensten zusammenarbeiten müßten, um aus ihrer Kenntnis und ihren Erfahrungen mit dem Kommunismus Nutzen zu ziehen. Es gibt sowohl unter der deutschen wie unter der amerikanischen Bevölkerung Personen, die sagen, daß die deutsche Industrie nur dann voll ausgenutzt werden könne, wenn die erfahrenen Industriellen, die Hitler finanzierten, die Genehmigung erhalten, in ihre Fabriken zurückzukehren.

Zufällig sind dieses dieselben Leute, die die Errichtung einer internationalen Ruhr-Behörde beklagen, obwohl diese Behörde nur ganz gelinde Polizeigewalt haben wird. Es sind dies Personen, die das Restitutionsprogramm der Militärregierung als gehässige Maßnahme ansehen, wodurch diejenigen aggressiven Unternehmer bestraft werden, die sich mit allen erreichbaren Transportmitteln und Kunstgegenständen in Norwegen, Dänemark, Frankreich, in der Tschechoslowakei, Belgien und Italien davongemacht haben. Es sind dieselben Personen, in deren Fabriken Kanonen und Terrorwaffen hergestellt wurden, die uns aber heute sagen, daß, wenn die Reparationen weiterhin andauern, ihre Fabriken nicht in der Lage sein werden, Milchkannen und Spielsachen für die deutschen Kinder herzustellen.

Wir Amerikaner kamen mit gewissem Idealismus (with stars in our eyes) nach Deutschland. Wir zweifelten oft an den Berichten, die wir über Belsen, Buchenwald, Oranienburg, Sachsenhausen und Dachau gehört hatten. Greuelgeschichten waren uns nichts Neues. Wir alle hatten Bilder gesehen und die Propaganda gehört. Es bedurfte des Beweises von tonnenweise aufeinandergehäuften Knochen, um uns von der Wahrheit zu überzeugen. Heute haben die Menschen, die ihrerseits die Entnazifizierung und die damit verbundenen »negativen« Maßnahmen diskreditieren wollen, den ekelhaft süßlichen Geruch der toten Juden, Zigeuner und ausländischen Sklavenarbeiter in Deutschland passenderweise vergessen. Sie haben keine gelehrten Abhandlungen über Buße oder Reue geschrieben oder Pläne ausgearbeitet, um die Wiederkehr einer philosophischen Prostitution wie der des Nationalsozialismus nach Deutschland oder Europa zu verhindern. Sie schreiben über die Unfähigkeit ungelernter Verwaltungsbeamter, die Bestechlichkeit der neuen Bürokratie und über die Mittel zur Bekämpfung subversiver Ideen und Handlungen.

Geschichte der Entnazifizierung

Um zu bestimmen, was Entnazifizierung im Sinne der Demokratisierung und Durchführung der Ziele der Militärregierung bedeutet, ist es notwendig, zur Entstehung des Gesetzes zur Befreiung von Nationalsozialismus und Militarismus zurückzugehen. In Jalta gaben Premierminister Churchill, Präsident Roosevelt und Marschall Stalin feierlich ihrer Absicht Ausdruck, nach der bedingungslosen Kapitulation Deutschlands den Frieden zu garantieren. Es wurde festgestellt, daß es die unbeugsame Absicht der Großen Drei sei, »den deutschen Militarismus und Nazismus zu vernichten und sicherzustellen, daß Deutschland nie wieder in der Lage sein

---

[1] Auch im amerikanischen Text als deutsches Wort kursiv geschrieben.

wird, den Weltfrieden zu stören« und »die Nazi-Partei, die nazistischen Gesetze, Organisationen und Einrichtungen auszulöschen (und) alle nazistischen und militaristischen Einflüsse aus dem öffentlichen Dienst und aus dem kulturellen und wirtschaftlichen Leben des deutschen Volkes zu beseitigen.«

Im Juli 1945 gaben Truman, Stalin, Churchill und Attlee in Potsdam in folgenden Worten ihrer Entschlossenheit Ausdruck, den Nazismus auszulöschen:
»Der deutsche Militarismus und Nazismus wird ausgemerzt werden. (...) alle Klubs und Vereine, die der Aufrechterhaltung der militärischen Tradition in Deutschland dienen, sollen vollkommen und endgültig abgeschafft werden auf eine Weise, die ein Wiederaufleben oder eine Reorganisation des deutschen Militarismus und Nazismus für immer unmöglich macht. (...) Die Nationalsozialistische Partei und ihre angeschlossenen und kontrollierten Organisationen zu zerstören, alle nazistischen Einrichtungen aufzulösen, sicherzustellen, daß sie nicht in irgendeiner Form wiederaufleben und jede nazistische und militaristische Betätigung oder Propaganda zu verhindern. (...) Nazi-Führer, einflußreiche Förderer der Nazis und hohe Funktionäre von nazistischen Organisationen und Institutionen und alle anderen Personen, die eine Gefahr für die Besatzung oder ihre Ziele darstellen, sollen verhaftet und interniert werden. Alle Mitglieder der Nazi-Partei, die sich mehr als nominell an ihrer Tätigkeit beteiligt haben, (...) sollen aus dem öffentlichen oder halböffentlichen Dienst und aus verantwortlichen Stellungen in wichtigen privaten Unternehmen entfernt werden.«

Die noble Sprache dieser beiden Erklärungen wurde später durch die Direktive Nr. 24 des in Berlin residierenden Alliierten Kontrollrats[1] ergänzt. Die Sätze von Potsdam und Jalta wurden fast ohne Abänderung wiedergebracht, um die unerbittliche Gegnerschaft der Alliierten zum Nationalsozialismus zum Ausdruck zu bringen. Die Direktive verkündete weiterhin, daß die Stellungen der entlassenen Nazis von denjenigen besetzt werden würden, die auf Grund ihrer positiven moralischen Qualitäten für fähig gehalten wurden, »bei dem Aufbau echter demokratischer Einrichtungen in Deutschland Hilfe zu leisten«.

Auf die Verlautbarungen von Jalta, Potsdam und die Kontrollrats-Direktive Nr. 24 der vier Mächte, und in ganz ähnlichen Worten gehalten, folgte das »Gesetz zur Befreiung von Nationalsozialismus und Militarismus«.[2] Hier handelte es sich um ein deutsches Gesetz, das vom deutschen *Länderrat*[3] verkündet und in jedem der vier Staaten der amerikanischen Besatzungszone angewendet wurde. Das Befreiungsgesetz sah sich zum Zeitpunkt seiner Verabschiedung der Aufgabe gegenüber, beinahe zwölf Millionen Fragebogen zu bearbeiten und drei Millionen Menschen wegen mehr als nomineller Anhängerschaft an die nazistischen Lehren vor Gericht zu stellen. Neben den Sätzen von Jalta und Potsdam legte es die Bedingungen und Voraussetzungen für Verfahren gegen auf Grund dieses Gesetzes bezichtigte Personen fest.

---

1 Kontrollratsdirektive Nr. 24 vom 12.1. 1946 zur »Entfernung von Nationalsozialisten und Personen, die den Bestrebungen der Alliierten feindlich gegenüberstehen, aus Ämtern und verantwortlichen Stellungen.«
2 Siehe Anhang, Nr. 1
3 Im amerikanischen Text als deutsches Wort kursiv geschrieben

Praktische Schwierigkeiten

Als die Dienststelle der Militärregierung in Deutschland in Funktion trat, brachten einige von uns vor, daß es Unsinn sei, den Versuch zu unternehmen, elf bis dreizehn Millionen Deutsche wegen nationalsozialistischer Anhängerschaft von nomineller Mitgliedschaft bis zu aktivem Terrorismus vor Gericht zu bringen. Wir argumentierten, daß die Personen, die Kriegsverbrechen begangen hatten, sowieso leicht aufzuspüren seien, und daß diejenigen, die mehr als nominelle Anhänger des Nationalsozialismus gewesen waren, in jeder Gemeinde schnell aufgelistet werden könnten. Wir wollten das deutsche Justizwesen säubern und es mit bekannten Nazigegnern besetzen - von denen einige wenige übriggeblieben waren - um dann diese führenden Nazi-Elemente vor Gericht zu bringen. Wir reichten eine Liste ein, in der diejenigen Stellungen aufgeführt wurden, von denen alle Nazi-Aktivisten, -Nutznießer und -Sympathisanten ausgeschlossen sein sollten. Wir hatten die Jahre der Opfer und verpaßten Gelegenheiten im Sinn, unter denen Nazigegner, Verfolgte und zurückgekehrte Kriegsgefangene zu leiden gehabt hatten.

Wir wurden von denjenigen überstimmt, die General Clay überredeten, daß, wenn wir Millionen Deutsche vor Gericht stellten, wir in Wirklichkeit damit nicht ein Verfahren gegen das ganze deutsche Volk eröffneten. Das ganze Entnazifizierungsverfahren ist deshalb zur Farce geworden und hat mit jeder weiteren Lockerung des Gesetzes an Lächerlichkeit zugenommen. Heute kann ein *Kreisleiter*[1] der Partei in seine Wohnung zurückkehren und mit Hilfe eines deutschen Gerichts eine Frau ausweisen, deren Mann im Konzentrationslager gestorben ist. Für fünfzehn Jahre fanatischer Anhängerschaft an den Nationalsozialismus mit immer aktiverer Betätigung zur Förderung seiner verwerflichen Ziele war dem *Kreisleiter*[2] eine Geldstrafe von DM 100,- auferlegt worden. Heute kann ein ehemaliger SS-Mann aus einer Konzentrationslager-Wachmannschaft in seine Stellung als Beamter des staatlichen Ernährungsamtes zurückkehren. Ein ehemaliger Polizeichef, der in den Tagen vor Hitler den Aufstieg des Nationalsozialismus gefördert und dann von seiner Machtergreifung profitiert hatte, ist wieder Polizeibeamter. Ein so bedauernswertes Ergebnis haben wir vorgelegt, daß in der Stadt Bremerhaven von 61 Polizeibeamten 60 ehemalige Nazis sind.

Die ursprünglichen Anweisungen des Militär-Gouverneurs an die Deutschen besagten: »Die amtliche Sprache ist Englisch. Sie und jeder Ihrer Abteilungsleiter müssen einen absolut qualifizierten Dolmetscher für ihre Besprechungen mit meinen Offizieren zur Verfügung haben und Schreibkräfte, die in der Lage sein müssen, Berichte in englischer Sprache einzureichen. Sie werden mit der sofortigen Ausmerzung aller Spuren des Nationalsozialismus und seiner begleitenden Übel beauftragt. Niemand darf von Ihnen mehr wegen seines Glaubens, seiner Rasse oder Farbe diskriminiert werden. Aus allen Abteilungen der Regierung sind alle verbliebenen Nazis von Ihnen zu entlassen. Sie haben sich zu verantworten für jeden (Nazi), bei dem sich bei einer Nachprüfung ergibt, daß er noch im Amt ist.«

Mängel des amerikanischen Personals

Die Offiziere der amerikanischen Militärregierung setzten sich zusammen aus

---

1 Im amerikanischen Text als deutsches Wort kursiv geschrieben
2 Im amerikanischen Text als deutsches Wort kursiv geschrieben

Polizeibeamten aus Miami, Ingenieuren aus Pittsburgh, Lehrern aus Binghampton und Anwälten aus Nashville. Für den Polizeibeamten bestand die Aufgabe nur darin, darauf zu achten, daß die deutsche Polizei bewaffnet und eingekleidet war. Der Ingenieur rang mit dem Problem der örtlichen Wasserwerke. Der Anwalt versuchte, von den örtlichen Gerichten zu retten, was er konnte. Der Arzt studierte die Krankheitsverhältnisse und Gesundheitseinrichtungen. Der ehemalige Bankier aus Chicago überwachte die Geldinstitute. Sie alle müßten sich mächtig ab, um eine schwierige funktionelle Aufgabe zu lösen. Sie nahmen sie von der funktionellen Seite in Angriff, wie es erfahrenen, wenn auch unpolitischen Verwaltungsbeamten und Technikern entspricht.

Im Chaos der ersten Tage der Besetzung spielten viele Faktoren eine entscheidende Rolle für den schließlichen Mißerfolg und Zusammenbruch der Entnazifizierung. Der wichtigste war jedoch der, daß unter den Fachoffizieren der Militärregierung einfach nicht der Wunsch bestand, die Entnazifizierung durchzuführen, oder im besten Falle ein nur selten zutage tretendes Interesse für die Ziele der Entnazifizierung vorhanden war. Es kam zum unvermeidlichen Nachlassen des antifaschistischen Drucks in Deutschland, und bald bestand zwischen gewissen amerikanischen Offizieren und politisch belasteten Deutschen ein Verhältnis, das man als Wiederannäherung (reapproachment) bezeichnen könnte. Alle Ämter und Abteilungen der städtischen und staatlichen öffentlichen Verwaltung waren während der Zeit des Hitler-Regimes gründlich nazifiziert worden. Nach den ersten Tagen der Besetzung kam neben der »Notwendigkeit, Nazis zu benutzen« das Gefühl auf: »Laßt George man machen« - womit der Deutsche, und zu oft der Nazi, das Gegenstück zu George, gemeint war.

Oft waren die Männer, die zunächst diesen Posten innehatten, mehr daran interessiert, sich Leicas, Diamanten und Nerzmäntel zu beschaffen, als sich darüber zu orientieren, was in sozialer und politischer Beziehung um sie herum vor sich ging. Die Korruption, die unter einigen unserer ersten Offiziere herrschte, war für die Nazis ein ermutigendes Zeichen. Später wurden diese Männer durch andere Amerikaner ersetzt, die, vom Dollar- und Cent-Standpunkt aus gesehen, ehrlich waren, aber diese Ehrlichkeit hinderte sie nicht daran, sich dauernd in die Entnazifizierung einzumischen und zugunsten ihrer Nazifreunde zu vermitteln. Einige standen unter dem Einfluß von Frauen, andere unter dem von Jagdgesellschaften und Whiskey. Die meisten wurden von der Tatsache beeinflußt, daß sie nicht innerlich von der Notwendigkeit der Ausmerzung des Nationalsozialismus überzeugt waren. Einige gab es, die gegen die Massenapathie der amerikanischen Truppen ankämpften, aber sie waren unbeliebt und wurden oft geschnitten. Die Offiziere der amerikanischen Militärregierung fanden, daß die Nazis humane, umgängliche, oft reizende Leute waren.

Nazis in öffentlichen Stellungen

Es wurde schon erwähnt, daß einer der Vorschläge für die Entnazifizierung dahin ging, die Verfahren gegen wichtige Nazis Gerichten zu überweisen, die mit anerkannten Anti-Nazis besetzt worden waren. Das spektakuläre Versagen bei der Säuberung der Gerichte läßt sich nirgends besser anschaulich machen als in der Stadt Bremen, wo die meisten bei der Staatsanwaltschaft beschäftigten Personen ehemalige Nazis sind. Im Richterkollegium und im ganzen bremischen Gerichtswesen sind 65% der höchsten

Stellungen der Justizbehörde mit ehemaligen Nazis besetzt. Es ist unmöglich zu sagen, daß im bremischen Gerichtswesen ein einziger anerkannter Anti-Nazi tätig ist.

Unsere Idealisten nahmen das Problem der deutschen Jugend in die Hand in dem Versuch, sie auf einen neuen, demokratischen Weg zu führen. Es ist wahr und entmutigend, daß 2/3 aller Lehrer in deutschen Schulen heute ehemalige Nazis sind. Von diesen erwarten Militärregierung und deutsche Behörden naiverweise, daß sie für einen zukünftigen Hitler nicht Rattenfänger spielen werden, wie sie es für den Hitler der unbeklagten jüngsten Vergangenheit getan haben.

Die ins Auge springende Renazifizierung des deutschen öffentlichen Dienstes wird deutlich genug am Beispiel des Finanzressorts des Landes Bremen, der *Reichspost*[1] und der *Oberpostdirektion*.[2] Zum Zeitpunkt der Abfassung dieses Artikels sind 75% der Stellungen in der höchsten Gehaltsgruppe beim *Oberfinanzpräsidenten*[3] mit ehemaligen Nazis besetzt. Der Postmeister beschäftigt laut Akten in den maßgeblichen Stellungen seines Amtes zu 100% Nazis.

Welches sind die Gründe, die zum Zusammenbruch der Entnazifizierung geführt haben? Wir haben die apathische Haltung der amerikanischen Fachoffiziere schon erörtert. Dieselbe Haltung herrschte in der französischen und britischen Zone vor und führte auch dort zum Versagen der Entnazifizierung.

Mangel an Anti-Nazis

Selbst der größte Optimist konnte das Ende der Verfahren nicht absehen. Natürlich hat man angenommen, daß die Kammern mit Personen besetzt und die Verfahren von Personen durchgeführt werden müßten, die als Anti-Nazis bekannt sind. Die Entnazifizierungsoffiziere der Militärregierung waren darauf bedacht, Anti-Nazis einzusetzen. Man glaubte, daß genügend Personal unter den aus Konzentrationslagern Entlassenen und anderen von den Nazis ständig Verfolgten gefunden werden könnte, um die Spruchkammern und Entnazifizierungsbehörden zu besetzen. Die brutale Tatsache jedoch ist die, daß nicht genug Personen dieser Kategorie übriggeblieben waren, um die Arbeit zu leisten. Die militanten Anti-Nazis waren zum großen Teil in den Konzentrationslagern gestorben, und ein großer Prozentsatz der Überlebenden war zu schwach, um sich an dem Programm zu beteiligen.

So kam es, daß die Spruchkammern mit Nicht-Nazis und so vielen anerkannten Gegnern des Nationalsozialismus besetzt wurden, wie aufzufinden waren. Man hoffte auf die Beteiligung von Anwälten, Lehrern, Ärzten und anderen Akademikern. Es war nicht möglich, in diesen Gruppen eine genügende Anzahl von unbelasteten Personen zu finden, um die *Spruchkammern*[4] zu besetzen. Wir mußten uns mit der Auswahl von Schuhmachern, Tischlern und Tagelöhnern zufriedengeben, die nachweislich Widerstand gegen den Nationalsozialismus geleistet hatten oder nie politisch belastet gewesen waren.

Leider verleiht die anti-nazistische Vergangenheit einem Schuhmacher nicht das Geschick oder die akademischen Erfahrungen eines Anwaltes. In vielen Fällen ist

---

1 Im amerikanischen Text als deutsches Wort kursiv geschrieben
2 Im amerikanischen Text als deutsches Wort kursiv geschrieben
3 Im amerikanischen Text als deutsches Wort kursiv geschrieben
4 Im amerikanischen Text als deutsches Wort kursiv geschrieben

es deshalb den Verteidigern gelungen, Entscheidungen der Kammern herbeizuführen, die unlogisch und sogar rechtswidrig waren, weil unsere Laien sich zu oft von den juristischen Fachbegriffen glanzvoller Verteidiger blenden und verwirren ließen.

Verfahrensprozedur

Man war der Ansicht, daß die Fälle der Hauptschuldigen zuerst verhandelt werden sollten. Diese wurden als diejenigen definiert, die die Bestimmungen des Völkerrechts verletzt hatten, und die die Verantwortung trugen für Deportationen, Exzesse oder Plünderungen - Verbrechen gegen Opfer des Nationalsozialismus. Diese Gruppe umfaßte Parteiführer, Personen, die durch Parteiverbindungen in vorteilhafte Stellungen gelangt waren, Mitglieder der Gestapo, des S.D.[1], der SS, der Feldsicherheitspolizei und der Grenzpolizei. Der Bevölkerung sollte ein heilsames Exempel statuiert werden. Die »wirklichen« Verbrecher sollten zuerst vor Gericht gebracht werden. Aber es war notwendig, Ermittlungsbeamte und Untersuchungspersonal auszubilden, Dokumente zusammenzutragen, und die Zeugen davon zu überzeugen, daß es kein Risiko sei, gegen einflußreiche Persönlichkeiten auszusagen. Schwieriger und wichtiger war oft die Untersuchung der Motive der Zeugen. Nur zu oft erwiesen sich diese Motive als im besten Falle unwürdig.

In der komplizierten Entnazifizierungsmaschinerie wurde ein System der Überwachung der Verfahren durch die Militärregierung eingerichtet. Wo die Militärregierung feststellte, daß das endgültige Urteil rechtswidrig war, wurde der Senator für Politische Befreiung angewiesen, ein nochmaliges Verfahren durchzuführen. In den ersten acht Monaten der Tätigkeit der Spruchkammern in Bremen wurden 60% der Verfahren als rechtswidrig erkannt und erneute Verfahren angeordnet. Aber das war nicht alles. Diejenigen Urteilssprüche, die man bestehen ließ, wurden in fast allen Fällen von den Beklagten an die *Berufungskammer*[2] überwiesen.

Deutsche Beamte in Schlüsselstellungen

Die Bedeutung der Rolle, die die deutschen Beamten in Schlüsselstellungen bei der Durchführung des Gesetzes zur Befreiung von Nationalsozialismus und Militarismus gespielt haben, kann nicht genug betont werden. Der Bürgermeister von Bremen ist natürlich der erste Bürger der Stadt. Er steht fast ständig in Verbindung mit dem Direktor der Militärregierung, den Abteilungsleitern und oft auch mit den Generalen Clay, Huebner und Hays. Er spricht kein Englisch. Er mußte sich deshalb der Dienste eines Mannes versichern, der fließend Englisch sprach, damit der in seinen Besprechungen mit den amerikanischen Behörden als Dolmetscher fungierte. Der Mann, den er für diese Stellung gewann, hatte vor seiner Rückkehr nach Deutschland einige Jahre an der Columbia-Universität studiert.[3]

Als Dolmetscher war er zufriedenstellend. Peinlich berührt waren die betroffenen

---

1 S.D. = Sicherheitsdienst
2 Im amerikanischen Text als deutsches Wort kursiv geschrieben
3 Die Übersetzung in der Senatsregistratur, StA Bremen 3-B.10.b. Nr.164 trägt an dieser Stelle den Randvermerk »Fall Friese«. Der Dolmetscher, auf den Napoli im folgenden Bezug nimmt, war Dr. Curt Friese, geb. 1915, vom 30.5.1945 an als »Wissenschaftlicher Hilfsarbeiter« bei der Senatskanzlei beschäftigt; nach erneutem Amerikaaufenthalt 1949 Ernennung zum Regierungsrat (1953) und Abwanderung aus dem bremischen in den Auswärtigen Dienst.

Personen, als eine Fragebogenfälschung bei ihm entdeckt wurde, nachdem er zwei Jahre in dieser Vertrauensstellung tätig gewesen war. Der Dolmetscher des Bürgermeisters erklärte, er sei im Jahr 1937 gezwungen worden, in die Nationalsozialistische Partei einzutreten, um die Erlaubnis zu erhalten, an der Universität Berlin Jura zu studieren. Ohne Parteiausweis hätte er sich nicht immatrikulieren können. Weil seine Mitgliedschaft nomineller Art gewesen war, entschied die Militärregierung seine Berufung positiv und gestattete ihm, in seiner Stellung zu bleiben. Nachträgliche Nachforschungen ergaben jedoch, daß er beinahe zwei Jahre vor dem Datum, das aus dem Fragebogen hervorging, während seines Aufenthalts in La Rochelle, New York, Mitglied der *Auslandsorganisation*[1] und der Nazipartei geworden war. Als die Fälschung entdeckt wurde, war dieser Mann, um das Problem noch kritischer zu machen, nicht mehr bloßer Dolmetscher. Er war inzwischen der Verbindungsmann zwischen Militärregierung und Bürgermeister geworden. Die Militärregierung ordnete seine Entlassung an, aber er wurde nur an eine andere Stelle in der städtischen Verwaltung versetzt, und nicht lange danach reichte der Bürgermeister ein Gesuch auf seine Wiedereinsetzung ein mit der Begründung, daß der Mann nicht ersetzbar sei. Heute ist er wieder in Amerika und studiert an einer amerikanischen Universität.

Das liberale Element

Zur Zeit sind die liberalen[2] Elemente in Deutschland eifrig dabei, vom Entnazifizierungsprogramm abzurücken. Die lebhafte Unterstützung dieser Gruppen ist immer gesucht worden. In der aufgeregten Zeit der Kapitulation boten sie den Offizieren der Militärregierung ihre Dienste an und waren in den ersten Tagen sehr hilfreich. Diese Gruppen, die aus Opfern des Faschismus (Kommunisten, Sozialisten und parteilosen Liberalen) bestanden, begannen jedoch, sich zu einem Zeitpunkt als Gruppen zur politischen Einflußnahme (pressure groups) zu organisieren, als politische Parteien noch nicht erlaubt waren. Sie schlossen sich in Organisationen wie der der Opfer und Kämpfer gegen den Faschismus zusammen und versuchten, Häuser und Nazi-Eigentum zu beschlagnahmen und Gesetze gegen Nazis durchzubringen. Nahezu durchgängig wurden nach den ersten Tagen herzlichen Entgegenkommens ihre Hilfsangebote zurückgewiesen, so daß die Unterstützung durch diese Gruppen heute nur noch selten zu finden ist.

Weniger als 0,5% der Gesamtbevölkerung kann in die Gruppe der Anti-Nazis eingereiht werden. Die Elemente der Bevölkerung, die den Kern eines Demokratisierungsprogramms hätten bilden können, waren wirksam dezimiert worden. Die Existenz und Wirksamkeit der Konzentrationslager zollte in dieser Hinsicht dem diabolischen Genie des Hitler-Regimes Tribut.

Es finden sich heute nur noch wenige Personen der alten sozialdemokratischen Tradition. Meistenteils sind diese Männer und Frauen durch Jahre der Gefangenschaft geschwächt oder seit dem Kriege ihres endlosen Kampfes gegen die Kommunisten müde geworden.

Die wiedergeschaffenen Gewerkschaften hätten die ersten sein sollen, die ihre Unterstützung zur Vollendung des Entnazifizierungsprogrammes anbieten. Sie ha-

---

1 Im amerikanischen Text als deutsches Wort kursiv geschrieben
2 Der amerikanische Begriff *liberal* reicht weiter als das deutsche Wort liberal in die unabhängige Linke hinein.

ben wenig getan, gehindert durch die autokratische, beinahe diktatorische Art der Gewerkschaftsführer.

Programm im wesentlichen negativ

Die Entnazifizierung ist ein Fehlschlag. Sie ist im wesentlichen negativ gewesen. Ursprünglich sollte ihre Aufgabe darin bestehen, Personen zu entfernen und auszuschließen und - nach dem Wortlaut des Potsdamer Abkommens - Personen auszuwählen, »die auf Grund ihrer politischen und moralischen Qualitäten für fähig gehalten werden, bei dem Aufbau echter demokratischer Einrichtungen in Deutschland Hilfe zu leisten.« Die amerikanische Militärregierung hat es lange aufgegeben, sich für die Besetzung der wirklich wichtigen Stellungen im privaten und öffentlichen Leben mit Personen von echter demokratischer Einstellung verantwortlich zu fühlen. Diese Verantwortung wurde den Deutschen übertragen, sehr zur ernsten Beunruhigung derjenigen Amerikaner, die diese Entwicklung aus nächster Nähe mit ansahen.

Die Tragödie von Weimar, die darin bestanden hatte, daß die Auswechslung von Personen mit offen anti-demokratischen Einstellungen in privaten und öffentlichen Institutionen nicht gelang, war allgemein bekannt. Aber anscheinend war sie für die keine Lehre, die die amerikanische Politik bestimmten, da keinerlei Sicherheiten, wie z. B. die Überprüfung der Personen in Schlüsselstellungen in der deutschen Verwaltung und Industrie, vorbehalten wurden. Das Hauptprinzip war offenbar außer acht gelassen worden: daß die Entnazifizierung nicht ein Zweck, sondern ein Mittel ist - ein wichtiger Aspekt der Aufgabe, in Deutschland das Klima zu schaffen, in dem Demokratie erblühen kann.

Als das Befreiungsgesetz in Kraft trat, verlangte der Plan von den Deutschen die Durchführung der negativen Seite des Programms, die amerikanische Militärregierung aber sollte den Erfolg der positiven Seite dadurch garantieren, daß sie bei denjenigen Personen, welche für die Ernennung zu Schlüsselpositionen von maßgeblichem Einfluß in Verwaltung und Wirtschaft in Frage kamen, eine Überprüfung und die Genehmigung ihrer Anstellung durch die Militärregierung verlangte. Wie von manchen Amerikanern befürchtet, erwiesen sich die Überlegungen, die hinter der vorgeschlagenen Teilung der Verantwortlichkeiten standen, als zutreffend: Die Deutschen können einen Nazi erkennen; aber die Deutschen können die Anerkennung eines Demokraten nicht garantieren.

Dieser Plan ist niemals in Funktion getreten. Stattdessen wurde den deutschen Amtsträgern die Verantwortung auferlegt, »Personen in höhere Stellungen als solche gewöhnlicher Arbeit zu berufen oder wiedereinzusetzen (...) für welche positive politische, liberale und moralische Qualitäten erforderlich sind, die zur Entwicklung der Demokratie in Deutschland beitragen werden.« Leider unterstehen die gewählten Amtsträger keinen anderen Erfordernissen als der Wählbarkeit und dem Erzielen einer ausreichenden Stimmenzahl, um gewählt zu werden. Gerade diese Amtsträger jedoch sollten diejenigen sein, die sicherstellen, daß die nachgeordneten Dienststellen mit Personen besetzt werden, die diese erforderlichen Qualitäten besitzen. Dann hat man auch die Gebiete von Handel und Industrie gänzlich außer acht gelassen. Der ungeheure Einfluß, den die deutschen Wirtschaftsführer dadurch ausübten, daß sie Hitlers Aufstieg zur Macht zuließen und förderten, ist ebenfalls nicht berücksichtigt worden.

Unmöglichkeit der Durchführung

Das Ausmaß des Programms war viel zu breit angelegt. Einige von uns machten ständig geltend, daß das Programm wegen seines großen Umfanges umständlich und schwer zu handhaben sei. Es wurde geschätzt, daß die Durchführung von formellen Verfahren gegen jede belastete Person 30 Jahre dauern könnte. So wurde es für alle offensichtlich, daß das Programm von Anfang an eine Unmöglichkeit gewesen war. Unter den ersten, die diese Unmöglichkeit einsahen, waren die politischen Parteien. Zunächst schlugen die Rechtsparteien politisches Kapital aus der Langwierigkeit und Unwirksamkeit des Programms und die Linksparteien (besonders die Sozialdemokratische Partei) wurden damit befrachtet.

Wirklich liberale Elemente, die auf einer gründlichen Entnazifizierung in der ersten Zeit bestanden haben, sind entweder diskreditiert oder entmutigt worden. Die Politiker waren sich einig in der Meinung, daß jede Beziehung zur Entnazifizierung oder zu den Spruchkammern politischen Selbstmord bedeutete. Die Führer der Sozialdemokratischen Partei waren sehr unglücklich darüber, mit der Entnazifizierung in Verbindung gebracht zu werden und unterstützten heimlich oft auf ihre Weise die Kräfte, die das Programm zum Scheitern gebracht haben.

Die Parteien wurden durch die politische Notwendigkeit dazu gezwungen, sich an die Gruppen der Belasteten aus Gründen der Wahlunterstützung zu wenden. Es ist klar, daß eine politische Partei nur bestehen kann, wenn sie sich mit Erfolg an die Wählerschaft wendet. Heute sagen die Rechtsparteien den kleinen Nazis, daß sie immer für die schnelle Beendigung der Entnazifizierung gewesen seien. Die Parteien der Rechten haben die Entnazifizierung ständig mit Schlagworten angegriffen wie: »Zwölf Jahre Hitler - tausend Jahre Entnazifizierung«.

Viele deutsche Amtsträger haben die Entnazifizierung nur mit Widerstreben durchgeführt. Oft sind sie ehrlich genug zuzugeben, daß sie sich fürchten vor dem, was ihnen geschehen wird, wenn sie eine gründliche Entnazifizierungspolitik betreiben würden. Sie fürchten, daß, wenn die amerikanischen Truppen einmal abziehen, sie das gleiche Schicksal treffen wird wie die deutschen Amtsträger, deren unglückliches Los es war, den ersten Waffenstillstandsvertrag und später den Versailler Vertrag zu unterzeichnen. Sie sind entschlossen, nicht die Opfer einer eventuellen künftigen anti-amerikanischen Bewegung zu werden. Und es ist klar, daß es schwierig ist, wichtige Ämter mit Nicht-Nazis zu besetzen, wenn technische Kenntnisse und akademische Ausbildung auf die Personen beschränkt waren, die sich dem Naziglauben ergeben hatten.

Es gab noch ein weiteres Druckmittel. Belastete Personen in Deutschland schrieben an ihre Freunde in Amerika über die mißliche Lage, in der sie sich seit Ende des Krieges befanden. Die Militärregierung wurde einem wahren Bombardement von Briefen von Amerikanern aus allen Lebenskreisen ausgesetzt. Im Internierungslager bei Bremen, in dem Hauptschuldige festgehalten wurden, leistete ein ehemaliger Hauptmann der SS eine Verurteilung zu 17 Jahren ab. Er war nicht an die Tschechoslowakei ausgeliefert worden, um sich wegen Beteiligung an dem Blutbad von Lidice vor Gericht zu verantworten; eine angesehene ältere Dame aus dem Staate New York schrieb jedoch an die Militärregierung um vorzubringen, daß dieser Mann ein frommer Kirchgänger und der allerbeste Familienvater sei. Ein Brief von einem englischen Baron intervenierte zugunsten eines gewissen, hier ansässigen Adligen, der Oberst in der SS gewesen war. Und so ging es weiter, *ad nauseam*.

Kein Vier-Mächte-Abkommen

Einer der folgenschwersten Schläge war das Scheitern der Entwicklung eines einheitlichen Systems für die Entnazifizierung auf Vier-Mächte-Basis. Die Franzosen kümmerten sich wenig um das Problem, abgesehen von den verbalen Zugeständnissen, die sie in den Sitzungen des Alliierten Kontrollrates machten. Sie bestanden allerdings auf einer Reinigung der Schulen und Universitäten in ihrer Besatzungszone, aber viel mehr taten sie nicht. Die Russen scheinen bei ihrem Einmarsch in die Ostzone die Führer der Nationalsozialistischen Partei (NSDAP) liquidiert oder in die Kommunistische Partei übernommen zu haben. Durch ihre rücksichtslose Taktik haben sie während der letzten drei Jahre ein gesäubertes Justizwesen und eine saubere öffentliche Verwaltung aufweisen können. Die kleinen Nazis wurden umworben, damit sie ihre Buße innerhalb der kommunistisch unterstützten Sozialistischen Einheitspartei ableisteten. Die Engländer sind in der Durchführung ihres Entnazifizierungsprogramms milde bis zum Desinteresse gewesen. Über die Kontrollrats-Direktive Nr. 24 hinaus ist die Entnazifizierung nicht nach einheitlichen Gesichtspunkten gestaltet worden. Es hat manchmal so ausgesehen, als wenn unser Programm dem russischen am nächsten und von dem britischen am weitesten entfernt wäre. Es war dies nicht die einzige Ironie der Besetzung.

Wiedereindringen von Nazis

Mit der Beendigung der Entnazifizierung, wenn auch als Farce, besteht das Problem nicht mehr in der Säuberung der öffentlichen Ämter von Nazis, sondern vielmehr darin zu verhindern, daß diese belasteten Personen wieder in den öffentlichen Dienst eindringen. Die meisten der belasteten Millionen von Menschen haben die Reinwaschungsmaschinerie durchlaufen und sind als *Mitläufer*[1] daraus hervorgegangen. In seinem Drängen nach Beendigung der Entnazifizierung verkündete General Lucius D. Clay einige verstümmelnde Änderungen zum Gesetz, die im April 1948 wirksam wurden. Diese Änderungen gestatteten eine rasche verwaltungsmäßige Abwicklung. Die Änderungen versetzten aber der Entnazifizierung den Gnadenstoß. Heute kann jeder Nazi, der eine Entnazifizierungsbescheinigung hat - wie sie Millionen von ihnen besitzen - in jede Stellung im öffentlichen oder privaten Leben zurückkehren. Es haben einige Erörterungen darüber stattgefunden, ob es wünschenswert sei, die hohen Beamtenstellungen ehemaligen Nazis dadurch zu verschließen, daß es ihnen unmöglich gemacht wird, über einen gewissen Dienstrang hinaus befördert zu werden. Dieser Vorschlag hat keine Aussicht, Gesetz zu werden. Zu viele der für die Gesetzgebung Verantwortlichen sind selber vom Gesetz betroffen. Untersuchungen vieler Behörden haben gezeigt, daß der Prozentsatz von Nazis in allen Beamtenrängen dem Stand in den Jahren 1935 bis 1945 entspricht. Hier und dort erhebt sich einmal eine Stimme, die gegen die Rückkehr der Nazis in ihre früheren Stellungen protestiert, aber meist sind es schwache, quengelnde Stimmen, die von den Entscheidungsträgern und führenden Persönlichkeiten in der öffentlichen Verwaltung nicht beachtet werden.

---

1 Im amerikanischen Text als deutsches Wort kursiv geschrieben

Es ist leicht zu erkennen, daß der demokratische und anti-nazistische Eifer, der das Vorrücken unserer Besatzungstruppen nach Deutschland begleitete, verschwunden ist. Im Mai 1945 war das Wort »Nazi« ein Fluch (anathema); im Jahre 1949 ist es das nicht mehr: unter den Deutschen ist es praktisch eine Auszeichnung (accolade). Als gerechte Botschafter der Demokratie waren wir bereit, den Nazismus auszumerzen, koste es, was es wolle. Es ist ein Trauerspiel, daß wir die Kosten bezahlt haben und nun der Wiederbelebung der Nazis zusehen müssen. *Hier* könnte es nicht geschehen, aber es geschieht *heute*.

Nachwort

Das »Hier und Heute« des bitteren Schlußsatzes ist das Amerika des Sommers 1949: Der Artikel erschien im Juliheft der renommierten Zeitschrift »The Annals of the American Academy of Political and Social Science in Philadelphia«.[1] Der Autor wird vorgestellt als Leiter der Entnazifizierungsabteilung und Berater in Entnazifizierungsangelegenheiten für den Direktor der Militärregierung in Bremen. Napoli, ein gebürtiger New Yorker sizilianischer Abstammung[2], war als Waisenkind bei Adoptiveltern aufgewachsen. Er hatte Politik und Völkerrecht studiert, bevor er in den Krieg mußte.[3] Unter seinen akademischen Lehrern an der Ohio State University war auch jener Walter L. Dorn, der 1945 im Mai die Senatsbildung in Bremen maßgeblich beeinflußte und Geschichte machte, indem er Wilhelm Kaisen als Politiker reaktivierte.[4]

Napoli diente in Nordafrika und Italien sowohl in der amerikanischen 5. Armee als auch in der britischen 8. Armee. Zunächst in der Militärregierung Italiens eingesetzt, kehrte er nach seiner Entlassung als Zivilbediensteter der Besatzungsverwaltung nach Europa zurück. Anfang 1946 nahm er seine Arbeit im Hauptquartier der amerikanischen Militärregierung Deutschlands auf, im Herbst 1946 kam er nach Bremen, wo man ihm die Verantwortung für das Finanz- und Rechnungswesen der örtlichen Militärregierung am 6. November übertrug. Am 1. August 1947 zum Leiter der Entnazifizierungsabteilung bestellt, stand er dieser bis zu ihrer Auflösung am 15. September 1948 vor, um anschließend als Berater in Entnazifizierungsangelegenheiten bis zum 19. Juni 1949 in Bremen zu wirken. Nach seinem Ausscheiden wurde diese Position nicht wieder besetzt. Napoli heiratete eine Bremerin und lebt heute im Ruhestand in der Nähe von Washington D.C.

Am 11. Mai 1948 für seinen professionellen Einsatz von Clay schriftlich belobigt - der Brief beginnt mit dem gewichtigen Satz »The Denazification Program is one of the basic objectives of the occupation ...« - machte sich Napoli mit seinem Engagement weder auf deutscher Seite noch bei seinen Fachkollegen beliebt, deren Personalprobleme er vergrößerte. Desillusionierend wirkten Habgier und Opportunismus,

---

1 Vol. 264, S. 115-123
2 Ein Memoirenwerk ist unlängst erschienen. Joseph Napoli: Memories of a Sicilian Childhood. Marna Press. Bethesda (Maryland) o.J. (um 1989).
3 Diese und die folgenden Angaben zur Person stützen sich auf ein mit Tonband aufgenommenes Interview am 13.6.1980 sowie briefliche Auskünfte Napolis von 1980, 8.1.1981, 4.12.1983 und 3.2.1990 an den Verf.
4 Wilhelm Kaisen: Meine Arbeit, mein Leben. München 1967, S. 175 u. 203; Begegnungen mit Wilhelm Kaisen. Hrsg. v. H. Müller. Bremen 1980, S. 179f. u. S. 196 Anm. 6; Walter L. Dorn: Inspektionsreisen in der US-Zone. Hrsg. v. L. Niethammer. Stuttgart 1973, S. 8ff.

wie er sie auf Seiten der Besatzer erlebte. Es irritierte ihn, wie rasch und wie sehr die Priorität der wirtschaftlichen Konsolidierung die mit der Entnazifizierung verbundenen Fragen politischer Ethik und Moral an den Rand drückte. Er dachte an den Aufbau einer neuen, demokratischen Gesellschaft in Deutschland und sah deshalb beunruhigt die starken Restaurationstendenzen im öffentlichen Dienst, gerade auch in der Justiz und im Erziehungswesen. »Ich wiederhole: Einige von uns wollten das Deutschland der Zukunft der unbelasteten Jugend und den Opfern des Nationalsozialismus übergeben, die gelitten hatten in der zurückliegenden Zeit Bremens. Waren wir naiv?«[1]

Schon im Jahresbericht der Militärregierung für 1948 bezeichnete Napoli - nach Auflistung einer eindrucksvollen Reihe von Zahlen über bearbeitete und abgewickelte Fälle - in einem kommentierenden Begleittext das Entnazifizierungsprogramm als Debakel[2], dessen Gründe er nicht nur in der mangelnden Akzeptanz auf deutscher Seite, in Pannen und Ungerechtigkeiten, sondern auch in der amerikanischen Haltung selbst suchte. Das Entstehen von Sympathie für den durchschnittlich belasteten Deutschen, die öffentliche Meinung in den USA, die das Programm zunehmend als Behinderung des wirtschaftlichen Wiederaufbaus darstellte, das Engagement juristischen Fachverstandes vor allem zugunsten der Belasteten - diese Gedanken des Artikels finden sich bereits im Jahresbericht, verbunden mit Zweifeln daran, daß der Arbeitsmarkt ein Nachgeben gegenüber den Forderungen des Entnazifizierungsprogrammes nicht zulasse.

In den *Annals* war im November 1948 ein Artikel des renommierten Juristen Artur Sträter über die Entnazifizierung erschienen, der Mitglied des Zonenbeirats der britischen Zone war. Sträter rechnete scharf mit der Entnazifizierungspolitik ab, die er als im Ansatz verfehlt, weil auf der Kollektivschuldthese basierend, charakterisierte, wobei er seine Argumente mit geschickten Suggestivfragen untermauerte. Für ihn fand Gesinnungsjustiz statt, die eines demokratischen Rechtsstaates unwürdig sei; es fehlt nicht an Verweisen auf die Praxis der NS-Zeit und die im Ostblock. Er plädierte dafür, die wenigen zu bestrafen, die nachweislich Verbrechen begangen hatten, nicht aber eine politische Haltung. Darauf reagierte Napoli mit seinem Beitrag. Es ist übrigens bemerkenswert, daß einige seiner Kritikpunkte auch in einem Bericht über das Entnazifizierungsprogramm enthalten sind, den der oben bereits erwähnte Walter L. Dorn am 11. Mai 1949 an General Clay sandte[3], ohne daß ein vorheriger Gedankenaustausch der Autoren oder eine direkte Abhängigkeit der beiden Texte voneinander bekannt wäre.

Auch der Bremer Öffentlichkeit blieb Napolis Unzufriedenheit mit der Entwicklung nicht verborgen. Das Ende seiner Dienstzeit in Bremen vor Augen, lud er am 13. Mai 1949 zu einer Pressekonferenz, in der er die aus seiner Sicht enttäuschende Bilanz der Entnazifizierung darlegte und den Vorwurf erhob, es habe im Senat auch am politischen Willen und der Entschlossenheit gefehlt, hier bessere Resultate zu erzielen.[4] Der Senat war pikiert. Während er sich nach außen bedeutungsvoll

---

1 Brief vom 8.1.1981 an den Verf. (übersetzt).
2 StA Bremen 16,1/2-FHMG A.3. Part 1, S. 31
3 Neubeginn und Restauration. Dokumente zur Vorgeschichte der Bundesrepublik Deutschland 1945-1949. Hrsg. v. H.-J. Ruhl. München 1982, S. 290ff.
4 Siehe Weser-Kurier und Nordsee-Zeitung vom 14.5.1949; StA Bremen 16,1/2-6/91-1/31. Den Vorgang stellt ausführlich dar Renate Meyer-Braun: Die Bremer SPD 1949-1959. Frankfurt/New

zurückhielt und keinen offiziellen Kommentar abgeben wollte, beschwerte er sich am 16. Mai schriftlich in scharfem Ton bei der Militärregierung über die öffentlichen Anschuldigungen Napolis, über die er vorab nicht unterrichtet worden war, und sah gute Zusammenarbeit mit der Militärverwaltung bei solchem Vorgehen künftig nicht mehr gewährleistet. Der angeschlagene Ton mißfiel. Capt. USN Jeffs, der Direktor der Bremer Militärregierung - obwohl sonst nicht unbedingt von Napolis politischer Denkart - mochte lediglich Kritik an der Mißachtung diplomatischer Gepflogenheiten zulassen, stärkte seinem Mitarbeiter in der Sache jedoch den Rücken und ließ den Senat abblitzen. Er wies Kaisens auch mündlich vorgetragene Klagen zurück, in denen an die Menschenrechte appelliert und gar mit Rücktritt gedroht wurde. Die mehrseitige schriftliche Antwort an den Senat vom 19. Mai wiederholt vielmehr den Vorwurf, daß mehr hätte geschehen können, um unbelastete Personen für höhere Positionen im öffentlichen Dienst zu finden. Der Senat sei mit seinem Bedarf an qualifiziertem Personal z. B. nie an die Öffentlichkeit gegangen. Der Hinweis auf die Mitteilung des Senats an die Bürgerschaft vom 17. Februar 1949 in dieser Frage wurde keineswegs als ausreichend angesehen.

Wenn Kaisen und Napoli trotz solcher gravierenden politischen Differenzen bei Napolis Ausscheiden aus dem Amt briefliche Artigkeiten austauschten[1], so war dies - jedenfalls aus Sicht des Amerikaners - durchaus mehr als floskelhafte Routine. Er mochte Kaisen, den er auch im persönlichen Gespräch hatte kennenlernen können, und schätzt ihn rückschauend als bedeutende, ja überragende Persönlichkeit im Nachkriegsdeutschland ein, der er die Kanzler- oder Präsidentschaft gegönnt hätte.[2]

Ein zweiter Bremer, der in besonderem Maße seine Achtung und Bewunderung genoß, war Dr. Alexander Lifschütz, der Jurist und parteilose Senator für politische Befreiung, dessen fabelhaftes Gedächtnis und kühle Urteilskraft ihm noch in lebhafter Erinnerung sind.[3]

Während die Pressekonferenz viel Staub aufwirbelte, wurde der Artikel in den *Annals* in Bremen erst im Mai 1950 bekannt.[4] Spitta trug die Angelegenheit im Senat vor und erläuterte, Bremen werde in dem Bericht sehr unfreundlich behandelt, auch enthalte er einen Angriff auf Bürgermeister Kaisen. Man beschloß, den problematischen Behauptungen entgegenzutreten und gab eine Materialzusammenstellung in Auftrag. Da die Akte damit abbricht, ist die Sache doch wohl nicht weiterverfolgt worden.

Joseph F. Napoli hat den Kontakt nach Bremen bis heute nicht abreißen lassen. 1980 hatte ich Gelegenheit, ihn persönlich kennenzulernen und ihn im Staatsarchiv ausführlich auszufragen. Mehrere Briefe wurden seitdem gewechselt. Mit einem (übersetzten) Zitat aus der Korrespondenz soll Joe Napoli das Schlußwort erhalten. Zur Pressekonferenz am 13. Mai 1949 schrieb er 1980:

»... mit meinen äußerst scharfen Worten machte ich die Hälfte der einflußreichen Leute Bremens unglücklich; die andere Hälfte wollte nur, daß ich gehe. Ich könnte

---

York 1982, S. 47ff. Der Artikel der Nordsee-Zeitung wird im Anschluß wiedergegeben.
1 Begegnungen mit Wilhelm Kaisen. Hrsg. v. H. Müller, Bremen 1980, S. 189f
2 Brief vom 8.1.1981 an den Verf.
3 Zu Lifschütz siehe den Beitrag von Walther Richter in diesem Band.
4 StA Bremen 3-B.10.b. nr.164. Meyer-Braun (wie oben) hat deshalb fälschlich ein Abfassungsdatum 1950 angenommen.

hinzufügen, daß der Präsident des Senats, Kaisen, mir privat mitteilte, ich hätte ein paar Dinge gesagt, die gesagt werden mußten. Aber nach ein paar weiteren Glückwünschen wurde mir klar, daß das, was ich erreicht hatte, ohne Folgen blieb. Es mag sein, daß die Nazi-Vergangenheit wirklich ausgemerzt sein wird, wenn jetzt die Gruppe mittleren Alters in Bremen die Zügel der Regierung übernehmen kann. Ich persönlich hoffe es wirklich, und wenn nur, weil so viel von mir (meine Kinder sind halb Bremer) in Euer schönes Land investiert wurde.«

»Ich klage an...«
Fragen auf einer Pressekonferenz der Militärregierung[1]

Schwere Anklagen gegen die bisherige Handhabung der Besetzung öffentlicher Ämter im Lande Bremen erhob der Chef der Entnazifizierungsabteilung bei der amerikanischen Militärregierung für das Land Bremen, Mr. *Napoli*, auf einer am Freitagvormittag abgehaltenen Pressekonferenz.

Mr. Napoli sagte, die heutigen Spruchkammerurteile ließen erkennen, daß man versuche, aus der zum 30. Juni 1949 geplanten Beendigung der Entnazifizierung den Schluß zu ziehen, daß man eigentlich überhaupt nicht mehr entnazifizieren dürfe, weil ja der Artikel 154 der Bremer Verfassung die Tätigkeit der Spruchkammern nur bis zum 31. Dezember 1948 befristet habe (trotz gewisser Zweifel hat die Bürgerschaft diese Frist zuerst auf den 30. Juni 1949 und endlich bis auf weiteres hinausgeschoben, womit sich Mr. Napoli identifizierte).

Er ließ unmißverständlich wissen, daß die Entnazifizierungsgesetze erst *dann* außer Kraft sein würden, wenn die Tätigkeit der Spruchkammern tatsächlich beendet wäre, das heißt, wenn der letzte ehemalige Nationalsozialist durch das Gesetz eingestuft worden sei. Daran könne auch die Gesetzgebung in Bremen nichts ändern, weil die Gesetze des Länderrates den Vorrang vor denen der Länder hätten.

Man könne um die nüchterne Tatsache nicht herum, daß gerade jetzt noch ein Teil der exponiertesten Nationalsozialisten auf ihre Aburteilung zu warten hätten. Die Militärregierung könne unmöglich zulassen, daß erheblich Belastete unbeurteilt blieben, während die Masse der kleineren Parteigenossen längst abgeurteilt sei. Nichts könne die Militärregierung daran hindern, ihre Absichten in der Entnazifizierung eventuell auch zu *erzwingen*. Die Gerechtigkeit dürfe nicht verletzt werden.

75 Prozent unbelastet

»In Bremen sind 75 Prozent der Bevölkerung unbelastet, und nur 25 Prozent fallen unter das Entnazifizierungsgesetz«, trotzdem seien 63 Prozent der Angestellten und Beamten in den *höchsten Besoldungsgruppen* ehemalige Nationalsozialisten, 60,8 Prozent der höchstbezahlten Stellen im Finanzwesen und 75 Prozent der Stellen im Oberfinanzapparat seien mit ehemaligen Nationalsozialisten besetzt, 65 Prozent bei der Arbeit und der Wohlfahrt, 66 Prozent im Schulwesen, 80 Prozent bei der Reichsbahn und 83,5 Prozent beim Seewasserstraßenamt. Diese Prozentzahlen seien seit dem September 1948, als die letzte Überprüfung durch die Militärregierung vorgenommen wurde, immer noch gestiegen. »In der Regierungskanzlei sind von 102 Angestellten 101 ehemalige Nationalsozialisten«. In den *niedrigen* Besoldungsgruppen aber sei die Quote derer, die unter das Gesetz fallen, kleiner als 10 Prozent. Mr. Napoli sagte, es müßte möglich sein, aus den 75 Prozent der unbelasteten Bevölkerung diejenigen herauszufinden, die qualifiziert sind, die Stellungen ehemaliger Nationalsozialisten einzunehmen. »*Ich klage die höchsten Beamten im Lande Bremen an*, daß sie nicht dafür gesorgt haben, daß entsprechend unbelastete Personen gefunden werden. Ich kann nicht glauben, daß die Bremer Bevölkerung der Ansicht ist, daß diese ehemaligen Nationalsozialisten in den höchsten Stellen der

---

[1] Nordsee-Zeitung, 14. Mai 1949.

Verwaltung die Politik hier in Bremen machen sollen. Ich glaube auch, daß der größte Teil der Bremer Bevölkerung derselben Ansicht ist wie ich, daß aber gerade diejenigen, die die Gesetze machen, dieser Ansicht entgegenstehen und eine Verbesserung der Verhältnisse mit allen Mitteln hemmen. Eine große Zahl von Briefen, die ich bekomme, beweist mir das immer von neuem.«

Plan der Militärregierung

Mr. Napoli sagte ferner, daß nun nach einem *Plan* der auf die Initiative des Direktors der Militärregierung, Capt. *Jeffs*, zurückgehe, in Zusammenarbeit mit dem Befreiungssenator Dr. *Lifschütz* Nachforschungen unter den 75 Prozent unbelasteter Bremer angestellt werden sollten, ob nicht unter ihnen genügend Leute sind, die an die Stelle von Belasteten treten könnten. Das hätten zwar die Verwaltungsstellen des Landes auch selbst tun können, doch hätten sie es unterlassen. Die Entnazifizierung werde weitergehen, bis sie abgeschlossen sei. Niemand solle denken, daß sein Verfahren etwa ausfalle. Im übrigen, so schloß Mr. Napoli, wäre die Erörterung dieses Fragenkomplexes heute völlig überflüssig, wenn es einen *Verfassungsgerichtshof* im Lande Bremen gäbe. Der aber stehe immer noch aus.

Keineswegs alle...

Die Ausführungen von Mr. Napoli lösten unter den anwesenden Pressevertretern eine lebhafte Diskussion und Fragestellung aus. So wurde von einem Vertreter der Presse gefragt, ob die entnazifizierten Parteiangehörigen »ihr Leben lang einen Stempel« tragen sollten. Mr. Napoli antwortete darauf, es handele sich nicht um eine doppelte Gerichtsbarkeit, sondern um die Frage, ob deutsche Stellen genügend Mühe darauf verwandt hätten, bei der Neubesetzung von Stellen auch *unbelastete* Personen zu finden. Diesen Eindruck habe er keineswegs. Er glaube nicht daran, daß eine wirkliche Demokratie errichtet werden könne, wenn in den Schlüsselstellungen Leute säßen, die in ihren früheren Stellungen antidemokratisch tätig gewesen seien. Auf den Einwand eines anderen Pressevertreters, die Beamten hätten sich früher dem Druck der Partei nicht widersetzen können, entweder in die NSDAP einzutreten oder ihrer Eigenschaft als Beamter verlustig zu gehen, antwortete Mr. Napoli, die Militärregierung habe, »ob es naiv war oder nicht«, immerhin geglaubt, es werde auch möglich sein, diejenigen Leute zur Mitarbeit heranzuziehen, die diesen Mut zur Auflehnung gegen das Diktat der Partei aufgebracht hätten - denn *keineswegs* hätten sich alle Deutschen dem Druck der Partei gefügt

In der regen Diskussion erweckte die Feststellung eines Vertreters des »Weser-Kuriers« besondere Aufmerksamkeit, daß ein Artikel, der dieser Zeitung von einem Bremer Juristen zugegangen sei, und in dem die Rechtmäßigkeit der weiteren Entnazifizierung bestritten wurde, von der Justizverwaltung mit dem Bemerken abgetan worden sei, »man habe dazu nichts zu sagen.« Daraufhin habe man diesen Artikel gebracht, die dadurch hervorgerufene Diskussion habe jedoch keine Klärung der »Rechtslage« herbeigeführt.

Überprüfung der Meldebogen

Die Frage eines Vertreters der Nordsee-Zeitung, in welcher Weise die Militärregierung ihren Plan zur Feststellung geeigneter und nicht belasteter Kandidaten zu verfolgen gedenke, wurde dahingehend beantwortet, daß man eine *Überprüfung der Meldebogen* im Hinblick auf *qualifizierte Kandidaten* für öffentliche Ämter vorhabe, und daß die Ergebnisse dieser Untersuchung von der Militärregierung den *verantwortlichen* bremischen Stellen nahegebracht werden würden. Die Pressekonferenz klang in der allen anwesenden Pressevertretern naheliegenden Frage aus, ob in der Tat, und wenn ja, in welchem Maße, von unseren bremischen Behörden die Versäumnisse verschuldet worden sind, deren sie der Sprecher der Militärregierung anklagte.

Dietrich Crüsemann

Die Bremische Evangelische Kirche nach dem Zweiten Weltkrieg im Spiegel amerikanischer Akten (1945 - 1948)

Einleitung

Bei den amerikanischen Quellen, anhand derer diese Arbeit die Geschichte der Bremischen Evangelischen Kirche nach dem Zweiten Weltkrieg verfolgen will, handelt es sich um Akten des Office of Military Government (United States). 1977 bis 1978 wurde das Material im Rahmen eines deutsch-amerikanischen Projektes erschlossen.[1] Dabei nahm man auch etwa ein Viertel des Bremen betreffenden Bestandes auf Mikrofiches auf, die im Staatsarchiv Bremen zur Verfügung stehen.[2] Diejenigen Mikrofiches, die religiöse Angelegenheiten zum Inhalt haben, und die Berichte einer ebenfalls im Staatsarchiv vorliegenden Originalreihe der »Functional Histories of Military Government« Bremen[3] liegen dieser Arbeit zugrunde.[4]
Nachkriegszeit ist eine Zeit, die in besonderem Maße durch die vorangegangenen Ereignisse geprägt ist. Das gilt auch und gerade für die Geschichte der Bremischen Evangelischen Kirche von 1945 bis 1948. Daher setzt diese Arbeit die großen Darstellungen der Geschichte der BEK während des Dritten Reichs von Stoevesandt und Heinonen voraus.[5]
Die Schwerpunkte sind so gesetzt, wie sie sich dem Quellenmaterial nach ergaben. Zunächst wird auf die allgemeinen äußeren Umstände der Besetzung und der Besatzungsverwaltung in Bremen eingegangen, um dann die Lage der bremischen Kirche bei Kriegsende und die ersten Maßnahmen zu ihrer Restitution zu beschreiben. Es folgt ein längerer Abschnitt über die Entnazifizierung der Bremer Pastorenschaft. Danach ist auf zwei erfolglose Versuche einzugehen, bruchlos an die jüngste Vergangenheit anzuknüpfen. Die Rede ist von dem »braunen« Bremer Landesbischof Weidemann und den Deutschen Christen. Ein letzter Abschnitt geht schließlich auf das kirchliche Leben in diesen Jahren der Not ein, so wie es sich in den Quellen widerspiegelt.
Zum Schluß sei vermerkt, daß zur Ergänzung der amerikanischen Akten hier und da weiteres Material verwendet wurde. So konnten in der Frage der Entnazifizierung die Sitzungsprotokolle des Kirchenausschusses weiterhelfen und vor allem zeigen, wann suspendierte Pfarrer wiedereingestellt wurden. Für den Fall Weidemann war besonderes Material aus dem Nachlaß des früheren Leiters der bremischen Kirchenkanzlei, Bornemann, hilfreich, und Akten aus dem landeskirchlichen Archiv Hannover erläuterten das amerikanische Material über die Deutschen Christen.

---

1 Vgl. Röpcke, S. 292
2 Ebd.
3 Vgl. Röpcke, S. 301ff
4 Bei den Anmerkungen werden in der Regel nur die Verfasser angegeben. Archivalien aus dem Bestand 16,1/2 des StAB werden wie folgt bezeichnet. Der Bestandsnummer folgt die im Quellen- und Literaturverzeichnis unter AI a verwendete Numerierung. Finden sich bei den Mikrofiches (Nr.1-21) mehrere unter der gleichen Archivnummer, so sind sie mit römischen Zahlen durchnumeriert. Die darauf folgende Angabe bezieht sich auf das Mikrofiche: Der Buchstabe bezeichnet von oben nach unten die Zeile, die Ziffer von links nach rechts das Feld.
5 Siehe Literaturverzeichnis

1. Ende und Anfang

1.1. Kriegsende und Besatzung in Bremen

Am 26.04.1945 rückte mit dem britischen 30. Corps auch das amerikanische Detachment E2 C2 unter Colonel Bion C. Welker in Bremen ein, um die Besatzungsverwaltung zu übernehmen. Als man gegen 13 Uhr das Polizeipräsidium betrat und den Polizeipräsidenten A. Schroers zum Regierenden Bürgermeister ernannte, war der Krieg in der Hansestadt zu Ende.[1]

Formell konstituierte sich die Militärregierung am 27.04.1945 um 11 Uhr. Welker, der nach zwei Tagen das Kommando übernahm, blieb zunächst der britischen 52. Lowland Division zugeordnet.

Am 8. Mai 1945 um 23.01 Uhr schwiegen die Waffen in ganz Europa.[2] Als Bremen am 24.05.1945 der 29. Infantry Division der 9. US Army angegliedert wurde, war die Stadt auch militärisch unter amerikanischer Kontrolle.

Gehörten zunächst auch noch umliegende Ortschaften zur amerikanischen Besatzungszone, so blieben ab 10.12.1945 nur noch Bremen und Wesermünde, das später wieder in Bremerhaven umbenannt wurde, amerikanisch, während das Umland zur britischen Besatzungszone wurde.[3]

Nach einigen organisatorischen Anfangsschwierigkeiten wurde am 15.04.1946 schließlich das Office of Military Government for Bremen Enclave (United States) eingerichtete, das direkt der zentralen amerikanischen Militärregierung OMGUS Berlin unterstellt wurde.[4] Direktor war Colonel Welker. Sein Nachfolger wurde im September 1946 Gordon Browning, dem dann am 11.12.1946 Thomas F. Dunn folgte.

Für die evangelische Kirche war zunächst Major Bard als Religious and Fine Arts Officer zuständig.[5] Da er gleichzeitig auch noch für das Erziehungswesen und die deutsche Zivilverwaltung verantwortlich und zudem noch Verbindungsoffizier zum Bürgermeister war, mußte er wegen Überlastung bald einige Aufgaben abgeben. Im August 1945 kam Major Crabill nach Bremen und wurde für religiöse und kulturelle Angelegenheiten zuständig. Ihm unterstellt waren unter anderen Lieutenant Wilsen, dem dann Captain Busey folgte, und der Zivilist Fischer.

Der zunächst ernannte Bürgermeister Schroers wurde bereits am 30.4.1945 seines Amtes enthoben und verhaftet, nachdem seine Mitgliedschaft in der SS bekannt geworden war. Am 4.5.1945 bestellte man E. Vagts zum Bürgermeister.[6] Offiziell nahm der Senat am 6.6.1945 seine Arbeit unter Vagts auf.[7] Am 1.08.1945 trat dann Bürgermeister Kaisen dessen Nachfolge an.[8]

---

1 Hierzu und zum folgenden: StAB 16,1/2, 22, S. 4
2 Peters, Zwölf Jahre Bremen 1933-1945, S. 288
3 Röpcke, S. 294
4 Hierzu und zum folgenden: StAB, a.a.O., S. 19
5 Hierzu und zum folgenden: StAB, a.a.O., S. 195
6 Beide Angaben in Peters, a.a.O.
7 StAB, 16,1/2, 21 III e10
8 Schwarzwälder, Spitta, S. 326

1.2 Erster Neubeginn in der bremischen Kirche

Nach dem Fall des nationalsozialistischen Landesbischofs Weidemann war es in der BEK bis zum Ende des Krieges nicht gelungen, wieder rechtmäßige Zustände herzustellen. Als gegen Weidemann 1941 ein Disziplinarverfahren eröffnet wurde, hatte Reichskirchenminister Kerrl zugleich eine Finanzabteilung ernannt, die, nach Kerrls Tod umbesetzt, nach und nach die Leitung der bremischen Kirche übernahm.[1] Auf eine Anordnung vom 22.2.1943 hin wurde erst am 29.4.1943 der Magdeburger Oberkonsistorialrat Schultz zum kommissarischen Landeskirchenführer und Kirchenpräsidenten ernannt.[2] Am 1.5.1943 fand seine Einführung statt.[3] Obwohl Schultz am 25.7.1944 eine Verordnung über das Amt des Landeskirchenführers und Präsidenten der BEK erließ und damit eine Grundlage für seine ordentliche Bestellung schuf,[4] ist es bis Kriegsende bei seinem kommissarischen Status geblieben.[5]
So verwundert es nicht, daß am 31.05.45 in Abwesenheit von Schultz dessen Stellvertreter, der Jurist Dr. Noltenius, den Rücktritt der Kirchenregierung verkündete, da er Zweifel an der Rechtmäßigkeit ihrer Bestellung habe.[6] Außer Schultz und Noltenius gehörten der Kirchenregierung zu diesem Zeitpunkt noch die Kaufleute Kohlrausch und Mose, und in Vertretung für Pastor Bertuleit Pastor Dr. Dietsch an.[7]
Damit war die bremische Kirche in einer ausweglosen Situation, aus der sie nicht ohne Hilfe von außen wieder herauskommen sollte. Die Synode der BEK, der Kirchentag, war am 24.1.1934 gewaltsam aufgelöst worden, und selbst dieser Kirchentag mit einer deutsch-christlichen Mehrheit war unter zweifelhaften Umständen gewählt worden.[8] In den Gemeinden herrschten durch das Regime Weidemann oft unüberschaubare und unrechtmäßige Zustände, so daß diese auch nicht in der Lage waren, ordnungsgemäß und schnell Vertreter für einen neuen Kirchentag zu bestimmen.
In dieser Situation leistete der Staat Hilfestellung. Er tat es ähnlich wie 1918, als der Senat auch nach dem Ende des landesherrlichen Kirchenregimentes seine summepiskopalen Funktionen weiter ausübte und der Kirche bei der Erstellung einer Kirchenverfassung behilflich war.[9] In Absprache mit dem Pfarrerverein[10] und in Anlehnung an die Kirchenverfassung von 1920 berief Bürgermeister Vagts am 15.06.1945 einen vorläufigen Kirchenausschuß als Exekutivorgan, der aus den Pastoren Hackländer, Urban und Wilken, den Juristen Ahlers, Donandt und Leist und den Kaufleuten Edzard, Meentzen und Meyer bestand.[11] Gleichzeitig wurde die Kirchenverfassung von 1920 für rechtmäßig und alle verfassungsrechtlichen Verordnungen seit Januar 1934 für rechtsunwirksam erklärt.[12]

---

1 Vgl. Heinonen, S. 247ff
2 LKAB, B.205.25
3 LKAB, B.201.5
4 LKAB, B.205.25
5 Bei Heinonen, S. 274 liegt wohl eine Verwechslung vor. Der dort in Anm. 109 angegebene Aktenvermerk aus LKAB, B. 208 II bezieht sich nur auf die Mitgliedschaft im 'Bund f. Deutsches Christentum', nicht aber auf eine Ernennung zum Kirchenpräsidenten.
6 Siehe Bergemann, S. 229 und Peters, Zwölf Jahre Bremen 1945-1956, S. 12
7 StAB, 16,1/2, 3, b7
8 Vgl. Heinonen, S. 33ff
9 Vgl. Bergemann, S. 240f
10 A.a.O., S. 229
11 StAB, a.a.O., a2

Der VKA erhielt die Aufgabe, auf der Grundlage der Kirchenverfassung von 1920 für die Wiederherstellung verfassungsmäßiger Zustände in der BEK und ihren Gemeinden zu sorgen.[1] Man war mit diesem Weg im wesentlichen einem Gutachten gefolgt, das Theodor Spitta bereits im Jahre 1941 verfaßt hatte;[2] jener Spitta, der schon an der Erstellung der Kirchenverfassung von 1920 mitgewirkt hatte[3] und der nun unter Vagts Justizsenator war.[4]
Die erste Sitzung des VKA fand am 27.06.1945 statt. Gemäß der Kirchenverfassung wurde mit Dr. Ahlers ein Laie zum Präsidenten der BEK bestimmt; Donandt wurde Vizepräsident und Edzard Schatzmeister.[5]
Die zu bewältigenden Schwierigkeiten und besonders aber das Problem der Entnazifizierung veranlaßten den VKA etwas später, den Senat um eine weitergehende Legitimation zu bitten, und so erhielt man am 18.12.1945 die Befugnis, Rechtsverordnungen zu erlassen und dabei gegebenenfalls den Glaubens-, Gewissens- und Lehrfreiheit gewährenden § 1 der Kirchenverfassung von 1920 außer Kraft zu setzen.[6]
Es war sicher nicht ideal, daß der VKA vom Bürgermeister eingesetzt werden mußte. Aber die Lage und die Struktur der BEK mit so unterschiedlichen Gemeinden und Pastoren ließen anderes nicht zu; ein nur vom Pfarrerverein ernannter VKA hätte nicht die ausreichende Autorität für die schwierigen Aufgaben gehabt. So handelte der Senat als Notbischof, und die bremische Kirche durfte ihm dankbar dafür sein.
Der VKA wurde überall akzeptiert. Nur im August wandte sich der Anwalt eines vom VKA suspendierten Pastors mit dem Hinweis an die Militärregierung, der VKA habe dazu keine Befugnis, da er sich nur mit Hilfe des Senats konstituiert habe.[7] Dies blieb aber ein Einzelfall, der keine weiteren Folgen hatte.

2 Entnazifizierung

2.1 Ausgangsposition

Das Programm der Entnazifizierung, das die Alliierten nach dem Krieg in Deutschland durchzuführen begannen, war in seinen Grundzügen auf der Konferenz von Jalta festgelegt worden. Dort hatten Churchill, Roosevelt und Stalin im Februar 1945 beschlossen, »... alle nationalsozialistischen und militaristischen Einflüsse aus den öffentlichen Dienststellen sowie dem kulturellen und wirtschaftlichen Leben des deutschen Volkes auszuschalten ...«[8]
Die Amerikaner befolgten das Programm der politischen Säuberung mit besonderer Sorgfalt.[9] Daß die Kirche dabei nicht ausgenommen wurde, war von Anfang an deutlich, konnte sie doch »a strong foundation of a democratic way of life«[10] sein. In einem später nochmals zu erwähnenden Gutachten vom 1.4.1946 sind die

---

12 Bergemann, S. 230
1 LKAB, B.132/6, 27.06.1945
2 In: Stoevesandt, S. 192ff
3 Vgl. Bergemann, S. 240 und Heinonen, S. 21
4 StAB, 16,1/2, 21 III e10
5 StAB, 16,1/2, 3, a2
6 Bergemann, S. 231
7 StAB, 16,1/2, 7, d5
8 Zitiert nach Fürstenau, S. 20
9 A.a.O., S. 42f u. S. 46. Vgl. StAB, 16,1/2, 26, S. 9
10 StAB, 16,1/2, 6, I a2

Entnazifizierungsziele der Besatzungsmacht in der bremischen Kirche dargelegt.[1] Dabei wird das Problem, die Entnazifizierung durchzuführen und gleichzeitig eine Politik der Religionsfreiheit zu vertreten, deutlich. Wie soll man sich angesichts dessen ehemaligen Mitgliedern der Deutschen Christen gegenüber verhalten? Das Gutachten, das erstaunlich korrekt die entscheidenden Merkmale der DC analysiert, kommt zu dem Schluß, daß allein die Mitgliedschaft bei den DC zu einer Amtsenthebung nicht ausreiche. Man erwähnt auch den Druck, der in Bremen auf Pastoren ausgeübt wurde, der Gruppierung beizutreten. Kriterium, ob jemand ein überzeugter Nationalsozialist war und daher aus seiner Position zu entfernen sei, solle deshalb jede zusätzliche Aktivität, und das heißt jede weitere Mitgliedschaft, in nationalsozialistischen Organisationen sein. Dies konnte man ja duch Fragebogen eruriren.
Die Kirche hatte eine andere Position. So stellte der VKA in seiner ersten Sitzung fest, daß man auf die bestehenden Verhältnisse Rücksicht nehmen müsse und daher besonders allen, die sich (durch Mitgliedschaft) gebunden hätten, Zurückhaltung anzuraten sei. Der Unterschied von Staat und Kirche müsse aber gewahrt bleiben.[2] Zwei Probleme waren damit angeschnitten. Das eine betraf die alliierte Entnazifizierungspolitik überhaupt[3]: eine »Selbstreinigung« der Deutschen wurde nicht ermöglicht, die Verlierer konnten nur noch auf »bestehende Verhältnisse« reagieren. Das andere bezog sich auf den angesprochenen Unterschied von Staat und Kirche. Die Kirche konnte sich ihrem Selbstverständnis nach nicht vorschreiben lassen, wen sie zu entlassen habe, und das formale Kriterium der Mitgliedschaft in nationalsozialistischen Organisationen mußte für sie unbefriedigend sein. Außerdem ist bei der kirchlichen Position zur Entnazifizierung sicherlich zu berücksichtigen, daß die BEK kein Interesse haben konnte, von ihren wenigen Pastoren, die dringend für die anstehenden Aufgaben gebraucht wurden, durch Entlassungen und Suspendierungen auch noch welche zu verlieren.
Ein Konflikt zwischen der bremischen Kirche und der amerikanischen Besatzungsmacht über die Frage der Entnazifizierung war angesichts dieser Positionen zu erwarten.

2.2 Beginn

Die erste Initiative zur Entnazifizierung der Bremer Pastorenschaft ging vom Vorläufigen Kirchenausschuß aus. Im Protokoll seiner Sitzung vom 14.9.1945 heißt es: »Auf Grund von Nachrichten, die eine Verschärfung der Behandlung ehemaliger Pg (Parteigenossen, d. Verf.) in allen Gebieten des öffentlichen Lebens und eine erhöhte Wachsamkeit amerikanischer Stellen auch auf das kirchliche Leben deutlich werden lassen, beschließt der VKA einen Prüfungsausschuß einzusetzen, der im Wege des Vorgriffs und im Interesse der betr. Personen, unter Umständen zu ihrem Schutze, die einzelnen Fälle, sobald sie akut werden, einer eingehenden Untersuchung unterziehen soll, deren Ergebnisse dem VKA vorgetragen werden.«[4]
Dieser Prüfungsausschuß sollte dreigliedrig sein. Als Vorsitzender war einer der Juristen des VKA vorgesehen, als 1. Beisitzer einer der Pastoren des VKA und als

---
1 StAB, 16,1/2, 10, a10+11
2 LKAB, a.a.O.
3 Vgl. Fürstenau, S. 33 und S. 32, Anm. 36
4 LKAB, a.a.O., 14.09.1945

2. Beisitzer ein weiterer Pfarrer aus der Bremer Pastorenschaft.[1]
Obwohl die Kirche von sich aus die Initiative ergriff, macht der Beschluß doch deutlich, daß es sich um eine Reaktion auf die bestehenden Verhältnisse handelte. Abgesehen von der bereits geschilderten grundsätzlichen Position war es noch aus einem anderen Grund eine notwendige Reaktion. Bis nämlich ein Kirchenausschuß gewählt wäre, der von sich aus und nicht als Reaktion die Autorität zur Entnazifizierung besessen hätte, hätte die Besatzungsmacht längst selber gehandelt.
Zur Durchführung der Entnazifizierung in einer Landeskirche, die Lehrzuchtverfahren aufgrund ihrer Verfassung bis heute nicht kennt, benötigte der VKA jene oben bereits erwähnte weitergehende Legitimation, die in einem Schreiben vom 14. Dezember beantragt und vom Senat gewährt wurde.[2]
Am 22.9.1945 kam es zu einer ersten Besprechung zwischen Mitgliedern des VKA und der Militärregierung.[3] Dabei kündigte man von Seiten der Amerikaner an, daß alle, die in der Kirche tätig seien, einen Fragebogen auszufüllen hätten. Dieser konnte die Resultate »negative« ([Entlassung] nicht erforderlich), »discretionary« ([Entlassung] der eigenen Entscheidung [d. h. der militärischen Dienststelle] überlassen] und »mandatory« ([Entlassung] unbedingt erforderlich) haben. Einen Durchschlag der Fragebogen wolle man jeweils dem VKA zur Verfügung stellen.
Zu einer weiteren Konferenz kam es um den Jahreswechsel 1945/46. Dabei gelangte man zu der Übereinkunft, daß der VKA diejenigen, deren Fragebogenresultat »mandatory« lautete, ohne weiter Anweisungen der MR von sich aus überprüfen solle. Zu diesem Zeitpunkt konnte der VKA bereits darauf verweisen, daß er in sieben Fällen Maßnahmen ergriffen habe und daß fünf weitere Fälle bearbeitet würden[4].

2.3 Konflikt

Der Konflikt ließ nicht lange auf sich warten. Am 12.2.1946 kam es zu einer ausführlichen Besprechung von Mitgliedern des VKA mit einem Offizier der MR.[5] Anlaß waren sechs Fälle (fünf Pastoren, ein Organist) in deren Behandlung zwischen der MR und dem VKA unterschiedliche Auffassungen bestanden. Die Kirche konnte die Mitgliedschaft in nationalsozialistischen Organisationen als Kriterium nicht akzeptieren, sondern wünschte vielmehr die sorgfältige »Würdigung aller Umstände des Einzelfalles«.[6] So gaben die Vertreter des VKA den Amerikanern zu verstehen, daß auch die Kirche keine Nationalsozialisten in ihren Reihen wolle, entscheidend aber müsse die heutige Einstellung sein. Die Betroffenen wären zwar Parteimitglieder gewesen, hätten aber alle mit der Partei gebrochen, als diese noch auf der Höhe ihrer Macht war. Alle sechs würden sicherlich niemals rückfällig werden, und die Kirche brauche sie. Wer seine Meinung wirklich geändert habe, müsse eine Chance bekommen. Im übrigen sei dies der Standpunkt der evangelischen wie der katholischen Kirche in ganz Deutschland.
Schließlich machte die Kirche den Vorschlag, die fünf Pastoren, sofern sie ihre Positionen behalten dürften, in ihren Predigten und Aktivitäten durch zwei Bauher-

---

1 Akten Nölle, Beschluß d. VKA vom 14.09.1945
2 Bergemann, S. 231, Anm. 9
3 LKAB, a.a.O., Anlage zum 28.9.1945
4 StAB, 16,1/2, 1, a7. Vgl. 9, II d8
5 StAB, 16,1/2, 1 b1-b3
6 Akten Nölle, Beschluß des VKA 14.9.1945

ren (Kirchengemeinderäte) überwachen zu lassen. Diese sollten der MR dann monatlich oder vierteljährlich einen Bericht zukommen lassen.

Die Amerikaner gingen auf den Kompromiß nicht direkt ein, unternahmen aber gegen die Betroffenen auch nichts. Man befand sich offenbar in einer Phase der Unsicherheit und wußte nicht, wie man sich einem Kirchenausschuß, der den eigenen Vorstellungen nicht folgte, gegenüber verhalten sollte. Mit diesem Problem beschäftigt sich auch der Brief des zuständigen Offiziers an seinen Vorgesetzten vom 15.3.1946[1].

Das Schreiben schildert zunächst, wie in der britischen Zone in einem solchen Fall vorgegangen werde. Dort sei es üblich, die Angelegenheit dem militärischen Vorgesetzten zu übergeben, der seine Entscheidung dann möglichst durch die nächsthöhere kirchliche Dienststelle durchsetzen solle. Für Bremen wird eine ähnliche Vorgehensweise vorgeschlagen: strittige Fälle sollten vom zuständigen Offizier bei gleichzeitiger Eingabe von Empfehlungen dem Vorgesetzten überreicht werden, der dann weitere Entscheidungen zu treffen habe.

Offenbar gingen die verantwortlichen Stellen der MR auf diesen Vorschlag ein. Mit dem Datum vom 1.4.1946 liegt ein ausführliches, 23seitiges Memorandum über die Entnazifizierung in der BEK vor, das an den Kommandierenden Offizier gerichtet ist.[2]

Nach einer Einleitung, einem allgemeinen Teil und einem längeren Abschnitt über die Geschichte der bremischen Kirche seit der Reformation wird die gegenwärtige Lage analysiert. Dabei sind auch die Positionen des VKA und der MR zur Entnazifizierung gegenübergestellt. So könne der VKA seinem Selbstverständnis nach nur von einem kirchlichen, nicht aber von einem politischen Standpunkt aus urteilen, die Kirche also nur dann gegen ihre Amtsträger vorgehen, wenn diese ein unkirchliches Benehmen gezeigt, gegen ihre Amtspflichten verstoßen oder dem christlichen Glauben widersprochen hätten. Dieser Standpunkt, so der Gutachter, sei für die MR nicht akzeptabel, da er die Mission der Alliierten gefährden würde. Weiter sei es Ansicht des VKA, daß die jüngere Generation, die dem Nationalsozialismus aus Idealismus verfallen war, milder behandelt werden solle. Hierzu vermerkt man, daß dies Argument durchaus etwas für sich habe, aber in den entsprechenden Verordnungen nicht vorgesehen sei. Schließlich stünde der VKA auf dem Standpunkt, die Kirche müsse bedenken, daß im Himmel über einen, der umkehre, mehr Freude herrsche denn über neunundneunzig Gerechte (Lk 15,7). Daher könne die Mitgliedschaft in der Partei oder bei den DC dann kein Grund zum Eingreifen sein, wenn einer, nachdem ihm der wahre Charakter der Partei aufgegangen sein, seine veränderte Ansicht deutlich zum Ausdruck gebracht habe. Dazu bemerkt der Gutachter, daß dies von der MR zwar nicht akzeptiert werden könne, da es in den Vorschriften nicht vorgesehen sei, aber auf ein dringend zu lösendes Problem aufmerksam mache, nämlich auf die Differenzierung des Grades von Schuld.

Schließlich geht der Offizier auf den VKA selber ein. Er führt das bisherige Verhalten, die milden Entscheidungen und die Schwerfälligkeit des Ausschusses an, bestreitet die vollkommen antimilitaristische und antinationalsozialistische Haltung seiner Mitglieder, um schließlich zu empfehlen, den gesamten VKA »for failure to

---

1 StAB, 16,1/2, 10, a2
2 StAB, 16,1/2 a6-c2

cooperate with Military Government in its program of denazification«[1] zu entlassen. Bereits vorher war erwähnt worden, daß der gegenwärtige Bürgermeister auch jetzt noch in der Lage sei, Ernennungen und Entlassungen innerhalb des VKA vorzunehmen,[2] um so zu implizieren, daß die einschneidende Empfehlung keine großen Probleme nach sich ziehen würde. Außerdem schlägt das Gutachten vor, elf Pastoren, einschließlich der fünf beanstandeten, vom Dienst zu suspendieren, bis genauere Entscheidungen getroffen wären.
Lieutenant Colonel Crabill ging auf die Empfehlung nicht ein, aber er schlug jetzt eine deutlich härtere Gangart an.
Dies zeigte sich zunächst an dem Fall des Dompredigers Rahm, der von 1933 bis 1941 Mitglied der DC, als Freimaurer allerdings nie in der Partei gewesen war.[3] Eine Mitteilung des amerikanischen Geheimdienstes vom 9.5.1946[4] weist unter anderem nach, daß er 1932 und 1933 aktiv SS und SA unterstützt habe, indem er sein Pfarrhaus als Versammlungs- und Fluchtort zur Verfügung stellte. Es sei besonders Gewerkschaftskreisen ein Dorn im Auge, Rahm noch auf der Kanzel zu sehen, da die Pastoren ohnehin große Bewegungsfreiheit genießen würden und ihnen sogar Auslandsreisen gestattet seien, während man Gewerkschaftsführer darin noch ernsthaft behindere.
Am 21.5.1946 wurde daraufhin Ahlers zur MR zitiert, wo man ihm eine schriftliche Anweisung überreichte, innerhalb von drei Tagen gegen Rahm vorzugehen.[5] Der VKA ging nicht darauf ein. Das Gutachten des Prüfungsausschusses, das drei Tage später vorlag, empfahl, daß der Domprediger, der Konvent (Gemeindevertretung) und Gemeinde hinter sich habe, im Amt bleiben könne, ihm aber Zurückhaltung in der Öffentlichkeit und bei der Annahme leitender Stellungen aufzuerlegen sei.[6]
Im Juni waren Asmussen und weitere Mitglieder der Kanzlei der EKD in Bremen. Asmussen unterstützte den VKA: »Vor allem darf nicht anerkannt werden, daß eine weltliche Instanz bestimmt, ob ein Pfarrer predigen darf oder nicht.«[7] Aber auch die Theologen von der EKD hielten ein Ausscheiden von Rahm für unvermeidlich, und Asmussen bemerkte, er solle nach einer Wartezeit an einer neuen Pfarrstelle eine Chance bekommen.[8]
Man führte weitere Gespräche mit dem Domprediger. Am 14.6.1946 wurde vermerkt, Rahm habe »...für den Gedanken der Buße oder Sühne leider nur wenig Verständnis gezeigt...«[9] Schließlich wollte man ihm nahelegen, selbst die Pensionierung zu beantragen.[10] Der Pastor drohte daraufhin, seine Gemeinde mobil zu machen.[11]
Am 10.7.1946 wurde mit Leist erneut ein Mitglied des VKA zur MR zitiert.[12] Der Jurist

---

1 A.a.O., b13
2 A.a.O., b7
3 StAB, 16,1/2, 5, a10
4 StAB, 16,1/2, 6, I b1-b4
5 StAB, 16,1/2, 7, e7
6 LKAB, a.a.O., 24.5.1946
7 A.a.O., 11.6.1946
8 A.a.O., 12.6.1946
9 A.a.O., 14.6.1946
10 A.a.O., 28.6.1946
11 A.a.O., 5.7.1946
12 StAB, 16,1/2, 6, I b10-c4

bat um Geduld; wenn es erwünscht sei, könne Rahm zunächst bis Ende des Monats suspendiert werden. Leist wurde daraufhin von den Amerikanern belehrt, daß es sich bei den Anweisungen der MR um Befehle handele, die zu befolgen seien, andernfalls würde es Verhaftungen geben. Im übrigen sei die Vorgehensweise bei der Entnazifizierung ab sofort zu ändern. Wer nach den Kriterien der MR entlassen werden müsse, sei sofort zu suspendieren, bis ein abschließendes Urteil des VKA vorläge. Wenn dies überzeugend für die Wiedereinstellung plädiere, würde OMGUS diese veranlassen. Der VKA nahm das zur Kenntnis. Inzwischen war es auch in zwei weiteren Fällen zu einer ähnlichen Entwicklung gekommen, in deren Verlauf man Anweisungen der MR nicht befolgt hatte. Der VKA beschloß, ohne abgeschlossenes Prüfungsverfahren auch weiter keine Entlassungen auszusprechen; dies müsse die MR sonst selber tun.[1]
Am 19.7.1945 war der gesamte VKA ohne seinen abwesenden Präsidenten Dr. Ahlers bei der MR vorgeladen.[2] Donandt konnte darauf hinweisen, daß Rahm am Tag zuvor auf eigenen Wunsch suspendiert worden war. In den beiden anderen Fällen sei der Untersuchungsausschuß zu dem Ergebnis gekommen, daß die Pastoren für die Kirche akzeptabel seien.[3] Donandt erklärte dann, daß allein die Kirche entscheiden könne, ob ein Pfarrer würdig sei, Jesus Christus zu predigen.[4] Crabill antwortete, daß es hier um militärische Befehle ginge. Donandt mußte daraufhin schriftlich einen Befehl quittieren, der die Suspendierung der drei Pastoren anordnete. Schließlich teilte Crabill mit, daß Dr. Ahlers mit Wirkung vom 15.7.1946 als Präsident des VKA entlassen sei. In einer Schlußerklärung erläuterte er, der Staat könne nicht dem Prinzip der Vergebung folgen, und man müsse verstehen, daß die MR diejenigen, die den Nationalsozialismus unterstützt hätten, auch dann aus führenden Positionen entfernen müsse, wenn sie Reue zeigten. Als persönliche Ansicht fügte er hinzu, einer, der wirklich bereue, würde dies auch einsehen und freiwillig aus dem kirchlichen Dienst scheiden.
Ein Bericht vom Dezember 1946 begründet noch einmal dieses Vorgehen.[5] Ausführlich wird geschildert, wie nachgiebig die MR zunächst gewesen sei, und wie der VKA den mehrfachen Aufforderungen nicht Folge geleistet habe, so daß man zu dem Schluß kam, der VKA sei nicht gewillt, die Entnazifizierung in befriedigender Form durchzuführen. Man bedauert, daß Ahlers habe entlassen werden müssen, da er möglicherweise durch andere Mitglieder des VKA behindert worden sein.
Der VKA erwog und verwarf nach der Konferenz noch am selben Tag einen gemeinsamen Rücktritt.[6] Man folgte dem Befehl der MR und suspendierte die beanstandeten Pfarrer. In einem Brief vom 30.7.1946 erläuterte der VKA dann nochmals seine Ansicht.[7] So wird die Bereitschaft zur Kooperation betont und erwähnt, daß man in kurzer Zeit gegen elf von sechzig Pastoren vorgegangen sei und damit an der Spitze aller Landeskirchen stünde.
Mit diesem Brief war der Konflikt zwischen dem Vorläufigen Kirchenausschuß und der Militärregierung beendet. Die Kirche beugte sich dem Stärkeren. Am 18.9.1946

---

1 LKAB, a.a.O., 16.7.1946
2 StAB, 16,1/2, 6, I c8-d5
3 Vgl. LKAB, a.a.O., 5.7.1946
4 StAB, a.a.O., c11
5 StAB, a.a.O., a6
6 LKAB, a.a.O., 19.7.1946
7 StAB, 16,1/2, 6, II c13f

wurden auf Anordnung der Amerikaner noch einmal drei Pastoren vom Dienst suspendiert. Damit sei, so OMGUS, die Entnazifizierung in der BEK abgeschlossen. Jetzt würden nur noch Wiederaufnahmeverfahren vorliegen.[1]

2.4 Rechtsentwicklung

Am 28.6.1946 hatte der VKA eine Verordnung über die Entnazifizierung verabschiedet.[2] Sie folgte Empfehlungen der EKD und ermöglichte die Entlassung solcher kirchlichen Amtsträger, die Mitglieder der NSDAP oder der DC waren, nationalsozialistische Ideologie verbreitet hatten oder der MR feindlich gegenüberstanden. Diese Verordnung wurde später dem Kirchentag vorgelegt, der sich am 27.11.1946 mit ihr beschäftigte.[3] Er stimmte ihr prinzipiell zu, machte aber dem inzwischen gewählten ordentlichen Kirchenausschuß die Auflage, die Entscheidung vom KA auf eine unabhängige, fünfgliedrige Spruchkammer zu übertragen, beim Aufkommen neuer Tatsachen eine Revision zu ermöglichen sowie möglichst exakte Kriterien aufzustellen. Eine so veränderte Verordnung trat am 13.12.1946 in Kraft[4] und wurde vom Kirchentag am 9.5.1947 rückwirkend angenommen.[5]

Nach dem in dieser Verordnung festgesetzten Kriterium sollten solche Pastoren entlassen werden, bei denen »...nach ihrem Reden und Handeln die Weiterführung ihres Amtes allein auf der Grundlage des Evangeliums Jesu Christi nicht zu erwarten...«[6] sei. Damit hatte man ein kirchliches Kriterium festgeschrieben, das inhaltlich auch der neuen Präambel zur Bremer Kirchenverfassung entsprach.[7] Zudem kam die grundsätzliche Einsicht, zu der schon der VKA gekommen war, zur Geltung, daß nicht die Vergangenheit, sondern die Gegenwart entscheidend zu berücksichtigen sei.[8]

Eine Veränderung trat ein, als am 14.5.1947 das Gesetzblatt der Freien Hansestadt Bremen Nr. 19 das Gesetz zur Befreiung von Nationalsozialismus und Militarismus vom 9.5.1947 verkündete.[9] Dies Gesetz übertrug die Verantwortlichkeit für die Entnazifizierung im Sinne der alliierten Kontrollratsdirektive Nr. 24 vom 12.1.1946[10] auf die deutschen Behörden. Damit brauchte sich die Kirche in der Frage der Entnazifizierung nicht mehr mit der MR auseinanderzusetzen. Die Verfügungen der Amerikaner galten allerdings bis zur Entscheidung der nun eingerichteten staatlichen Spruchkammer weiter.[11] Wurden die Betroffenen von dieser nicht belangt, so lag das weitere Vorgehen im Ermessen der Kirche.

Soweit ersichtlich wurde keiner der Bremer Pastoren staatlicherseits als »Hauptschuldiger« eingestuft; lediglich einer wurde zum »Mitläufer« erklärt[12] und nach

---

1 StAB, 16,1/2, 7, c6
2 StAB, a.a.O., e2, vgl. LKAB, a.a.O., 28.6.1946
3 StAB, 16,1/2, 9, I c12
4 Akten Nölle, Verordnung d. KA vom 13.12.1946
5 StAB, a.a.O.
6 Akten Nölle, a.a.O.
7 Siehe den Abschnitt 4.2
8 Vgl. StAB, 16,1/2, 7, e7
9 Vgl. Fürstenau, S. 69 Anm. 35, sowie den Text im Anhang.
10 Dazu: Fürstenau, S. 47
11 LKAB, B. 132/7, 16.5.1947
12 Über die in den Ruhestand getretenen Pastoren läßt sich in dieser Sache nichts Genaues sagen, da die Entnazifizierungsakten selber nicht zugänglich sind.

Zahlung eines Sühnebetrages ebenfalls freigestellt.[1] Damit hatte die Kirche in allen Fällen freie Hand für eine eigene Entscheidung bekommen.

2.5 Abschluß der Entnazifizierung

Als die Amerikaner am 18.9.1946 die Entnazifizierung in der BEK für abgeschlossen erklärten, hatte der VKA gegen zwanzig von sechzig Pastoren Maßnahmen ergriffen,[2] davon sechsmal auf einen direkten Befehl von OMGUS hin. In fast allen Fällen hatte man erreicht, daß die Betroffenen selber ihre Pensionierung oder Suspendierung beantragten.

Von den zwanzig Pfarrern traten später elf wieder in den Dienst der BEK,[3] darunter auch jene sechs, die man auf amerikanische Anordnung hin suspendiert hatte. Sieben Pastoren traten in den Ruhestand.[4] Sie waren zum Zeitpunkt ihrer Pensionierung zwischen 64 und 71 Jahre alt.[5] Ein Pfarrer konnte wieder in seiner hannoverschen Heimatkirche den Dienst aufnehmen[6], und ein junger Pastor wurde nach zweijährigem Wartestand ein Jahr lang kommissarisch mit der Auflage beschäftigt, sich in einer anderen Landeskirche um eine Anstellung zu bemühen.[7]

Verwickelt war der Fall eines Pastors, der ursprünglich aus der kurhessischen Landeskirche stammte. Dort 1932 wegen Veruntreuung entlassen, war er von Weidemann wieder in ein geistliches Amt eingesetzt worden.[8] Im Juli 1945 erklärte er sich bereit, auf Wunsch des VKA freiwillig auf die Rechte des geistlichen Standes zu verzichten[9] und schied dann am 30.4.1946 aus dem Dienst der BEK aus.[10] Im September verlautete, daß er wohl in Bayern unterkommen könne.[11] Ein Jahr später bemühte er sich offenbar bei der MR um Arbeit. Ein Bericht des amerikanischen Nachrichtendienstes hält eine Anstellung aber nicht für empfehlenswert.[12] Ab 1.4.1952 erhielt der Pastor von der BEK wieder Beschäftigungsaufträge, und zum 1.10.1955 wurde er dann erneut ordentlicher Gemeindepfarrer.[13]

Jener Pastor mußte von allen, die wieder in den Dienst der bremischen Kirche traten, am längsten warten. Die meisten konnten noch 1947 oder 1948, nämlich sogleich, nachdem der Freistellungsbescheid der staatlichen Spruchkammer vorlag, auf ihre Stellen zurückkehren.

---

1 LKAB, a.a.O., 15.7.1948
2 StAB, 16,1/2, 6 II c13; 7, c6 LKAB, B.132/6, 19.7., 26.7. u. 2.8.1946
3 LKAB, B.132/7, 15.8., 17.10., 26.11.1947; 25.2., 2.4., 18.6., 15.7. u. 17.12.1948. Ein Fall ist hier quellenmäßig nicht belegt; daß dieser auch wieder in den Dienst der BEK trat, bezieht sich auf eine mündliche Mitteilung von Pastor Heinz Nölle v. 22.11.1983. Zu einem weiteren Fall verdanke ich die mündliche Information Herrn Timann, Archivar des LKAB, am 15.12.1983. Leider konnte ich seine Auskünfte nicht mehr überprüfen.
4 LKAB, B.132/6, 21.9., 28.9. u. 30.11.1945, sowie 29.3. u. 5.4.1946. LKAB, B.132/7, 30.5.1947
5 StAB, 16,1/2, 5, a2-a13. In einem Fall ist kein Geburtsdatum belegt.
6 Hierzu StAB, 7,87-20/3
7 Dazu LKAB, B.132/7, 17.12.1947 u. 17.12.1948
8 StAB, 16,1/2, 15, II b10f
9 LKAB, B.132/6, 25.7.1945
10 A.a.O., 26.4.1946
11 A.a.O., 27.9.1946
12 StAB, a.a.O.
13 Diese Information beruht auf einer fernmündlichen Mitteilung des Archivars des LKAB, Herrn Timann, am 15.12.1983. Sie konnte vom Verf. leider nicht mehr verifiziert werden.

Die BEK ging bei der Entnazifizierung nach ihrem eigenen Verständnis brüderlich vor. Man ergriff letztlich keine harten Zwangsmaßnahmen. Zwar wurden einige Pastoren sehr gedrängt, selbst die Pensionierung zu beantragen, wie z. B. auch Weidemanns früherer Stellvertreter Refer, der trotz positiver Zeugenaussagen[1] zum 31.12.1947 auf eigenen Wunsch in den Ruhestand trat.[2] Aber auf der anderen Seite konnte Rahm, dem man dies auch geraten hatte, dann doch wieder an den Dom zurückkehren.[3]

3. Comebackversuche

3.1 Letzter Akt im Fall Weidemann

Als der Krieg zu Ende ging, saß der ehemalige Bremer Landesbischof Weidemann in Hamburg in Haft. Man hatte ihn am 13.10.1944 wegen Verleitung zum Meineid zu zweieinhalb Jahren Zuchthaus mit Nebenstrafen verurteilt, und am 1.2.1945 war eine Revision vom Reichsgericht verworfen worden.[4]

Am 1.11.1945 ging in der Bremer Kirchenkanzlei eine Rechtfertigungsschrift Weidemanns mit der Überschrift »Der Tatbestand« ein.[5] Der frühere deutschchristliche Bischof führt sich hier als ein von den Nationalsozialisten Verfolgter vor, der daher auch sofort freizulassen sei. Der Strafprozeß wäre »... aus dem jahrelangen Konflikt eines 'Hungerpastors' mit dem NS-Kirchenminister ...« hervorgegangen. In die Partei sei er aufgrund des Bibelworts von Römer, Kap. 13, V.1, eingetreten, habe aber seit seinem Konflikt mit Gauleiter Röver 1935 gegen sie gekämpft. Obwohl er nach seinem Ausschluß wieder in die Partei aufgenommen worden sei, wäre doch parteizerstörende Wirkung von ihm ausgegangen, so daß er wie Trotzki »... zwar Mitglied der Partei, aber doch und gerade darum ihr größter Feind ...« gewesen sei.

Weidemann war offenbar redegewandt und gefährlich wie eh und je. Am 16.11.1945 faßte der VKA einen Beschluß, in dem man feststellte, daß Weidemann mit dem Tag, an dem seine Revision vom Reichsgericht verworfen wurde, unter Verlust der Rechte des geistlichen Standes und sämtlicher Ansprüche aus dem kirchlichen Dienst geschieden sei. Von dieser Entscheidung setzte man auch die EKD in Kenntnis, nicht ohne darauf hinzuweisen, daß der Verlust der Rechte des geistlichen Standes für alle Landeskirchen Geltung habe.[6] Der VKA blieb auch nach diesem Beschluß reserviert. Am 30.11.1945 kam man überein, einen Prozeß gegen Weidemann wegen Untreue, Störung des Gottesdienstes und anderem einzuleiten. Dies müsse nicht zuletzt zur Rechtfertigung der Kirche geschehen.[7] Eine solche Entscheidung war in Anbetracht von Weidemanns Behauptung, nur aus politischen Gründen verurteilt worden zu sein, sicherlich richtig.

Der Beschluß des VKA vom 16.11.1945 war dem früheren Domprediger zugegangen. Aus dem Hamburger Zuchthaus sandte er am 14.12.1945 eine Antwort nach Bremen, in der er als »Präsident und Landesbischof der Bremischen Evangelischen Kirche« dem VKA vorwarf, mit jenem Entschluß gegen den Glaubens-, Gewissens-

---

1 StAB, 16,1/2, 13, a8-b6
2 LKAB, a.a.O., 19.7.1946; B.132/7, 30.5.1947
3 LKAB, B.132/7, 18.6.1948
4 StAB, 7,87-3/1
5 Kirchenkanzlei d. BEK, Personalakte Weidemann G.231.144; die folgenden Zitate daraus.
6 StAB, 16,1/2, 12, II b3
7 LKAB, B.132/6, 30.11.1945

und Lehrfreiheit gewährenden § 1 der Verfassung der BEK zu verstoßen, da seine Verurteilung vor dem Gewissen nichtig sei.[1]
Einige Zeit später wurde Weidemann nach Bremen überstellt, wo man ihn zum wiederholten Male gerichtsmedizinisch untersuchte.[2] Der Gerichtsarzt Dr. Becker-Glauch stellte in seinem Gutachten vom 14.6.1946[3] fest, Weidemann sei »... viel zu intelligent, als daß er Wahrheit und ihr Gegenteil nicht genau auseinanderhalten könnte, aber gegenseitige Beschaffenheit, die medizinisch als paranoid bezeichnet werden muß, bringt ihn dazu, Tatsachen nur aus dem Grunde, weil sie so, wie er es möchte, geschehen sein könnten, als wirklich geschehene hinzustellen ...« So beruhe sein abrupter Stellungswechsel, der ihn von einem fanatischen Nationalsozialisten zum Naziverfolgten habe werden lassen, auf »... Unwahrhaftigkeiten, die zum großen Teil aus der Natur des Verurteilten hervorgehen. Von einem echten Wahnsystem unterscheiden sie sich aber andererseits dadurch, daß sie ganz überwiegend bestimmte Ziele und Zwecke verfolgen. Würden sich diese ändern, so würden auch alle Behauptungen entscheidend wieder umgefärbt werden, ganz ohne Rücksicht auf Glaubhaftigkeit und Ehrgefühl.« Weiter kam der Mediziner zu dem Ergebnis, daß »... alle Affektvergehen außerhalb des Rahmens der Verantwortlichkeit liegen - der Kanzelsprung, das Nachtlager, die wörtlichen und tätlichen Beleidigungen -.«[4]
Damit war Weidemann zumindest teilweise als unzurechnungsfähig beurteilt worden, eine Tatsache, die den VKA später veranlaßte, auf die geplante Durchführung von Prozessen gegen ihn zu verzichten.[5]
Am 31.7.1947 wurde der frühere Landesbischof aus der Strafanstalt entlassen.[6] Am 12.9.1947 führte er dann mit einem Vertreter der Militärregierung ein langes Gespräch, von dem eine Mitschrift vorliegt.[7] Es zeigt einen vitalen Mann, der von keinem Gedanken der Buße oder Reue berührt ist.
Wie schon in seiner Rechtfertigungsschrift, datierte Weidemann seinen angeblichen Bruch mit der Partei auf das Jahr 1935. Seine Wiederaufnahme in die Partei erwähnte er nicht, sondern gab statt dessen an, zum Wohle der BEK selber wieder eingetreten zu sein. Den Zweck seines Besuches machte er dann rasch deutlich. Weidemann bat die MR, die Aufhebung seines Urteils oder gegebenenfalls ein neues Verfahren zu bewirken, und ihn daraufhin baldmöglichst in seine Rechte als Landesbischof einzusetzen. Zudem ersuchte er um freie Entfaltungsmöglichkeit seiner Bewegung, der »Kommenden Kirche«, die mit den DC nichts zu tun habe. Auf die Hilfe der Amerikaner sei er angewiesen, da ein Wiederaufnahmeverfahren seines Prozesses von den Juristen wegen des zu erwartenden Wirbels und einem Resultat, das eventuell zeige, daß ein Bischof unschuldig im Gefängnis gesessen hätte, nicht befürwortet würde.
Auf die Umstände seiner Ernennung zum Bischof angesprochen, versuchte Weidemann offensichtlich, seinen Gesprächspartner zu verwirren, indem er abwechselnd seine - rechtmäßige - Wahl zum Schriftführer des KA und die - rechtswidrige - Verleihung des

---

1 Abschrift d. Schreibens in: StAB, 7,87-3/1
2 Vgl. Heinonen, S. 271
3 Abschrift von Abschrift des Gutachtens in: StAB, a.a.O.
4 Ebd. Vgl. Stoevesandt, S. 98f u. S. 102f
5 LKAB, B.132/7, 19.9.1947
6 LKAB, a.a.O., 18.7.1947
7 StAB, 16,1/2, 12, II b9-c5

Bischofstitels zur Sprache brachte. Der Präsident der BEK habe ihm diesen Titel zwar unrechtmäßig verliehen, aber nur deshalb, weil nach der Auflösung des Kirchentages eine rechtmäßige Wahl nicht mehr möglich gewesen sei. Die Einberufung eines neuen Kirchentages haben das Kirchenministerium und Hitler selbst verboten. Bewußt erwähnte Weidemann nicht, daß der Kirchentag gerade wegen der Weigerung, ihn zum Landesbischof zu ernennen, aufgelöst worden war.[1]

Weidemanns wirre Reden enthalten jene von Becker-Glauch beschriebenen Unwahrheiten, die sich jedem Ziel und Zweck anpassen. Es ist hier nicht notwendig, die angeblich parteifeindliche Haltung des früheren Bischofs zu widerlegen. So sei nur darauf hingewiesen, daß die Auseinandersetzung mit Gauleiter Röver und der daraus resultierende Ausschluß sowie die Wiederaufnahme in die Partei nicht wie von Weidemann behauptet 1935, sondern erst 1937/38 stattfanden.[2] Bemerkenswert ist, wie hier ursprünglich parteiinterne Konflikte mit einer grundsätzlich antichristlichen Strömung, wie Röver sie repräsentierte, als Beweis für die behauptete parteifeindliche Haltung benutzt werden, ohne die eigene Zielsetzung, »... auch in der Kirche ein ganzer Nationalsozialist zu werden ...«,[3] in irgendeiner Form zu erwähnen.

Was Weidemann für die BEK auch zu diesem Zeitpunkt noch gefährlich machte, war sein ungebrochenes Bewußtsein, der rechtmäßige Landesbischof zu sein, und seine Zielstrebigkeit, mit der er sich um eine Wiedereinsetzung in dieses Amt bemühte. Bestand dafür zu diesem Zeitpunkt auch keine ernsthafte Chance mehr, so bat der KA dennoch die Amerikaner, ihn zum Schweigen zu bringen, da zu befürchten sei, daß er Anhänger zum Austritt aus der Kirche bewegen und eine neue Gruppe oder Sekte bilden könne.[4]

Auch die MR teilte diese Auffassung. Weidemann habe zwar zweieinhalb Jahre im Gefängnis gesessen, »... but his spirit, determination and his compelling eagerness for power are unbroken. The above combined with his complete unscrupulousness and his overwhelming personal magnetism make him a possible source of danger or embarrassment to German authorities until such time as democratic concepts and procedures become firmly entrenched.«[5]

Im Oktober 1947 wandte sich Weidemann an den Senator für politische Befreiung.[6] Er erklärte, daß es ihm entscheidend auf die Gewinnung der Arbeiterschaft und auf die Versöhnung von Christentum und Sozialismus angekommen sei. Darin habe ihn die verbürgerlichte Kirche bekämpft, und schließlich sei er von der Partei verfolgt worden. Er sei der einzige Pfarrer in Bremen, der dieses wichtige Anliegen heute noch vertreten könne, da Pastor Mauritz, der dazu auch in der Lage sei, vom KA deshalb »frühzeitig abgebaut« worden sei.[7] Der Senator äußerte nach dem Gespräch die Befürchtung, eine mit den kirchlichen Verhältnissen nicht genauer vertraute Spruchkammer könne dieser Argumentation angesichts der prinzipiell positiven Anliegen zum Opfer fallen.

Am 12.11.1947 wurde im KA der Antrag gestellt, den Fall Weidemann wegen dessen lebhafter Besuchstätigkeit und permanenter Gefährlichkeit erneut aufzunehmen.

---

1 Heinonen, S. 42f
2 Siehe Heinonen, S. 124ff u. Stoevesandt, S. 45f
3 Abschrift von: H. Weidemann, Mein Wollen und Mühnen, das religiöse Leben in der Kirche zu erneuern. Ein Rechenschaftsbericht. April 1943, in: StAB, 7,87-3/1
4 StAB, 16,1/2, 32, S. 83
5 Ebd.
6 Vermerk Bornemann vom 13.10.47 in: StAB; 7,87-3/1
7 Mauritz war am 24.7.1947 80 Jahre alt geworden! LKAB, a.a.O.

Man sah davon aber zunächst ab, da der Entnazifizierungssenator zwei Herren um persönliche Stellungnahmen über Weidemanns Wirken gebeten habe und diese seine belastende Vergangenheit deutlich machen würden.[1].
Zehn Tage später rief Weidemann bei Präsident Donandt an und ließ ausrichten, er werde sofort aus Bremen abreisen.[2] Damit war eine mögliche Gefahr gebannt.
Was folgte, war ein letztes Nachspiel. Im Mai verlautete, er sei beim Konsistorium der evangelischen Kirche von Berlin-Brandenburg vorstellig geworden.[3] Am 25.11.1949 wurde Weidemann in Abwesenheit von der IV. Spruchkammer in Bremen als »Hauptschuldiger« zu vier Jahren Arbeitslager mit Nebenstrafen verurteilt.[4] Er ging in die Revision und bekam für die Verhandlung vor der Berufungskammer freies Geleit zugesichert.[5] Er erschien, zog dann aber die Berufung überraschend zurück, um ein Gnadengesuch einzureichen.[6] Dieses wurde abgelehnt.[7] Am 30.7.1952 wurde Weidemann zum »Mitläufer« begnadigt.[8]

3.2. Deutsche Christen

Auch die Deutschen Christen, die in Bremen am Ende des Krieges gar keine funktionierende, zusammenhängende Gruppierung mehr besaßen, obwohl die ganze BEK dem nationalkirchlichen »Bund für Deutsches Christentum« angehörte,[9] meldeten sich nach 1945 noch einmal zu Wort.
Am 25.1.1946 wandte sich ein Alfred Burgemeister aus Wesermünde mit der Frage an OMGUS, ob die DC »... entsprechend wie in der Englischen Besatzungszone auch in der Amerikanischen Enklave Bremen zugelassen sind und sich frei und ungehindert religiös betätigen dürfen..«[10] Eine offenbar beigefügte Bescheinigung[11] wies Burgemeister als Leiter der deutsch-christlichen Ortsgemeinde in Wesermünde aus.
Die Antwort der Amerikaner bestand nicht in einer offiziellen Zulassung. Am 4.2.1946 erwiderte man,[12] daß OMGUS noch nie jemanden gehindert hätte, seinem Glauben gemäß Gottesdienst zu halten, denn die Religionsfreiheit sei ein hohes Gut. Die Würde der Kirche dürfe jedoch nicht als »cloak for political activity« mißbraucht werden.
Als kommentierende Ergänzung zu diesem Vorgang findet sich bei den OMGUS-Akten noch weiteres Material, das über diese Gruppe der DC Auskunft gibt.
Zunächst informieren handschriftliche, undatierte Notizen über die Ortsgemeinde Wesermünde.[13] Sie stammen offensichtlich vom amerikanischen Nachrichtendienst. Danach hatten die DC in Wesermünde etwa 30 registrierte Mitglieder. Hannover war der oberste Sitz der Gruppe, eine höhere Organisation existierte nicht. Man hielt

---

1 LKAB, a.a.O., 12.11.1947
2 LKAB, a.a.O., 26.11.1947
3 LKAB, a.a.O., 14.5.1948
4 Weser-Kurier vom 26.11.1949
5 Weser-Kurier vom 13.4.1950
6 Weser-Kurier vom 2.5.1950
7 Weser-Kurier vom 18.7.1950
8 Schwarzwälder, Weidemann, S. 294. Die Tageszeitungen vermerkten nichts darüber.
9 Heinonen, S. 274
10 StAB; 16,1/2, 8, c1
11 A.a.O., b4
12 A.a.O., c2
13 A.a.O., b2+3

wöchentliche Gottesdienste, in denen nur über das Neue Testament gepredigt und ein dogmenfreies Christentum gelehrt wurde. Ein gewisser Stöckmann kam öfter zum Predigen in die Stadt.

Mit diesem Namen ist die Verbindung zu einem Flugblatt der Leitung der DC Hannover vom August 1945 hergestellt.[1] Unterzeichner sind neben E. Stöckmann Alfred Thiele, Oskar Berges, Ernst Grimm und Martin Scheiding.

Man gibt darin erfreut davon Kenntnis, daß die DC in der englischen Besatzungszone zugelassen seien. Die alten Richtlinien habe man umgearbeitet. Ziel sei die »Deutsche Kirche«. Alle Anhänger, die »... weder aus rein politischen noch aus kirchenpolitischen Gründen deutsche Christen ...« seien, würden der »... Bewegung treu bleiben«.[2]

Wie die »Deutsche Kirche« aussehen sollte, zeigt ein so überschriebenes, undatiertes Programm aus Stöckmanns Feder.[3] Schon der erste Abschnitt stellt Christentum und Deutschtum in der bekannten Manier nationalkirchlicher Programme gleichberechtigt nebeneinander. Man beruft sich auf eine bis zu Bonifatius reichende Tradition und strebt eine überkonfessionelle, von Dogmen freie »Deutsche Kirche« an. Zur jüngsten Vergangenheit wird einzig bemerkt, daß der Nationalsozialismus christusfeindlich gewesen sei, »... soweit er seit etwa 1936 sich gegen das Christentum entschied ...« Offenbar hatte man von jeder Politik so gründlich Abschied genommen, daß man ein wie auch immer geartetes Schuldbekenntnis zumindest nicht öffentlich kundzutun brauchte.

Ganz in diesem Sinne verwahrt sich Stöckmann auch in einem an Burgemeister adressierten Rundschreiben vom 25.1.1946[4], »... eine politische Vergangenheit ...« vorgehalten zu bekommen. Weiter gibt das Schreiben davon Kenntnis, daß hier und dort wieder regelmäßige »Gottesfeiern« veranstaltet worden seien und daß der Nachfolger des aus allen Ämtern ausgeschiedenen Thiele[5] Görtz sei, der auch Stöckmanns Stellvertretung übernommen habe.

Ernst Stöckmann, der Promoter dieser Gruppe, wurde 1886 in Lutterberg als Pfarrerssohn geboren und war später in Stade, Lehrte und Elbingerode Pastor.[6] Bereits 1934 wurde er aufgrund eines Nervenleidens emeritiert.[7] Das tat seinem Engagement bei den DC aber offenbar keinen Abbruch. So verfaßte er zur Kirchenwahl 1937 ein Flugblatt[8] für jenen »Bund für Deutsches Christentum«, den Leffler, Hossenfelder und der Bremer Landesbischof Weidemann am 10.11.1936 gegründet hatten und dem die BEK seit dem 20.9.1944 in ihrer Gesamtheit angehört hatte.[9] Dieses sagt nicht nur einiges über Stöckmanns politische Vergangenheit aus, sondern zeigt im Vergleich mit dem Nachkriegsprogramm auch, wie die erwähnte Umarbeitung der Richtlinien in etwa aussah.

---

1 A.a.O., b8+9
2 A.a.O., b8
3 A.a.O., b10; Zitat daraus
4 A.a.O., b6+7
5 Alfred Thiele, kein Volltheologe sondern ausgebildeter Missionar, hatte zum 1.7.1939 das Pfarramt der Nationalkirchlichen Einigung in Hannover übernommen. Siehe Schreiben von W. Staats an Heinz I I vom 17.7.1939, in: LKAH, S 1, Nr. H II 414
6 Information des LKAH in einem Schreiben vom 2.12.1983
7 Schreiben von Mahner an Ungerer vom 15.1.1946, in: LKAH, E 6 Nr. 46
8 LKAH, S 1 Nr. H II 336; vgl. Klügel, S. 239f
9 Heinonen, S. 87

So sprach Stöckmann angesichts der Trümmer nicht mehr vom »ewigen Deutschland«, sondern davon, »als Deutsche geschaffen« zu sein.[1] Er betonte nach Kriegsende natürlich nicht mehr die nationalsozialistische Haltung und verzichtete auf die Garantie der »nationalsozialistischen Revolution auf kirchlichem Gebiet«. Weiter strich er die Rede von der »Gottsendung des Führers« ebenso wie das furchtbare Bekenntnis zu einem »judenfreien Christentum« und zu den Nürnberger Gesetzen. So paßte man sich nach dem Krieg an die gegebenen Verhältnisse an, indem alles, was nicht mehr opportun war, kommentarlos aus dem Programm gestrichen wurde, um weitermachen zu können, als ob nichts geschehen wäre.

Stöckmann, gegen den im Januar 1946 ein Disziplinarverfahren lief,[2] und der am 25.2.1947 die Rechte des geistlichen Standes verlor,[3] war auch in Hannoversch-Münden aktiv. So beantragte er dort am 3.1.1946 einen Raum für »Gottesfeiern« und hielt, trotz einiger Versuche, ihm diesen zu verweigern,[4] am 10., 11. und 12. Februar (wahrscheinlich 1946) Vorträge über »Schillers Ideale«, »Goethes Lebensweisheit« und »Kants Religiosität«, wobei sein Stellvertreter Görtz als Organist auftauchte.[5] Zur selben Zeit plante Stöckmann auch in Wesermünde Vorträge über die Themen »Zurück zur Religion Jesu Christi« und »Ist Kirche noch zeitgemäß?«.[6]

Ein von Gotthard Görtz herausgegebenes Mitteilungsblatt vom März 1947[7] macht noch einmal deutlich, wie diese deutsch-christliche Gruppe mit der eigenen Vergangenheit umging, und zeigt zudem die Kontinuität mit der Thüringer Richtung der DC. So unterschied Görtz apologetisch die 1937 entstandene - 'religiös bestimmte' - »Nationalkirchliche Einigung Deutscher Christen« von der - 'politisch motivierten' - »Glaubensbewegung Deutscher Christen«. Diese Unterscheidung hatte zweifellos ein gewisses Recht,[8] fragwürdig war es jedoch, alle negativen Merkmale, die man grundsätzlich mit den DC verband, jener angeblich rein politischen Richtung zuzuschieben. Das ließ sich noch hervorragend damit bekräftigen, daß die nationalkirchliche Richtung von der Partei schließlich nicht mehr gestützt und von Teilen sogar bekämpft wurde.[9] Ähnlich argumentierte ja auch Weidemann. Als Beispiele für die nur religiös bestimmte Tätigkeit jener Richtung führte Görtz das in den Thüringer Kreisen angesehene »Volkstestament« Grundmanns (Die Botschaft Gottes)[10] und das Gesangsbuch der Thüringer »Großer Gott wir loben dich«[11] an, ohne irgendwie auf den Antisemitismus einzugehen, der gerade Bibelübersetzungen und Lieder bestimmt hatte.[12]

Über die weitere Entwicklung der Gruppierung gibt der Bericht eines Nachrichtenoffiziers an OMGUS Bremen vom 19.12.1947 Auskunft.[13] Die DC, so wird berich-

---

1 Zur Volksnomostheologie vgl. Heinonen, S. 170f
2 Siehe Schreiben vom 15.01.1946, LKAB E 6 Nr.46
3 Kirchl. Amtsblatt f. d. ev.-luth. Landeskirche Hannovers, 1947, S. 32
4 Schreiben von Meyer an die Hannoversche Bekenntnisgemeinschaft v. 3.1.1946; Schreiben d. Bekenntnisgemeinschaft an Meyer v. 17.1.1946, beide in: LKAH, E 6 Nr. 46
5 Plakat ohne Jahresangabe in LKAH, a.a.O.
6 StAB, a.a.O., b11
7 Flugblatt in: LKAH, a.a.O.
8 Vgl. Scholder, S. 714f
9 Vgl. Heinonen, S. 124ff und S. 251, Anm. 37
10 Vgl. Heinonen, S. 229
11 Vgl. Heinonen, S. 195f Anm. 18
12 Vgl. Heinonen, S. 154ff u. 18
13 StAB, a.a.O., a2

tet, waren bestrebt, ihren belastenden Namen zu ändern, und hatten eine Umbenennung in »Deutsche Kirche« beantragt. Dies wurde jedoch nicht gestattet. Daraufhin stellte eine Gruppe unter der Leitung jenes G. Görtz den Antrag auf Vereinigung mit der »Freien Evangelischen Kirche in Nürnberg«[1], während eine Stöckmann-Thiele-Ulrich-Gruppe gegen eine solche Vereinigung war. Offenbar standen die hannoverschen DC also vor einer Spaltung oder hatten sie bereits hinter sich. Der Offizier empfahl, die Vereinigung mit den Nürnbergern zu genehmigen, da durch eine Spaltung die Stöckmann-Gruppe, die man als gefährlicher einschätzte, leichter zu kontrollieren sei.

Vermutlich gingen die beiden deutsch-christlichen Gruppen nach ihrer Spaltung auch ohne Verbote zugrunde. Ihre Spuren verlieren sich jedenfalls von nun an. Ihre potentielle Gefährlichkeit allerdings zeigt, daß ein deutsch-christlicher Pastor Dr. Ulrich - offenbar der jener Stöckmann-Thiele-Ulrich-Gruppe - 1947 fast einen Rundfunkgottesdienst der Bremer Martini-Gemeinde gehalten hätte. Der Kirchenausschuß, der aufmerksam wurde, konnte es dann noch verhindern.[2]

4 Kirchliches Leben nach dem Krieg

4.1 Grundprobleme

Das Leben der bremischen Kirche war in der ersten Nachkriegszeit durch drei Schwierigkeiten gekennzeichnet, die als Hintergrund dieser Jahre bedacht werden müssen.

Bei Kriegsende gab es in Bremen etwa 374.000 Evangelische, auf die zunächst etwa 60 Pastoren kamen, deren Zahl sich durch die Entnazifizierung alsbald wieder verringerte. So gab OMGUS an, auf einen Pastor kämen etwa 8000 Gemeindeglieder.[3] Die katholische Kirche hatte in Bremen zur gleichen Zeit etwa 40.000 Gläubige und 22 Priester[4], so daß dort auf einen Geistlichen etwa 1800 Gemeindeglieder kamen, eine mithin wesentlich günstigere Relation. Die BEK war also personell in einer sehr angespannten Lage. Wie nötig die aus den Ostgebieten nach Bremen gelangten Pastoren gebraucht wurden, belegt eine amerikanische Zahlenangabe von Ende 1946. Danach hatten von 42 Gemeinden vier keinen Pfarrer und zehn wurden von Pastoren aus dem Osten betreut, deren endgültige Berufung noch ausstand.[5]

Eine zweite grundlegende Schwierigkeit stellte die Zerstörung der Kirchen dar. Nach einem Bericht der MR waren von den 42 Kirchen zehn vollständig und sechs teilweise zerstört, 23 außen und drei innen unzerstört.[6] Leider sind die Angaben nicht weiter erläutert. Nimmt man jedoch an, daß die außen unzerstörten Kirchen auch innen verschont geblieben waren, so war während des Krieges etwa die Hälfte der bremischen Kirchen in Mitleidenschaft gezogen. Das Bild ändert sich allerdings, wenn man bedenkt, daß in der Innenstadt, wo die großen, traditionsreichen, alten Kirchen stehen, nur noch die Krypten des Domes und der katholischen Hauptkirche

---

1 Vgl. Heinonen, S. 266f.
2 LKAB, B.132/7, 12.3.1947
3 Durch heimkehrende und nach Bremen geflüchtete Pastoren sowie durch die beginnende Entnazifizierung schwanken die Zahlenangaben. Hier: StAB, 16,1/2, 6 II a11
4 StAB, 16,1/2, 23, S. 133
5 StAB, 16,1/2, 7, a3f
6 StAB, 16,1/2, 6, II a11

St. Johann benutzbar waren.[1] Überall mußte man sich um Ausweichmöglichkeiten bemühen und notfalls mit der Dienstwohnung des Pastors vorliebnehmen.
Eine letzte Schwierigkeit hing ebenfalls mit der Zerstörung der Stadt zusammen. Teile Bremens waren so vollkommen zerbombt, daß die dortigen Gemeinden massiv Mitglieder verloren oder diese überall in der Stadt zerstreut hausten, während die weitgehend verschont gebliebenen Gegenden überbevölkert waren und die dortigen Gemeinden plötzlich gewaltig wuchsen.[2]
Neben diesen Faktoren, die die Entwicklung der BEK besonders erschwerten, ist die existentielle Not dieser Jahre zu bedenken, die alle Menschen betraf. Der Hunger und in den harten Wintern 1945/46 und 1946/47 eine furchtbare Kälte, der man nahezu ohne Heizmaterial hilflos ausgeliefert war, stellten die elementaren Lebensprobleme dar.

4.2 Konstitutionelle Entwicklung

Die eigentliche Aufgabe des Vorläufigen Kirchenausschusses, der so viel Kraft auf die Bewältigung der Entnazifizierung verwenden mußte, bestand in der Wiederherstellung verfassungsmäßiger Zustände. Zu diesem Zwecke bestimmte man am 4.7.1945 zwei- oder dreigliedrige Kommissionen für die einzelnen Gemeinden, die dafür Sorge tragen sollten, daß die äußeren Bedingungen für neues kirchliches Leben geschaffen wurden. Damit sollte auch ermöglicht werden, daß bald ein Kirchentag einberufen werden konnte.[3]
Im Zusammenhang mit der Wiederherstellung verfassungsmäßiger Zustände ergab sich bald ein weiteres Problem. Besonders aus Kreisen der Bekennenden Kirche wurde eine Reform der BEK auf der Grundlage eines Bekenntnisses gewünscht, da ein solches die Fehlentwicklung der letzten Jahre wohl verhindert hätte.[4] Mit diesem Ansinnen war allerdings in der freiheitlichen bremischen Kirche mit ihren so unterschiedlichen Gemeinden ein Konflikt vorprogrammiert.
Die Amerikaner zeigten für die Forderung nach einem Bekenntnis viel Sympathie. Sie urteilten in ihrem ersten Jahresbericht, daß das Fehlen einer zentralen Verwaltung und eines Bischofs vor Weidemann es den DC leicht gemacht hätte, die BEK unter ihre Kontrolle zu bringen.[5] Die Beurteilung ist allerdings in dieser Form verkürzend, hatten die DC doch durchaus auch in episkopal strukturierten Landeskirchen Erfolg gehabt, und waren doch gerade auch die Selbständigkeit und das Selbstbewußtsein der bremischen Gemeinden Ursachen ihres Widerstandes gegen Weidemann gewesen.
Als zum 9.10.1946 erstmals nach zwölf Jahren wieder ein Kirchentag einberufen werden konnte, stand also auch die Bekenntnisfrage auf der Tagesordnung.[6] Sie wurde heftig diskutiert. Die Befürworter argumentierten, nur eine Kirche, die Christus als ihr Zentrum bekennen würde, habe auch die Autorität zu handeln; gerade die jüngsten Erfahrungen zeigten das. Dem wurde entgegnet, ein Bekenntnis, das in den letzten vierhundert Jahren die Probleme nicht gelöst habe (gemeint waren die reformatorischen Bekenntnisse), sei auch heute keine Lösung. Es würde die Kirche

---

1 StAB, 16,1/2, 22, S. 202
2 StAB, 16,1/2, 14, I b 5
3 LKAB, B.132/6, 4.7.1945
4 StAB, 16,1/2, 7, c13
5 StAB, 16,1/2, 22, S. 199
6 StAB, 16,1/2, 9, I d10-13

vielmehr isolieren, anstatt ihre Tore für Millionen zu öffnen.

Der Kirchentag einigte sich schließlich, den § 1 der Verfassung der Deutschen Evangelischen Kirche vom 11.6.1933, der für die Bekennende Kirche so wichtig geworden war, der bremischen Kirchenverfassung von 1920 als Präambel voranzustellen. Dies war ein Kompromiß. Eine Reform der BEK fand nicht statt, die alte Verfassung, einschließlich der dort garantierten Glaubens-, Gewissens- und Lehrfreiheit, blieb unangetastet. Mit dieser Präambel hatte man jedoch der Kirchenverfassung einen Rahmen gegeben,[1] und diese Entscheidung ebnete der BEK dann auch den Weg in die EKD. Der Kirchentag war damit im übrigen einem Vorschlag des VKA gefolgt. Dort war dieser Gedanke am 19.10.1945 erstmals geäußert[2] und am 11.6.1946 dann endgültig befürwortet worden.[3]

Auf dem 1. Kirchentag wurde auch eine von Weidemann und Cölle unrechtmäßig durchgeführte Aktion wieder rückgängig gemacht: die zum 1.4.1941 in die ev.-luth. Landeskirche Hannovers eingegliederte Vereinigte Protestantische Gemeinde der Bürgermeister-Smidt-Gedächtniskirche in Wesermünde kam wieder zur BEK.[4]

Problematischer war es bei den sechs sogenannten neubremischen Gemeinden, die in den Außenbezirken der Stadt lagen und ursprünglich zur hannoverschen Landeskirche gehört hatten. 1940 sollten sie der BEK angegliedert werden, hatten sich aber angesichts der dortigen kirchlichen Lage verweigert, so daß sie bei Kriegsende finanziell zur BEK gehörten, während Hannover weiterhin die geistliche Aufsicht beanspruchte.[5] Es kam rasch zu Verhandlungen zwischen beiden Kirchen, die sich dann aber doch in die Länge zogen, daß der entsprechende Vertrag, der die Aufnahme jener Gemeinden in die BEK besiegelte, erst auf dem 4. Kirchentag am 11.6.1948 angenommen werden konnte.[6]

Zuletzt sei die Wahl des ersten ordentlichen Kirchenausschusses nach der Ära Weidemann erwähnt. Am 9.10.1946 wurden die Pastoren Urban und Hackländer und die Laien Donandt, Leist, Appel, Edzard und Schünemann vom Kirchentag gewählt.[7] Auf dem 2. Kirchentag am 27.11.1946 kamen noch Pastor Penzel und der Laie Krause hinzu.[8]

4.3 Kirchenbau

Der Wiederaufbau der zerstörten Gotteshäuser war in den ersten Nachkriegsjahren durch einen eminenten Mangel an Baustoffen behindert. Das wenige, was vorhanden war, benötigte man außerdem natürlich zunächst einmal für die Wohnhäuser, und die Kirchen sahen das auch ein.[9]

Der erste Jahresbericht der Amerikaner, der den Zeitraum bis zum 30.6.1946 umfaßt, vermerkt, daß als erstes die Wiederherrichtung der evangelischen Kirche Unser Lieben Frauen und der katholischen Kirche St. Johann gefördert werden solle, damit für die Truppen Gottesdiensträume zur Verfügung stünden.[10]

---

1 Scholder/Kleinmann, S. 477
2 LKAB, a.a.O., 19.10.1945
3 A.a.O., 11.6.1945
4 Heinonen, S. 262 u. StAB, a.a.O.
5 StAB, 16,1/2, 14, I d3, vgl. auch 11, a3
6 StAB, 16,1/2, 18, b9
7 StAB, 16,1/2, 9, I d10-13
8 StAB, 16,1/22, 9, I c12
9 StAB, 16,1/2, 26, S. 57
10 StAB, 16,1/2, 22, S. 202

1946 ging alles noch sehr langsam voran.[1] Am 3.10.1946 wird vermerkt, daß die Wiederherstellung von Unser Lieben Frauen begonnen habe, indem das Dach gedeckt und die Fenster eingesetzt worden seien.[2] Der harte Winter brachte dann die kaum begonnene Arbeit wieder zum Erliegen.[3]

Fast ein Jahr später, im September 1947, beklagte der KA die minimalen Fortschritte beim Wiederaufbau,[4] und Mitte November mußte er feststellen, daß die Herrichtung des Fundamentes für eine von Kirchen aus der Schweiz gestifteten Notkirche 50 bis 75 % der Baustoffmenge erfordere, die für die bremischen Kirchen insgesamt bewilligt seien.[5] Ein erster Lichtblick für die BEK war gewiß das Richtfest für das Nordschiff der Stephani-Kirche am 29.11.1947.[6] Die Einweihung konnte dann am 20.6.1948 stattfinden.[7]

4.4 Handeln in der Not

Nur weniges, was Gemeindeglieder und Pastoren der BEK damals leisteten, spiegelt sich in den bearbeiteten Quellen wider. Was Niederschlag fand, sind Appelle,[8] Anträge und hin und wieder organisatorische Maßnahmen, die einen besseren Umgang mit der Not ermöglichen sollten.

Präsident Donandt hatte auf der 1. Sitzung des Kirchentages gemahnt, vor einem neuen Anfang nicht das Bekenntnis zur eigenen Schuld zu vergessen.[9] Ein kleines Zeichen dafür war es bereits gewesen, daß der VKA, allerdings nach kontroverser Diskussion, eine Anregung von Bürgermeister Kaisen aufnahm und empfahl, im Gottesdienst am 11.11.1945 der Zerstörung und Entweihung der Synagogen zu gedenken und ein Sühnopfer für ihren Wiederaufbau zu sammeln.[10]

Zu den organisatorischen Maßnahmen zur Linderung der Not gehörte auch die Berufung eines Landesjugendpfarrers, die man im VKA am 31.5.1946 erstmals erwogen hatte.[11] Bis sie dann erfolgen konnte, verging noch einige Zeit. Am 3.2.1947 berichtete man den Amerikanern, daß die Gemeinden sich über die Verwahrlosung der Jugendlichen beklagen würden. Die Ursachen lägen in der schlechten Ernährung, fehlendem Heizmaterial und der Arbeitslosigkeit. Die Kirche erkläre sich bereit, Arbeits- und Beschäftigungsstätten zu schaffen, müsse OMGUS aber um Hilfe bei der Bereitstellung von Räumen und von Heiz- und Arbeitsmaterial bitten.[12] Nachdem die ersten beiden Kirchentage mit der verfassungsmäßigen Restitution der BEK beschäftigt waren, widmete sich der 3. Kirchentag am 9.5.1947 in besonderem Maße der allgemeinen Lage. So wurde die Stelle eines Krankenhausseelsorgers wieder eingerichtet und die eines Landesjugendpfarrers neu geschaffen.[13] Man rief

---

1 StAB, 16,1/2, 6, I a7
2 StAB, 16,1/2, 7, c3f
3 StAB, 16,1/2 14, III a12
4 StAB, 16,1/2, 14, I c1
5 StAB, 16,1/2, 14, I b8
6 StAB, 16,1/2, 14, I b6
7 StAB, 16,1/2, 19, a4
8 So z. B. für Internierte (StAB, 16,1/2, 14, I a4+c7), gegen die Methoden der Entnazifizierung (StAB, a.a.O., 18, c11), für Kriegsgefangene (StAB, 16,1/2, 7, a6).
9 StAB, 16,1/2, 9, I d10
10 LKAB, a.a.O., 12.10.1945
11 A.a.O., 31.5.1946
12 StAB, a.a.O., 12, I e10
13 StAB, a.a.O., a13

die Eltern auf, ihre Kinder christlich zu unterweisen[1], und verabschiedete eine eindringliche Entschließung zur gegenwärtigen Not[2], in der die Militärregierung um Hilfe gebeten wurde, einen Neuanfang zu ermöglichen. Als einen Lichtblick erwähnte man die Hilfe der Kirchen aus den Siegerstaaten.
Bereits am 15.5.1947 konnte Pastor Brölsch als neuer Landesjugendpfarrer eingeführt werden.[3] Für den Sommer plante man sogleich mit dem amerikanischen Jugendoffizier ein Zeltlager.[4] 900 Jugendliche konnten in den folgenden Monaten dort untergebracht werden. Kirchenausschußmitglieder, die im Juli zu einer Besichtigung kamen, zeigten sich erschüttert, wie sehr die Jugendlichen vom Hunger entkräftet waren.[5] Trotz widriger Umstände konnte sich die BEK nach diesem Sommer über die Fortschritte in der Jugendarbeit erfreut zeigen.[6]
Ein amerikanischer Bericht über das 3. Quartal 1947 bemerkt, daß es nicht zu dem erwarteten Aufblühen des kirchlichen Lebens gekommen sei, und führt neben der schlechten Zusammenarbeit unter den einzelnen Gemeinden vor allem an, daß überall der Kampf um die existentiellen Lebensprobleme im Vordergrund stünde.[7] In der Tat scheint äußere Not die Gemeinden zumindest bis zum Sommer 1947 gelähmt zu haben, wenigstens was Aktivitäten betrifft, die von OMGUS registriert wurden.
Meßbares Merkmal für ein Wiedererwachen sind dann zahlreiche Vorträge mit ethischen und geschichtstheologischen Themen, die vor allem ab Herbst 1947 in Bremen gehalten wurden.[8] Ab 1948 ging es dann auch äußerlich wieder etwas aufwärts. Am 5.3.1948 erstand die BEK ein Heim, das Rückkehrern aus der Gefangenschaft Zeit zum Erholen und zum Einleben geben sollte[9], einen Tag später konnte man ein Jugenderholungsheim einweihen.[10]

---

1 StAB, 16,1/2, 12, II e1
2 StAB, a.a.O., e8
3 StAB, 16,1/2, 14, I e6
4 Ebd.
5 StAB, a.a.O. c5
6 StAB, a.a.O., c1
7 StAB, 16,1/2, 32, S. 79
8 ZB StAB, 16,1/2, 16, I a10+11 c 1
9 StAB, 16,1/2, 19, a6+8
10 StAB, a.a.O., a9

Quellen- und Literaturverzeichnis

A. Ungedruckte Quellen

I. Staatsarchiv Bremen
a) Aus dem Reproduktionenbestand 16,1/2 (National Archives Washington, Office of Military Government for Bremen:
1. 6/53-1/38
2. 6/53-1/39
3. 6/53-1/40
4. 6/53-1/45
5. 6/54-1/18
6. 6/54-1/25
7. 6/54-1/33
8. 6/54-2/5
9. 6/54-2/9
10. 6/54-2/30
11. 6/54-2/33
12. 6/55-2/43
13. 6/55-2/53
14. 6/55-2/55
15. 6/57-1/2
16. 6/57-1/14
17. 6/57-1/17
18. 6/57-1/18
19. 6/57-1/19
20. 6/72-1/2
21. 6/125-3/18
22. FHMG A.1./I+II
23. FHMG A.2./I+II
24. FHMG A.3./I+II
25. FHMG B.1./I+II
26. FHMG B.2./I+II
27. FHMG B.3./I+II
28. FHMG B.4./I+II
29. FHMG B.5./I+II
30. FHMG B.6./I+II
31. FHMG B.7./I+II
32. FHMG B.8./I+II
33. FHMG B.9./I+II
34. FHMG B.10./I+II

b) Aus dem Nachlaß Bornemann 7,87:
3/1: Fall Weidemann 1934-1950
20/3: Pastor Gensch

II. Landeskirchliches Archiv Bremen
B. 132/6: Vorläufiger Kirchenausschuß der BEK, Protokolle der Sitzungen, 27.6.1945 - 4.10.1946
B. 132/7: Kirchenausschuß der BEK, Protokolle der I. Session, 18.10.1946 - 17.12.1948
B. 201.5: Einführung von Oberkonsistorialrat Schultz als kommissarischen Kirchenpräsidenten, 1.5.1943
B. 205.25: Allgemeines zur Ära Weidemann in der BEK, 1933 - 62
B. 208 II: Deutsche Christen in Bremen, 1933-1945

III. Kirchenkanzlei der Bremischen Evangelischen Kirche
Aus der Personalakte Weidemann G. 231.144:
H. Weidemann, Der Tatbestand, eingegangen am 1.11.1945

IV. Landeskirchliches Archiv Hannover
a) Aus dem Bestand Kirchenkampfdokumentation S 1:
Nr. H II 336 darin: Flugblatt E. Stöckmann
Nr. H II 414 darin: Schreiben W. Staats an Heinz I I
b) Aus dem Bestand Bekenntnisgemeinschaft E 6:
Nr. 46 Deutsche Christen

V. Akten Heinz Nölle, Bremen
Beschluß des Vorläufigen Kirchenausschusses der BEK vom 14.9.1945
Verordnung des Kirchenausschusses der BEK vom 13.12.1946

B. Gedruckte Quellen und Literatur
H.G. Bergemann, Staat und Kirche in Bremen, in: ZevKR 9, 1962/63, S. 228ff
J. Fürstenau, Entnazifizierung. Ein Kapitel deutscher Nachkriegspolitik, Neuwied - Berlin 1969
R. Heinonen, Anpassung und Identität. Theologie und Kirchenpolitik der Bremer Deutschen Christen 1933-1945, Göttingen 1978

Kirchliches Amtsblatt für die evangelisch-lutherische Landeskirche Hannovers, 19. Jahrgang, Hannover 1947

E. Klügel, Die lutherische Landeskirche Hannovers und ihr Bischof 1933-1945, Berlin - Hamburg

F. Peters, Zwölf Jahre Bremen 1933-1945, Bremen 1951

F. Peters, Zwölf Jahre Bremen 1945-1956, Bremen 1976

A. Röpcke, Dienstberichte der Besatzungsmacht. Die zentralen Berichtsserien der amerikanischen Militärregierung in Bremen (1945-1949) als historische Quelle, in: Bremisches Jahrbuch 57, 1979, S. 289ff

K. Scholder, Die Kirchen und das Dritte Reich, Bd. 1, Vorgeschichte und Zeit der Illusionen 1918-1934, Frankfurt/M - Berlin - Wien 1977

K. Scholder/D. Kleinmann, Lehrfreiheit und Bekenntnis. Gutachterliche Stellung für die Bremische Evangelische Kirche, in: EvTh 42, 1982, S. 471ff

H. Schwarzwälder, Heinz Weidemann. Irrungen und Wirrungen eines »braunen« Landesbischofs, in: ders., Berühmte Bremer, München 1972, S. 245ff

H. Schwarzwälder, Theodor Spitta. Bremer Bürger und liberaler Staatsmann oder die Kunst des politisch Möglichen, in: ders., Berühmte Bremer, München 1972, S. 295ff

K. Stoevesandt, Bekennende Gemeinden und deutschgläubige Bischofsdiktatur. Geschichte des Kirchenkampfes in Bremen 1933-1945, Göttingen 1961

Weser Kurier. Tageszeitung, Bremen, 5. Jahrgang 1949 und 6. Jahrgang 1950

Abkürzungsverzeichnis

BEK	Bremische Evangelische Kirche
DC	Deutsche Christen
EKD	Evangelische Kirche in Deutschland
KA	Kirchenausschuß
LKAB	Landeskirchliches Archiv Bremen
LKAH	Landeskirchliches Archiv Hannover
MR	Militärregierung
OMGUS	Office of Military Government United States
StAB	Staatsarchiv Bremen
US	United States
VKA	Vorläufiger Kirchenausschuß

Weitere Abkürzungen nach: Die Religion in Geschichte und Gegenwart, hg. v. K. Galling, 3. Auflage, Tübingen 1957, Bd. 1, S. XVI - XXIX.

Achim Saur

»Vorsichtshalber je einen Kopfschuß«

Szenische Lesung aus den Prozeßakten über den Mord an dem jüdischen Ehepaar Goldberg

Vorbemerkung

Im September 1990 zeigte das Bürgerhaus Gustav Heinemann in Vegesack die Ausstellung »Das Leben der Anne Frank« und regte damit das Dokumentationszentrum Blumenthal zu einer Lesung über den Mord an dem jüdischen Ehepaar Goldberg an. Diese Inszenierung wurde im Beiprogramm zweimal vorgetragen und entspricht den Zielen des Dokumentationszentrum, historisches Wissen über den Rahmen eines Fachpublikums einem größeren Kreis von Interessierten zugänglich zu machen.
Da sich der Text der Lesung auf den Ablauf der Tat und ihr juristisches Nachspiel beschränkt, soll die Vorgeschichte kurz vorangestellt werden. In der Nacht zum 10. November 1938 erhält der Bürgermeister von Lesum einen Anruf, der zu dem Mord an dem Ehepaar Goldberg und dem jüdischen Obermonteur Sinasohn in Platjenwerbe führt. Der Anrufer aus dem SA-Sturmlokal in Bremerhaven übermittelt dem Bürgermeister, ebenfalls Mitglied der SA, einen SA-Befehl. Dieser interpretiert den später umstrittenen Wortlaut des Befehls als Anweisung zur Tötung der Juden in seinem Bezirk und läßt die örtliche SA auf ihrem Alarmplatz in Lesum antreten. Dort gibt er dem Truppführer des Lesumer Reservesturms den Befehl, das Ehepaar Goldberg zu töten, schickt einen weiteren Trupp mit dem gleichen Auftrag zu dem Obermonteur Sinasohn nach Platjenwerbe und übernimmt selbst die Führung zu einem ähnlichen Unternehmen nach Ritterhude. Während seine Befehlsempfänger die Anweisung in die Tat umsetzen, fehlt seinem eigenen Trupp die Kaltblütigkeit und Konsequenz, die den anderen befohlene Erschießung durchzuführen. Es bleibt bei Einschüchterungsaktionen in den Wohnungen zweier jüdischer Familien, sie werden in die Hammewiesen verschleppt und kommen nach Abgabe von Schreckschüssen mit dem Leben davon.
Setzen sich nach Ritterhude und Platjenwerbe nur kleine Trupps von vier bis sechs SA-Leuten in Marsch, zieht eine Kolonne von 50 - 80 Leuten zum Haus der Goldbergs in Burgdamm. Eine kleinere Gruppe, über deren Umfang die Angaben auseinander gehen, betritt das Haus und wird Zeuge des Mordes.
Der Mord an dem Ehepaar hat zwei Verfahren zur Folge. 1938 untersucht das NSDAP-Parteigericht etwaige Verfehlungen von SA-Mitgliedern in der Reichskristallnacht, und 1948 findet ein Prozeß vor einem bremischen Schwurgericht statt. Das erste Verfahren führt zu einer Entlastung der Beteiligten, da das Gericht von einem »Irrtum« in der Befehlsübermittlung ausgeht. Damit verlaufen auch die Ermittlungen eines Bremerhavener Staatsanwalts im Sande, die dieser unmittelbar nach Kenntnis der Morde in Lesum aufgenommen hatte. Nachdem er bereits nach wenigen Tagen von seiner vorgesetzten Dienststelle eine Anweisung erhalten hatte, seine Arbeit ruhen zu lassen, erwog nach diesem Spruch des Parteigerichts keine Instanz eine erneute Ermittlung.

Der Prozeß 1948 ist das erste Verfahren dieser Art, das die Besatzungsbehörden einem deutschen Schwurgericht in Bremen überlassen.[1] Die Voraussetzungen für den Prozeß sind ungewöhnlich günstig; da die Beteiligten aufgrund ihres Alters überwiegend nicht zur Wehrmacht einberufen worden waren, befanden sich Täter wie Zeugen noch am Leben und waren zu ermitteln;[2] auch die große Zahl der Beteiligten versprach die Aussicht auf eine erfolgreiche Aufklärung des Tatablaufs. Als der Prozeß im Januar 1948 beginnt, sind seit dem Beginn der Ermittlungen zwei Jahre und sechs Monate vergangen, ebensolange saßen die Angeklagten in Oslebshausen in Untersuchungshaft. In dem Verfahren wird sowohl der Mord an den Goldbergs wie an Sinasohn verhandelt, elf Angeklagte sitzen wegen der Tötung der Goldbergs auf der Anklagebank. Nach 21 Verhandlungstagen und der Vorladung von mehr als 100 Zeugen verkündet das Gericht am 11.2.1948 sein Urteil. In Revisionsverfahren werden die in erster Instanz ausgesprochenen Urteile durchweg abgemildert. Das letzte Verfahren wird erst 1964 abgeschlossen.

Der Versuch, dieses Mammutverfahren in Form einer Lesung auch nur annähernd zu rekonstruieren, ist zum Scheitern verurteilt, allein die Ermittlungsakten umfassen mehr als 1000 Seiten. Die Lektüre verleitet zu dem aussichtslosen Unternehmen, die Suche nach dem wirklichen Ablauf jener Nacht aufzunehmen und dem Befund des Gerichts eine neue Version des Verlaufs der Ereignisse hinzuzufügen. Angesichts der widersprüchlichen und letztlich nicht auf ihren Wahrheitsgehalt zu bewertenden Aussagen von Zeugen und Tätern beschränkt sich der Text der Lesung auf den Versuch, die Ereignisse aus den diversen Aussagen zu rekonstruieren und typische Verteidigungs- und Leugnungsstrategien von Angeklagten oder von nur am Rande Beteiligten darzustellen.[3]

Selbst wenn es die Protokolle nicht zulassen, den Entlastungsstrategien von Tätern und Mitläufern eine objektive Schilderung gegenüberzustellen, läßt sich der Eindruck, daß in diesem Verfahren massiv geschönt und geleugnet wurde, nicht vermeiden. Die Ermittlungen und die drohende Bestrafung setzen eine Lügenmaschinerie in Gang, welche die Grenzen einer rein juristischen »Vergangenheitsbewältigung« offenbart. Je näher der Prozeß rückt, desto seltener werden die ohnehin nur gelegentlichen Aussagen von Personen, die einen glaubwürdigen Eindruck hinter-

---

[1] Im Mai 1947 hatte bereits das Verfahren gegen die Brüder Behring stattgefunden, die den jüdischen Kaufmann Rosenblum in der Neustadt erschossen hatten. Dieses Gericht bestand aber nur aus Berufsrichtern. Dem Schwurgericht, welches über den Mord an dem Ehepaar Goldberg zu urteilen hatte, gehörten neben drei Berufsrichtern, den Vorsitz führte Landgerichtsdirektor Heimann-Trosien, auch sechs Geschworene an. Die Anklage vertrat Oberstaatsanwalt Bollinger, der im Mai 1945 zum Leiter der Staatsanwaltschaft Bremen ernannt wurde. Bollinger war bis 1945 Rechtsanwalt und in sein neues Amt berufen worden, da die meisten Richter und Staatsanwälte aufgrund ihrer NSDAP-Mitgliedschaft ungeeignet waren. Zu dem überproportionalen Anteil alter Parteigenossen in der Justiz vgl. R. Meyer-Braun, Die Bremer SPD 1949 - 1959, S. 42. Danach bestand das juristische Personal Bremens in den gehobenen Beamtenpositionen noch 1949 zu 63% aus ehemaligen NSDAP-Mitgliedern.

[2] Lediglich der Truppführer des Marsches zu dem Hause Goldberg, der SA-Obersturmführer Kranz, kam 1939 durch einen Unfall ums Leben und konnte nicht mehr zur Verantwortung gezogen werden.

[3] Ausgeklammert aus dieser Darstellung bleibt die Entstehungsgeschichte des Befehls, der den Reservesturm von Lesum in Marsch setzte. Vgl. dazu die Darstellung von Wilhelm Lührs, »Reichskristallnacht« in Bremen, Hrsg. Senator für Justiz und Verfassung u. a., Bremen 1988.

Stubben

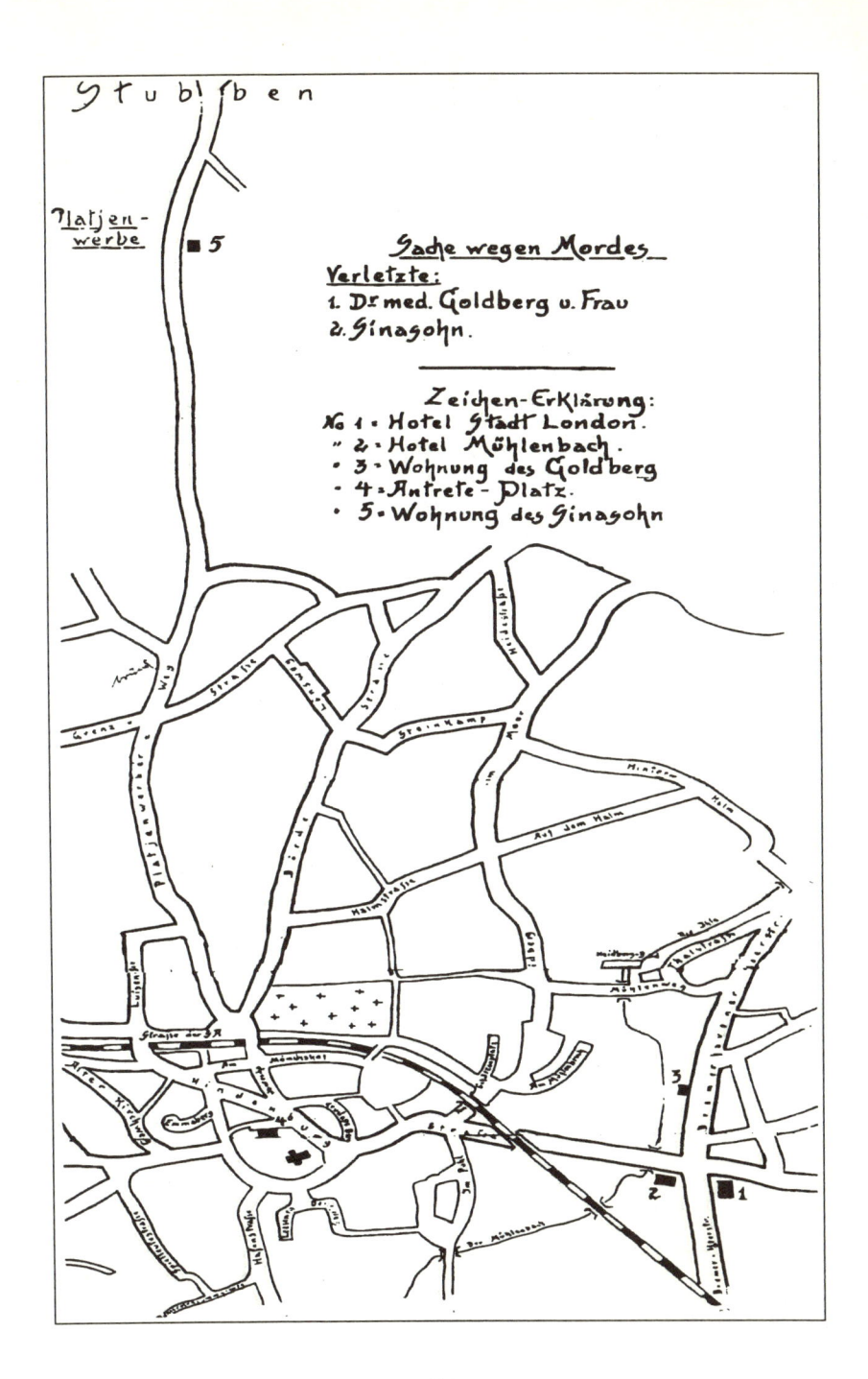

Natjenwerbe ■ 5

Sache wegen Mordes
Verletzte:
1. Dr. med. Goldberg u. Frau
2. Ginasohn.

Zeichen-Erklärung:
No 1 = Hotel Stadt London.
" 2 = Hotel Mühlenbach.
" 3 = Wohnung des Goldberg
" 4 = Antrete-Platz.
" 5 = Wohnung des Ginasohn

lassen. Es dominiert der Schulterschluß der alten Kameraden der SA, und die offenzulegende Wahrheit verschwindet hinter einem zunehmend dichteren Schleier von Schutzbehauptungen.

Alle in der Lesung verwendeten Texte sind Originalzitate aus den Akten des Staatsarchivs[1], Auslassungen und stilistische Glättungen sind nicht gekennzeichnet, doch hält sich der Text möglichst nah an die Quellen. Mittels der Angaben des Datums der Protokollierung der jeweiligen Aussagen lassen sich die benutzten Materialien leicht wiederfinden.

Für die schriftliche Version der Lesung sind den Szenen kurze Erläuterungen über den Kontext im Verfahren vorangestellt. Jede Szene dokumentiert einen Handlungsstrang aus dem zusammenhängenden Verfahren. Sie beginnt mit den ersten Ermittlungsergebnissen und endet mit dem jeweiligen Urteilsspruch der ersten Instanz. Die Erläuterungen und Fußnoten sind Erweiterungen des ursprünglichen Textes, da sich hier keine klärende Diskussion an die Lesung anschließen kann. Das Arrangement der Szenen war karg, die in den einzelnen Szenen sprechenden Angeklagten saßen im Zentrum des Raums, flankiert von der Verteidigung und dem Erzähler, der die Texte der Ermittlungsinstanzen vortrug. Die Zeugen sprachen aus dem Zuschauerraum. Personennamen - auch die der Zeugen und Juristen - wurden verändert.[2]

Szene 1

»... unter diesem Druck nahm ich die Pistole ...«

Antreteplatz, Marsch zum Haus Goldberg, Mord an dem Ehepaar.

Vom 8.5. bis 16.6.1945 verhaftet die Bremer Kriminalpolizei zehn ehemalige SA-Männer wegen des Verdachts der Beteiligung an dem Mord an dem Ehepaar Goldberg. Vier der Verhafteten gestehen ihre Anwesenheit im Haus der Goldbergs und machen Aussagen zur Tat.

Erzähler:
Der Ermittlungshilfe[3] im Gerichtshaus Bremen werden im März 1946 vorgeführt aus der Strafanstalt Oslebshausen:
der Postbeamte Teuber, 56 Jahre,
der Schuhmacher Wätje, 67 Jahre,
der Schiffs-Oberingenieur Sommer, 60 Jahre,
der Stellmacher Reepschläger, 52 Jahre.
Die Personen erklären auf Befragen:

Teuber:
Ich bin 1889 in Althausen bei Minden geboren. Mein Vater war Maurer. Wir waren

---

1 Staatsarchiv Bremen, 4,89/2 2 KS 1/47 (1) - (4). Die Akten sind aufgrund der Datenschutzbestimmungen nicht frei zugänglich.
2 Aufgrund der Einheitlichkeit des Umgangs mit Namen sind auch solche Personen anonymisiert, deren Namen in anderen Publikationen bereits genannt wurden.
3 Die Ermittlungshilfe hat die Funktion, den Ermittlern mit biographischem Material und Leumundszeugnissen, die aus Erkundigungen im Umfeld der Angeklagten erstellt sind, Unterstützung zu leisten.

im ganzen zehn Kinder: vier Jungens und sechs Mädel. Ich habe die Volksschule in Althausen besucht. Ich kam mit acht Jahren aus dem Hause, wegen der vielen Kinder, und wohnte bei einem Bäcker, wo ich Laufjunge war. Ich mußte gleich mitverdienen.

Bis 1918 habe ich den Krieg mitgemacht, nach dem Krieg bin ich zum Telegraphenbauamt zurückgekehrt und wurde zum Postamt Lesum versetzt ...
Im Jahre 1916 habe ich Marie Menge geheiratet, die Haustochter bei einem Arzt in Minden war. Aus dieser Ehe sind zwei Töchter und ein Sohn hervorgegangen ...
Ich war 1919 - 1925 Mitglied der SPD. Dann habe ich mich mit der Partei überworfen. Ich gehörte einer sozialistischen Siedlungsgenossenschaft an, von der ich mich übervorteilt glaubte und wo ich schließlich mein Geld verloren habe.
Nach der Machtübernahme erklärte unser Amtsvorsteher, wir müßten uns irgendwie betätigen. Ich bin dann in den »Stahlhelm« eingetreten und im Mai 1935 in die SA überführt worden.

Wätje:
Ich bin 1878 in Burgdamm geboren. Mein Vater war Zigarrenmacher. Wir waren im ganzen acht Geschwister. Ich habe bis zu meinem 14. Lebensjahr die Volksschule Burgdamm besucht. Ich kam dann in die Schuhmacherlehre in Lesum. Nach meiner Militärzeit kehrte ich nach Burgdamm zurück. Am 1.8.1904 habe ich mich als Schuhmacher selbständig gemacht. Als ich mich 1909 verheiratete, baute ich mir das Haus Olbersstraße, wo ich jetzt noch wohne. Meine Frau war derzeit Dienstmagd in Burgdamm. Aus meiner Ehe ist ein Sohn und eine Tochter hervorgegangen ...
Als dann 1925 die Arbeitslosigkeit begann, wurde das Geschäft immer schlechter. Ich habe sehr viel Geld verloren, schließlich sollte mir auch noch mein Haus verkauft werden. Ich habe derzeit die politischen Versammlungen besucht und geglaubt, daß die NSDAP die Arbeitslosigkeit beheben würde. Als dann tatsächlich die Wirtschaft anzog, bin ich auf Werbung in die SA eingetreten.

Reepschläger
Ich bin 1893 in Scharmbeck geboren. Mein Vater war Landmann und hatte dort einen kleinen Hof. Ich hatte noch einen kleinen Bruder. Ich bin bis zum 14. Lebensjahr in die Volksschule in Scharmbeck gegangen und dann zu dem Stellmacher Sander drei Jahre in die Lehre gegangen. Ich machte den Krieg 1914 - 1918 mit, 1922 machte ich mich in Platjenwerbe selbständig. Nebenbei betrieb ich Landwirtschaft, ich hatte eigene Kühe. Aus meiner Ehe ist ein Junge hervorgegangen, der jetzt in meinem Geschäft tätig ist ...
Ich habe derzeit gelegentlich die politischen Versammlungen besucht und geglaubt, daß die NSDAP die Arbeitslosigkeit beheben würde. Daher bin ich im Mai 1933 in die Partei und später in die SA eingetreten. In Burgdamm traten viele meiner Altersgenossen und insbesondere Reservisten in die SA ein. Wir haben dann etwas Sport getrieben, gesungen und, da es meistens ältere Leute waren, gemütlich beisammen gesessen.

Sommer
Ich bin 1885 in Westenburg bei Oldenburg geboren. Mein Vater hatte eine Böttcherei und Faßhandlung. Ich habe Kunstschmied und Schlosser gelernt, bin dann zum Bremer Vulkan, der Rickmers-Werft und der AG Weser, da ich Schiffsingenieur werden wollte. Am Technikum in Bremen habe ich die Prüfung zum Schiffsingenieur 1. Klasse bestanden. Ich fuhr dann als Schiffsingenieur zur See und habe 1915 -

1918 den I. Weltkrieg mitgemacht ...
Ich habe 1916 geheiratet. Meine Frau stammt aus Lesum und war Haustochter. Aus dieser Ehe sind ein Sohn und eine Tochter hervorgegangen ...
1928 war ich in den »Stahlhelm« eingetreten. Ich wurde dann aufgefordert, aus dem »Stahlhelm« auszutreten und in die SA einzutreten. Dies habe ich 1933 getan. 1938 war ich arbeitslos und wohnte in Lesum. In dieser Zeit habe ich mehr Dienst in der SA gemacht und bin so auch bei der Judenaktion herangezogen worden.

Erzähler
Aussagen der Beschuldigten bei der Kriminalpolizei:
Wätje 12.6.1945
Im November klopfte morgens gegen 4 Uhr der SA-Mann Teuber aus Lesum an mein Fenster und sagte: »Fritz, du mußt aufstehen, es ist Alarm.« Ich begab mich darauf nach dem Sturmlokal von der Sielen. Dort waren bereits ca. 40 SA-Männer des Reservesturms versammelt, teils standen sie draußen auf der Straße. Kurz danach erschien Kranz[1] und ließ uns antreten. Er marschierte mit uns nach Burgdamm. Wir wußten nicht, worum es sich handelte.[2] Erst als wir kurz vor der Straßenkreuzung bei den Lichtspielen waren, sagte einer: »Wenn wir jetzt um die Ecke biegen, gehen wir zu Dr. Goldberg.« Ich ging ziemlich am Schluß des Zuges und stand beim Haltmachen ziemlich entfernt vom Hause Goldberg, so daß ich nicht sehen konnte, was im einzelnen geschah.

Teuber 13.6.1945
In der Mordnacht wurde ich telefonisch benachrichtigt, daß ich in Zivil auf dem Alarmplatz antreten sollte. Ich zog mir meine Postuniform an, weil ich beabsichtigte, anschließend zum Dienst zu gehen. Mir war aufgetragen worden, daß ich auf dem Weg zum Alarmplatz alle SA-Angehörigen wecken und benachrichtigen soll, die in meiner Nähe wohnen.
Nach einiger Zeit rückten wir ab. Auf dem Bürgersteig vor dem Hause Dr. Goldberg ließ Kranz halten und begab sich mit einigen Männern zur Haustür.

Reepschläger 16.5.1945
Am Mordtage wurde ich morgens gegen 5 Uhr vom Truppführer Dangold[3] aus dem Haus geholt. Mir wurde befohlen, daß ich meine Schar zusammenholen und mit ihr

---

1 SA-Obersturmführer
2 Der folgende Passus wurde am 1.12.1946 protokolliert.
3 Dangold wird von den SA-Männern immer wieder als einer derjenigen bezeichnet, die als erste in das Haus der Goldbergs eindringen. Es kann angenommen werden, daß diese ansonsten seltene Offenheit von Namensnennungen mit dem Umstand zusammenhängt, daß Dangold erst spät aus der Gefangenschaft zurückkehrt. Er wird erst im Juli 1946 vernommen und sagt aus: »Ich fuhr mit meinem Fahrrad los und benachrichtigte mehrere Personen. Bei Reepschläger lief ich in der Dunkelheit mit dem Gesicht gegen einen auf dem Hof gespannten Antennendraht und verletzte mir die Nase, die stark blutete. Es wurde mir gesagt, ... die jüdischen Wohnungen sollten demoliert werden. Als ich hörte, worum es ging, sagte ich zu Sturmführer Kranz, daß ich wegen meiner Nasenverletzung nicht mitgehen könnte.« Am Ende seiner Aussage bekommt er einen Anfall, und die Polizei und später der medizinische Gutachter halten ihn für haftunfähig. Aus diesem Grund wird sein Verfahren 1948 abgetrennt, der später von einem anderen Gutachter geäußerte Verdacht einer Simulation führt aber in den 60er Jahren zu einem Verfahren. Zu diesem Zeitpunkt nehmen die ehemaligen Belastungszeugen ihre Aussagen zurück, und es kommt zu einem Freispruch.

auf dem Alarmplatz in Lesum antreten soll. Beim Antreten trat der Truppführer Dangold an mich heran und fragte mich, ob ich den Juden Sinasohn in Platjenwerbe umlegen wolle.[1] Von dem Augenblick an wußte ich, worum es ging. Ich habe das Ansinnen abgelehnt. Darauf gab Kranz den Befehl zum Abrücken, und zwar zur Wohnung des Arztes Goldberg. Der ganze Sturm sperrte nun das Haus und die Straßen in der Nähe ab.

Sommer 16.5.1945
Vor dem Abrücken sagte mir Kranz, daß die Juden überholt würden. Wir marschierten zum Haus von Dr. Goldberg. Vor dem Abrücken gab mir Kranz eine Pistole, die ich einsteckte. Da mir das zu mulmig wurde mit der Pistole und mir unklar war, was ich damit sollte, gab ich ihm die Pistole auf halben Weg wieder zurück.
Eine junge Frau öffnete die Haustür. Die junge Frau wurde von uns nach oben geschickt. Es kann auch sein, daß ich die Frau nach oben geschickt habe, denn ich fühlte, daß etwas Gewaltiges geschehen würde.

Zeugin Butjer 5.12.1947
Ich erinnere mich der Ereignisse 1938 recht gut. In den Morgenstunden des 10. November 1938 gegen 5 Uhr wurde stürmisch an der Haustür geklingelt. Wir bewohnten zusammen mit den Eheleuten Goldberg das Haus Bahnhofstr. 18. Goldbergs wohnten im Parterre, während wir den ersten Stock innehatten. Dr. Goldberg übte keine Praxis mehr aus, sondern war lediglich bei Unfällen oder aus freundschaftlichen Gründen als Arzt tätig. Er war in Burgdamm sehr angesehen. Er hat insbesondere als Geburtshelfer trotz seinem Alter von 68 Jahren noch häufig unentgeltlich den Familien geholfen. Auf das stürmische Klingeln ging ich nach unten, nachdem ich sämtliches Licht eingeschaltet hatte. Ich sah durch die Haustür, daß viele Leute auf der Straße und auf den Treppenstufen, die zur Haustür führten, standen. Als ich öffnete, traten mir zwei Leute entgegen. Der kleinere streckte mir die Hand entgegen und hielt mir einen Gegenstand, bedeckt mit einem Strumpf oder dergleichen, vor die Brust und sagte. »Bist du Jude?« Als ich verneinte und meinen Namen nannte, sagte er: »Zeig uns das Schlafzimmer des Juden!« Ehe ich antworten konnte, kam Dr. Goldberg heraus. Er trug eine dunkle gestreifte Hose und hatte das Nachthemd an. In diesem Augenblick wurde die Haustür weit geöffnet und derjenige, der mir wahrscheinlich den Revolver vorgehalten hatte, sagte zu den anderen: »Alle reinkommen und aufstellen!« Verschiedene der Hereinkommenden hatten Strohbündel in der Hand. Ich wich zurück und ging langsam an der sich im Flur aufstellenden Schar vorbei zur Treppe nach oben. Ich glaube noch gesehen zu haben, daß die beiden ersten Eindringlinge in das Schlafzimmer Goldbergs gingen und zu ihnen sagten: »Hinein!« Durch einen Spiegel, der auf dem Treppenpodest schräg aufgehängt war, konnte ich sehen, daß im Flur eine Menge Männer Aufstellung genommen hatten.

Sommer 30.6.1945
Dr. Goldberg kam mit seiner Frau aus dem Schlafzimmer heraus auf den Flur. Ich schickte beide wieder in das Zimmer. Ich wollte nämlich mit Kranz noch einmal sprechen. Als die Goldbergs ins Zimmer zurückgekehrt waren, sagte ich zu Kranz, ob denn tatsächlich diese alten Leute erschossen werden sollten. Wenn das gesche-

---

[1] Sinasohn war Reepschläger als Nachbar persönlich bekannt. Die SA befürchtete Verwechslungen und suchte deshalb nach zuverlässigen Helfern bzw. Tätern.

hen solle, solle er sich andere Leute holen. Kranz ging auch heraus und kam mit mehreren Leuten zurück.
Teuber 13.6.1945
Nach einiger Zeit kam Kranz heraus und kam zum linken Flügel mit den Worten: »Burgdammer in das Haus!« Daraufhin gingen einige SA-Angehörige ebenfalls in das Haus. Da ich die Postuniform trug, zögerte ich etwas, worauf ich von Kranz durch einen kleinen Stoß an die Schulter in den Hausflur gedrückt wurde.[1] Da Kranz hinter mir herkam, blieb mir nichts anderes übrig, als weiter zu gehen, obwohl ich mich im Hintergrund halten wollte, weil ich wiederholt bei Goldbergs im Haus das Telefon repariert hatte und mit seiner Tochter Käthe zusammen auf der gemeinsamen Dienststelle gewesen war.
Wätje 1.2.1946
Nach einer ganzen Weile kam Kranz heraus und erklärte, er müsse noch vier Leute vom Flügel haben. Ich habe nicht gehört, daß er die Worte: »Burgdammer heraus« gebrauchte. Tatsächlich hat er aber nur Burgdammer ausgesucht. Wegen der Kälte war ich auf der Straße auf und ab gegangen und lief auf diese Weise dem Kranz gerade in die Finger. Mit mir wurden ins Haus geholt: Wenken, Sonneberg und Teuber. Im Haus war noch Butendiecks. Gleichfalls war Reepschläger im Haus.[2] Kranz und Sommer standen im Schlafzimmer, und zwar mitten in der Verbindungstür zwischen Schlaf- und Wohnzimmer. Ich selbst stand mitten im Wohnzimmer. Rechts von mir stand Sonneberg und etwas weiter entfernt stand Wenken.
Teuber 20.1.1946
Ich kam etwa bis in die Höhe der Tür zum Schlafzimmer. Dort habe ich Wätje erkannt. Ich sah nur plötzlich eine Hand mit einer Pistole, darauf fiel auch schon ein Schuß. Ich bin dann entsetzt rausgelaufen. Ich kann mich dann an nichts mehr erinnern, weil ich vollständig durcheinander war und mit dem Vorfall nichts mehr zu tun haben wollte.
Zeugin Butjer 5.12.1947
Ich ging in unser Schlafzimmer und sprach mit meinem Mann, der mich zu beruhigen versuchte. Plötzlich hörten wir einen Schuß von unten. Darauf schrie eine Stimme. Wir erkannten sie als die von Frau Goldberg. Kurz darauf ertönten wieder mehrere Schüsse und zugleich ein anhaltendes, dumpfes brüllendes Schreien von Dr. Goldberg. Mein fünfjähriger Junge sagte: »Nun wird Onkel Doktor totgeschossen."
Wätje 13.6.1945
Dr. Goldberg stand hinten an der Wand. Sommer hatte die Pistole in der Hand und richtete sie auf Dr. Goldberg und traf ihn erst an der rechten Seite. Dann schrie Dr. Goldberg: »Au, au!«, dann zeigte er mit der Hand auf sein Herz und sagte, er solle dahin schießen. Darauf gab Sommer einen zweiten Schuß ab, worauf Dr. Goldberg umfiel. Ich bin daraufhin auf den Flur gegangen, weil es mir schlecht wurde.
Reepschläger 16.5.1945
Ich stand an der Hauseingangstür. Kurze Zeit danach hörte ich im Hause Schüsse. Viele SA-Leute und ich selber gingen darauf in das Haus hinein.[3]

---

1 Der folgende Passus stammt aus einem Protokoll vom 30.1.1946.
2 Wätjes Nennung von weiteren Anwesenden, die Angaben machte er bereits im Juni 45, setzte neue Ermittlungen in Gang und führte zu neuen Verhaftungen. (Vgl. auch Szene 2 und 3)
3 Der folgende Passus wurde am 13.6.1945 zu Protokoll gegeben.

Ich stand an der Schlafzimmertür und sah, wie Dr. Goldberg am Boden lag und hörte, wie Frau Goldberg sagte: »Wenn Sie schon schießen, dann schießen sie richtig.« Dann hörte ich wie Kranz und Sommer stritten. Ich sah, wie Sommer die Pistole von Kranz nahm und sie vorbrachte und auf Frau Goldberg schoß. In dem Augenblick bin ich hinausgelaufen. Ich war fertig, kann ich wohl sagen. Das, was ich hier erzählt habe, ist die reine Wahrheit.
Sommer 30.6.1945
Kranz drückte mir die Pistole in die Hand und verlangte von mir die Erschießung. Er drohte mir noch, wenn ich den Befehl nicht ausführte, ich dasselbe Schicksal erleiden würde. Unter diesem Druck nahm ich die Pistole an mich und ging in das Schlafzimmer der Eheleute Goldberg. Ich habe nun durch 2 Herzschüsse zunächst Frau Goldberg erschossen und ihre Leiche auf die Chaiselongue gelegt. Als ich im Anschluß daran auf Dr. Goldberg schießen wollte, hatte der Revolver Ladehemmung, die ich beseitigen mußte, worauf ich 2 Schüsse auf Dr. Goldberg abgab. Es handelte sich auch hier um Herzschüsse. Ich konnte das in beiden Fällen an den Flecken auf dem Nachthemd deutlich erkennen.
Jetzt sagte Kranz zu mir, daß ich vorsichtshalber je einen Kopfschuß abgeben sollte. Ich habe daraufhin zuerst Herrn Dr. Goldberg einen Kopfschuß gegeben und gleich darauf desgleichen Frau Goldberg. Darauf habe ich das Haus verlassen und bin fortgelaufen.
Erzähler
Ergänzung des Vernehmenden zu einem Vernehmungsprotokoll Sommers (2.1.1946):
Nach der Vernehmung erzählte Sommer noch gesprächsweise, daß er sich gewundert hätte, wie gefaßt das Ehepaar Goldberg gewesen wäre. Es wäre nicht ausgeschlossen, daß sie zuvor durch irgend jemand gewarnt worden wären. Er habe zu beiden Personen gesagt, daß es ihm leid täte, eine so schwere Pflicht erfüllen zu müssen. Frau Goldberg habe darauf erwidert, er solle seine Pflicht ruhig tun, nur bitte sie, daß er richtig treffe. Da habe er gedacht, daß man lange nach einer nationalsozialistischen Frau suchen müsse, die eine solch vorbildliche Haltung zeigt.
Sommer
Ich habe zuerst die Frau erschossen, das weiß ich genau. Was alle anderen sagen, entspricht nicht der Wahrheit.
Wätje 1.2.1946
Ich habe mich dann draußen bis zum Abrücken des Sturmes aufgehalten und bin dann mit zurückmarschiert. Als wir beim Lokal Von der Sielen ankamen, gingen wir alle in das Haus hinein, und zwar in den Saal. Dort ließ Kranz uns antreten und erklärte uns, daß das die Judenaktion gewesen sei, die über ganz Deutschland ginge. Es dürfte nicht darüber gesprochen werden.

Erzähler
Nationalsozialistische Deutsche Arbeiterpartei
Oberstes Parteigericht. Jan. 1939:

"Geheim! Geheim!
Bericht über die Vorgänge und parteigerichtlichen Verfahren, die im Zusammenhang mit den antisemitischen Kundgebungen am 9. November 1938 stehen. In folgenden Fällen von Tötungen wurden die Verfahren eingestellt. (...)
6. der Pg Sommer, Anton, Parteimitgliedsnummer ca. 4 188 000, SA-Scharführer, wohnhaft in Lesum, wegen Erschießung des jüdischen Ehepaars Goldberg.
Soweit ein klarer Befehl vorliegt, bedarf die Bitte um Niederschlagung des Verfahrens gegen die Täter keiner weiteren Begründung. Der Befehl muß die Verantwortung verlagern vom Handelnden auf die Befehlsgeber. (...)
Die Männer haben zudem vielfach schwerste innere Hemmungen niederkämpfen müssen, um den Befehl durchzuführen. Es ist - wie auch verschiedentlich von Seiten der Täter zum Ausdruck gebracht wurde - eben nicht Sache unserer SA- und SS-Männer, nachts in Räuberzivil in Schlafzimmer einzudringen, um selbst den verhaßten politischen Gegner neben oder mit seiner Frau zu erledigen."

Das Urteil des Gerichts (11.2.1948)
1. Postbeamter Teuber
Das Gericht hat von dem Angeklagten Teuber den Eindruck gewonnen, daß er nur unter dem Zwang der Verhältnisse, wie sie damals waren, in die SA gekommen ist, da er sich als Beamter politisch betätigen mußte, und daß er keineswegs ein überzeugter Anhänger der NSDAP gewesen ist. Nach allem konnte dem Angeklagten Teuber nicht nachgewiesen werden, daß er vor dem Hören der Schüsse die Lage erkannt und mit mehr als einer Verhaftung oder Durchsuchung gerechnet hat. Von diesem Augenblick an hat er sich aber abgewendet. -
Der Angeklagte Teuber wird daher mangels Beweises freigesprochen.
2. Schuhmacher Wätje
Dem Angeklagten Wätje ist nicht zu widerlegen gewesen, daß er sich nicht darüber im klaren gewesen ist, weshalb die SA alarmiert war, und daß er mit irgendwelchen Handlungen über eine Durchsuchung hinaus gegen die Eheleute Goldberg gerechnet hat.
Der Angeklagte Wätje war daher mangels Beweises freizusprechen.
3. Stellmacher Reepschläger
Nach dem Gespräch Dangolds mit ihm wußte Reepschläger genau, wem die Demonstration dieser Nacht galt und in welche Richtung sie ging.
Dafür, daß der Angeklagte Reepschläger diese Tat als seine eigene gewollt hat, liegt kein Beweis vor. Er hat aber wissentlich dazu Hilfe geleistet, daß der Angeklagte Sommer mit Kranz zusammen den Tatbestand verwirklicht hat, indem er ihnen durch sein Mitgehen zum mindestens moralische Unterstützung gewährte und sich dessen auch bewußt war.
Der Angeklagte Reepschläger ist daher schuldig, durch die Tat wissentliche Beihilfe zur vorsätzlichen Tötung des Sanitätsrats Goldberg geleistet zu haben. -
Der Angeklagte erhält eine Freiheitsstrafe von 6 Jahren Zuchthaus.
4. Schiffs-Oberingenieur Sommer
Die falsch verstandene Gefolgschaftstreue, die ihm stets gelehrte und in diesen Minuten immer wieder vorgestellte Pflicht zur Ausführung eines Befehls haben

zuletzt das von Kranz gewollte Ziel erreicht und den Angeklagten Sommer zur Ausführung der Tat gebracht.
Der Angeklagte ist daher schuldig, durch zwei selbständige Handlungen als Mittäter mit Kranz den Sanitätsrat Goldberg und seine Frau vorsätzlich getötet zu haben. - Der Angeklagte erhält eine Freiheitsstrafe von 15 Jahren Zuchthaus.

Szene 2

»Aufgrund neuer Aussagen ist Seger nicht in der Wohnung gewesen«

Ein Belastungszeuge, Beistand der alten Kameraden, Erfolg der Verteidigung

Die Kriminalpolizei vermutet, daß sich weitere SA-Männer während des Mordes im Hause Goldberg aufgehalten haben und stuft sie in einem Bericht vom 16. Juni 1945 als Mittäter ein: »Zweifelsohne dürfte feststehen, daß die SA-Männer als Mittäter anzusehen sind, weil sie dem Hauptbeschuldigten Sommer schon allein durch ihre Anwesenheit eine Rückenstärke gegeben haben. Jeder der im Haus befindlichen Männer hätte die Tat schon mit wenigen Worten verhindern können. Dadurch, daß sie diese Tat duldeten, bewiesen sie, daß sie diese als ihre eigene wollten.«
Von den vier bisher geständigen SA-Leuten nennen Wätje und Reepschläger weitere Anwesende im Haus Goldberg, darunter den Justizangestellten Seger.
Erzähler
Vernehmungsprotokoll des beschuldigten Justizinspektors Alfred Seger:
Seger 12.6.1945
Ich trat im März 1933 in den »Stahlhelm« ein und wurde im Jahr 1934 in die SA überführt. Zuletzt hatte ich den Dienstrang als Truppführer.
Ich habe erst auf der Straße erfahren, daß ich vor dem Hause Dr. Goldberg stand. Ich hatte keinen besonderen Auftrag, sondern ging in der Kolonne auf und ab. Nach einigen Minuten hörte ich auf der Straße mehrere Schüsse. Ich war nun entsetzt. Ich mußte annehmen, daß etwas passiert war.
Wir sind bald danach wieder geschlossen zum Sturmlokal abmarschiert.
Wätje
Der mir gegenübergestellte Mann ist Seger. Ich kenne ihn genau wieder. Er hat während der Tat im Wohnzimmer gestanden und konnte die Tat beobachten. Er hat noch gesagt, Sommer solle genauer schießen.
Seger
Herr Wätje muß sich irren.
Erzähler
Seger wird verhaftet und nennt vier Zeugen, die bestätigen sollen, daß er das Haus nicht betreten hat. Sie werden bereits am folgenden Tag vernommen:
1. Zeuge: Friedrich Wärmken, Rektor in Lesum:
Wärmken 13.6.1945
Ich bin am Tattage auch alarmiert worden und bin zum Haus des Dr. Goldberg marschiert. Ich befand mich an der Spitze des Zuges und bin mit dem Kameraden Weinert absichtlich weggegangen, weil wir Unangenehmes vermuteten. Ich kann nicht angeben, ob Seger mit im Hause von Dr. Goldberg gewesen ist.
2. Zeuge: Hans Weinert, Lehrer in Lesum:
Weinert 13.6.1945

Mit Wärmken bin ich nach dem Halt vor dem Hause Goldberg langsam weitergegangen, bis zur Post. Die Entfernung schätze ich auf 100 Meter. Ob Seger, während wir uns von der Formation getrennt hatten, ins Haus hineingegangen ist, kann ich nicht sagen.
3. Zeuge: Hans Ahle aus Fähr:
Ahle 13.6.1945
Am Tatmorgen habe ich Seger nicht gesehen. Es kann aber möglich sein, daß er bei der Formation war. Jedenfalls weiß ich nicht, ob Seger in das Haus von Dr. Goldberg hineingegangen ist. Ich selbst habe das Haus nicht betreten.
4. Zeuge: Ernst Schumann, Schiffs-Oberingenieur aus Lesum:
Schumann 13.6.1945
Am Tattage wurde ich auch alarmiert und bin mitmarschiert. Das Haus habe ich aber nicht betreten. Ich kann mich auf eine Einzelperson nicht besinnen, d. h. ich kann nicht sagen, wer neben mir marschiert ist und mit wem ich gesprochen habe. Ich habe wohl Seger gesehen und gesprochen an dem Morgen. Wo er aber im Verlauf des Geschehens geblieben ist, kann ich nicht sagen.
Erzähler
Revidierte Zeugenaussagen nach 7 Wochen
Schumann 30.7.1945
Ich werde jetzt streng auf die Wahrheit hingewiesen. Ich habe mit Seger vom Anmarschieren bis zur Auflockerung der Formation auf der Straße gestanden und mich mit ihm unterhalten. Demnach kann er nicht im Hause gewesen sein.
Wenn ich bei meiner ersten Vernehmung gesagt habe, daß ich nicht angeben könnte, wo Seger im Verlauf des Geschehens geblieben ist, so ist das so zu verstehen: Ich konnte nicht angeben, wo Seger während der ganzen Zeit, d. h. vom Abmarschieren bis zur Entlassung geblieben ist.
2. Aussage des Lehrers Weinert:
Weinert 30.7.1945
Am Tattage hörte ich, daß an der Tür von Dr. Goldberg geklopft wurde und Kranz rief: »Aufmachen!« Bei diesem Geschehen stand Seger neben mir auf der Straße. Wie ich schon gesagt hatte, bin ich mit Wärmken von der SA-Formation zur Post gependelt und nach einigen Minuten zurückgegangen. Als ich zurückpendelte, stand Seger noch immer an der Stelle, wo er auch vorhin gestanden hatte. Dieses muß während der ganzen Aktion, die im Hause stattfand, gewesen sein. Es kann demnach nicht möglich sein, daß sich Seger an der Aktion beteiligt hat.
Erzähler
Schreiben der Kriminalpolizei an den Staatsanwalt (1.8.1945):
Aufgrund der Aussagen von Schumann und Weinert ist Seger nicht in der Wohnung von Dr. Goldberg gewesen. Dem mitbeschuldigten Belastungszeugen Wätje wurden diese Aussagen soeben vorgehalten, worauf er erklärte, daß er sich in der Person des Seger geirrt haben könnte. Gegen die Aufhebung des Haftbefehls gegen Seger liegen von hier aus keine Bedenken vor.
Antwort des Staatsanwalts an die Kriminalpolizei (8.8.1945):
Seger ist mit in der Wohnung des Ermordeten gewesen. Die vier Entlastungszeugen haben nicht bekunden können, daß Seger nicht ins Haus gegangen ist. Ihre späteren Aussagen sind wertlos, zumal zu berücksichtigen ist, daß der Verteidiger Dr. Klinger mit einer größeren Anzahl der Beteiligten - etwa 19 Mann - eine gemeinsame

Besprechung in Lesum abgehalten hat.
RA Klinger 11.8.1945
Die Staatsanwaltschaft ist offenbar der Auffassung, daß die jetzt abgegebenen Erklärungen in einem auffälligen Gegensatz zu früher abgegebenen Bekundungen dieser Zeugen stehen, wobei offenbar sogar der Gedanke einer Beeinflussung der Zeugen entstanden ist. Zur Vermeidung von Mißverständnissen glaubt daher die Verteidigung auf Folgendes ausdrücklich hinweisen zu müssen:
Seger behauptet, daß er während der ganzen Aktion auf der Straße gestanden habe. Da der von ihm angegebene Entlastungszeuge[1] seine Behauptung nicht zu bestätigen vermochte, stand die Verteidigung vor der Aufgabe, aus der Vielzahl der beteiligten SA-Männer diejenigen herauszufinden, in deren Gesellschaft sich Seger befunden haben mußte. Zu diesem Zwecke ließ ich durch die Ehefrau Seger alle erreichbaren noch in Freiheit befindlichen SA-Männer in die Wohnung des beschuldigten Seger bitten, um sie nicht einzeln, sondern geschlossen zu befragen, wer sich in der Nähe Segers befunden habe.
Erzähler
Der Oberstaatsanwalt an die Kriminalpolizei (25.8.1945):
Mit dem Antrage übersandt, den beschuldigten Seger erneut zu hören. Deckt sich seine Angabe bezüglich seines Standplatzes mit denen der Entlastungszeugen? Bejahendenfalls ist gegen eine Haftentlassung nichts einzuwenden.
Seger 25.8.1945
Ich bleibe dabei, das Haus Dr. Goldberg nicht betreten zu haben. Ich bin auf der Straße geblieben und habe mich hin und her bewegt. Ich meine mich zu erinnern, in dieser Zeit Wärmken und Schumann gesehen zu haben. Es ist möglich, daß der Lehrer Weinert dazu gehörte.
Erzähler
Die Haftentlassung Segers erfolgt am gleichen Tag.

Szene 3

»Ich blieb im Bett liegen und habe mich nicht beteiligt.«

Der Angeklagte Sonneberg

Wie Seger werden zwei weitere SA-Männer aus der Haft entlassen, weil man ihren Aufenthalt im Haus während der Tat nicht nachweisen kann. Der Verdacht läßt sich nicht erhärten, da Wätje seine Aussage über ihre Anwesenheit während des Mordes nicht aufrecht hält. Ihre Teilnahme an der Absperrung auf der Straße hat keine weitere Strafverfolgung zur Folge, da ihre Behauptung, vom Ziele der Aktion nichts gewußt zu haben, akzeptiert wird. Wätje und der ebenfalls inhaftierte Reepschläger belasten aber weiterhin 2 SA-Männer, den Mord mit angesehen zu haben. Beide bestreiten aber ihre Teilnahme an der Aktion. Exemplarisch wird nur der Fall Sonneberg geschildert.
Sonneberg (nach einem Bericht der Ermittlungshilfe vom März 1946):

---

1 Diese Aussage muß sich auf die vier Zeugenaussagen vom 13.6.1945 beziehen. Es scheint, daß die Verteidigung kaschieren will, daß alle vier von Seger genannten Zeugen die erwünschte Entlastung nicht bringen konnten.

Ich bin am 8. Juni 1886 in Frankenburg, Kreis Osterholz geboren. Mein Vater war Tischler. Er war zweimal verheiratet: Aus der ersten Ehe sind sieben Kinder hervorgegangen, aus der zweiten drei Kinder oder vier Kinder.
Bis zum 14. Lebensjahr habe ich die Volksschule in Lesum besucht. Da wir eine große Familie hatten, mußte ich gleich Geld verdienen und kam als Sortierer zur Wollkämmerei. Dann wurde ich zur Wehrmacht eingezogen, aber wegen meiner Lungenkrankheit wieder entlassen. Ich habe mich dann beim Bremer Vulkan vom ungelernten Arbeiter zum Maschinenschlosser hinaufgearbeitet.
Beim technischen Werk Lesum wurde ich bis 1932 als Rohrleger beschäftigt, später wurde ich Kassierer.
1908 habe ich die Schneiderin Meta Genz aus Lesum geheiratet. Aus der Ehe ging ein Sohn hervor. Im Jahre 1932 bin ich in die »Eiserne Front«, eine Organisation der SPD, eingetreten. Als dieses nach der Machtübernahme bekannt wurde, wurde ich in meiner Stellung durch einen Parteigenossen abgelöst und wurde wieder Rohrleger. Da ich noch mit weiteren Schwierigkeiten rechnete, bin ich in die SA eingetreten. Dadurch wurde mir im Oktober 1933 mein Amt als Kassierer wieder übertragen. Ich war bis 1945 politischer Blockleiter.

Erzähler
Protokoll der Gegenüberstellung Reepschläger und Sonneberg:
Reepschläger 12.6.1945
Sonneberg habe ich im Wohnzimmer stehen sehen, als ich auf dem Flur an der Wohnzimmertür vorbeiging. Es ist das Zimmer erste Tür rechts. Ich kann mich nicht irren. Sonneberg kenne ich genau.
Sonneberg 12.6.45
In der Nacht bin ich durch einen mir unbekannten Mann durch Klopfen geweckt worden. Es wurde gesagt: »Alarm!« Ich antwortete ihm: »Ich kann nicht aufstehen.« Ich sei heiser. Ich blieb im Bett liegen und habe mich an der Judenaktion nicht beteiligt. Den Mord habe ich am darauffolgenden Tag bei einem Tischlermeister in Lesum erfahren.
Wätje 30.1.46
Ich selbst stand mitten im Wohnzimmer. Rechts von mir stand Sonneberg.
Sonneberg 30.1.46
Ich bleibe bei meiner Aussage. Meine Mutter ist an Tuberkulose gestorben, und ich selbst neige auch zu Lungen- und Rippenfellentzündung. Ich durfte es daher gar nicht wagen, in einer Novembernacht nach draußen zu gehen, ohne meine Gesundheit aufs Spiel zu setzen. Ich betone noch, daß ich mich schämen würde, meine Tat nicht zuzugeben, wenn ich wirklich dabei gewesen wäre.
Zeuge Berg 30.6.45
Ich habe in der Alarmnacht Sonneberg geweckt. Sonneberg gab mir zu verstehen, daß er sich nicht wohl fühle und nicht käme. Ob er nun im Haus geblieben ist, kann ich nicht sagen. Ich habe ihn nicht gesehen. Ich war sein Scharführer. Wenn er gekommen wäre, hätte er sich bestimmt bei mir gemeldet.
Erzähler
Die Verteidigung über die Belastungszeugen:
RA Klinger, 17.8.1945
Nunmehr bedarf die Frage einer Erörterung, wie die Mitbeschuldigten Wätje und Reepschläger dazu kommen können, meinen Mandanten Sonneberg zu belasten. Zu

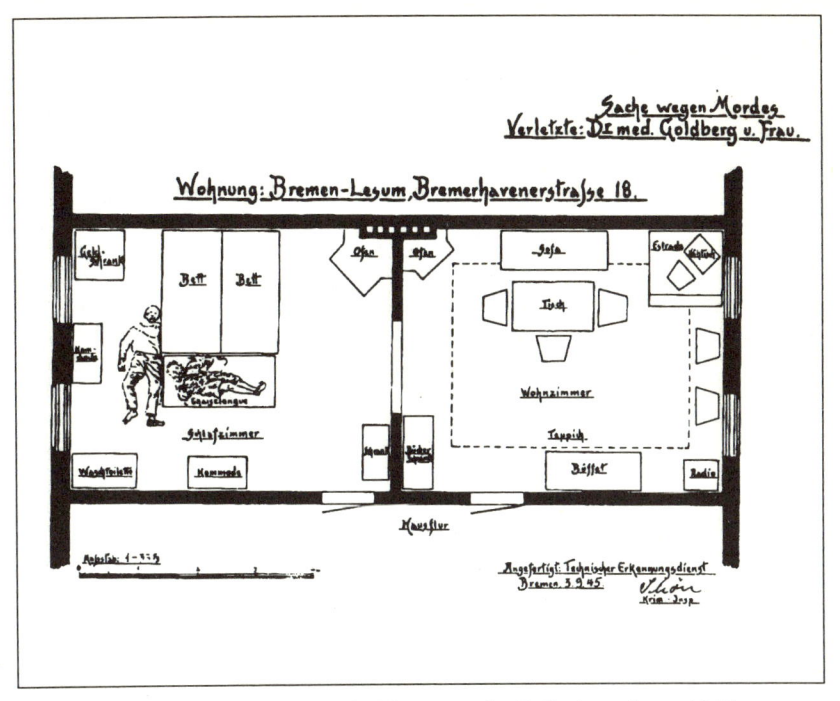

Skizze von der Wohnung Goldberg, aus den Polizeiunterlagen 1945

diesem Zweck scheint es erforderlich, die Persönlichkeit beider zu beleuchten.
a) Wätje
Der Mitschuldige Wätje ist 68 Jahre alt. Er war zur Zeit der Tat 60 Jahre alt. Die Zuverlässigkeit seines Gedächtnisses ist daher schon altermäßig begrenzt.
b) Reepschläger
Die Einreichung von Leumundszeugnissen zur Charakterisierung des Beschuldigten Reepschläger bleibt vorbehalten.
Für beide Belastungszeugen gilt die Tatsache, daß die Zeit der Tat acht Jahre zurückliegt, daß alle sich damals in großer Aufregung befanden und daß daher die Möglichkeit einer Verwechslung ganz ohne Zweifel im besonders großem Maße vorhanden ist. Vergegenwärtigt man sich dann weiter, daß Beschuldigte erfahrungsgemäß dazu neigen, eine möglichst große Zahl von Mitbeteiligten in das Verfahren mit hineinzuziehen, so erhält man einen weiteren Hinweis dafür, wie Wätje und Reepschläger zur Belastung weiterer Beschuldigter kommen können.
Erzähler
Bericht der Ermittlungshilfe (3.4.46)
Sonneberg hat keinen guten Leumund. Er gilt als Zuträger. Er hat seine Mitmenschen denunziert, um sie aus ihren Stellungen zu bringen, bzw. um sich persönliche Vorteile zu verschaffen.

RA Klinger.
Dr. Goldberg hat die Mutter des Beschuldigten, die lungenkrank war, jahrelang bis zu ihrem Tode behandelt. Er hat dafür kein oder ein sehr geringes Honorar gefordert und hat darüber hinaus bei jedem seiner Besuche der Mutter des Beschuldigten eine Flasche Saft oder Wein mitgebracht. Der Beschuldigte bezeichnet Dr. Goldberg als einen väterlichen Freund. Unter diesen Umständen sträubt sich jeder unbefangene Beobachter gegen den Gedanken, daß der Beschuldigte Sonneberg im Nebenzimmer gestanden haben soll, als der Wohltäter seiner Mutter und seiner ganzen Familie ermordet wurde.
Wätje 30.1.46
Wenn Sonneberg behauptet, daß er nicht dabei war, so ist das unrichtig. Einige Tage später ist er bei mir in der Werkstatt gewesen und hat dabei gesagt: »So eine Schweinerei, daß Kranz ausgerechnet uns Burgdammer herausgesucht hat. Das war ein schlechter Trick von Kranz.« Ich fragte ihn noch, er wäre doch erst sehr viel später als ich aus der Wohnung Dr. Goldbergs gekommen, warum sie sich so lange dort aufgehalten hätten. Sonneberg erklärte, die Pistole sei nicht in Ordnung gewesen und zum Schluß hätte Sommer auf Befehl noch den Eheleuten einen Kopfschuß gegeben.
Erzähler
Der inhaftierte Sonneberg schreibt im Oktober 1946 an den Staatsanwalt:
"Ich bin seit Juni vorigen Jahres in Untersuchungshaft. Körperlich und seelisch bin ich bald am Ende, möchte den ganzen Tag weinen vor seelischem Druck. Erkläre nochmals, bei dem Andenken an meine verstorbene Mutter, die mir das Heiligste auf Erden gewesen ist, an Eidesstatt, ich habe in der betreffenden Nacht nicht die leiseste Ahnung von den Vorgängen im Hause Dr. Goldberg gehabt. Bitte glauben Sie mir doch. Es kann doch nicht sein, daß ich aufgrund Wätjes Aussage zugrunde gerichtet werde. Habe im Leben nur Arbeit, Pflicht und Aufrichtigkeit gekannt. Ich schlafe keine Nacht ein, ohne Gott zu danken, daß er meine Teilnahme an dem Mord durch mein Kranksein verhindert hat. Bitte erlösen Sie mich aus dieser für mich so schweren Untersuchungshaft."
Wätje schreibt am 7.12.1947 seiner Familie:
"Liebe Lina!
Ich muß Dir was mitteilen. Ich war gestern beim Staatsanwalt. Er erklärte mir gleich, daß meine Haftentlassung abgelehnt sei, und zwar ist bei mir der Fluchtverdacht noch nicht aufgehoben. Ich sagte, das ist ja lachhaft. Wo ich alter Mann denn wohl noch hinflüchten könnte. Das ist heute das deutsche Gericht!
Auch wurde mir Sonneberg[1] vorgestellt. Er will gar nicht dabei gewesen sein. Und wenn so Zeugen kommen, halte ich meinen Mund nicht. Denn was meine beiden Augen gesehen haben, lasse ich mir von keinem abstreiten. Wenn es einen Gott im Himmel gibt, werden alle diese Herren schon ihren Lohn bekommen, was die verdient haben. Ich bleibe bei der Wahrheit und mehr kann ich nicht. Nun, meine Lieben, grämt Euch nicht darüber. Es ist ja schwer für Euch, aber für mich noch schwerer. Aber immer den Kopf hoch! Ich habe nichts gewußt und nichts gemacht.

---

1 In dem Brief an seine Ehefrau nennt Wätje jenen anderen Angeklagten, den er in gleicher Weise wie Reepschläger belastet hat und der ebenfalls darauf beharrt, die Nacht zu Hause verbracht zu haben. Da die Auseinandersetzungen um Schuld und Unschuld zwischen Wätje und den beiden Belasteten analog verläuft, sind die beiden Namen hier ausgetauscht.

Lieber Wilhelm, ich habe gestern vergessen, daß, wenn Du Ziegel übrig hast, Muttern welche mitgibst. Auch die Leisten nicht vergessen.
Bleibt recht gesund. Herzliche Grüße sendet
Euer Vater und Opa"
Erzähler
Gutachten des Gerichtsmediziners über den Angeklagten und Belastungszeugen Wätje, erstellt während des Prozesses im Februar 1948:
Gutachter
Wätje meint, wenn Sonneberg seine Beteiligung jetzt abstritte, so täte er das nur, um nicht bestraft zu werden. Wätje selbst sei der Zweite gewesen, der in der ganzen Sache damals verhaftet worden sei. Das habe ihn doch sehr geärgert und da habe er sich gesagt, andere wären auch dabei gewesen und hätten noch viel mehr getan. Deshalb habe er auch die Namen der Kameraden dem vernehmenden Beamten gesagt. Die ehemaligen SA-Kameraden seien böse auf ihn, daß er Leute angegeben habe. Das sei aber doch sein gutes Recht.
Die Intelligenzprüfung hatte folgendes Ergebnis:
4 x 5? »20.«
81-17? »64.«
Wieviel Himmelsrichtungen? »Vier.«
Warum feiern wir Weihnachten? »Weil Christus geboren ist.«
Hauptstadt von Italien? »Rom.«
Wer war Luther? »War Reformator.«
Die Polizei findet im Wald eine Leiche, die in 6 Teile zerstückelt ist. Die Polizei nimmt Selbstmord an. Stimmt das?
»Was soll ich damit?!«
Wird wiederholt. »Wenn ich das sehe, laufe ich weg.«
Was hätten Sie gemacht? »Zur Polizei gelaufen.«
Merken Sie die Zahl 1.4.3.6. »Ja, 1.4.3.6.«
Warum gehen Kinder in die Schule? »Damit sie lernen.«
Welche Zahl sollten Sie merken? »1.4.3., und ich glaube 6.«
Warum müssen wir unsere Eltern lieben? »Die sind wir zu lieben verpflichtet, weil sie uns ernähren.«
Wozu sind Gesetze da? »Die müssen da sein.«
Warum? »Es kann nicht jeder machen, was er will.«
Die Merkfähigkeit, geprüft am Behalten einer vierstelligen Zahl, erwies sich doch als abgeschwächt. Wie der Ausfall der Intelligenzprüfung und das Verhalten des Angeklagten in der Verhandlung und bei der Untersuchung eindeutig erkennen läßt, ist es zu psychischen Veränderungen gekommen, als die Gedächtnisfunktion nicht mehr intakt ist, das Auffassungsvermögen herabgesetzt ist und eine Einschränkung der Kritikfähigkeit nicht übersehen werden kann. Wätje weiß z. B. nicht mehr den Namen seines Scharführers aus dem Jahr 1938 anzugeben. Von denen, die zu seiner Schar gehörten, kann er nur Sonneberg und seinen Bruder angeben. Die Namen der anderen sind ihm entfallen. Warum er sich aber ausgerechnet den Namen des Sonneberg gemerkt hat, auf diese Frage bleibt er die Antwort schuldig.
Man kann nicht davon sprechen, daß bei Wätje zur Zeit schon eine arteriosklerotische Demenz vorliegt. Daß aber ein entsprechender Prozeß in Entwicklung ist, kann nicht zweifelhaft sein.

Zusammenfassend sind die Fragen des Beweisbeschlusses dahin zu beantworten: Wätje befand sich vom Augenblick des Betretens des Goldbergschen Wohnzimmers in Anbetracht der situationsbedingten Spannung aufgrund der schon seinerzeit vorherrschenden organischen Gefäßerkrankung in einer seelisch-geistigen Verfassung, die einem Zustand von Bewußtseinsstörung gleichzusetzen ist. Die Voraussetzungen des § 51 STGB sind damit vom ärztlichen Standpunkt aus mit an Sicherheit grenzender Wahrscheinlichkeit als gegeben zu erachten.

Erzähler
Das Schwurgericht entscheidet am 11.2.1948 auf Freispruch für den Angeklagten Sonneberg. Die schriftliche Urteilsbegründung führt aus:
Der Angeklagte Reepschläger hat erklärt, er nehme noch an, daß Sonneberg mit im Hause von Dr. Goldberg gewesen sei, er wisse es aber nicht genau. Der Aussage des Angeklagten Wätje kann keine Bedeutung beigemessen werden. Wer in einer so schwerwiegenden Sache zunächst andere mit einer genauen Schilderung beschuldigt, mit im Tathause gewesen zu sein, um hinterher zu sagen, er habe sich bezüglich Seger und Butendiecks[1] geirrt, der hat schon damals gezeigt, daß seine Angaben mit größter Vorsicht zu behandeln sind, und daß man auf sie allein niemals eine Verurteilung stützen kann.

Für die Beurteilung des Angeklagten Wätje ist das Gutachten des Sachverständigen von wesentlicher Bedeutung. Die Voraussetzungen des § 51 Abs. 2 des Strafgesetzbuches seien mit an Sicherheit grenzender Wahrscheinlichkeit als gegeben zu erachten. Nach allem liegt nach Überzeugung des Gerichts gegen den Angeklagten Sonneberg ein begründeter Verdacht, daß er überhaupt an dem Marsch teilgenommen hat, nicht vor.

Szene 4

»An eine Tötung hat keiner im entferntesten gedacht.«

Die Strategie der Verteidigung

Die Beschuldigung des Justizinspektors Seger offenbart ein Dilemma der Verteidigung. Um den Beschuldigten zu entlasten, muß sie andere Beteiligte des SA-Reserversturms zu Aussagen motivieren, ohne diese der Gefahr einer Strafverfolgung auszusetzen. Aus diesem Grunde gewinnt die Behauptung, die Teilnehmer des Marsches hätten vom Ziel der Aktion nichts gewußt, eine entscheidende Bedeutung. Die Strategie, die SA-Leute als Düpierte einer kleinen Gruppe von Eingeweihten darzustellen, entlastet darüber hinaus auch die geständigen SA-Männer, die dann nur noch zufällig Zeugen des Mordes waren.

Die Ermittler und Staatsanwaltschaft zielen auf den Nachweis, daß den Beteiligten der Zweck des Unternehmens von Anfang an bekannt gewesen wäre. Die Aussagen des Gastwirts von der Sielen und des Bauern Kalltenbüttel belegen diesen Verdacht.

Die Argumentation der Verteidigung
Am 15.7.1945, fast alle der späteren Angeklagten befinden sich bereits in Haft,

---

[1] Ebenso wie im Fall Seger nahm Wätje seine Beschuldigung gegen Butendiecks zurück, als er mit seiner Aussage allein auf weiter Flur stand und die alten Kameraden für die Belasteten aussagten. Sein Festhalten an dem Vorwurf gegen Sonneberg wird in dem oben zitierten ärztlichen Gutachten nur noch als »Halsstarrigkeit« interpretiert.

treffen sich 19 SA-Männer im Haus des verhafteten Seger. Nach dem Gespräch mit seinem Rechtsanwalt Klinger präsentiert die Verteidigung eine Reihe von Zeugen, welche die Behauptung von der Naivität der Teilnehmer der Marschkolonne belegen sollen. Zunächst geht jedoch ein Schriftstück der Verteidigung ein:
RA Klinger 17.7.45
"In Strafsachen gegen Sommer und Andere trage ich für den Beschuldigten Seger vor: Die gegen die vorgenannten Beschuldigten ergangenen Haftbefehle sezten voraus, daß die Beschuldigten vor der Tötung des Ehepaars Goldberg von dieser Absicht erfahren und trotzdem, also gewollt und bewußt, an der Tötung mitgewirkt haben. Die hier beantragte Vernehmung der nachstehenden Zeugen wird folgenden Tatbestand ergeben:
Nachdem sich der größte Teil des Sturmes vor dem Sturmlokal versammelt hatte, trat der Sturmführer Kranz heraus und gab, ohne den Sturm über die Gründe der Alarmierung unterrichtet zu haben, den Befehl zum Antreten und zum Abmarsch. Auch das Ziel des Marsches war nicht bekannt gegeben worden. Der Sturmführer Kranz verschaffte sich durch Rackeln an der Tür mit einigen in der Dunkelheit nicht erkennbaren SA-Leuten Einlaß in das Haus des Sanitätsrats Goldberg, während die übrigen Angehörigen des SA-Sturmes in aufgelöster Ordnung, also nicht in Form einer Absperrung, draußen verblieben. Was im Hause geschehen sollte, war allen draußen Verbliebenen völlig unbekannt. An eine Tötung hat keiner der SA-Leute auch nur im entferntesten gedacht.
Nach einer altersmäßigen Aufteilung waren nur circa 15 % der Angehörigen des SA-Reserversturmes jünger als 40 Jahre.
Ein großer Teil der Angehörigen des SA-Sturmes bestand aus Beamten, Staatsangestellten und angesehenen Handwerkern. Die Familien fast aller Angehörigen des SA-Sturmes wurden auch nach dem Jahre 1933 von dem hochangesehenen Sanitätsrat als Hausarzt betreut. Es kann demnach nicht angenommen werden, daß alle diese Männer als Mittäter und Gehilfen an der Tötung dieses Mannes und seiner Frau beteiligt waren.
Der Anklagebehörde obliegt daher noch der Beweis, daß sie vor der Tat über das Vorhaben des Sturmführers unterrichtet waren."
Mit Eingang des Schreibens der Verteidigung präsentiert Rechtsanwalt Klinger den Zeugen Kaufmann Rüthe, der seine Aussage nicht wie üblich der ermittelnden Kriminalpolizei, sondern direkt dem Staatsanwalt vorträgt:
Zeuge Rüthe 17.7.45
Am 9. November 1938 hatte der Standort Lesum die übliche Heldengedenkfeier im Mühlenbach-Lichtspielhaus abgehalten. Dort war uns die Mitteilung vom Ableben von Raths gemacht worden und zwar ohne jeglichen Kommentar. Ich bin dann heimgegangen und wurde nach geraumer Zeit vom Truppführer Seger geweckt und ging zum Alarmplatz. Dort bemerkte ich u. a. Sommer, der über die unterbrochene Nachtruhe schimpfte. Schließlich erschien Sturmführer Kranz, ließ antreten und abmarschieren. Auf dem Hinmarsch ist in meiner Nähe von dem Zweck unseres Antretens nicht geredet worden, insbesondere ist das Wort: Jude oder Judenaktion nicht gefallen.
Vor dem Hause Dr. Goldberg wurde halt gemacht.
Plötzlich hörten wir ein Geräusch, als wenn Türen klappten. Die Kameraden stutzten. Ein Kamerad meinte noch: »Was ist denn das? Ein Schuß?« Wir beruhigten

uns wieder und nahmen irgendein Geräusch an, das eben in der Nachtstille mehr auffiel. Bald danach marschierten wir ab. Ich habe nicht erfahren, was geschehen war. Erst als ich von der Arbeit heim kam, teilte mir meine Frau mit, daß Dr. Goldberg sich und seine Frau erschossen habe. Einige Tage darauf erfuhr ich den wahren Sachverhalt. Darauf wurde ich stutzig und ging zu Seger, mir Aufklärung zu holen. Dieser erklärte aufgeregt: »Mensch, sei bloß ruhig. Wenn ich das vorher gewußt hätte, dann hätte man es verhindert, indem man Dr. Goldberg warnte.«
In der SA habe ich trotzdem Dienst weitergemacht, da wir hörten, daß Kranz von der Gestapo vernommen wurde und wir das als Reinigung der SA von einer bösen Verdächtigung ansahen.

Erzähler
Kommentar des vernehmenden Staatsanwalts unter dem Protokoll der Aussage: "Der Zeuge macht einen durchaus glaubwürdigen Eindruck. Er bekundete nur das offensichtlich, woran er sich positiv erinnern konnte."[1]
Vernehmungsprotokoll von 6 Zeugen, benannt von RA Klinger (30.7.45):
Alle sagen aus, daß ihnen auf dem Marsch nichts von der Judenaktion bekannt gewesen ist. Nach ihren Aussagen waren sie völlig im unklaren.
Auf eine Frage an die Herren, ob einer von ihnen, wenn ihm der Befehl gegeben worden wäre, Dr. Goldberg und seine Frau zu erschießen, den Befehl ausgeführt hätte, antworteten sie, daß sie dieses empört abgelehnt hätten. Wenn ihnen dieses grausame Vorhaben bekannt gewesen wäre, wären sie unbedingt aus dem Sturm heraus nach Hause gegangen bzw. hätten sich auf eigenen Beschluß an diesem Tage aufgelöst. Zu bemerken ist, daß es sich in diesem Falle um den Reservesturm handelt, in dem nur ältere Herren Dienst versehen.
Die Vernommenen gaben an, daß Dr. Goldberg ein hochangesehener Arzt war, der sich um die kranken Menschen redlich bemühte und seine Pflicht in jeder Weise tat.
Erzähler
Dieser Darstellung widerspricht jedoch die Aussage des Gastwirts Von der Sielen:
Von der Sielen 30.8.45
In der Nacht zum 10. November kam Sturmführer Kranz in mein Lokal. Ich war noch nicht zu Bett gegangen, weil ich vom Pottern, Fischfang, kam. Es waren noch einige SA-Männer dabei. Sie standen in der Gaststube. Hier sagte Kranz, daß die Juden umgebracht werden sollten, oder so ähnlich. Im Laufe der Nacht versammelten sich draußen immer mehr SA-Leute, die meisten in Zivil.
Ich gehörte zum Reserve-Sturm und ging mit zum Hause Goldberg. Ich glaube nicht, daß alle SA-Leute gewußt haben, daß Juden ermordet werden sollten.
Vernehmer
Warum sind Sie mitmarschiert und haben sich an der Absperrung beteiligt? Sie wußten doch, daß ein Mord geschehen sollte?
Von der Sielen
Ich habe die Sache nicht ernst genommen.
Vernehmer
Das ist ja Unsinn, Sie haben ja schon vorher die Pistole bei Kranz gesehen! - Ist

---

[1] Später rückt der Staatsanwalt von dieser Einschätzung des Zeugen Rüthe ab. Als dieser sich in regelmäßigen Abständen meldet, um in Schwierigkeit geratene Angeklagte mit seinen Aussagen zu entlasten, notiert der Staatsanwalt: »Diese Aussage wirkt reichlich bestellt.«

Ihnen klar, daß Sie Mittäter sind, indem Sie unterrichtet waren und sich trotzdem durch Mitmarschieren und Absperren an der Tat beteiligten?
Von der Sielen
Wir mußten ja mitmachen. In dem Fall seh' ich auch ein, daß ich Mittäter bin.
Erzähler
Nach seiner Vernehmung wird der Gastwirt Von der Sielen noch auf dem Kommissariat verhaftet.
RA Klinger übernimmt die Verteidigung des Gastwirts und schreibt an den Staatsanwalt:
RA Klinger 7.9.45
Der Beschuldigte hat den Sachverhalt gegenüber seinem Verteidiger ganz anders dargestellt. Er hat gleich von Anfang an erklärt, daß er in der fraglichen Nacht nicht zu Hause gewesen sei und erst zurückkehrte, als der Sturm bereits abmarschiert sei. Er sei dem Sturm nachgegangen und habe ihn erreicht, als bereits die Schüsse in der Wohnung des Ehepaars Goldberg fielen. Auf Vorhalt, daß seine Erklärungen in einem Widerspruch zu früheren Aussagen ständen, erklärte der Beschuldigte: »Das kann nicht angehen.« Er habe nicht recht zugehört und es sei ihm gewesen wie damals, als er seine 7jährige Tochter verloren habe. Es sei ihm gewesen, als ob alles »an seinem Kopf vorbeisause.«
Erzähler
Lageeinschätzung der ermittelnden Kriminalbeamten am 11.12.45:
Offenbar ist es allen Teilnehmern darum zu tun, jedes Wissen von der Mordtat vor Ausführung strikt in Abrede zu stellen, um nicht als Mitbeschuldigte in Frage zu kommen.
Auszug aus einem vierseitigen Brief von der Sielens an den Staatsanwalt:
Von der Sielen 14.11.46
Seit 15 Monaten bin ich jetzt unschuldig in Haft. Ich habe gewartet im Vertrauen auf eine gerechte Beurteilung meiner Sache, in der Ruhe, die ein ruhiges Gewissen verleiht, aber ich bin auch nur ein Mensch und auf die Dauer dieser seelischen Folter nicht gewachsen. Wieso die Vermutung besteht, ich soll vorher von der Sache gewußt haben, ist mir ein Rätsel, und es wird auch niemand geben, der das behauptet. Ich habe in der ganzen Sache nichts zu verheimlichen und zu verschweigen. Zuvor eine kurze Schilderung, um meine Gemütsverfassung am Tage der Vernehmung zu erklären. Am Vortag war ich in Elsfleth zu meiner Schwägerin gefahren - mein Schwager ist noch in russischer Gefangenschaft. Es war ein sehr schwüler Tag und stechende Sonne, ich habe den ganzen Tag dort Kartoffeln gebuddelt. Der körperlichen Arbeit ungewohnt und ohne Kopfbedeckung in der Sonne war mir gegen mittag schon einmal schlecht geworden und hatte ich am Abend heftige Kopfschmerzen, sodaß ich am folgenden Morgen einen vollkommen benommenen Schädel hatte.
Da ich ein reines Gewissen hatte und habe, aber im Verlauf des Verhörs so unter Druck gesetzt wurde, ist es möglich, daß ich mich nicht richtig ausgedrückt habe. Aber das ist doch menschlich verständlich! Auch war der Krieg über einen hinweggestürmt, ich habe meine beiden Kinder verloren, daß ich mich wirklich nicht an Einzelheiten besinnen konnte.
Erzähler
Bericht der Ermittlungshilfe März 1946
Von der Sielen gilt als harmloser Mensch, der geschäftlich völlig ungewandt ist und

deshalb auch seine Wirtschaft nicht halten konnte. Er ist seinen Mitmenschen gegenüber stets höflich gewesen und hat sich anständig benommen, ist inbesondere nie rabiat gewesen. Er ist geistig nicht aufgeweckt, so daß er als Trottel bezeichnet wird. So wird er auch an dem fraglichen Tag mitgelaufen sein, ohne näher darüber nachzudenken, was wohl geschehen würde. Er hat früher die SA in sein Lokal aufgenommen, weil er glaubte, dadurch auf einen grünen Zweig zu kommen.
Schreiben des Staatsanwalts 10.3.47
"Der Beschuldigte hat in seiner ersten Vernehmung erklärt, er sei in der Gaststube zugegen gewesen, als Kranz erklärt hat, daß die Juden umgelegt werden sollen. Die weiteren Ermittlungen haben die spätere Einlassung des Beschuldigten, er sei erst nach Abmarsch der SA nach Hause gekommen und diesem gefolgt, nicht widerlegen können. Somit war das Verfahren mangels Beweises einzustellen."
Erzähler
Auch die Aussage des Bauern Kalltenbüttel bei der Kriminalpolizei steht der Behauptung entgegen, daß die SA-Männer in völliger Unwissenheit zum Haus Goldberg marschiert seien:
Kalltenbüttel 11.12.45
In der Nacht der Judenaktion wurde ich zwischen 3 und halb 4 Uhr von dem Scharführer Reepschläger aus Platjenwerbe geweckt. Ich solle aufstehen und zum Alarmplatz in Lesum kommen.
Als ich auf den Antreteplatz kam, waren 40 - 50 SA-Männer bereits angetreten. Der Zug setzte sich gleich nach meiner Ankunft in Bewegung. Unterwegs ging das Gerücht um, daß wir nach Dr. Goldberg marschieren. Es kam von vorn durchgegeben, daß Dr. Goldberg erschossen werden sollte. Ich blieb mit der Formation vor dem Haus stehen. Auf Vorhalt, warum ich da weitermarschiert wäre, habe ich zu antworten: Wenn ich gewußt hätte, daß ein solch schweres Verbrechen geschehen sollte, wäre ich niemals auf den Antreteplatz gegangen. Als ich erst marschierte, traute ich mich nicht mehr, aus der Reihe auszutreten. Man hätte mich vielleicht als Aufrührer an die Wand gestellt. Man durfte sich nie mucksen oder Kritik üben, sonst konnte man alles befürchten. Die SA war die reinste Zwangsanstalt.[1]
Aus der Urteilsbegründung des Gerichts:
Das Gericht ist überzeugt, daß mindestens ein größerer Kreis sich völlig darüber im klaren war, daß hier mehr als eine Durchsuchung oder Verhaftung eines jüdischen Mitbürgers erfolgen sollte.
Als der Zeuge Kalltenbüttel befragt wurde, ob er das beeiden könne, hat der Zeuge erklärt: »Nein, das kann ich nicht auf meinen Eid nehmen.«
Darauf sind die Angeklagten aus dem Saal entfernt worden. Der Zeuge hat dann erklärt, daß im Flüsterton von zwei vor ihm Gehenden gesagt worden sei, daß es zu Goldbergs gehen solle. Er selbst sei allein als letzter gegangen. Er hat weiter erklärt: »Soweit ich mich entsinnen kann, ist gesagt worden, zum Erschießen.« Als der

---

1 Es fällt auf, daß Kalltenbüttel trotz seines Eingeständnisses vom 11.12.45, vom Ziel der Aktion unterrichtet gewesen zu sein, nicht verhaftet wurde, vielmehr später im Prozeß als Zeuge auftaucht. Von der Sielen ist unter gleichen Umständen vier Monate zuvor verhaftet worden und erst nach 24 Monaten aus der Haft entlassen worden. Es kann vermutet werden, daß Kalltenbüttel als Zeuge für die Staatsanwaltschaft die Rolle zugedacht war, die Mauer des Schweigens um den Wissensstand in der Marschkolonne aufzubrechen.

Zeuge später erneut vorgerufen und befragt wurde, ob es der Zeuge Geppner[1] gewesen sei, der mit einem anderen vor ihm das Gespräch geführt habe, erklärte Kalltenbüttel: »Ich kenne Geppner. Ich weiß nicht, ob er es war.« Der Zeuge Geppner sagte noch: »Ich habe ihn nicht gesehen.« Darauf brach er bewußtlos zusammen, so daß er aus dem Gerichtssaal getragen werden mußte.[2]

Nachtrag

Im September saßen Mitarbeiter des Dokumentationszentrums mit einem Lesumer Bürger im Arbeitslosenzentrum, dem früheren Gefängnis des Ortes. Angesichts der immer noch präsenten Gefängnisarchitektur erinnerte er sich an einen bedrückenden Besuch im Gefängnis in seiner Kindheit. Sein Großvater, der seine Erziehung an Stelle des im Kriege gefallenen Vaters übernommen hatte, saß damals in Oslebshausen in Untersuchungshaft. Er war der hier Teuber genannte Postbeamte. Der Großvater, eine große Gestalt, litt Hunger, war abgemagert und mußte später zeitweilig ein Korsett tragen, um die Folgen der Hungerkrankheit zu kompensieren. Als der Enkel in den 60er Jahren erwachsen wurde, erzählte ihm der Großvater von seiner Anklage, die mit einem Freispruch endete. Er erzählte auch, »auf halbem Wege hätten alle gewußt, worum es gegangen sei.« Dieses Eingeständnis hätte im Februar 1948 eine Freiheitsstrafe von sechs Jahren Zuchthaus bedeutet. Dieses Strafmaß erhielt der hier Reepschläger genannte Stellmacher wegen »wissentlicher Beihilfe zur vorsätzlichen Tötung«.

---

1 Geppner ist Mittelschullehrer, die Häufung von Lehrern unter den Teilnehmern der Aktion ist unübersehbar. Auch der Truppführer des Mordkommandos zu dem Juden Sinasohn war ein Lehrer aus Lesum.
2 Geppner gehörte zu jenen sechs SA-Männern, die am 30.7.45 beteuern, »völlig im unklaren« gewesen zu sein. Er war auch Teilnehmer der Versammlung, in der RA Klinger kurz vorher die Verteidigungsstrategie für Seger besprochen hatten.

Erna Bremner

»Ich glaube daran, daß die Bundesrepublik nicht wieder in ein solches Fahrwasser geraten kann. Daran glaube ich fest.«

Autobiographische Erzählung einer Bremer Lehrerin, erfragt und für die Veröffentlichung bearbeitet von Juliane Haeßner.

1. Von der Ausbildung zur Lehrerin an Lyzeen.

1.1 Berufsfindung

In der Familie Bremner stand außer allem Zweifel: Ein Mädchen mit einer »guten Bildung« wird Lehrerin. Da waren zunächst die Großmutter Pauline Bremner sowie deren Vater Ernst Ludwig Rhein, die diesem Berufsstand angehört hatten.

Mein Vater Ernst James Bremner wurde am 6.11.1868 in Bristol geboren als Sohn des Wollkaufmanns James Bremner und seiner deutschen Frau Pauline, geb. Rhein. James Bremner war mit dieser deutschen Frau in dritter Ehe verheiratet, nachdem er sich in Bristol zur Ruhe gesetzt hatte. Er zog mit ihr und dem 1jährigen Sohn Ernst James nach Endenich bei Bonn, wo die junge Frau, die als Lehrerin außer Deutsch auch Englisch und Französisch fließend gesprochen haben soll, ein Pensionat für junge Deutsche, Engländerinnen und Französinnen eröffnete. Sie hatten in Endenich ein schönes Haus mit herrlichem Garten erworben und nannten das Haus »The Grange«. Dort wuchs Ernst James Bremner mit seiner jüngeren Schwester Paula[1] auf. Beide lernten alle drei Sprachen gleichzeitig.

Die ersten Schuljahre verbrachte E.J. Bremner bei seinen Großeltern mütterlicherseits, dem Gymnasiallehrer und Konrektor Rhein (Moers), in einem deutschen Gymnasium.

Tante Paula besuchte das Lehrerinnenseminar von Kippenberg[2] und machte dort ein Spezialsprachenexamen in Englisch und Französisch neben den übrigen Fächern. Sie war, wie unser Vater, ein sehr fein empfindender Mensch, sehr still und zurückhaltend, bescheiden, fleißig, äußerst pflichtbewußt und tief religiös.

Nach dem Examen wurde sie ihrer hervorragenden Sprachkenntnisse wegen bei Kippenberg angestellt und hat sich dort größter Sympathie im Kollegium erfreut und Freundschaften erworben, die bis ins Alter hinein gehalten haben. Als ich fünfzehn Jahre später dieselbe Schule besuchte, waren noch eine Reihe ihrer Freundinnen bei Kippenberg tätig, und ich bekam immer wieder zu hören, mit welcher Hochachtung man von ihr sprach.

Zu Tante Paulas Zeiten wurden in diesem privaten Seminar Lehrerinnen für Volks-

---

1 Paula Bremner (1870-1941), Lehrerin in Bremen.
2 August Kippenberg (1830-1889), anfangs Vorsteher der Freischule an der Schmidtstraße, betrieb mit seiner Frau seit 1868 die private »Lehranstalt für erwachsene Töchter und Lehrerinnen von August Kippenberg und Johanne Kippenberg«. 1869 gliederte er ihr eine Mädchenschule an, die 1873 zur »höheren Mädchenschule« avancierte. Nach seinem Tod führte Johanne Kippenberg, geb. Koch (1842-1925), die Schulen weiter, bis 1904 einer der Söhne, Dr. phil. August Kippenberg (1869-1952), die Leitung übernahm. 1909 verlieh ihm der Senat den Professorentitel.

Haus der Familie Bremner, Schönhausenstraße, um 1909

schulen und höhere Schulen ausgebildet. Diese Einrichtung bot weiterhin die Möglichkeit der Ausbildung für den Beruf einer Fachlehrerin in Französisch und Englisch; dieser Abschluß wurde offensichtlich von Paula Bremner angestrebt.

Wann entstand bei Erna Bremner die Idee, Lehrerin zu werden?
Also ich glaube, die ist schon entstanden, als ich Kind war. Es war für mich überhaupt selbstverständlich, daß ich Lehrerin wurde, von Anfang an; ich hab' nie

über einen anderen Beruf nachgedacht. Es lag eben aber auch daran: durch Tante Paula, es war meine Patentante, und wir hatten engen brieflichen Kontakt, als sie dann aus Bremen wegging und in England unterrichtete. Da war es eine Selbstverständlichkeit, daß wir beide - mein Bruder und ich - unsere Zeugnisse abschrieben und ihr schickten - und sie dann darauf reagierte und sich freute, daß wir schöne Zeugnisse hatten; und so ist es auch geblieben. Also ich hab' nie über einen anderen Beruf nachgedacht ... Mein Urgroßvater war schon Lehrer, leitete in Moers das Gymnasium; seine Tochter, meine Großmutter, war Lehrerin, deren Tochter - Tante Paula - war Lehrerin; also für mich kam nichts anderes in Frage, als Lehrerin zu werden.

1.2 Zum Verlauf der Ausbildung

Im Jahre 1904 wurde das Mädchen Erna in die zehnklassige private höhere Mädchenschule (ab 1912: Lyzeum) von Anna Vietor, Bremen, eingeschult.[1] Nach Abschluß der Klasse I (1914) wurde von der Direktorin im Gespräch mit der Absolventin die Berufsfrage angeschnitten:

Und als ich mich von Anna Vietor nach dem 10. Schuljahr verabschiedete und sie mich fragte: »Was wirst du denn machen, Erna?« Da hab' ich gesagt: »Ich werde versuchen, Lehrerin zu werden.«

Die meisten Abgängerinnen des Lyzeums Anna Vietor strebten jedoch keinen Beruf an:

... die gingen in vornehme Pensionen, wo Französisch und Englisch und Deutsch gelernt wurde und Kunstgeschichte und sowas ... Manche lernten auch etwas: Haushalt, Nähen. Aber rund um mich 'rum ... verlobte man sich und heiratete, und ich habe auch Kontakt zu solchen Familien gehabt.

Als Tochter eines britischen Staatsbürgers wurde Erna Bremner im Kriegsjahr 1915 die Aufnahme ins staatliche Volksschullehrerinnenseminar[2] an der Karlstraße verweigert. Sie bewarb sich daraufhin um Aufnahme ins Oberlyzeum der Kippenberg-Schule.

Im Jahre 1912 war das Lehrerinnenseminar von A. Kippenberg umgestaltet worden. Unter dem Begriff Oberlyzeum wurde es zu einem Teil der Schule, es bildete nun die Fortsetzung des Lyzeums und somit auch eine weiterführende Oberstufe für alle anderen bremischen Lyzeen.

Die Absolventinnen eines Lyzeums konnten nach dreijährigem Besuch des Oberlyzeums eine Reifeprüfung ablegen, aber das Reifezeugnis des Oberlyzeums berechtigte nur zum Studium der neueren Sprachen, der Germanistik und der Geschichte. »Für diejenigen Schülerinnen, die - ohne Studium - nur den Beruf der Lehrerin für die Mittel- und Unterstufe der Lyzeen anstrebten, schloß sich als vierzehntes

---

1 Höhere Mädchenschulen boten in der Regel drei Vorklassen (Elementarunterricht) und sieben Klassen. Es gab keinen formalisierten Abschluß. Sie berechtigten lediglich zum Besuch eines Lehrerinnenseminars. Erst im Zuge der Anpassung an die preußische Mädchenschulreform von 1908 wurden die Bremer Mädchenschulen 1912 in Lyzeen umgewandelt, die auf eine Oberstufe (sog. Oberlyzeum) oder auf eine Studienanstalt (Oberstufe mit Abiturprüfung) vorbereiteten. Die staatliche Studienanstalt (Kleine Helle) wurde in Bremen erst 1916 eingerichtet.
2 Das staatliche Lehrerinnenseminar, das 1912 eingerichtet wurde, war ebenfalls ein Produkt der preußischen Reform. Ihm stand Karl Kippenberg, der älteste der Kippenberg-Söhne, vor.

Ernst James Bremner mit Frau Amalie, geb. Roos, und Kinder Erna und Hans

Schuljahr und letztes Ausbildungsjahr die sogenannte Seminarklasse an. Sie führte theoretisch und praktisch mit Unterrichtsübungen und Lehrproben in den Klassen der Schule unmittelbar an den Beruf heran. Wer diese Klasse erfolgreich absolviert hatte, erhielt ein Zeugnis, das in Bremen wie in Preußen und den übrigen Bundesstaaten zum Unterricht an Lyzeen berechtigte.« [1]

---

1 Bericht des Lyzeums und Oberlyzeums von A. Kippenberg über das Schuljahr 1913/14, Bremen 1914, S. 3.

Ich hatte mich, nachdem ich im Herbst 1914 aus der zehnten Klasse der Höheren Töchterschule entlassen worden war, um Aufnahme in das Volksschullehrerinnenseminar beworben. Da das Seminar eine Bremische Staatslehranstalt war, wurde ich als feindliche Ausländerin nicht aufgenommen und bewarb mich um Aufnahme in das Oberlyzeum Kippenberg, das damals noch Privatlehranstalt war. Herr Professor Kippenberg hatte Vaters Schwester, Tante Paula Bremner, gekannt. Sie hatte, als seine Mutter noch die Leitung der Schule hatte, dort Examen gemacht und war Mitglied des Kollegiums gewesen. Als ich ihm erzählte, daß ich wegen der britischen Staatsangehörigkeit beim Volksschullehrerinnenseminar abgelehnt worden war, lächelte er (er war ein begeisterter Anglist) und sagte, für eine Bremner sei bei ihm immer noch Platz. Ich habe es nie bereut, daß ich meine Ausbildung dort durchlaufen habe. Abgesehen von dem Fluidum der Schule dort und daß trotz Krieg und Haß kulturelle Werte anderer Nationen den jungen Menschen so vermittelt wurden, wie es sich gehört, war die Ausbildung in zwei Fremdsprachen, Englisch und Französisch und Latein als Wahlfach umfangreicher als auf dem Volksschullehrerinnenseminar und führte nach drei Jahren zu einem abiturähnlichen Abschluß, dem sich ein Seminar anschloß, in dem wir eine psychologisch-pädagogische Ausbildung bekamen, in Methodik unterwiesen wurden und Lehrproben zu halten hatten.

Wieviel es gekostet hat, weiß ich nicht, aber jedenfalls haben meine Eltern es bezahlt.

Die privaten Anstalten Kippenbergs genossen einen vorzüglichen Ruf. Die Ausbildung war zwar kostspielig, aber auch hochangesehen. *Was man da lernte, das war gelernt. Jede, die da die Schule besucht hat, könnte man, wenn sie noch lebten, befragen: »So war es - ja, und es war hervorragend.«*

Rückschauend betont Erna Bremner die Vorzüge des Fremdsprachenunterrichts und der breiteren Bildung im Oberlyzeum, in dem die wissenschaftlichen Fächer im Vordergrund standen:

Also ich habe hinterher es begrüßt, daß ich nicht auf das Volksschullehrerinnenseminar gekommen bin, sondern auf das Oberlyzeum. Wir waren im Gegensatz zum Volksschullehrerinnenseminar zweisprachig, mit Englisch und Französisch und Latein fakultativ, während man auf dem Volksschullehrerinnenseminar nur Englisch hatte als Fremdsprache. Die Bildung im Oberlyzeum war umfangreicher. Während das Volksschullehrerinnenseminar eben wirklich nur auf die Volksschule ausgerichtet war. Man brauchte kein Französisch, man brauchte auch kein Englisch am Anfang; daß Englisch eingeführt wurde in den Volksschulen, ist - glaub' ich - erst nach '18 passiert. Auf der anderen Seite hat das Volksschullehrerinnenseminar Vorzüge gehabt: Man lernte da viel mehr Musik, sehr viel mehr Handarbeit. Handarbeit hatten wir im Oberlyzeum überhaupt nicht. Aber man brauchte natürlich Handarbeit; man brauchte Sport, Schwimmen ... und Musik - Geige war Vorschrift.

Also, daß wir im Oberlyzeum bei Kippenberg sehr intensiv - ich möchte fast sagen - religionswissenschaftlichen Unterricht gehabt haben, das beruhte natürlich darauf, daß wir ja auch da eine Art Lehrerausbildung bekamen; denn wir mußten ja nachher, wenn wir unser Zeugnis hatten, auf Mittelschulen und Volksschulen auch Religionsunterricht geben, und deswegen war das da natürlich sehr intensiv.

Das letzte Ausbildungsjahr, das sogenannte »Seminarjahr«, diente der Vorbereitung auf den Lehrerinnenberuf. Hier wurden schriftliche Unterrichtsvorbereitungen, Lehrproben verlangt und Fächer wie Methodik und Psychologie unterrichtet:

... das war dann kein Klassenunterricht mehr, sondern man hatte Methodikunterricht ... für irgendein bestimmtes Fach; man hospitierte, man hatte eine Betreuungslehrerin, die einem Unterricht vormachte. Man hospitierte bei ihr und versuchte dann selbst, das, was man aufgenommen hatte, vor der Klasse zu verwirklichen. Also ich hatte eine Lehrerin, Fräulein Ehlers, die hat mir Rechenunterricht vorgemacht, biblische Geschichte vorgemacht. Das war der Abschluß von dem Seminarjahr: da hab' ich eine Unterrichtsstunde in der 3., einen Geschichtsunterricht mußte ich leisten. Wer mich da betreut hat, das weiß ich nicht mehr. Und einen Rechenterricht mußte ich machen. Das waren die beiden Abschlußprüfungen, die ich am Schluß des Seminarjahres machen mußte: einen Rechenunterricht und einen Geschichtsunterricht. Bei Herrn Witscher hatten wir z. B. regelmäßig Psychologie.

Für Erna Bremner waren die Kippenberg-Jahre harte Lernjahre:

Also ich muß sagen, ich hab sehr intensiv in diesen drei Jahren arbeiten müssen. Nie wieder hab' ich so viel arbeiten und lernen müssen wie in diesen drei Jahren. Und deswegen habe ich mich auch nie wieder an diese drei Jahre mit Freude zurückerinnert (...) Nun lag es natürlich auch daran, daß wir das ganze Haus voller fremder Kinder hatten, und ich also nun wirklich mich zwingen mußte, alles das zu lernen, was es da zu lernen gab: Englisch, Französisch, Mathematik, Physik, Biologie - für jedes mußte gearbeitet werden, für jedes Fach. Dann hatten wir - in dem ersten Jahr von den drei Jahren - auch noch Geschichte der Pädagogik.

... ich war eben mittelmäßig, aber ich hab' das sogenannte Abitur nach drei Jahren geschafft und das S-Jahr auch, und da war ich ja Lehrerin für Volks- und Mittelschulen und für Lyzeen, für die unteren Klassen.

Welche Perspektiven hatten die Absolventinnen?

Also, ich glaube, die...bei Kippenberg in der dreiklassigen Ausbildung und auch im S-Jahr waren - ich glaube, die waren alle dafür, daß sie was verdienten und einen Beruf hatten. Es waren verschiedene, die es so gemacht haben wie ich: auf Güter gegangen sind und Privatunterricht gemacht haben, verschiedene. Es sind auch einige darunter gewesen, die sofort in den Schuldienst gegangen sind; eine z. B. in Verden, eine in den bremischen Schuldienst, hat dann auch einen Lehrer geheiratet; eine ist in den Buchhandel gegangen, und eine einzige ist auf die Universität gegangen.

2. Zur politischen Sozialisation

2.1 Britische Staatsbürgerschaft und deutsches Nationalgefühl

Erna Bremners Eltern waren weder von der väterlichen noch von der mütterlichen Seite vermögend. Ihr Vater Ernst James, Sohn eines Kaufmanns aus Bristol, hatte am Kölner Konservatorium Musik studiert und war 1893 zum Organisten an Unser Lieben Frauen in Bremen gewählt worden. Ihre Mutter Amalie, geb. Roos, hatte vor ihrer Heirat als Kleinkinderlehrerin gearbeitet. Sie war die Tochter eines preußischen Offiziers, der vergeblich versucht hatte, Unternehmer zu werden. Die Pulverfabriken, mit denen er sein Geschäft zu machen hoffte, explodierten mehrmals und brachten die Familie Roos an den Rand der Armut. Die fünf Brüder Amalies kamen alle in die Kadettenanstalt und wurden wie der Vater preußische Offiziere.

Das junge Ehepaar war nicht auf Rosen gebettet. Das Monatseinkommen eines Organisten, der eigentlich nur eine Sonntagsstellung innehatte (viele Organisten damals waren Volksschullehrer und hatten Organistenstellen nur nebenher), war klein. Beträge wie 80, 120, 150 und 180 Mark sind mir noch in Erinnerung. Sein Hauptverdienst kam aus Unterrichtsstunden in Klavier, Orgel und Harmonielehre an Private. Auch das war kein sicheres und festes Einkommen und oftmals von der Gunst der Schüler oder deren Eltern abhängig. Ausgaben für den Arzt, Beiträge zur Lebensversicherung, Steuern und Schulgeld waren stets Probleme. Deshalb waren auch die beiden Zimmer oben im zweiten Stock zum Garten hin stets vermietet, und als Tante Paula endgültig Bremen verließ, wurde das Zimmer, das sie bewohnt hatte, an Pensionäre vermietet, die in der Familie lebten. Ich kann mich noch an eine Opernsängerin Geibel erinnern, einen Mexikaner Garcinava, eine Französin Mademoiselle Ferrand und an einen Engländer Mr. Blathwayt, der an der Berlitz School unterrichtete. Ab 1913 etwa, als wir älter geworden waren, gingen die Eltern dazu über, Schüler und Schülerinnen aufzunehmen, von denen dann zwei oder drei mit uns Kindern zusammen in einem Zimmer schlafen konnten.

Bis sie 1919 ein Einbürgerungsgesuch stellten, besaßen die Bremners über den Vater die britische Staatsbürgerschaft. Daß sie nicht zur Mehrheit gehörte, wurde dem jungen Mädchen erstmals zu Beginn des I. Weltkriegs bewußt.

Die Gedanken wurden von Kriegsereignissen, den ersten, stürmisch mit Glockengeläut gefeierten Siegen, den Truppenabendmahlsfeiern, den Abschiedsgottesdiensten mit Militärmusik und Fahnen in der Kirche, zu denen Vater zu spielen hatte und an denen wir oft teilnahmen, völlig verdrängt: Wir waren die Militärgottesdienste, Truppenvereidigungen und Kaiser-Geburtstagsfeiern gewöhnt und begeisterten uns an den bunten Bildern und Uniformen und Fahnen und dem zackigen Drill der Paraden auf dem Domshof. Wie stolz waren wir auf unseren Vetter Werner Roos, der als junger Leutnant beim 75. Infanterieregiment stand, wenn wir ihn in Paradeuniform, die Schuppenkette unterm Kinn, mit geschultertem Degen neben oder vor der Regimentsfahne dahermarschieren sahen!

Als Anfang August 1914 der Krieg ausbrach, ließen wir Kinder uns von den Wogen der Begeisterung mißreißen; wir waren 15 respektive 14 Jahre alt und hatten durch Schule und Kirche viel vom preußisch-militärischen Gepräge miterleben können. Die-Unser-Lieben-Frauen-Gemeinde war Garnisonkirche. Es fanden im Laufe des Jahres Militärgottesdienste, Truppenabendmahlsfeiern und Vereidigungen statt, bei denen neben der Orgel die Musikkapelle des Infanterieregiments 75 mitwirkte.

Erna Bremner erinnert sich nicht an Schikanen seitens der Polizei oder der Bevölkerung. Die Kinder konnten die Schulen weiter besuchen. Die zahlreichen Äußerungen des England-Hasses dieser Jahre wehrten sie ab.

Wir waren wohl als so deutsch und so wenig englisch bekannt, daß die Wogen des Hasses, der sich ganz besonders stark gegen England richtete, nicht bis zu uns gelangten.

Dazu trugen wesentlich die Integration des Vaters in das kulturelle Leben Bremens und die preußische Tradition der Mutter bei.

Der Vater kannte die Klassiker genau, las die damals moderne Literatur wie Hauptmann, Ibsen, Strindberg, Sudermann. Er beschäftigte sich mit der modernen pädagogischen Literatur wie z. B. »Das Jahrhundert des Kindes« von Ellen Key und den Schriften der historisch gewordenen Bremer Volksschullehrer Gansberg

In der höheren Mädchenschule von Anna Vietor, Am Dobben

und Scharrelmann. Er war ein begeisterter Anhänger von Richard Wagner und konnte ganze Textstücke aus Wagneropern auswendig.

Warum er nicht schon längst zum Deutschtum übergetreten war mit seiner aus einer preußischen Offiziersfamilie stammenden Frau, die kaum ein Wort Englisch konnte, mit seiner deutschen Mutter und seinem intensiven Interesse an deutscher Literatur und Musik? So tief er mit allem, was deutsches Geistesleben und deutsche Kultur hervorgebracht haben, verbunden war, ebenso tief war seine Abneigung gegen die Auswüchse des preußischen Militärdrills, des »Gottes-Gnadentums« eines Wilhelm II. Mutter hat(te) sich mit der britischen Staatsangehörigkeit abgefunden. In ihrem Herzen war sie Preußin.

Für seine Einstellung ist wohl typisch, daß er das Bild aus dem »Punch« von 1890 bis zu seinem Tode aufbewahrt hat, auf dem Bismarcks Abgang dargestellt wird unter dem Titel »Dropping the pilot«. Er wollte auch seinem Sohn eine Dienstpflicht im preußischen Heer ersparen. Hans war am Anfang seiner Schulzeit ein so langsamer, verträumter Junge, daß Vater gefürchtet hat, er könne vielleicht die mittlere Reife, das sogenannte »Einjährige«, die Vorbedingung für eine einjährige, etwas bevorzugte Militärdienstzeit, nicht erreichen und müsse dann zwei oder drei Jahre Soldat sein. Wie grauenhaft ihm diese Vorstellung war, wird in dem Buch von Franz Adam Beyerlein »Jena oder Sedan« geschildert, das er immer wieder erwähnt und zitiert hat. Aus diesem Grunde wurde er nicht Deutscher. In seiner Bibliothek befand sich auch das Buch der Bertha von Suttner »Die Waffen nieder«.

Umso größer war der Schock für das 15jährige Mädchen, das sich für eine Bremerin wie alle anderen hielt, als der Vater ausgerechnet an seinem Geburtstag mit allen anderen britischen Staatsangehörigen festgenommen und zum Bahnhof gebracht wurde.

Im November 1914, genau an Vaters Geburtstag, wurden alle britischen Staatsangehörigen verhaftet.

Es hatte schon morgens in der Zeitung gestanden, und ich vergesse den Augenblick nicht, als ich Vater, den Kopf in beide Hände gestützt, über der Zeitung brütend in seinem Zimmer fand. Gegen Mittag wurde er von einem Kriminalbeamten abgeholt und in einen großen Saal in der Nähe des Bahnhofs gebracht, wo er natürlich seinen Freund Halket und alle die Herren vom englischen Klub traf. Wir hatten Gelegenheit, Vater noch einmal zu sehen bei dieser Sammelstelle und ihm einiges, was er für den Aufenthalt im Gefangenenlager brauchten könnte, zu bringen. Wir waren überzeugt, daß diese Festnahme ein Versehen sei, daß man jemanden, der zwanzig Jahre Organist an einer Garnisonkirche gewesen war, wieder freilassen würde. Aber alles, was von seiten des Kirchenvorstandes, des Konsistorialrats Lahusen in Berlin und von seiten der Brüder meiner Mutter, die alle im preußischen Heer, zum Teil in einflußreichen Stellungen waren, unternommen wurde, schlug fehl. Die britischen Staatsangehörigen wurden in die Trabrennbahn Ruhleben in Berlin gebracht, wo sie zu mehreren in einer Pferdebox wohnten und anfänglich durch schlechte Organisation allerlei auszustehen hatten.

Alle Interventionen seitens der Kirchengemeinde und der Schwäger im preußischen Heer nützten vorerst nichts. Erst im Laufe der Zeit gab es Erleichterungen für die Internierten.

Wir zu Hause hätten vor dem Nichts gestanden, wenn die Gemeinde nicht das Gehalt weitergezahlt hätte. Das war ein festes, wenn auch kleines Einkommen. Alle anderen Einnahmen aus kirchlichen Veranstaltungen und dem Unterricht an Private fielen weg. Mutter nahm von der Zeit an mehr Schüler und Schülerinnen als Pensionäre auf, und durch Beihilfen aller möglichen kirchlichen Institutionen und der Familien Roos (Mutters Brüder und deren Frauen), konnten wir uns über Wasser halten. Aber es war eine harte Zeit, ganz abgesehen von dem seelischen Druck, der durch die Trennung von Vater auf uns lag.

Im März 1915 wurde durch Fürsprache einflußreicher Leute erreicht, daß Vater zu Hans' Konfirmation für einige Tage nach Bremen beurlaubt wurde. Er mußte sich zwar täglich der Polizei vorstellen und durfte abends nach 20 Uhr nicht ausgehen. Diese Vorschriften galten seit Vaters Verhaftung auch für uns alle als Angehörige eines inhaftierten englischen Staatsbürgers. Das hat sich im Laufe der Zeit alles etwas gelockert durch Eingaben an die Polizeibehörde. Nur bei Reisen mußte vorher ein Antrag gestellt werden, und die Bremer Polizei fragte an dem Ort des Reiseziels an, ob die Ausländer dort erwünscht seien. Am Reiseziel mußte man sich wiederum bei der Polizei an- und abmelden.

Im Sommer 1916 kam Vater nach Bremen zurück. Man hatte den Organisten, der an seine Stelle gerückt war, zu den Soldaten eingezogen und saß nun ohne Organisten da, was in einer Garnisongemeinde ganz unmöglich war. Und so orgelte der »feindliche Ausländer« Ernst James Bremner wieder zu den Militärgottesdiensten und bei den Klängen des »Altniederländischen Dankgebetes« im neuen Wortlaut, wie es im Weltkrieg gesungen wurde, sangen wir (Briten) inbrünstig: »Wir loben dich oben, du Lenker der Schlachten, und flehen, mögst stehen uns fernerhin bei,

*daß deine Gemeinde nicht Opfer der Feinde - Dein Name sei gelobt! Oh, Herr mach uns frei!« Und dann senkten sich die Fahnen und das volle Orgelwerk, womöglich zusammen mit den Pauken und Trompeten einer Militärkapelle, brauste donnernd durch die bis auf den letzten Platz mit feldgrauen Jungens gefüllte Kirche.
Es war uns ganz selbstverständlich und sogar ehrenhaft, daß unser Hans, wenngleich Sohn eines »feindlichen Ausländers«, in der Stammrolle der Militärbehörden geführt, zur Musterung aufgerufen und nach dem Notabitur im Herbst 1918 »zu den Fahnen« einberufen wurde - zum Feldartillerieregiment Nr. 24 in Güstrow (Mecklenburg).
James Ernst Bremner beseitigte die Widersprüche, in denen er und seine Familie lebten, indem er die Einbürgerung beantragte.
In den ersten Januartagen 1919, als Bremen noch von den Arbeiter- und Soldatenräten verwaltet wurde, gelang Vater die Einbürgerung. Was vor 1914 von jedem einzelnen der deutschen Staaten bewilligt und bestätigt werden mußte, wurde hier mit einem Federstrich erledigt.*

2.2 »Schwarz-weiß-rot«

Erna Bremner wuchs in einem bildungsbürgerlichen Elternhaus auf, in dem liberale Einstellungen zur Kultur und konservative Haltungen in der Politik koexistierten:
Kurze Zeit später brach die Novemberrevolution 1918 aus, die zur Abdankung Kaiser Wilhelms II. führte und aller anderen Fürsten- und Herrscherhäuser im deutschen Kaiserreich. An den politisch turbulenten Vorgängen der Entstehung der Arbeiter- und Soldatenräte, den Kämpfen zwischen den »Spartakisten« und sozialdemokratisch gerichteten - mehr gemäßigten - Gruppen, die die Republik aufzubauen begannen, an der Bildung der »Freikorps«, die aus Resten der Armee und rechtsgerichteten Freiwilligen bestanden, nahmen wir stärksten Anteil, aber ganz auf der rechten Seite. Vater und Hans nahmen beide am Ordnungs- und Wachtdienst der »Bremer Stadtwehr« teil; Hans war Mitglied verschiedener Freikorps. Wenngleich die Stadtwehr und die Freikorps sich nur gegen die äußerste radikale Linke richteten und nicht gegen die aufbauenden, republikanischen Kräfte, so herrschte doch ein ausgesprochen rechtsgerichteter Trend in ihnen, dem wir uns zugehörig fühlten. »Schwarz-Weiß-Rot«, die Farben des Deutschen Kaiserreiches, blieben unser Ideal; die »Schwarz-Rot-Goldenen« Farben sind an unserem Haus bei feierlichen Anlässen nie gehißt worden.
Es war so: das waren die Roten, also mein Vater wäre niemals in die SPD - und hätte niemals ... zur SPD sich zugehörig gefühlt, niemals.
Ihren Schulunterricht im Fach Geschichte erinnert Erna Bremner *streng preußisch. Und wir hatten sehr viel auswendig zu lernen in bezug auf Daten.* Und *streng protestantisch* war die Schule in ihrer Erinnerung auch:
Anna Vietor war eine Pastorentochter... Also die Schule war: strenggläubig. Da war jeden Morgen eine Andacht. Da zog die ganze Schule vom obersten Stockwerk bis unten in den Turnsaal, und da wurde ein Bibeltext gelesen, und da wurde am Anfang und am Ende ein Choral gesungen, und dann ging es wieder in die Klassen zurück, also: strenggläubige Erziehung.
Konservativ waren auch die englischen Verwandten um Tante Paula und die Verwandten mütterlicherseits. *Alle Brüder meiner Mutter waren preußische Offiziere.* Es scheint weit und breit niemanden gegeben zu haben, der diese konservative

politische Orientierung infrage gestellt hätte. *Obgleich Vater ein so toleranter Mensch war und die gesamte sozialkritische Literatur und Kunst kannte und bejahte, konnte er sich doch nie von den autoritativen Kräften, die im Staat als Monarchie, in Kirche und Familie wurzelten, lösen. Daß wir ebenso dachten auf Grund dessen, was uns während unserer ganzen Jugend beeinflußt hat, war selbstverständlich.*

Von der Gegenwart aus gesehen und angesichts dessen, was sich als Folge der gescheiterten ersten deutschen Republik in Deutschland und in der Welt abgespielt hat, empfinde ich es als Schuld der bürgerlichen, sogenanannten gebildeten Kreise, daß sie an dem Aufbau dieser ersten deutschen Republik nicht nur nicht teilnahmen, sondern im Gegenteil - gegen sie arbeiteten oder sie nicht ernst nahmen. Natürlich - was heißt hier Schuld? - Wir waren so stark im Autoritativen, in dem wir aufgewachsen waren, verwurzelt, daß wir nicht übersehen konnten, wo wir hätten mitmachen müssen.

Erna Bremner wurde von 1922 bis 1923 Mitglied der Deutschen Volkspartei. Gleichwohl gab es in dieser bürgerlich-konservativen Welt auch Anlässe, auf Distanz zu gehen. Erna Bremner bekam die Statusgrenzen zu spüren, die die bürgerlichen Schichten gegeneinander abgrenzten. Die Schönhausenstraße, in der Bremners wohnten, war zu Beginn dieses Jahrhunderts eine teure Straße. Dort wohnten Angehörige des höheren Bürgertums, die zum Besitzbürgertum zählten. In diesen Kreisen wurde die Familie des Organisten und Musiklehrers, obwohl sie sich an der Schicht der Akademiker orientierte, nicht als gleichrangig angesehen. Erna Bremner erfuhr als Schulmädchen, daß sie nicht dazu gehörte.

Das mag in der 5./6. Klasse - damals wurde übrigens umgekehrt gezählt, unten war: 10 - 9,8,7,6 und die oberste Klasse war: 1. Naja, also jedenfalls hat sich da ein Kränzchen gebildet; und ich bin wahrscheinlich von einigen Mitgliedern dieses Kränzchens aufgefordert worden, daran teilzunehmen; und da ist eine der Mütter zu meiner Mutter gekommen und hat gesagt: »Ja, also die Kinder haben da was das Kränzchen ... Also, wir möchten Erna nicht dabeihaben.« Das hat mir großen Eindruck gemacht, und deswegen bin ich wahrscheinlich Sozialdemokratin geworden. Meine Stellung in der Schulklasse und die Stellung meines Vaters, der nach meiner Ansicht viel zu wenig anerkannt worden ist mit seinem großen Wissen: das hat mich immer weiter nach links geführt.

Später, als Lehrerin, wird sie Schulreformen wie die sechsjährige Grundschule oder die Abschaffung des Schulgelds befürworten.

Ich habe mir gesagt, daß so lange wie möglich die Kinder aus verschiedenen Gesellschaftskreisen zusammenbleiben müßten. Ich weiß, wie schwer es meinen Eltern geworden ist, das Schulgeld für uns Kinder aufzubringen. Also meine Schule bei Anna Vietor - in den zehn Jahren - hat nichts gekostet; ich hatte eine Freistelle, aber die Kosten beim Oberlyzeum von Kippenberg und die Kosten meines Bruders - in der Vorschule sowohl wie in der Oberrealschule - mußten ja von den Eltern aufgebracht werden. Und das war für meine Eltern nicht leicht ... Ich (habe) das für gut befunden, daß die Ausbildung überhaupt nichts mehr kostet.

3. Auf der Suche nach einer sicheren ökonomischen Existenz

3.1 Die ersten Stellungen: Erzieherin und Hausangestellte auf dem Land

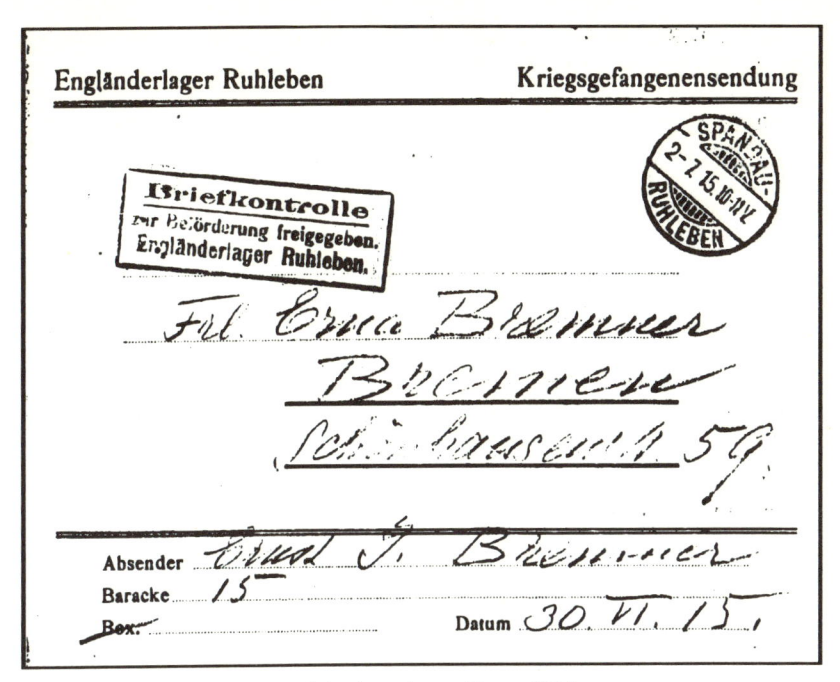

Brief des internierten Vaters 1915

Äußerlich waren die letzten Kriegsjahre und die Nachkriegszeit für uns als Familie schwer. Hunger, Kälte, wenig Geld - wer nahm in so einer turbulenten Zeit schon Klavierunterricht? Immer noch war Mutter durch die viele Arbeit mit den Pensionären stark beansprucht. Vater fing in der Zeit an, englischen Unterricht zu erteilen; zu Anfang an russische jüdische Flüchtlinge im Hause des Rabbiners Rosenkranz, später auch andere, die nach Kanada und den USA auszuwandern strebten und in Auswandererlagern lebten. Es waren Flüchtlinge, die von den Auswirkungen der russischen Revolution vertrieben worden waren. Späterhin kamen junge Kaufleute dazu, besonders aus der Schweiz. Das führte schließlich dazu, daß Vater ganze Klassen von Angestellten des Norddeutschen Lloyds übernahm und viele Übersetzungsarbeiten für kaufmännische Firmen machte. Dabei hat er sich in ein für ihn völlig fremdes Gebiet des kaufmännischen Englisch einarbeiten müssen. Also das war für mich eine Selbstverständlichkeit, daß ich so schnell wie möglich ans Verdienen kam.

1919, gleich nach dem Lehrerinnenexamen, nahm Erna Bremner eine Stellung in Mecklenburg an:

Jedenfalls, daß ich überhaupt zuerst auf ein Rittergut gegangen bin, ... um überhaupt von der Schule und von diesem Krampf, den man gehabt hat, um diese beiden Examina zu machen, und diese schwierigen Familienverhältnisse - durch die Pensionäre ... daß ich da 'rauswollte, das kann ich von hinten noch verstehen. Und für meine Eltern war es auch ganz wichtig, daß da nun einer war, der nun mal auf

eigenen Füßen stand. Ich kriegte 120 Mark im Monat, das war damals ziemlich viel Geld. Und ich war meinen Eltern also völlig von der Tasche.
Da bin ich erst in dem Bauernhaushalt von Seydlitz gewesen und dann auf einem Gut, wo ich diese hervorragende Hausfrau hatte, wo ich also ... die ganze Küche gemacht habe: Jeden Tag zwei Mittagessen gekocht habe - unter ihrer Leitung natürlich.
Zur Erntezeit kamen polnische Wanderarbeiter und -arbeiterinnen auf die Güter, die nur notdürftig untergebracht und mangelhaft verpflegt wurden.
Meinen Sie, ich hätte mir Gedanken gemacht, daß die primitiv lebten?

3.2 Jahre der finanziellen Unselbständigkeit: Vertretungsunterricht in bremischen Volksschulen

Zurück in Bremen, ließ Erna Bremner sich im September 1922 in die Vertreterinnenliste des bremischen Volksschuldienstes aufnehmen.
Ich hatte die Erwartung, daß ich in den bremischen Schuldienst eingestellt würde. Das hatte ich beantragt, und das erwartete ich. Ich wußte, daß man nicht gleich fest angestellt wurde, sondern daß man also Helferin sein mußte, eh' man dann allmählich aufrückte ... und daß ich dadurch also finanziell auch gesichert sein würde, und eventuell auch - wenn nötig - meine Eltern damit unterstützen konnte.
Bin eigentlich nie auf den Gedanken gekommen, daß der Lehrerberuf nicht krisenfest war, denn wir waren ja schließlich Beamte; und an dem Status eines Beamten kann man doch wenig verändern, es sei denn durch solche Gewalt wie die, die Hitler ausgeübt hat.
Von der erhofften Krisenfestigkeit des Berufs war vorerst nichts zu spüren: Es war Inflation.
Insofern war die finanzielle Situation der Helfer und Helferinnen schwierig, weil das Geld erst nach einer gewissen Anzahl von Tagen oder Stunden, die man abgeleistet hatte, ausgezahlt wurde. Es war eben manchmal so, daß das Geld, was man bekam, durch die Inflation fast nichts mehr wert war. Es ist dann abgeändert worden, so daß man in kürzeren Abständen - nicht mehr monatlich, sondern alle zehn Tage - das Geld bekam, damit es nicht, wenn man es in Empfang nahm, fast nichts mehr wert war. Ich kann mich noch besinnen, daß ich einmal, als ich mein Geld bekommen hatte, an einem Schlachterladen vorbeikam und sah, daß da im Schaufenster große Stücke Flomen lagen; und ich bin in den Laden gegangen und hab' mein ganzes Geld ausgegeben, um diese Flomen zu kaufen, worüber meine Mutter hoch erfreut war.
Kontinuierliche Berufserfahrungen ließ dieser Berufseinstieg nicht zu:
Aber ich habe so angefangen als Helferin: Da wurde ich also geschickt ... in irgendeine Schule, wo jemand länger krank war. Meine erste Schule war die Schule an der Nordstraße. Da war eine Dame für längere Zeit krank, und da wurde ich hingeschickt und mußte die vertreten. Und so bin ich von Schule zu Schule .. also wenn ich die Schulen noch zusammenkriege: das sind sicher sechs, acht oder zehn verschiedene Schulen, wo ich für längere oder kürzere Zeit jemanden vertreten habe. Und das wurde stundenweise bezahlt.
Wenn es ein Klassenlehrer war, der erkrankt war, führte man diese Klasse an seiner Stelle; und wenn es ein Fachlehrer war - ich habe öfter englischen Unterricht erteilen müssen; aber sonst unterrichtete man alles das, was derjenige, der krank war, sonst geleistet hatte.

Die Stadtwehr

Wie eine Aufstellung in ihrer Personalakte ausweist, hatte Erna Bremner zwischen 1922 und 1927 19 Vertretungen an zwölf Bremer Schulen. Sie dauerten jeweils zwischen zwei und 147 Unterrichtstagen.

3.3 »Beamter, weiblicher«

1927 erhielt Erna Bremner ihre Anstellung als Hilfslehrerin. Zwar wurde sie weiter im Vertretungsdienst beschäftigt, aber jetzt bekam sie ein festes Diensteinkommen. Die Kündigungsfrist betrug drei Monate, und der »Anstellungsbereich« teilte ihr mit, daß »die Grundgehaltssätze um 10 v.H. gekürzt« werden, »solange Ihnen nicht die gleichen Pflichten wie den gleichartigen männlichen Hilfslehrern übertragen sind.«
Nachdem die Inflationszeit beendet war, ich in ein festes Dienstverhältnis gelangt war, wurde unsere finanzielle Lage spürbar leichter, so daß wir uns ab und zu Theatervorstellungen, ein Konzertabonnement und kleine Reisen leisten konnten.
Die »Hilfslehrerin« war die Vorstufe zur beamteten »ordentlichen Lehrerin seminarischer Bildung«, zu der Erna Bremner 1928 - über neun Jahre nach dem Abschluß ihrer Ausbildung - ernannt wurde. Die geschlechtsspezifische Gehaltskürzung betrug unter den wortgleichen Voraussetzungen wie bei der »Hilfslehrerin« jetzt nur noch 8%.
Frau Bremner kam an die Volksschule Schmidtstraße. Dort rückte sie später zur Lehrerin an Gehobenen Zügen,[1] einer besonderen Abteilung der Bremer Volksschulen, auf.

---

1 Seit 1922 wurden an bremischen Volksschulen »gehobene Züge« eingerichtet, d. h. Klassen mit erhöhten Anforderungen, vor allem in Mathematik, und mit Englischunterricht. Sie umfaßten das 5.-9., später auch das 10. Schuljahr und wurden als Ersatz für die Mittelschulen verstanden, die es in Bremen nicht gab. Vgl. Hinrich Wulff: Geschichte der bremischen Volksschule. Bad Heilbrunn/Obb., 1967, S. 107.

Es kann damit zusammengehangen haben, daß - wenn ich nicht sehr irre - Ostern '33 an der Schule Schmidtstraße der sogenannte »Gehobene Zug« eingerichtet wurde. Es war ein Klassenzug ab 5. Schuljahr, der bis zum 10. Schuljahr hinaufgeführt worden ist. Neben der achtjährigen Volksschule lief der »Gehobene Zug«. Und ich bekam '33 eine Klasse des »Gehobenen Zuges« zugewiesen als Klassenlehrerin, in der ich - wegen meiner Englischkenntnisse - den Englischunterricht geben mußte und sonst die Klassenführung hatte. Es war damals so, daß man als Klassenlehrerin nicht alle Fächer in der Klasse gab, wie das früher in der Volksschule der Fall war. Ich gab Englisch, Deutsch - ich weiß nicht mehr genau, was ich sonst noch gemacht hab' - jedenfalls den Zeichenunterricht gab Herr Steilen und späterhin hat, glaube ich, auch dieser Lehrer - den ich nicht nennen möchte - vielleicht im zweiten oder dritten Jahr des »Gehobenen Zuges« die Mathematik übernommen, denn an diese Fächer wurden natürlich höhere Ansprüche gestellt.

4. Politische Vereinigungen

4.1 Der VDA (Volksbund für das Deutschtum im Ausland)

Seit 1931 war Erna Bremner im VDA, von 1932 bis 1943 war sie »Schulobmann«. *Es war an jeder Schule schließlich ein Verantwortlicher, gewissermaßen ein Funktionär des Volksbunds für das Deutschtum im Ausland, und das habe ich an meiner Schule an der Schmidtstraße auch übernommen. Da wurden z. B. Straßensammlungen gemacht, da wurde zu Weihnachten kleiner Tannenbaumschmuck, der vielleicht im Ausland hergestellt worden war, verkauft ... und dann geworben, daß die Kinder Mitglied wurden in dieser Schulgruppe des Volksbunds fürs Deutschtum im Ausland.* Daß die Ziele dieses Vereins mit dem Ziel der Weimarer Verfassung, »dem inneren und äußeren Frieden zu dienen«, nicht vereinbar sein könnten, kam Erna Bremner nicht in den Sinn. Schließlich war der Bremische Lehrerverein über seine Dachorganisation, den Deutschen Lehrerverein, korporatives Mitglied im VDA und Georg Wolff, der Vorsitzende in Bremen, bekannte sich auch zum VDA[1].
Ich hatte durch diese Organisation die Möglichkeit, als Jugendführerin und Reiseleiterin billige Reisen nach Österreich zu machen, wohin der VDA Jugendgruppen sandte im Austausch mit österreichischer Jugend.
Anläßlich des Besuches einer Wiener Gruppe der »Heim ins Reich«-Bewegung in Bremen hatte ich meinen langjährigen Freund H. kennengelernt. Die Tätigkeit als Reiseleiter bot gute Gelegenheit, öfter nach Österreich zu fahren und dort mit H. zusammenzutreffen.
Diese Reisen, die der Volksbund für das Deutschtum im Ausland arrangierte, boten mir Gelegenheiten, mit einer Gruppe von Mädchen und Jungen nach Österreich zu fahren. Wir mußten die Kinder in Familien unterbringen. Ich habe also mitgemacht: in Steiermark und Wien und Umgebung. Die ganzen Vorbereitungen für so einen Austausch habe ich schriftlich gemacht, mit dem jeweiligen Leiter der Gruppe aus Wien oder aus der Steiermark, je nachdem, wer es war. Diese Gedanken, also, daß z. B. das österreichische Volk ja deutsch war, daß das in einem drin saß, und daß man das unterstützen wollte, das gebe ich zu, daß ich das auch gedacht habe.

---

1   Hinrich Wulff: Geschichte und Gesicht der bremischen Lehrerschaft. 2 Bde. Bremen 1950, Bd. II, S. 306

Erna Bremner, 1920

In der Rückschau hatte der VDA aber auch recht fragwürdige Züge:
Da hab' ich ein Erlebnis gehabt - ich weiß nur nicht mehr, in welchem Jahr. Wir hatten die Zugplätze - die Gruppe und ich mußte natürlich als Lehrerin mich darum kümmern, was in den einzelnen Abteilen sich da abspielte. - Jedenfalls kam ich an einem D-Zugabteil vorbei, wo die Vorhänge zugezogen waren; und da klopfte ich an und sie - es war eine Jungengruppe - machten mir dann auf; und da hatten sie auf dem Tischchen, was am D-Zugfenster ist, einen kleinen Hitler-Altar aufgebaut, mit Hakenkreuzen und Fähnchen und Hitlerbildern usw. Dann hab' ich mich da zu ihnen gesetzt und hab' mit ihnen gesprochen: daß wir nun in ein Land kämen, wo man von Hitler noch nichts wissen wolle, und ich bäte sie dringend darum, so etwas zu unterlassen. Ich glaube aber, daß bei diesem Besuch in Österreich über diese Fragen des Nationalsozialismus zwischen den österreichischen Eltern und den deutschen Kindern gesprochen worden ist. Die Gasteltern waren nicht ausgesucht nach politischer Zugehörigkeit. Es kam zu Gesprächen, es ist auch teilweise zu Mißhelligkeiten gekommen zwischen Jugendlichen und den österreichischen Eltern. Wie es dann hier in Bremen abgegangen ist, hab' ich nicht mehr in Erinnerung, also ich hatte dann ja auch nicht mehr die Verantwortung. Da kam dann ein österreichischer Lehrer oder eine österreichische Lehrerin mit den österreichischen Kindern zu uns nach Bremen, und die hatten dann für ihre Kinder zu sorgen.

Ich habe Erinnerungen an einen Tag, wo meine VDA-Gruppe mit dem blauen Halstuch sich da Ecke Schleifmühle und Bismarckstraße versammelte; und daß einige aus dieser Klasse entweder Pimpfe waren oder Mitglieder der Hitlerjugend waren, die in ihrer Uniform an diesem Fest teilnahmen. Und wir sind dann in geschlossenen Kolonnen von der Schleifmühle quer über den Platz in die Bismarckstraße hinein zum Weserstadion marschiert.
Also, gesagt habe ich dazu gar nichts, denn das wäre ja gefährlich gewesen, wenn ich beanstandet hätte, daß die Uniform der Hitlerjugend da mit auftaucht. Das war alles so selbstverständlich, das ging also, ohne daß irgend jemand etwas dagegen gesagt hätte in der Schule ... Auch die Jungen untereinander haben darüber meines Wissens nicht gesprochen, daß da nun einige schon als Pimpfe oder als Hitlerjungen an diesen Formationen teilnahmen.
Wir waren uns vor Hitlers »Machtergreifung« in den Jahren des wachsenden Nationalsozialismus einig in der Ablehnung, doch sind uns die großen Gefahren, denen wir entgegengingen, nicht bewußt geworden. Als die Nationalsozialisten späterhin alle Jugendorganisationen »gleichschalteten«, war es auch mit den Jugendreisen des VDA aus. Diese Tätigkeit hatte mich aber eine Weile vor dem Druck, in die NSDAP einzutreten, unter dem man als auf diesen Staat eingeschworener Beamter dauernd stand, bewahrt.

4.2 Der Bremische Lehrerverein

Erna Bremner war auch Mitglied im Bremischen Lehrerverein. Sie besuchte Vorträge, sang im Frauenchor und nahm an einer Studien- und Konzertreise des Lehrervereins teil.
Ich glaube, es hat damit zu tun, daß man sich organisieren wollte - und auch um Kontakt zur Lehrerschaft zu gewinnen und am Eigenleben dieses Vereins teilzunehmen; denn darin wurde alles Mögliche geboten - an Vorträgen, Konzerten usw. Der

Erna Bremner und Paul Klapproth in der Schule Schmidtstraße, um 1930

Bremer Lehrergesangverein und das Bremer Lehrer-Orchester waren quasi Unterabteilungen vom Bremischen Lehrerverein.
Eine Reihe ihrer Bekannten war im Verein der bremischen Lehrerinnen[1] organisiert, dessen Feste mit ihrem kabarettistischen Programm als Höhepunkte des Bremer Vereinslebens galten.
Hanni Kelle war eine, ja, ich möchte fast sagen, wie eine gelernte Schauspielerin, konnte tanzen und schauspielern; das konnte Meta E. Schmidt auch. Ich kann mich noch an das Kabarett im Jahre - ja, es muß kurz vor der Nazi-Zeit gewesen sein ... Also das Programm da 1933 war eine Parodie auf Hitler, und zwar trat Meta E. Schmidt als Jupiter auf mit soundsoviel Vollgöttern, Halbgöttern und Viertelgöttern. Das bezog sich natürlich auf Vollarier, Halbarier und Viertelarier. Das war das letzte Programm, das sie von sich geben konnte, der Verein wurde dann bald danach aufgelöst.
Da waren wir sogar bange, daß den beiden was passieren würde, weil sie so viel politische Aspekte in dieses Kabarett hineingebracht hatten.
Mit seiner »Gleichschaltung«, 1933, ging der Bremische Lehrerverein in den

---

1 Der »Verein bremischer Lehrerinnen« war 1889 unter dem Namen »Verein bremischer Volksschullehrerinnen« gegründet worden. Seit 1920 war er ein Einheitsverband, der als »Fachgruppen« alle anderen Lehrerinnenvereinigungen, auch die Philologinnen, umfaßte. Anscheinend gelang den Lehrerinnen die Überwindung der Statushierarchie leichter als ihren Kollegen. Er bestand bis 1933. Vgl. Hinrich Wulff: Schule und Lehrer in Bremen 1945-1965. Bremen 1966, S. 50.

Nationalsozialistischen Lehrerbund (NSLB) über.
Ich bin sicher, daß ich dazu gehört habe; denn: ich glaube sogar, daß alle Mitglieder des Bremischen Lehrervereins automatisch zu diesem neuen, daß wir automatisch dem NSLB angehört haben. Es sei denn, daß man dagegen protestiert hätte; das hab' ich nicht getan. Der Verein Bremer Lehrer und Lehrerinnen wurde natürlich aufgelöst und gleichgeschaltet, so nannte man das. Und da waren Pflichtvorträge, Pflichtschulung, zu denen man gehen mußte. Da wurde auch Protokoll geführt, wer kam und wer nicht kam.

5. Der Nationalsozialismus in der Schule

5.1 Das Kollegium

Der Beginn des nationalsozialistischen Regiments war in den Schulen ab Schuljahrsbeginn 1933 zu spüren. Entlassungen, Herabstufungen und Versetzungen veränderten die Kollegien.[1]

Jetzt müßte ich eigentlich von Ostern '33 erzählen, als die Nazis in die Lehrerschaft hineingriffen und alles, was ihnen nicht genehm war, entließen. Es war eine große Umwälzung im bremischen Schulwesen.
Da wurde z. B. der Schulleiter der Versuchsschule an der Stader Straße, Klaus Böttcher, abgesetzt von seinem Schulleiterposten und kam zu uns an die Schmidtstraße als Lehrer.[2] Der zweite Schulleiter war Otto Fischer von der Schule Hohwisch; der mußte seinen Schulleiterposten aufgeben, weil er Logenbruder war - und kam auch zu uns. Als dritter kam Herr Steilen. Und dann kam ein vierter, dessen Namen ich nicht nennen möchte, von dem ich aber nicht wußte ..., weshalb der an unsere Schule kam.
Erinnern kann ich mich auch an eine Konferenz nach Ostern '33, als diese strafversetzten Lehrer in unser Kollegium gekommen waren, an eine Konferenz, zu der ein Abgesandter aus der Schulverwaltung kam, der sich vorstellte und uns einen Vortrag hielt über das, was man nun von der Schule verlangte in bezug auf Treue zum Nationalsozialismus.
Was derjenige damals uns gesagt hat, das weiß ich nicht mehr; aber es trat dann plötzlich eine Stille ein, und keiner wußte mehr so recht was zu sagen. Da habe ich meinen Mund aufgemacht - oder: er hat vielleicht gefragt: »Hat einer von Ihnen was zu sagen?« - So ist es vielleicht gewesen. Da habe ich meinen Mund aufgemacht und habe gesagt, wir wären alle sehr besorgt über das, was geschehen sei: daß die Besten unserer Lehrkräfte, die, an denen wir uns aufgerichtet hätten, deren Beispiel wir gefolgt wären, nun entlassen worden seien; darüber wären wir eben in großer

---

1 Das »Gesetz zur Wiederherstellung des Berufsbeamtentums (RGBl 1933, I. Nr.34, S. 175), das am 7. April 1933 verkündet wurde, bot die Handhabe für diese Eingriffe. Vgl. Majer, Diemut: »Fremdvölkische« im Dritten Reich. Ein Beitrag zur nationalsozialistischen Rechtssetzung und Rechtspraxis in Verwaltung und Justiz unter besonderer Berücksichtigung der eingegliederten Ostgebiete und Generalgouvernements. Boppard am Rhein 1981 (Schriften des Bundesarchivs, 28).

2 Klaus Böttcher war Schulleiter der Versuchsschule an der Stader Straße gewesen. An die Schule an der Schmidtstraße kam er erst 1937. Das geht sowohl aus einem »Persilschein«, den er später für Erna Bremner schrieb, wie aus dem Protokollbuch der Lehrerkonferenzen der Schule Schmidtstraße hervor.

Sorge. Daraufhin hat der geantwortet: das würde alles noch richtiggestellt werden und die, ... von denen ich gesprochen hätte, denen würde sicher geholfen, daß sie wieder in ihre Stellungen zurückkämen. Nach Schluß der Konferenz, als dieser Herr nun wieder gegangen war - es war ja ein ausgesprochener Nazi natürlich -, da hat Klaus Böttcher mich in'n Arm genommen und hat gesagt: »Danke, daß Du das gesagt hast«.

Offiziell begrüßte das Kollegium allerdings nur beiläufig die Gemaßregelten und hauptsächlich den Beginn der nationalsozialistischen Herrschaft.

Aus dem Konferenzprotokoll vom 19. April 1933, Schule an der Schmidtstraße:
»Zum Schluß wies der Schulleiter darauf hin, daß mit der nationalen Revolution die kollegiale Schulleitung ein Ende gefunden habe. Die neue Zeit stelle den Lehrer vor die großen Aufgaben der Gegenwart, denen sich niemand entziehen könne und dürfe. Nachdem er noch angeregt hatte, für die Schule ein Bild des Reichskanzlers Adolf Hitler zu beschaffen, schloß er die Konferenz mit einem Hoch auf das deutsche Vaterland. Das Kollegium sang den ersten Vers des Deutschlandliedes.«

Das Protokollbuch zeigt, welchen breiten Raum nationalsozialistische Propaganda und Rituale im Schulalltag einnahmen. Da wurde der Jahrestag der »Machtergreifung« gefeiert, das Kollegium hieß fortan »Gefolgschaft«, im Beratungszimmer wurde neben dem Pestalozzibild eine Führerplakette angebracht.

Die Schüler, die zu 88% im Jungvolk organisiert waren[1], übten seit 1935 das Schießen mit einem eigens zu diesem Zweck angeschafften Gewehr. Seit ungefähr dieser Zeit gab es auch Luftschutzvorbereitungen in den Schulen:

Ja, das Gewehr, das hab' ich in Erinnerung. Ich hab' auch Turnunterricht gegeben, und während dieses Turnunterrichtes wurde also auch mit dem Gewehr geübt, und nach einer Schießscheibe wurde mit dem Gewehr geschossen: im Stehen, im Knien und im Liegen. Ja. Sonst weiß ich nichts. Das Übrige weiß ich nicht. Von den Luftschutzübungen weiß ich nichts, aber das Gewehr hab' ich noch gut in Erinnerung. Das wurde im Turnunterricht gemacht. Und da gab's auch Preise für die, die gut schießen konnten. Ja, ich kann mich auch nicht darauf besinnen, daß wir irgend etwas unternommen hätten gegen dieses Gewehr, aber es wurde benutzt. Ich habe es auch benutzt im Unterricht. Aber da kann man mal wieder von rückwärts sehen, was man alles gemacht hat...

Erna Bremner war 1934 dem Reichsluftschutzbund beigetreten und von 1939 bis 1944 »Schulfeuerwehrmann«. Außerdem gehörte sie der Nationalsozialistischen Kulturgemeinde und später der Nationalsozialistischen Volkswohlfahrt an.

5.2 Der Rassismus

Die Beziehungen zu jüdischen Eltern und Schülern veränderten sich. Erna Bremner hatte freundschaftlichen Kontakt zu einer jüdischen Familie.

Also ich bin Ostern 1927 (1928?) an die Schule Schmidtstraße gekommen und da bekam ich ein erstes Schuljahr, das ich dann vier Jahre geführt habe. Wir hatten damals vierjährige Grundschule und nach 'ner Prüfung gingen dann die Kinder in andere Schulen über. Die einzigen Eltern, die sich mir näherten, waren Juden. Ich hatte einen kleinen Judenjungen in der Klasse ... Damals gab es ja noch nicht so enge Verbindungen zwischen Lehrern und Eltern. Die einzige Frau aus dem Eltern-

---
1 Konferenz vom 25. März 1936

Bremen, den 8. Juni 1937.

An das Staatliche Personalamt.

Wir bitten, die Lehrerin an Volksschulen Erna Pauline Agnes B r e m n e r zum nächstmöglichen Zeitpunkt zur Lehrerin an den Gehobenen Zügen bei den Volksschulen zu ernennen. Fräulein Bremner ist bereits seit Ostern 1935 ohne Zulage an dem Gehobenen Zug der Volksschule Schmidtstrasse tätig gewesen.

Im Haushalt 1937 (Nr. 72, Kap. 1, Titel 1) ist sowohl die Planstelle als auch die nach der beantragten Ernennung mit der Stelle zu verbindende Zulage von RM 300.- jährlich vorhanden.

Die Personalakte liegt an.

Die Landesschulbehörde, Abt.Volksschulen.

1) Einverstanden.
2) Arische Abstammung prüfen.
3) Anfrage b. d. Bauleitung.
4) ...

15. Juni 1937

Um Lehrerin zu werden, bedurfte es einer Prüfung der "arischen" Abstammung

Abschrift.

Der Reichsstatthalter in Oldenburg   Bremen, den 18. September 1937.
    und Bremen.

                Fräulein
                     Erna B r e m n e r ,
                     Lehrerin an Volksschulen,
                                      h i e r .

    Hiermit weise ich Sie in eine freie Stelle einer Lehrerin an einem, den Volksschulen angegliederten gehobenen Zug mit Wirkung vom 16. Juli 1937 ein.

              gez. Carl Röver.

Abschriftlich
    an den Herrn Senator für das Bildungswesen
zur gefl. Kenntnisnahme.
             Bremen, den 20. September 1937.
             Das Staatliche Personalamt.
                    I.A.

Fragebogen
zur Feststellung der arischen Abstammung usw.

1. Name und Vornamen: *Bremner Frieda Pauline Agnes*
geb. am *31. X. 1898* Konfession: *ev.*
Wohnort und Wohnung: *Bremen Schönhausenstr. 59*

2. a) Haben Sie der Kommunistischen Partei oder kommunistischen Hilfs- oder Ersatzorganisationen (einschl. der sogenannten nationalkommunistischen Bewegung — „Schwarze Front" —) angehört, falls ja, von wann bis wann? — *nein*

    b) Haben Sie der Sozialdemokratischen Partei, dem Reichsbanner Schwarz-Rot-Gold, der Eisernen Front oder sonstigen sozialdemokratischen oder republikanischen Hilfs- und Nebenorganisationen sowie der Deutschen Friedensgesellschaft, der Liga für Menschenrechte, der Friedensliga und anderen internationalen oder pazifistischen Verbänden, Vereinigungen oder Zusammenschlüssen angehört, falls ja, von wann bis wann? Waren Sie gewerkschaftlich organisiert? — *nein*

    c) Welchen politischen Parteien haben Sie sonst bisher angehört? — *Der Deutschen Volkspartei*

    Sind oder waren Sie Mitglied der NSDAP., der SA., der SS., des St., der Technischen Nothilfe oder sonstiger hinter der Regierung der nationalen Erhebung stehender Verbände, falls ja, von wann bis wann? (durch Vorlegung geeigneter Bescheinigungen glaubhaft zu machen.)

    d) Welchen politischen Vereinigungen sowie Logen, Orden u. ä., haben Sie sonst bisher angehört oder gehören Sie an, falls ja, von wann bis wann? — *Ich bin seit 1931 in d. D.V. tätig, ferner bin ich Mitgl. des N.S.L.B., des N.S.V., der N.S.Kulturgemeinde & des R.L.B.*

3. ~~Stammen Sie von nichtarischen, insbesondere jüdischen Eltern oder Großeltern ab?~~
Mir ist nicht bekannt, daß ich von nichtarischen, insbesondere jüdischen Eltern bezw. Großeltern abstamme.

    Nähere Angaben über die Abstammung:
    (Die Geburtsurkunde des Bewerbers und die Heiratsurkunde seiner Eltern sind beizufügen. Sämtliche Urkunden müssen auch den Namen der Eltern bezw. der Großeltern enthalten.)

    Eltern:
    Name des Vaters: *Bremner*
    sämtl. Vornamen: *Ernest James*
    Stand und Beruf: *Organist & Musiklehrer i. R.*
    geb. am *6. XI. 1868* Konfession: *ev.*
    Geburtsname der Mutter: *Roos*
    sämtl. Vornamen: *Johanne Amalie Agnes*
    geb. am *28. IV. 1863* Konfession: *ev.*

Wenden!

Großeltern väterlicherseits:

Name des Großvaters: Bremer
sämtl. Vornamen: James
Stand und Beruf: Kaufmann
geb. am 25. XII. 1803   Konfession (auch frühere): ev.
Geburtsname der Großmutter: Rhein
sämtl. Vornamen: Pauline
geb. am 1. V. 1841   Konfession (auch frühere): ev.

Großeltern mütterlicherseits:

Name des Großvaters: Roos
sämtl. Vornamen: Moritz Anton
Stand und Beruf: Kaufmann i. 4. preuss. Artillerieregiment, später Pulverfabrikant
getauft geb. am 6. IX. 1811   Konfession (auch frühere): katholisch, später evangelisch
Geburtsname der Großmutter: Schück
sämtl. Vornamen: Laurette Mathilde Agnes Johanna
geb. am 8. VI. 1830   Konfession (auch frühere): ev.

4.) Sind Sie verheiratet?*) Nein
*) Warum nicht, Kinder, haben Sie?

Ich versichere, daß ich die vorstehenden Angaben nach bestem Wissen gemacht habe. Ich weiß, daß ich bei wissentlich falschen Angaben die fristlose Entlassung, die Anfechtung der Anstellung oder ein Dienststrafverfahren mit dem Ziele der Dienstentlassung zu gewärtigen habe.

Bremen, den 23. Juni 1937   Erna Bremer
(Unterschrift)

*) Verheiratete haben auch das Formblatt 2 auszufüllen.

1) Vorstehende Angaben stimmen mit den vorgelegten Urkunden überein. Danach ist die arische Abstammung des Bewerbers nachgewiesen.
2) Die Heiratsurkunde der Eltern ist zurückzugeben.
3) Zur Personalakte.

Bremen, den 7. Juli 1937.   Das Staatliche Personalamt.

kreis, die mich aufsuchte, als ich diese Klasse übernahm, war Frau Wallheimer. Sie sagte: »Frau Bremner, wir haben nun sechs Jahre unseren Jungen alleine erzogen, und wir sind daran interessiert, in wessen Hände wir unseren Jungen geben«... Und aus dieser Aufforderung ist eine Freundschaft entstanden, die über die Nazizeit hinaus bis zum Tode der Eltern - die sind dann dann nach Amerika ausgewandert, und ich hab' sie auch (die Frau) noch in Amerika besuchen können.

Der Junge kam auf's Gymnasium - und das Erlebnis, das ich hatte, war, als er 15 war. Er war '21 geboren; das war also im Jahre 1936, als die Eltern sich entschlossen, ihn aus Deutschland 'rauszulassen, 'rauszubringen. Da mußte das Kind einen Tag vor seinem 16. Geburtstag auf ein amerikanisches Schiff gebracht werden, das in Hamburg lag. Und dieser Abschied: Das Kind lag mit schwerer Grippe, im hohen Fieber im Bett. Und da riefen die Eltern an und sagten, ob ich ihm nochmal Auf Wiedersehen sagen wollte. Ich bin dann dahin gegangen und hab' das getan und hab' diesen Abschied erlebt. Das Kind ist dann von seinem Onkel mit einer Spritze bedacht worden, damit das Fieber 'runterging und war dann also an seinem 16. Geburtstag auf dem amerikanischen Schiff, also auf amerikanischem Boden. Da mußte es sein, um die amerikanische Staatsbürgerschaft später zu bekommen. Die Eltern sind dann später ausgewandert, nach dem Pogrom.

Durch meine jüdischen Freunde bekam ich auch Kontakt zu einer Familie Fischbein, die hatten in der Obernstraße - gegenüber von Karstadt - ein sehr gut gehendes und gut eingerichtetes Juweliergeschäft. Die hatten eine Tochter, die war vielleicht im dritten Schuljahr, und ich wurde durch meine jüdischen Freunde aufmerksam gemacht auf diese Familie, daß das Kind also Schwierigkeiten in der Schule hätte. Sie glaubten, daß der Lehrer antisemitisch eingestellt sei; und er hätte also gesagt, daß das Kind auf keinen Fall nach dem vierten Schuljahr auf's Gymnasium oder eine weiterführende Schule könnte. Und die baten mich also, ich möchte doch dem Kind Privatunterricht geben. Erstens um festzustellen, ob das Kind wirklich so schwach sei und was da vorliegen könnte. Also ich hab' mit dem Kind Schularbeiten gemacht und stellte dann fest, daß es intelligenzmäßig für eine weiterführende Schule in Frage kam. Bin dann zu dem Klassenlehrer gegangen und hab' mit dem über das Kind gesprochen; und dann merkte ich sofort, daß er also antisemitisch eingestellt war, denn er sagte zu mir: »Ja, wenn das Kind ein reines Judenkind wäre, dann würde ich das ja anerkennen, aber die Mutter ist ja arisch, und diese Mischrasse, das ist das Schlimmste, was man sich denken kann.« Daraufhin habe ich dann mit meinem Schulleiter gesprochen und auch mit meiner Kollegin Frau Hacker ... und wir haben dann veranlaßt, daß das Kind versetzt wurde von der Rembertischule an unsere Schule und in Frau Hackers Klasse.

Obwohl sie die rassistischen Anschauungen nicht teilte, zog sich Erna Bremner allmählich von ihren Bekannten zurück.

Als dann die Judenfrage immer schwieriger wurde, bin ich seltener zu Wallheimers gegangen, weil im Umkreis von der Lübecker Straße eine ganze Reihe Jungens aus meiner Klasse wohnten, und ich mich nicht so gerne ... da sehen lassen wollte wegen ... dieser Freundschaft zu den Juden.

Als Lehrerin im nationalsozialistischen Staatswesen wurde einem allerlei an »vaterländischer Gesinnung und Haltung« abverlangt. Als Tarnung diente mir damals die Mitgliedschaft beim VDA, der an jeder Schule Jugendgruppen unterhielt. Ich habe diese Arbeit aber nicht als Tarnmittel begonnen, sondern schon vor 1933, etwa 1929 oder 1930.

5.3 Der Eintritt in die NSDAP

1937 trat Erna Bremner in die NSDAP ein.

In meinem damaligen Kollegium der Schule an der Schmidtstraße, dem ich von 1927-49 angehört habe, hatten sich, nachdem Ostern 1933 eine Reihe von Kollegen aus den als Hochburgen der SPD verschrienen bremischen Versuchsschulen zu uns »strafversetzt« worden waren, bald zwei Gruppen gebildet: Die Gruppe derer, die Nazis waren oder mit ihnen sympathisierten, und die, die anders eingestellt waren. Der sogenannte Zellenleiter des inzwischen auch gleichgeschalteten Lehrervereins wachte über uns. Er war es auch, der uns drängte, in die NSDAP einzutreten. Eines Tages trat der Kollege (...) an mich heran und forderte mich auf, in die Partei einzutreten. Er drückte sich etwa wie folgt aus: »Die Partei ist nun wieder geöffnet, sie bietet Ihnen an, einzutreten. Wenn Sie diesem Rufe nicht folgen, bezeugen Sie damit, daß Sie nicht für den nationalsozialistischen Staat arbeiten wollen.«

Da er meine freundschaftliche Einstellung zu jüdischen Familien und meine politische Einstellung überhaupt kannte, gab ich aus Angst vor Entlassung seinem Drängen nach und trat 1937 der NSDAP bei. Zweierlei war dabei außer dem erwähnten Druck für meinen Entschluß maßgebend. Da war die immer noch ungeklärte jüdische Abstammung der Großmutter Roos, geb. Schück. - Daß sie wirklich eine Jüdin gewesen war, kam erst während des Krieges an den Tag, als die Ariernachweise, die wir als Beamte bis zu den Großeltern zu liefern hatten, längst erledigt und vergessen waren - sie war getauft worden, die Jüdin, und von ihren Eltern hatten wir keinerlei Urkunden in den Händen. Aber mich hat das alles schon beunruhigt, zumal mir jüdische Freunde bestätigt hatten, daß Schück ein jüdischer Name sei. Wahrscheinlich wäre uns mit einer jüdischen Großmutter auch nichts geschehen, aber das konnte man bei dem herrschenden Rassenwahn und -haß nicht wissen.

Das Zweite, was mich beunruhigte, war Vaters und damit unsere Einbürgerung 1919 durch die Regierung der bremischen Arbeiter- und Soldatenräte. Die Revolutionsregierungen der Jahre 1918/19 hatten wahllos zahlreiche solcher Einbürgerungen vorgenommen, darunter auch vieler polnischer und russischer Juden, die 1918/19 nach Deutschland hereingeströmt waren. Eins der ersten Gesetze, die Hitler erließ, richtete sich gegen die Einbürgerungen, die durch die Revolutionsregierungen vorgenommen worden waren.[1] Einer großen Anzahl von jüdischen Menschen, Polen und Russen, allen denen, die dem Nationalsozialismus unbequem waren, wurde die aus den Jahren 1918/19 stammende deutsche Nationalität wieder abgesprochen. Daß sich dieses Gesetz vornehmlich gegen Juden richtete, konnten wir nicht ahnen. Im Nazideutschland als Staatenloser zu leben, zumal als Beamter, wäre unmöglich gewesen. Unter dem so auf mir lastenden Druck, der freilich, wie man später erfahren hat, unbegründet war, bin ich in die Partei eingetreten, gegen meine innere Überzeugung, weil ich glaubte, als Parteimitglied sicherer zu sein.

Die Entlassungen beamteter Lehrer 1933 hatten auf Erna Bremner stark verunsichernd gewirkt. Nach dem »Gesetz zur Wiederherstellung des Berufsbeamtentums«

---

1 Gemeint sind die »Nürnberger Gesetze«, die auf dem Nürnberger Parteitag am 15. September 1935 verkündet wurden: Das »Reichsbürgergesetz« und das »Gesetz zum Schutze des deutschen Blutes und der deutschen Ehre«.

(s.o. 5.1) konnten »Beamte, die nach ihrer bisherigen politischen Betätigung nicht die Gewähr dafür bieten, daß sie jederzeit rückhaltlos für den nationalen Staat eintreten ...« (§ 4) entlassen oder in den Ruhestand versetzt werden. Das Gesetz richtete sich insbesondere gegen Mitglieder kommunistischer und sozialdemokratischer Organisationen. In Bremen wurden u. a. sozialdemokratische Lehrer entlassen, die wegen ihres beruflichen Engagements in den Versuchssschulen oder im Lehrerverein vielen gut bekannt waren.

Erna Bremner, die ihren Beruf bis dahin für »krisenfest« gehalten hatte, erinnert sich an alle diese Menschen wie Paulmann und Aevermann und Osterloh und Rausch und wie sie alle hießen ... und Kosack, die einfach entlassen wurden mit nichts! Aufgrund ihrer Gesinnung ihren Beamtenstatus verloren haben! Ich weiß aber aus den Erzählungen von Hermann Kosack, der entlassen wurde, daß der und seine Frau zusammen - er spielte im Lehrerorchester Klarinette und die Frau war auch musikalisch - Musikunterricht gegeben haben, um sich über Wasser zu halten ... Herr Aevermann, unser späterer Landesschulrat, kam hier ins Haus und verkaufte Kaffee; Osterloh verkaufte Seifen und Seifenpulver ..., und Paulmann hat, ich glaube, mit einem Kollegen ein Kohlengeschäft aufgemacht. Die mußten also versuchen, sich über Wasser zu halten.

Und da habe ich auch Ängste gehabt, ob mir sowas passieren könnte wegen meiner jüdischen Großmutter und der ehemaligen Zugehörigkeit zu Großbritannien. Diese Unsicherheit hat mich auch so stark beeinflußt, daß ich - das ist auch einer der Gründe, warum ich der NSDAP beigetreten bin. Diese jüdische Großmutter stand ja immer noch vor einem - daß das eines Tages herauskommt und man dadurch in Schwierigkeiten geraten könnte.

Der Gedanke, daß eine ihrer Großmütter Jüdin gewesen sein könnte, muß in dieser Zeit der zahlreichen Abstammungsnachweise[1] eine höchst beunruhigende Vorstellung gewesen sein.[2]

Der Name Schück ist ein jüdisch-schlesischer Name. Die Eltern Schück waren beide Juden; der Vater Schück war Arzt, und die Mutter Schück - eine geborene Steinmann - war eben Hausfrau. Meine Mutter hat öfter Bemerkungen gemacht, daß in unserer Familie jüdisches Blut sei; man hat daraus nichts gemacht, es interessierte ja keinen. Die Schücks sind wohl in guten Verhältnissen gewesen und haben ihre Tochter Agnes Schück taufen lassen. Ob sie selber zum evangelischen Glauben übergetreten sind, das weiß ich nicht ... Als dann die Nazis ihr Szepter anfingen zu schwingen, da wurde die Sache ja ernster. Wir mußten dann unseren Ariernachweis erbringen, und da meine Großmutter ja getauft war, passierte nichts.

Während des Krieges - also nicht gleich nach '33 - haben wir erfahren, daß ein Großelternteil mütterlicherseits jüdisch ist; das war lange, nachdem die Ahnenpässe fertiggestellt waren. Eine entfernte Verwandte hatte sich mit einem SS-Offizier

---

[1] Dafür mußten die eigene Geburtsurkunde und die Geburts- und Heiratsurkunden der Eltern und Großeltern vorgelegt werden.

[2] Der Paragraph 3 des Berufsbeamtengesetzes vom 11. April 1933 bestimmte: »Beamte, die nicht arischer Abstammung sind, sind in den Ruhestand zu versetzen ...« Die erste Durchführungsverordnung definierte: »Als nicht arisch gilt, wer von nicht arischen, insbesondere jüdischen Eltern oder Großeltern abstammt. Es genügt, wenn ein Elternteil oder Großelternteil nicht arisch ist. Dies ist insbesondere dann anzunehmen, wenn ein Elternteil oder ein Großelternteil der jüdischen Religion angehört hat.« (RGBl., S. 175)

verlobt; die SS-Sippenforschungsstelle hat dann herausgefunden, daß die Großmutter dieser Verwandten jüdisch war; und diese jüdische Großmutter war 'ne Schwester meiner Großmutter. Dadurch stand fest, daß auch meine Großmutter jüdisch war. Aber es hat uns niemand danach gefragt. Der Ahnenpaß war fertig; diese jüdische Großmutter war als getaufte Christin in meinem Ahnenpaß, und der war von behördlicher Seite genehmigt.

5.4 Parteigenossin (Pg.)

Erna Bremner war nicht als einzige Parteimitglied geworden:

...'ne ganze Reihe waren ja auch Parteimitglieder geworden, wenngleich man nicht von jedem einzelnen wußte, ob er es mit dem Herzen getan hatte oder einfach nur so ... Vielleicht fünf, sechs - es können auch acht gewesen sein, so groß war das Kollegium damals ja noch nicht.

Der »deutsche Gruß« gehörte zu den schulischen Umgangsformen. Seine Einführung war verfügt worden. Der Schulleiter hatte erklärt, was zu geschehen hatte: »Der Schulleiter verliest die Verfügung über den deutschen Gruß. Hauptsache ist das Erheben des rechten Armes. - Die Kinder betreten das Schulhaus mit stummem Gruß. In der Klasse grüßen die Kinder erst, nachdem der Lehrer grüßte.«[1]

Den Hitlergruß hab' ich in der Schule benutzt, sowohl morgens beim Anfang als auch am Schluß des Unterrichtes. In dem engen Treppenhaus in der Schule Schmidtstraße, da mußten wir beim Schluß des Unterrichts die Klassen geschlossen nach unten führen, und da hab' ich dagestanden mit erhobenem Arm, wenn die an mir vorbeikamen. Innerlich hat man das lächerlich gefunden, was man da tat; ich hab' jedenfalls keinerlei ernsthafte Gefühle dabei gehabt. Aber das verlangten natürlich auch die Kinder, die man in seiner Klasse hatte, diejenigen - und das war die Mehrzahl -, die in der Hitlerjugend oder Pimpfe waren.

Das Parteiabzeichen, das Mitglieder sichtbar tragen sollten, trug Erna Bremner selten:

Also, Sie haben gefragt, welchen Eindruck man hatte von einem Menschen, der es trug. Man konnte ja nicht wissen, wie der in seinem Inneren dazu stand. Ich habe das Parteiabzeichen nur dann getragen, wenn ich es tra... wenn von mir erwartet wurde, daß ich es trage ... tragen würde, also bei besonderen Festlichkeiten oder Versammlungen. Im normalen Alltag hab' ich es nicht getragen.

Als Parteimitglied konnte sie sich Aufträgen, die den Beweis ihrer Loyalität verlangten, nicht entziehen:

Ja, also z. B. Hitlers Geburtstag wurde natürlich gefeiert. Da mußte dann irgend jemand gefunden werden, der da die Rede hielt, und das war immer sehr schwierig. Da hat man einmal auf mich gegriffen, weil ich die Leiterin des Volksbundes für das Deutschtum im Ausland - VDA - war, die Gruppe Schmidtstraße. Das war natürlich schwierig, sowas zu machen, aber da konnte man nicht sagen: »Nein, das mach' ich nicht.« Und ich hab' es gemacht ... Da mußte man dann etwas erzählen, hab' ich getan. Da gab's ja so'n Buch über seine Jugend. Das war so 'ne Art Bilderbuch, wo also seine Jugend geschildert wurde: was er als Kind gemacht hatte; was er als Student gemacht hatte. Darüber hab' ich dann erzählt, und das mußte dann abschließen mit: »Deutschland, Deutschland über alles« - und: »Die Fahne hoch«

---

1 Konferenzprotokolle der Schule an der Schmidtstraße, 24. August 1933.

- das SA-Lied. Ja, man hat es gemacht, aber: einer mußte es ja machen; und da ich da nun in der Partei war, konnte ich auch nicht sagen: »Nein, ich will das nicht.«
Auch den Eintritt in die N.S.V. (Nationalsozialistische Volkswohlfahrt) konte Erna Bremner nicht mehr ablehnen:
Am 1. Februar 1937 trat ich der N.S.V. bei, weil die Blockwalterin mir wiederholt nahelegte, einzutreten, daß ich als Parteianwärter, wie sie sagte, mich auch aktiv an der Arbeit der Partei beteiligen müsse. Ich lehnte das ab und versteckte mich hinter meinem Amt als VDA-Obmann. 1932 übernahm ich die Schulgruppe des VDA. Ich habe diesen Posten nicht aus politischen Gründen übernommen, sondern weil ich die Arbeit für eine karitative hielt. Ich habe während der Folgezeit diese Arbeit immer vorgeschoben, um nicht für die Partei arbeiten zu müssen.
Wer abweichende politische Ansichten hatte, lernte schnell, daß es besser war, sie für sich zu behalten:
Zu einer erregten Auseinandersetzung in meinem Kollegium kam es im Herbst 1938 zwischen dem Zellenleiter und denen, die anders dachten, nachdem das Münchener Abkommen zwischen Hitler, Chamberlain und Daladier abgeschlossen und die damals schon drohende Kriegsgefahr fürs erste abgewendet war.
An dem Morgen, nachdem die Nachricht über das Münchener Abkommen bekannt geworden war, hatte die Feuerwehr Im krummen Arm - da, wo jetzt das Fundamt ist - eine Flagge aufgezogen; und unser Schulleiter, als er das sah, flaggte auch. Und dann kam von oben herab ein schwerer Vorwurf: »Aus welchen Gründen haben sie denn geflaggt?« Darauf sagte einer meiner Kollegen im Lehrerzimmer: »Ja, es gibt eben Leute, die haben sich nicht gefreut, daß der Krieg nun abgewendet worden ist und daß es beim Frieden bleibt.«
Unser Aufpasser fand, daß unsere Freude und Erleichterung über dieses Abkommen und die dadurch abgewendete Kriegsgefahr Defaitismus sei. Er berief eine Konferenz ein aller derer, die Mitglieder der NSDAP waren, und ließ uns wissen, daß wir uns unseres Parteiabzeichens unwürdig erwiesen hätten, über unsere Haltung höheren Ortes Meldung zu erstatten.
Unser damaliger Schulleiter, der auch 1937 Mitglied der NSDAP geworden war, sich aber aus den Diskussionen für und wider das Münchner Abkommen herausgehalten hatte, griff dann ein, stellte sich vor uns und gab dem Zellenleiter eine derartige Abfuhr, daß er zurückzuckte. Dessen Schlußwort lautete jedoch, daß er uns, wenn es zum Kriege gekommen wäre, der Gestapo gemeldet hätte.

6. Pogromnacht (9./10. November 1938) und Judenverfolgung

Erna Bremner reagierte auf die Gewalttaten der »Reichskristallnacht« äußerst betroffen.
Ja, ich kann nur sagen, daß ... man entsetzt war, was da sich abgespielt hat; eingemischt habe ich mich nicht. Ich weiß noch, daß ich hier in diesem Zimmer von einer Freundin meiner Mutter erfahren habe, daß z. B. Herr Wallheimer stehend auf einem Lastwagen durch Bremen gefahren worden ist. Man war entsetzt! Dann wurde ja auch bekannt, daß in Bremen - ich weiß nicht, wieviele - Juden zu Tode gekommen sind: durch Schlägereien; das konnte man sogar in der Zeitung lesen.
Wallheimers, ihre Bekannten, deren Sohn bereits in Amerika war, konnten Deutschland noch rechtzeitig verlassen. Erna Bremner kannte andere, denen das nicht gelang.

Die Frau des verstorbenen Buchhändlers Leuwer war eine Volljüdin. Sie mußte ihre Wohnung in der Kurfürstenallee aufgeben und wurde mit vielen andern Mitgliedern der bremischen Judengemeinde zusammengesetzt in ein Haus in der Franz-Liszt-Straße. Da wurden sie ... zusammengelegt, diese jüdischen Mitglieder, deren nahe Verwandte »arisch« waren. Frau Leuwer ... stand alleine; der Mann war tot, die Kinder waren in England.
Als zweites Beispiel kann ich nennen Herrn Hartogh, der Kunstmaler war und mit seiner »arischen« Frau, geb. Pfitzner, in der Horner Straße wohnte. Er wurde festgenommen und wurde in ein Lager in der Nähe von Farge untergebracht und späterhin - genau wie Frau Leuwer - nach Theresienstadt interniert. Frau Leuwer ist dort gestorben; Herr Hartogh ist am Schluß des Krieges wieder nach Hause gekommen - schwer angeschlagen gesundheitlich, aber lebend...
Herr Schustermann war Volljude, und der Junge, der in die Schule Schmidtstraße ging, war also »Halbarier«, denn die Mutter, Frau Schustermann, war »arisch«. Herr Schustermann und Sohn wurden ebenfalls nach Theresienstadt gebracht. Der Sohn Schustermann war geschickt, handwerklich, und hat in Theresienstadt eine Ausbildung als Elektriker gemacht; Vater Schustermann ist in ein Vernichtungslager - ich weiß nicht, in welches - gebracht worden und ist dort umgekommen. Nach dem Kriege ist Sohn Schustermann wieder nach Hause gekommen, und Mutter und Sohn sind dann nach Amerika ausgewandert.
Schustermanns hatten ein Textilgeschäft im Steintor:
Ich kann mich nicht darauf besinnen, ob ich nach dem 38er Pogrom noch bei ihr gekauft habe. Bevor dieser Pogrom war, hab' ich bei ihr gekauft. Ob hinterher - das möcht' ich bezweifeln, daß ich soviel Mut gehabt hätte.
Übrigens habe ich vergessen, daß ich ja noch eine vierte Familie gekannt habe, wo ein Teil arisch und ein Teil jüdisch war. Das war die Familie Fischbein, die in der Obernstraße gegenüber von Karstadt ein sehr angesehenes, gut gehendes Juweliergeschäft hatten. Da war die Frau Arierin, der Mann Jude. Ich habe um diese Zeit nach '38 die Schwester von Herrn Fischbein auf der Straße getroffen. Ich weiß noch genau den Punkt: Das war in den Wallanlagen, in der Nähe der jetzigen Ortskrankenkasse. Sie trug - das mußte sie ja - einen Judenstern. Ich hab' sie angesprochen, und dann sagte sie: »Um Gottes willen, Frau Bremner, was machen Sie! Sie sprechen mich an, das kann Ihnen aber teuer zu stehen kommen.« Ich hab' sie dann gefragt, wie's ihr ginge; und ich wußte auch, daß sie in diesem Sammelheim lebte, wo alleinstehende jüdische Menschen untergebracht waren (Franz-Liszt-Straße). Ich fragte sie, was denn nun aus ihr würde? Und da sagte sie: »Wir werden demnächst nach Polen verschickt; dort sollen wir arbeiten. Aber ich glaube nicht, daß ich wieder lebend nach Hause komme.«
Was wußte Erna Bremner damals von Vernichtungslagern?
Man ahnte das, man hörte das, aber man hat es nicht geglaubt.

7. Der II. Weltkrieg

Gleich in den ersten Septembertagen nach Ausbruch des Krieges war Bremen als eine der ersten Städte Ziel eines Bombenangriffes britischer Luftstreitkräfte[1] *Im*

---

1 Der erste Luftangriff auf Bremen erfolgte am 18. Mai 1940. Allerdings war die Angst vor einem Luftkrieg gleich zu Beginn des Krieges sehr groß. Vgl. Chr. Schminck-Gustavus: Bremen-ka-

mittleren Keller, der von der Stadt aus mit einer Balkenlage und mehreren Balken als Stützen als Luftschutzkeller eingerichtet wurde, verbrachten wir oft Stunden um Stunden während der Nächte. Wir hatten zwei übereinanderliegende hölzerne Luftschutzbetten gekauft und dazu ein altes Bett in den Keller gestellt, so daß wir drei wenigstens liegen konnten, wenn die Alarme lange dauerten. Bis es zu Bunkerbauten kam, waren auch die Mieter aus der ersten Etage mit in diesem Raum.

Die große Evakuierungsaktion vom Sommer 1943 stand mehr oder weniger unter Druck, wenn nicht gar Zwang der Behörden. In Bremen fand so gut wie kein Schulunterricht mehr statt. Die wenigen Kinder, die aus gesundheitlichen Gründen von der Evakuierung ausgeschlossen werden mußten, wurden an einzelnen Stellen der Stadt zu Schulen zusammengeschlossen und unterrichtet. Solche Kinder habe ich bis Oktober 1943 unterrichtet und mich verzweifelt an diese Arbeit geklammert, um in Bremen bleiben zu können. Daß ich absolut in Bremen bleiben wollte, in einer durch Bombenangriffe gefährdeten Stadt, hatte mehrere Gründe. Ich hatte ja erlebt, daß man Haus und Habe retten konnte, wenn man tatkräftig zugriff und persönlich anwesend war - das war der eine Grund. Hinzu kam, daß man in dem Sommer schon munkeln hörte, daß dieser Krieg nicht mehr zu gewinnen sei und daß man damit rechnen müsse, daß Deutschland früher oder später von Westen und Osten aus überrannt werden würde. Ich habe zu der Zeit nicht die »Feindsender« abgehört, auch nicht abhören können, da wir nur den kleinen »Volksempfänger« besaßen, der absichtlich so gebaut war, daß man damit keine ausländischen Sender hören konnte. Aber es gab genug Freunde und Kollegen, die mit besseren Apparaten die regelmäßigen deutschsprachigen Sendungen des BBC hörten und genau im Bilde waren, was sich tatsächlich um uns herum zutrug. Wir waren durch die völlig von oben herab gelenkten Nachrichtenvermittlungen bei Presse und Rundfunk ganz isoliert, und wenn man etwas munkeln hörte, war man nie sicher, ob solche Nachrichten echt waren.

Im Oktober 1943 mußte ich dann doch nach Sachsen und einen Kollegen ablösen, der den längeren Arm gehabt hatte und es fertigbrachte, eine Stellung an der kaufmännischen Berufsschule zu ergattern. Ich wurde an die Mittelschule Großröhrsdorf (Oberlausitz) in der Nähe der sächsischen Stadt Kamenz versetzt. Wohnen tat ich in Hauswalde, einem Dorf, etwa sechs bis acht Kilometer von Großröhrsdorf entfernt. Dort waren zwei Klassen, eine 5. und eine 10. Klasse meiner ehemaligen Schule an der Schmidtstraße evakuiert. Die Kinder waren in Privathäusern, bei Bauern, Gewerbetreibenden und Kleinindustriellen untergebracht. Außer dem Schuldienst hatte ich mit einem Kollegen zusammen diese Kinder zu betreuen. Im Februar 1944 war ich dort überzählig, weil die Mehrzahl der großen Jungen mit ihrem Lehrer zur Flak eingezogen worden waren und eine Anzahl von Eltern - der immer bedrohlicher werdenden Lage wegen - ihre Kinder nach Hause geholt oder bei Verwandten auf dem Lande bei Bremen unterzubringen versucht hatten.

Als ich im Februar 1944 aus Sachsen zurückkehrte, richtete ich mir oben im zweiten Stock eine Wohnung ein und in dem schrägen Bodenraum eine provisorische Küche. Unsere Wohnung im Parterre war im Winter 1943/44 durch ein ausgebombtes älteres Ehepaar belegt worden.

Da sagte der Schulrat zuerst: »Also, für Sie hab' ich keine Schulstelle. Sie müssen

---

putt. Bremen 1983, S. 90.

irgend etwas anderes machen.« Und da wurde ich denn eingesetzt, in einer Kohlenverteilungsstelle hab' ich da gearbeitet, Kohlenscheine ausgeschrieben. Aber nach 'ner kurzen Zeit wurde ich dann doch wieder eingesetzt in solch eine Schule, wo verbliebene Kinder aus einem Schulbezirk von mehreren Schulen zusammengefaßt wurden in der Schule Lessingstraße. Die Schule Schmidtstraße war auch belegt, mit Militär, 'ne Zeitlang. Und dann hieß es plötzlich: Ja, wir brauchen unbedingt 'ne Lehrerin auf'm Dorf hier in Twistringen - in der Nähe; da sind so viel bremische Kinder, die hier im Umkreis von Bremen auf dem Lande sind; und da sind zu wenig Lehrer. Und da hab' ich dann den Schluß des Krieges auf dem Dorf da in Twistringen verlebt an einer Mittelschule - auch wieder für Englisch.

Im Juli 1944 zog Erna Bremner nach Twistringen. Sie bekam die Wohnung einer katholischen Lehrerin, die strafversetzt wurde, weil sie den Hitlergruß verweigert hatte.

Das ist das einzige Mal, daß ich durch Mitgliedschaft bei der NSDAP einen Vorteil gehabt habe. Es war mir furchtbar, daß die Arme weichen mußte. Sie hat mich selber beschwichtigt und meinte, sie wäre so oder so strafversetzt worden. Wenn ich nicht in die Wohnung gekommen wäre, wäre es jemand anders geworden. Es kam nun zu einem regelrechten Umzug, der mir durch die Schulbehörde und das Quartieramt genehmigt werden mußte. Eine Freizügigkeit, nach Belieben die Wohnung und den Aufenthalt zu wechseln, gab es bei den Nazis und besonders im Kriege nicht.
Anfang Juli 1944 fuhr ich nach Berlin, um Mutter und Vater nach Hause zu holen. Wenn die beiden auch nicht nach Bremen zurück konnten, so war die hübsche kleine Wohnung im ersten Stock der Twistringer Volksschule mit unseren eigenen Möbeln für die Eltern eine Heimkehr.
Meine Arbeit an der Mittelschule war angenehm, ich leitete eine kleine 10. Mädchenklasse, in der ich Deutsch und Englisch zu geben hatte. Der übrige Unterricht war Englisch in mehreren Mittelschulklassen.
An den allerletzten Schulschluß 1945 in Twistringen kann ich mich noch gut erinnern: Als dann die Flagge eingeholt wurde, weil Schulschluß war, vor den Osterferien, da flüsterte mein Schulleiter mir ins Ohr: »Das machen wir heute zum letztenmal.« Da waren die englischen Truppen im Anzug auf Twistringen und auf Norddeutschland. Gegenüber von der Schule war eine Molkerei, und da arbeiteten Kriegsgefangene; ich glaube, es waren Franzosen. Ich kann mich noch an ihre lachenden Gesichter erinnern, als wir da diesen Flaggenprozeß ablaufen ließen. Die wußten natürlich, wo ihre Truppen standen!
Am 8. April rückten die ersten englischen Panzer in Twistringen ein, nachdem es zu einem einzigen kurzen Fliegerangriff mit Brandmunition und Bordwaffen auf Reste deutscher SS-Einheiten gekommen war. Dabei gingen in unserer Wohnung einige Fensterscheiben entzwei, und unter Mutters Bett fanden wir eine nicht krepierte kleine Granate von vielleicht zwanzig Zentimeter Länge und einem vier Zentimeter großen Durchmesser. Die beiden letzten Nächte vor dem 8.4. hatten wir wegen der sich nähernden Kampfhandlungen, man konnte Geschützdonner hören, im Keller unseres Schulhauses zugebracht und uns ein Notgepäck vorbereitet, mit dem wir vor etwaigen Kampfhandlungen flüchten wollten. Zum Glück kam es nicht dazu. Der Einzug der englischen Panzer vollzog sich völlig ruhig. Einmal wurden wir noch aufgeschreckt durch Beschuß deutscher Truppen, und eine unheimliche Nacht verlebten wir, als die Engländer aus Arbeitslagern befreite Polen und deren Fami-

lien, die zu Zwangsarbeit nach Deutschland getrieben worden waren, in die Schulklassen unter unserer Wohnung einquartierten. Ganz Twistringen mußte für diese Ärmsten Kleidung beschaffen, und am folgenden Tag wurden sie schon weitertransportiert. Nun rückten englische Soldaten in die Klassen ein, sie kochten auf dem Schulhof in Zelten und Feldküchen.
Wir sahen, daß Nachbarn und Twistringer Familien weiße Bettlaken aus ihren Fenstern heraushängen ließen. Das haben wir auch gemacht, und als die Truppen dann einrückten, habe ich mich, als sie vor der Post standen und die Post besetzten, habe ich mich da gezeigt und habe versucht, dolmetschend zu vermitteln. Daraufhin haben die mich auf den Panzer gesetzt, und ich bin dann mit meinem weißen Handtuch 'n Stück durch Twistringen gefahren worden. Daraus ist die Mär entstanden, daß ich Twistringen gerettet hätte.
Am ersten Abend fanden sich englische Soldaten und Twistringer Jungens zum Fußballspiel zusammen unter unserem Fenster, und ein englischer Offizier saß ein Stündchen bei uns.
In jenen Tagen wurde ehemaligen Parteigenossen der Spiegel vorgehalten. Man forderte sie auf, sich Fotos aus dem Konzentrationslager Bergen-Belsen anzusehen.
Da war ... eines Tages in Twistringen ein Bus vorgefahren, ich seh' noch vor mir, wo der stand, in der Nähe der evangelischen Kirche. Ich war ja Mitglied der NSDAP; wir Mitglieder der NSDAP wurden aufgefordert, den Bus zu besuchen und uns die Bilder anzugucken. Das habe ich gemacht. Und die englischen Soldaten, die diesen Bus betreuten, wollten natürlich nicht glauben, daß man davon nichts gewußt hätte, von diesen entsetzlichen Bildern, die uns da gezeigt wurden. Und da muß ich bis auf den heutigen Tag sagen, daß ich bis zu diesem Moment, wo ich diese Bilder gesehen habe, nicht gewußt habe, was in Wirklichkeit vorgeht. Man ahnte das -, man hörte das -, aber man hat es nicht geglaubt.

8. Entnazifizierung

8.1 Entlassung und Wiedereinstellung

Im Laufe des Sommers 1945 verlangte die Bremische Schulbehörde, falls ich in bremischen Diensten zu bleiben gedächte, meine Rückkehr nach Bremen. Es kostete allerlei Schreiberei und Lauferei, den Zuzug nach Bremen zu erreichen und die Genehmigung, in unser eigenes Haus ziehen zu können.
Zunächst wurde Erna Bremner der Schule Lessingstraße als Hauptschullehrerin zugewiesen; im August des Jahres 1945 trat sie ihren Dienst in der Schule Schmidtstraße an, aus dem sie am 19.10.1945 entlassen wurde.
»In der US-Zone setzte die erste große Entlassungswelle ab Ende Juni 1945 mit einem scharfen Zugriff ein. Nach groben Schätzungen der Militärregierung waren bis Anfang August rund 80.000 Personen im Zuge des 'automatischen Arrests' verhaftet und weitere 70.000 als NS-Aktivisten entlassen worden. Bestimmend für die Säuberungspraxis wurde die USFET-Direktive vom 7. Juli 1945 (...) Die Überprüfung aller Beschäftigten des öffentlichen Dienstes erfolgte anhand des großen 'Fragebogens', dessen 132 Einzelfragen einen genauen Einblick in Lebenslauf und politische Vergangenheit erlaubten. Ergaben sich bei der rein schematischen Auswertung des Fragebogens Anhaltspunkte, daß die betreffende Person mehr als nur 'nomineller Parteigenosse' gewesen sein könnte, so bestimmte die Direktive die

Präsident des Senats.

Bremen, den 19. Oktober 1945.

Frl. Erna P.A. B r e m n e r ,
                h i e r .

In Durchführung der vom Chef der amerikanischen Militär-Regierung erteilten Instruktion werden Sie hiermit aus Ihrer Stellung als Hauptschullehrerin an Volksschulen mit sofortiger Wirkung entlassen.

Bürgermeister

Der Senator
für Schulen und Erziehung
No/E

Bremen, den 22. Juni 1946
Osterdeich 27

Fräulein Erna Bremner, Bremen, Schönhausenstr. 59

Nach Durchführung Ihres Berufungsverfahrens sind Sie lt. Mitteilung der Militärregierung vom 29.4.1946 wieder zugelassen.

Entlassung (19. Oktober 1945) und Wieder-Zulassung (29. April 1946)

Entlassung - und zwar ohne Rücksicht auf personellen Ersatz.«[1]
Die immensen Schwierigkeiten, in die diese Säuberungspolitik nach dem Konzept des Elitentauschs führte, wurden von beteiligten Zeitgenossen plastisch geschildert[2]:

Es erwies sich als praktisch unmöglich, jene nationalsozialistische Führungsschicht, die gegen eine neue aus nichtkompromittierten Deutschen bestehende Elite ausgetauscht werden sollte, klar, eindeutig und widerspruchsfrei abzugrenzen. Und es stellte sich heraus, daß diejenigen Deutschen, die klar, eindeutig und widerspruchsfrei zu einer solchen neuen Elite hätten gehören können, viel zu wenige waren, als daß aus ihnen eine Führungsschicht hätte gebildet werden können.

Nachdem ich etwa vier Wochen Schuldienst gemacht hatte, erreichte mich der Entlassungsbrief wegen meiner Zugehörigkeit zur NSDAP. Jeder hat den berühmten Fragebogen mit seinen 132 Fragen ausfüllen müssen. Bremen war im Laufe des Sommers und Herbstes 1945 von der britischen Besatzungsmacht in die Hände der Amerikaner übergegangen, die einen Hafen brauchten. Bremen wurde eine amerikanische Enklave innerhalb der britischen Besatzungszone. Das war wirtschaftlich für Bremen von ungeheurer Bedeutung, weil alle Häfen sowohl in Bremen als auch in Bremerhaven weitgehendst zerstört worden waren und nun mit amerikanischen Mitteln und amerikanischer Initiative als erstes in Angriff genommen wurden, um den Nachschub für die Besatzungsarmee so schnell wie möglich sicherzustellen.

Man mußte da ja so einen Fragebogen ausfüllen ... Da gibt es sogar ein Buch über diesen Fragebogen.[3] Das waren - ich weiß nicht wieviel Fragen. Und den mußte man dann sehr genau ausfüllen. Und dann mußte man Zeugnisse[4] (beibringen) von Leuten, die nun absolut nichts mit der NSDAP zu tun gehabt hatten.

Die Vorschriften zur Entnazifizierung waren zwar in allen Zonen dieselben, ihre Handhabung aber war unterschiedlich. Das Verfahren in der britischen Zone galt als weniger streng als das der Amerikaner.

Bei der Auswertung der 132 Fragen waren die Amerikaner jedoch weit genauer und systematischer als die Engländer. Wäre ich in Twistringen in der britischen Besatzungszone im Schuldienst geblieben, wäre ich nicht entlassen worden ...

Aber in Bremen fielen die ersten Säuberungen rigoros aus:

»Am 21. Juli 1945 wurde im Weser-Boten, der deutschsprachigen Zeitung der amerikanischen Militärregierung, mitgeteilt: 'Bisher wurden in Bremen-Stadt 1.831 Beamte entlassen. Das Land Bremen ist zu 95% von Nationalsozialisten in Verwaltungsämtern gereinigt worden.'«[5]

Entlassen wurde, wer vor dem 1. April 1933, später auch, wer vor dem 1. Mai 1937 NSDAP-Mitglied geworden war.[6]

---

1 Clemens Vollnhals: Entnazifizierung und Selbstreinigung im Urteil der evangelischen Kirche. München 1989, S. 15f.
2 S. die Beiträge von Buschmann und Napoli in diesem Heft.
3 Ernst von Salomon: Der Fragebogen. Berlin: Rowohlt 1951.
4 Die sog. »Persilscheine«
5 Peter Brandt: Antifaschismus und Arbeiterbewegung. Aufbau-Ausprägung-Politik 1945/46. Hamburg 1976, S. 140. Die Zahl der Entlassungen belief sich auf über ein Fünftel der am 1. April 1945 Beschäftigten.
6 Vgl. Hans Jansen, Renate Meyer-Braun: Bremen in der Nachkriegszeit 1945-1950, Bremen 1990, S. 135.

Abschrift.

Erklärung

Fräulein Erna Bremner ist seit 1927 mit mit an der Schule an der Schmidtstr. tätig gewesen. Als der Nationalsozialismus immer stärker im Schulleben in Erscheinung trat, zeigte sie trotz allem stets die gleiche Haltung: Sie behandelte ihre Schüler vom reinmenschlichen Standpunkt, ob es arische Kinder oder Kinder jüdischer Eltern waren, sie waren alle für sie gleich. Sie gehörte im Kollegium zum Kreise derer, die sich nicht mit nationalsozialistischen Ideen befaßten und auch ihre Schüler nicht in dieser Weise beeinflußten. Trotzdem sie durch Herrn Butt in die Partei hineingedrängt wurde, ist sie niemals Nationalsozialistin gewesen.

In meiner Familie zeigte sie ihre ehrliche, anständige Gesinnung, indem sie meiner Schwester und mir, als sie hörte, daß der Mann meiner Schwester, der Maler Rudolf Hartogh, ins Konzentrationslager gekommen war, uns ihre Freundschaft und Sympathie zusicherte.

Fräulein Bremner ist an unserer Schule eine nicht zu entbehrende Kraft. Kollegen, Eltern und Kinder bedauern ihr Fortgehen außerordentlich.

gez. Ilse Hacker geb. Pfitzner.

Translations:

Miss Erna Brember was employed together with me at the school Schmidtstraße since 1927. Whilst National-Socialism made itself more and more manifest in school-life she maintained in spite of all her upright attitude: She treated her pupils from a purely humane point of view. Whether they ware ahildren of Arians or Jewish parents, they were for her equal in all respects Among us colleagues she belonged to that groupe of teachers that had no dealings with national-socialistic ideas, neither did she try to influence their pupils accordingly. Although obliged by Herr Butt to enter the Party she has never been a National-Socialist.

In our family she revealed her honest and upright attitude by assuring as of her friendship and sympathy when she heared, that my brother in law, the arist Rudolf Hartogh, had been interned in a concentration-camp. Miss Bremner is a personality not to be dispensed with at our school. All of us, colleagus parents and children regret her departure exceedingly.

Ein "Persilschein" von Erna Bremner

In der Lehrerschaft waren die Entlassungen besonders zahlreich. 1949 berichtete der Schulsenator, daß rund 60% der früher beschäftigten Lehrkräfte wegen ihrer Beziehung zur nationalsozialistischen Partei nach und nach aus dem Schuldienst entfernt worden waren. Von den Schulleitern blieben überhaupt nur 13 im Amt.[1] Mit diesem Personalbestand war die Wiederaufnahme des Unterrichts in der zerstörten Stadt kaum denkbar.

Erna Bremner war am 19. Oktober 1945 entlassen worden. Ihr Konto war gesperrt worden und die Möglichkeiten, Geld zu verdienen, waren eingeschränkt:

Privatunterricht durfte ich nicht geben. das war verboten. Aber ich habe rund um mich 'rum Privatunterricht gegeben; das machten alle Lehrer und Lehrerinnen, die entlassen waren. Durch die Kriegseinwirkungen - die vielen Bombennächte, die die bremische Bevölkerung mitgemacht hat - die haben natürlich auch dazu geführt, daß viele Kinder Nachhilfe nötig hatten, und deshalb die Eltern froh waren, wenn sie jemanden fanden, der Erfahrung hatte und mit den Kindern umgehen konnte.

Die harte Säuberungspolitik der ersten Zeit wurde nicht aufrechterhalten. Gegen die Entscheidung der Militärregierung konnten entlassene Beamte ein Berufungsverfahren (»Vorstellungsverfahren«) anstrengen, in das deutsche Berufungs- und Prüfungsausschüsse eingeschaltet waren. Deren Aufgabe war es, festzustellen, ob ein Antrag von einem nationalsozialistischen Aktivisten oder von einem nominellen Nationalsozialisten gestellt wurde. Das Ergebnis der Prüfung wurde dann der Militärregierung zur Entscheidung vorgelegt.

Erforderlich waren dafür ein Gesuch und in der Regel zwei Leumundszeugnisse, aus denen in möglichst knapper Form hervorging, daß jemand bloß dem Namen nach Nationalsozialist gewesen war und sich nicht aktiv für die NSDAP oder ihr angeschlossene Organisationen eingesetzt hatte. Empfohlen wurde zudem, Übersetzungen in englischer Sprache beizufügen.

... die Amerikaner hatten ja das Sagen über diejenigen, die zur Partei gehört hatten. Wir mußten dann versuchen, uns zu rechtfertigen. Ich hab' dann das zu Papier gebracht, was mich dazu geführt hat, Mitglied der NSDAP zu werden; daß ich das im höchsten Grade bedaure - bis auf den heutigen Tag.

Und dann mußte man Zeugnisse von Leuten haben, die nun absolut nichts mit der NSDAP zu tun gehabt hatten, die mußten einem so eine Art »Persilschein« schreiben. Und da hatte ich ganz gute von denen, die wußten, daß ich also gezwungenermaßen in die NSDAP eingetreten war. Und dadurch ist das verhältnismäßig schnell gegangen. Und dann brauchten sie natürlich die Leute auch.

Erna Bremner wandte sich an ehemalige Kollegen und Freunde, von denen sie »Persilscheine« erhielt. Außerdem wurde sie zu ihrer Mitgliedschaft in der NSDAP persönlich befragt.

Außer den sechs »Persilscheinen«, die ich von Freunden bekommen habe, bin ich vorgeladen worden zu Frau Maria Osterloh, die Leiterin war an einer Schule in Oslebshausen. Ich war mit ihr befreundet durch eine lange Vertretungszeit, die ich in den zwanziger Jahren in der Schule Humannstraße erlebt habe. Sie war jetzt Schulleiterin geworden und lud mich ein zu einem Gespräch über meine Mitgliedschaft in der NSDAP. Da bin ich dann hinausgefahren nach Oslebshausen in ihre

---

1 Vgl. Senator für Schulen und Erziehung (Hg.): Schule und Schulkind in Bremen, Bremen 1949, S. 6.

Wohnung und habe mit ihr ein langes Gespräch gehabt und habe da zum Ausdruck bringen können, warum ich in die NSDAP eingetreten bin. Eine zweite Vorladung bekam ich von den beiden Geschwistern Lürßen, beide Lehrerinnen - eine davon - soviel ich mich erinnern kann - auch Leiterin einer Schule. Auch mit denen habe ich ein langes Gespräch geführt; die haben mich befragt über die Gründe, warum ich eingetreten bin. - Und da hab' ich natürlich immer dasselbe sagen müssen.

Erna Bremners Gesuch war erfolgreich. Sie wurde am 29. April 1946 als Lehrerin im Angestelltenverhältnis wieder eingestellt und nahm am 6. Mai 1946 - also ungefähr ein halbes Jahr nach ihrer Entlassung - den Dienst in der Schule an der Schmidtstraße wieder auf.

8.2 Das Spruchkammerverfahren

Die Entnazifizierungsmaßnahmen, die Erna Bremner bisher erfahren hatte, waren Maßnahmen der Sieger gewesen.

Mit dem »Gesetz zur Befreiung von Nationalsozialismus und Militarismus«[1], das in Bremen am 9. Mai 1947 (also eineinviertel Jahr später als in den süddeutschen Ländern der amerikanischen Zone) in Kraft trat, wurde die Entnazifizierung zu einer Sache der Deutschen gemacht, die von der Militärregierung nur noch kontrolliert wurde. Zuständig war jetzt der Senator für politische Befreiung. Dieses Amt hatte der Oberschulrat Friedrich Aevermann[2] inne.

Wer über 18 Jahre alt war, mußte in einem »Meldebogen« Auskunft über seine Vergangenheit und seine Stellung zum Nationalsozialismus geben. Auf dieser Grundlage entschied eine senatorische Dienststelle, wer zu den vom Gesetz Betroffenen gehörte.

»Die vielen Tausende, die bisher in Bremen durch das Vorstellungsverfahren gegangen sind und die auf ihren Antrag einen vorläufigen Entscheid der Militärregierung erhalten haben oder noch bekommen werden, stehen damit nicht außerhalb des neuen Gesetzes. Auch sie erhalten ihre endgültige Beurteilung durch die neuen Spruchkammern, die zur Entscheidung aller Fälle berechtigt und verpflichtet sind, ohne Bindung an vorhergegangene Entscheidungen anderer Stellen. Und selbst wenn die Kammer sich das bisher ergangene Urteil zu eigen machen will, bleibt für sie die Frage nach der Kategorisierung und den Sühnemaßnahmen in jedem Falle zu lösen.

Wer als Mitläufer oder Minderbelasteter dem Nationalsozialismus und seiner Wahnsinnspolitik Unterstützung gewährt hat, und sei es auch in Dummheit oder Fahrlässigkeit geschehen, soll durch eine Sühneleistung wenigstens einen Bruchteil von dem abgelten, was er mit verschuldet hat.«[3]

Alle vom Gesetz Betroffenen unterlagen einem Verfahren, das Züge eines Strafprozesses trug, ohne freilich ein Strafprozeß zu sein. Ein öffentlicher Ankläger stufte sie in eine der fünf Kategorien, die vom Gesetz vorgesehen waren, ein und forderte eine entsprechende Sühnemaßnahme. Über Einstufung und Sühne entschied eine Spruchkammer. Bei geringer Belastung konnte das in einem schriftlichen Verfahren

---

1 siehe Anhang
2 Friedrich Aevermanns (SPD) Nachfolger wurde ab 27. November 1947 der parteilose Rechtsanwalt Alexander Lifschütz. S. den Artikel von Walther Richter in diesem Heft.
3 Senator Aevermann, Weser-Kurier vom 9. April 1947.

geschehen, andernfalls erfolgte eine mündliche Verhandlung in öffentlicher Sitzung. Die verrechtlichte Entnazifizierung hat bei Erna Bremner viel undeutlichere Erinnerungen hinterlassen als die politische Säuberung:
Also ich war dermaßen beschäftigt während dieser ganzen Jahre: erstens hatte ich die zwei alten Eltern; zweitens war weniger Geld vorhanden, weil ich ja kein Geld bekam - bis auf das Geld, was ich mir durch Privatstundenunterricht erworben habe; und außerdem war durch die Bombeneinwirkung in unserm Hause soviel zu reparieren, so daß ich immer voll beschäftigt war, um das Haus wieder in den Zustand zu versetzen, wie es vorher gewesen war. Daran mag liegen, daß ich mich an all diese andern Sachen jetzt gar nicht mehr erinnere.
Über ihren Fall wurde in einem schriftlichen Verfahren entschieden.
Ich meine, die Beweise waren ja in dem Fragebogen und in den sechs Gutachten von meinen Bekannten: daß sie mich nicht als belastet einstuften.
Die Spruchkammer stufte sie in die Gruppe der Mitläufer ein und erlegte ihr eine Geldsühne auf.

8.3 Politisches und pädagogisches Umdenken; neue Orientierungen

Zu ihrer Entnazifizierung rechnete Erna Bremner auch Lehrgänge und andere Veranstaltungen, in denen sie mit anderen politischen Auffassungen und einem anderen Verständnis von Schule konfrontiert wurde.
Diese Ausbildungslehrgänge, die ich in Huchting[1] mitgemacht habe, bezogen sich nicht auf die allgemeine Lehrerschaft, sondern bezogen sich auf diejenigen Lehrer, die in der NSDAP gewesen waren ... Da ist ja z. B. Magdalene Meyer, mit der ich heute befreundet bin, die hat damals einen Lehrgang, an dem E.S. und ich teilgenommen haben, geleitet.
Aber die modernen, von Amerika eingeschleusten Ideen, also: Soziales und das Miteinander unter den Kindern und auch das andere Verhältnis zwischen Lehrern und Schülern - daß das natürlich von '45/'46 an 'ne größere Rolle spielte als vor '33, das natürlich auch. Denn vor '33 war es doch noch so, daß der Lehrer doch immer noch eine sehr starke Autorität war ... Kann ich mich auch noch dran besinnen; das hab' ich auch noch gemacht; daß ich 'mal hier und da 'ne Ohrfeige ausgeteilt hab'. Aber natürlich, von '46 an, hatte man da schon andere Ideen. Und da haben die Amerikaner ... Die amerikanischen Professoren brachten uns ihre Ideen darüber ... Im Winter '46 wurde ein Kursus eingerichtet von den Amerikanern in einer Jugendherberge außerhalb von Bremen, wo die Amerikaner uns Nazibelastete erziehen wollten und sollten. Das war natürlich für uns interessant, nicht!
Man ist als Lehrer so mitgewachsen in diese reformerischen Ideen; es ist einem angeboten worden und selbstverständlich hat man das befürwortet.
Bei Erna Bremners politischer Neuorientierung spielte der Lehrerverein, der 1946 als »Verein Bremer Lehrer und Lehrerinnen« (VBLL) wiedergegründet und nunmehr eine Gewerkschaft wurde, eine wichtige Rolle.
Nur von Entlassung nicht betroffene und vom Nationalsozialismus nicht belastete

---

1 »29. November 1948, wöchentliche 'Pädagogische Lehrgänge' im Jugendheim Bremen-Huchting laufen an. Sie stehen im Dienst der Entnazifizierung und der Schulreform. Bis März 1949 nehmen 650 Lehrer und Lehrerinnen daran teil.« Hinrich Wulff in der Zeittafel der Aktivitäten des VBLL. Schule und Lehrer in Bremen 1945-1965. Bremen 1966, S. 411.

Lehrkräfte konnten sich bei der Vereinsgründung engagieren. In herausragender Stellung durften nur solche Personen tätig sein, gegen die die Militärregierung nichts einzuwenden hatte.[1]
Getragen wurde die Vereinsgründung von Lehrkräften, die in der nationalsozialistischen Zeit entweder entlassen worden waren oder aber, sofern sie im Amt geblieben waren, nicht der NSDAP angehört hatten. Im weiteren Umfeld fanden sich auch solche, die formal der NS-Partei beigetreten waren, aber als »mehr oder weniger entschiedene innere Gegner angesehen und anerkannt wurden.«[2] Parteipolitisch kamen sie aus der Sozialdemokratie oder standen ihr mindestens nahe.

Erna Bremner bedeutete es viel, daß sie von diesen Kolleginnen und Kollegen akzeptiert und hinzugezogen wurde.

Nebenher habe ich auch - während der Zeit, als ich entlassen war, wurde der Lehrerverein wieder gegründet, aber da waren damals schon Pläne im Gange, aus dem bremischen Lehrerverein eine Gewerkschaft zu machen; und schon während meiner Entlassungszeit hatten meine - die Freunde, die wußten, wer ich war - die sagten: »Wenn du Lust hast, nimm' an unseren Versammlungen teil.« Und die haben z.T. auch oft in der Schmidtstraße stattgefunden, diese ersten Versammlungen, wenigstens von hier, vom Osten her, weil die Schmidtstraße ja nicht zerstört war.

Im Verein Bremer Lehrer und Lehrerinnen, dessen Vorgänger, dem Bremischen Lehrerverein, sie bis zur Gleichschaltung 1933 angehört hatte, fand Erna Bremner nicht nur Freunde wieder, sondern auch ein Stück ihrer persönlichen Geschichte, das nicht revisionsbedürftig war und an das sie anknüpfen konnte.

Während ich die Dauervertretung an der Humannstraße[3] hatte, habe ich Heinz Bartels kennengelernt und seine damalige Freundin und spätere Ehefrau kennengelernt... Durch Heinz Bartels bin ich auf die Lehrergewerkschaft aufmerksam gemacht worden und bin der Lehrergewerkschaft beigetreten. - Sie hieß - glaube ich - gar nicht: Lehrergewerkschaft; sie hieß - glaube ich: Verein Bremer Lehrer und Lehrerinnen; aber es war eine Gewerkschaft.

Der Verein Bremer Lehrer und Lehrerinnen bot Erna Bremner den Ort, an dem sie sich praktisch mit der Vergangenheit auseinandersetzen konnte. Sie ging zu den Versammlungen, *um die neuen Richtlinien zu besprechen, die im Gegensatz stehen zu dem, was wir ja nun in den zwölf Jahren unter Hitler erlebt hatten ... das, was in der Schule nun verändert werden mußte.*

Sie engagierte sich auch in der kollegialen Unterstützung entlassener Lehrkräfte:

Da haben wir z. B. Versammlungen gehabt, in denen besprochen wurde: Wie kann man den Menschen, die nun aufgrund ihrer Zugehörigkeit zur NSDAP entlassen worden sind - wie kann man denen helfen? Die standen ja vor dem Nichts, viele. Da haben wir eine Gruppe gebildet - ich gehörte dazu, ein Gymnasiallehrer, einer von der Volksschule, eine Handarbeitslehrerin - und ich.

Prägender war für sie aber, daß sie sich die politische Orientierung des Vereins zu eigen machte:

Also, durch den Zugang zum bremischen Lehrerverein (gemeint: Verein Bremer Lehrer und Lehrerinnen) bin ich in die politische Phase, die ich auch bis auf den

---

1 Vgl. Hinrich Wulff: Schule und Lehrer in Bremen 1945-1965. Bremen 1966, S. 32
2 Ebd., S. 33
3 das war 1924/25

heutigen Tag noch einnehme, geraten. Ich finde, es ist wichtig, daß jeder Mensch sich mit der Politik, die ihn umgibt, beschäftigt, denn das ist ja unser Leben, diese Politik ist ja unser Leben; und ich halte es für außerordentlich wichtig, daß jeder, soweit seine geistigen Kräfte es zulassen, sich mit Politik beschäftigt.

Damals richteten sich ihre Hoffnungen auf einen Neuaufbau, der aus dem moralischen Niedergang während der nationalsozialistischen Herrschaft herausführen sollte.

Das kann ich unterschreiben, natürlich ... Gerade diese(r) völlige Niedergang ... durch die Hitlerzeit und die völlige Zerstörung - nicht nur des Äußeren, sondern diese entsetzlichen, diese entsetzlichen Pogrome, die da stattgefunden haben - das mußte ja von Grund auf geändert werden - und die Gedanken daran mußten von Grund auf geändert werden.

Persönlich hieß das für sie, daß sie sich von Überzeugungen, mit denen sie aufgewachsen war und die sie lange geteilt hatte, trennen mußte, denn die politischen Kräfte eines neuen Anfangs sah sie jetzt in der Sozialdemokratie.

Das hat sich dadurch vollzogen, daß ich in meinem Beruf mit vielen Kollegen und Kolleginnen zusammengekommen bin, die eine ganz andere Jugendzeit durchgemacht haben als ich, die von Haus aus schon nach links gerichtet waren. Z. b. würd' ich natürlich immer an Klaus Böttcher[1] denken dabei; an Paul Klapproth[2], das ganze Fluidum, in dem man arbeitete, war ja ganz anders als das, was man nun zu Hause als Kind erlebt hatte.

In meiner Kindheit und in meiner Jugend und auch während der Weimarer Zeit ist mir nicht bewußt geworden, daß die SPD nun weite Kreise der gebildeten Leute übernommen hat; das ist mir nicht bewußt geworden. Ich hab' mich dahingezogen gefühlt, aber vor der Nazizeit habe ich Deutsche Demokratische Partei und Deutsche Volkspartei gewählt und nach Schluß des Krieges nur noch SPD.

9. Die Erinnerung

Zum Nachdenken über die erlebte Geschichte boten die Jahre des Geschehens kaum Gelegenheit, denn das Lebensnotwendigste zu beschaffen verlangte große Anstrengungen. Auch hatte das konservative Elternhaus Erna Bremner nicht zu einer politischen Reflexion der deutschen Geschichte angeleitet.

Wissen Sie, dazu ist es erst viel später gekommen, daß man darüber nachgedacht hat - über die eigene Vergangenheit, weil man da so in Anspruch genommen war durch all das Äußere: eine zerschlagene Wohnung ...

Das ziemlich konservative Elternhaus hat das wahrscheinlich bewirkt, daß einem das gar nicht so bewußt geworden ist, daß man in einer Demokratie lebte ... Also, ich muß auch sagen, ... daß diese Gedanken, daß ein denkender Mensch politisch tätig sein muß, daß das erst viel später in meinem Leben - mir bewußt geworden ist.

Erna Bremner sah sich keineswegs als überzeugte Nationalsozialistin; Freunde, Kollegen und auch die Entnazifizierungsverfahren hatten ihr das bestätigt.

Ich rechne mich nicht zu dem Kreis der Menschen, die sich wirklich bewußt hinter Hitler gestellt haben und bewußt anerkannt haben, was da gemacht worden ist; das habe ich niemals, in meinem ganzen Leben nicht, getan.

---

1 Klaus Böttcher (1894-1958) wurde Schulrat. Vgl. Abschnitt 5.1
2 Paul Klapproth war Lehrer an der Schule Schmidtstraße.

Trotzdem wurden mit der Erinnerung starke Schuldgefühle wach, die noch in das protokollierte Gespräch über die Vergangenheit hineinreichten.

Schon allein, daß ich entlassen wurde, das mußte mir ja zeigen, daß ich da was falsch gemacht habe; man wird ja nicht umsonst entlassen aus'm Schuldienst - und das noch als Beamter; aber rund um mich herum sah ich ja, daß es vielen andern auch so gegangen war ...

Dies Schuldbewußtsein, das hab' ich eigentlich von Anfang an gehabt, denn: ich hab' ja immer wieder zum Ausdruck gebracht - auch bei meinen Bekannten: Ich trete nur deshalb ein - wegen der jüdischen Großmutter - das hab' ich schon hundertmal gesagt - und wegen meiner intensiven Beziehungen zu jüdischen Familien und - die englische Staatsbürgerschaft!

1948 wurde mir mitgeteilt, daß das Verfahren erledigt war. '49 bin ich ja schon zur Schulleiterin bestimmt worden; also auch das: daß - so kurz nach der Entnazifizierung ich dann einen gehobenen Posten bekam,[1] der hat natürlich mich total vergessen lassen, was ich mir alles habe zu schulden kommen lassen.

Also, diese Zeit stand natürlich die ganze Zeit wieder einem vor Augen und tut es auch jetzt wieder, wo wir beiden zusammen das besprechen, daß man da verkehrt gehandelt hat - aus Zwang oder: unter einem Druck verkehrt gehandelt hat, das sieht man natürlich hinterher ein; aber damals war es aus Angst, daß man der Partei beigetreten ist, obgleich man wußte, daß das verkehrt war.

---

1 Im April erteilte die Education and Cultural Relations Division ihre Genehmigung zu Erna Bremners Einsetzung als Schulleiterin der Schule am Alten Postweg. Sie behielt diese Stellung bis 1964, dem Jahr ihrer Pensionierung.

Renate Meyer-Braun

Zweimal deutsche Vergangenheit - ein Thesenpapier

Vorbemerkung

In den »Beiträgen zur Sozialgeschichte Bremens« erscheinen in der Regel Aufsätze zu historischen Gegenständen, die auf gesichertem Wissen beruhen. Hier dagegen wird ein Beitrag in Form eines Thesenpapiers vorgelegt, eines Thesenpapiers, das sich auf aktuelle Ereignisse bezieht und von daher notwendig vorläufig und bruchstückhaft sein muß. Es handelt sich um subjektive, gelegentlich widersprüchliche Überlegungen einer Verfasserin, die nicht behaupten kann, sich bereits ein abgeschlossenes und fundiertes Urteil über das Thema »Zweimal deutsche Vergangenheit« gebildet zu haben. Auch wird kein Anspruch auf Originalität erhoben, da wahrscheinlich das meiste von dem, was sich in den folgenden Zeilen findet, schon irgendwo einmal gesagt wurde.
Der vorliegende Band ist dem Thema Entnazifizierung gewidmet, d. h. der Art und Weise, wie bzw. wie nicht im Nachkriegsdeutschland die nationalsozialistische Vergangenheit »aufgearbeitet« wurde. Dieser Komplex ist inzwischen gründlich erforscht - auch die Verfasserin dieser Zeilen hat dazu gearbeitet -, so daß im großen und ganzen gesicherte historische Einschätzungen vorliegen. Anders verhält es sich mit der jüngsten deutschen Vergangenheit. Die ist noch so frisch und daher zwangsläufig noch derartig »unbewältigt«, daß ohnehin kein vernünftiger Mensch ein abschließendes Urteil erwartet. Und doch wird dadurch, daß in den Medien derzeit im Zusammenhang mit den Stasi-Akten die beiden deutschen Vergangenheiten häufig in einem Atemzug genannt werden, der Eindruck vermittelt, es sei schon alles klar: Realsozialismus gleich Nationalsozialismus, rot gleich braun. Diese Gleichsetzung halte ich für fatal, sie wird inzwischen auch von namhaften Persönlichkeiten unseres öffentlichen Lebens abgelehnt. Auch wenn für mich feststeht, daß die ehemalige DDR nicht mit Hitlerdeutschland gleichzusetzen ist, so weiß ich deswegen noch nicht, wie ich sie denn nun letztlich einschätzen soll. Aus den Stasi-Akten allein sei sie nicht zu rekonstruieren, sagt zum Beispiel Manfred Stolpe.
Die DDR war für viele Linke in der alten Bundesrepublik, auch wenn sie nicht der DKP anhingen, keineswegs das Teufelswerk, als das sie Konservativen galt. Haben viele nicht die DDR gegen den tiefsitzenden Antikommunismus, der besonders in der Gründungsphase der Bundesrepublik Deutschland die herrschende Ideologie darstellte, aber auch noch bis in die allerjüngste Zeit hineinwirkte, in Schutz genommen? Haben sie nicht auf die angeblich bessere soziale Absicherung, vor allem die Arbeitsplatzsicherung, die niedrigen Preise für Grundnahrungsmittel und öffentliche Verkehrsmittel hingewiesen? Daß dabei Wunschdenken und fehlender Einblick in die wirklichen Verhältnisse den Blick trüben, wurde zwar geahnt, aber nicht gern zugegeben. Und glaubten viele nicht auch lange, daß die Verstaatlichung der Produktionsmittel eine notwendige, wenn auch nicht hinreichende Voraussetzung für die Schaffung einer gerechteren Wirtschaftsordnung war? Der Begriff »Sozialisierung« spielte bei den Bremer Jungsozialisten - und auch bei einigen anderen - noch in den frühen 80er Jahren während der Auseinandersetzungen um den Erhalt der Traditionswerft AG »Weser« eine Rolle.

Als die sozialdemokratisch geführte Bundesregierung sich Anfang der 70er Jahre im Zuge der neuen Ostpolitik anschickte, mit den Herrschenden »drüben« intensiver zu sprechen, gar mit ihnen Verträge abzuschließen, blickten einige politisch engagierte Bremer, gemeint sind nicht nur die Kommunisten, mit einer gewissen Irritation auf das Osteuropa-Institut der Universität Bremen, das sich u. a. der Erforschung von Dissidentenbewegungen im Ostblock widmete. Wurde es nicht in gewisser Weise als hinderlich für den angestrebten Entspannungsprozeß mit dem Osten empfunden? Egon Bahr selbst soll ja privat mit Wolfgang Eichwede, dem Leiter des Osteuropa-Instituts - übrigens alles andere als ein Kalter Krieger - in diesem Sinne gesprochen haben. Wie anders sehen die Dinge heute aus! Wie richtig erscheint uns heute das Handeln dieser Wissenschaftler!

In der SPD wurden in den 80er Jahren Stimmen laut, die die Schließung der Erfassungsstelle Salzgitter forderten, die Unterlagen über Verstöße gegen die Menschenrechte in der DDR sammelte. Sie galt als Relikt des Kalten Krieges. Heute ist es der SPD peinlich, daran erinnert zu werden, wird das Archiv dieser Stelle doch dringend benötigt.

Die Anerkennung der DDR-Staatsbürgerschaft wurde nicht nur in kleinen linksextremen Zirkeln diskutiert. Wäre es dazu gekommen, hätten die DDR-Flüchtlinge in den bundesdeutschen Botschaften in Prag und Budapest wie Ausländer behandelt werden müssen. Unvorstellbar heute, wo es nur Bürger und Bürgerinnen einer einzigen Bundesrepublik Deutschland gibt! War diese Position zur damaligen Zeit aber deshalb völlig falsch? - Noch nach Öffnung der Mauer wurden im Kreis der Unterbezirks-Ost-Linken in der Bremer SPD Papiere formuliert, die die Beibehaltung der Zweistaatlichkeit forderten, allerdings ging man dabei von einer demokratisierten DDR aus. Gewarnt wurde vor »nationaler Besoffenheit«, als die der Wunsch nach Wiedervereinigung galt, der in dem Ruf der Leipziger Montagsdemonstranten »Wir sind ein Volk« laut wurde. War diese Sorge so völlig unberechtigt?

Als Erhard Eppler und andere Mitglieder der Grundwertekommission der Bundes-SPD zusammen mit Vertretern der Akademie für Gesellschaftswissenschaft beim Zentralkomitee der SED im August 1987 das Papier »Der Streit der Ideologien und die gemeinsame Sicherheit« formulierten, hatten sie selbstverständlich vorher nicht die Bürgerrechtsbewegung in der DDR kontaktiert, eine Tatsache, die Freya Klier und andere aus der Friedens- und Ökologiebewegung scharf kritisierten. Muß dieser Schritt nicht dennoch auch im Nachhinein noch als politisch richtig bezeichnet werden, zumal sich auch die Opposition in der DDR auf Positionen in diesem Papier beziehen konnte?

Im September 1988 wurde zwischen dem Landesvorstand der Bremer SPD und der Bezirksleitung Rostock der SED die Aufnahme gegenseitiger Beziehungen vereinbart. - Eine Städtepartnerschaft, wie es deren viele gab, bestand schon seit 1987. - Man vereinbarte gemeinsame Seminare, den Austausch von Informationsmaterial sowie die Entsendung von Beobachtern zu den jeweiligen Landesparteitagen bzw. Bezirksdelegiertenversammlungen. Soll das einem/einer heute peinlich sein? Sind Ernst Timm, der ehemalige Bezirksvorsitzende der SED Rostock, und die anderen Mitglieder seiner Delegation, mit denen der Landesvorstand der Bremer SPD am Abend des 26. September 1988 im Übersemuseum beisammensaß, heute, knapp drei Jahre später, zu verachtenswerten Figuren, zu politischen Unpersonen geworden, bloß weil sich der Wind gedreht hat? - Alles dies sind Fragen, die die Offenheit der Diskussion verdeutlichen.

Thesen

I.

Die Auseinandersetzung der Westdeutschen mit der »zweiten deutschen Vergangenheit«, nämlich derjenigen zwischen 1945 und 1989/90 auf dem Gebiet der ehemaligen DDR, ist in mancher Hinsicht schwieriger als die mit der »ersten deutschen Vergangenheit«, derjenigen zwischen 1933 und 1945. Die Abgrenzung, der scharfe Schnitt ist objektiv komplizierter, so unverständlich das auch klingen mag. Auch wenn Konservative mit dem Zusammenbruch der DDR politisch-ideologisch weniger Probleme haben als verschiedene linke Lager, da sie sich bestätigt fühlen können in ihrer Überzeugung, wonach jegliche Form von sozialistischem Gesellschaftsmodell a priori zum Scheitern verurteilt ist, so gilt doch auch für sie, daß sie sich eingelassen haben mit eben dem Regime, das sie heute verdammen. Alle Politiker der alten Bundesrepublik - in Opposition und in Regierung - haben mehr oder weniger intensive, mehr oder weniger offizielle Kontakte zu den Herrschenden des realsozialistischen Systems unterhalten. Es ging auch gar nicht anders, weil es sich ja faktisch um einen zweiten Staat handelte. Das heißt aber, daß heute alle im Glashaus sitzen. Alle hat der Zusammenbruch der DDR sozusagen »kalt erwischt«, allen könnte man politische Mitschuld vorwerfen, denn sie alle haben mitgeholfen, das jetzt von vielen als verbrecherisch bezeichnete System zu stabilisieren - sei es durch das Verfassen gemeinsamer Papiere, sei es dadurch, daß man Erich Honecker einen Empfang wie einem hohen auswärtigen Staatsgast bereitete oder der DDR bereitwillig Milliardenkredite bewilligte.

So weit haben sich die Spitzen der politischen Eliten, die nach dem Zusammenbruch des Nationalsozialismus im Westen in öffentliche Führungspositionen einrückten bzw. von den Besatzungsmächten dort eingesetzt wurden, nicht mit dem vorangegangenen System eingelassen, sich auf Grund der andersartigen Situation in vergleichbarer Weise auch gar nicht einlassen können. Dies gilt, auch wenn unter- und außerhalb der politischen Führungsebene in den Westzonen selbstverständlich mannigfache Verstrickungen mit dem NS-System bestanden. Die ersten Bürgermeister und Ministerpräsidenten damals waren in gewisser Weise unbelasteter als die heutigen Spitzenpolitiker. Insofern war die Abgrenzung objektiv leichter, konnte die politisch-moralische Verdammung mit größerer Berechtigung, unverkrampfter und ehrlicher erfolgen als heute.

II.

Für Sozialdemokraten galt dieses in besonderem Maße. Für sie lagen die Dinge 1945 insofern einfacher, als sie - verkürzt gesagt - klare Maßstäbe für das, was gut und was böse war, besaßen. Sie hatten zu den Verfolgten im »Dritten Reich« gehört, also gar keine Möglichkeit zur Tolerierung oder gar Zusammenarbeit gehabt. Weil die SPD also zu den Opfern gehört hatte, stand sie 1945 sozusagen mit reiner Weste da, im Gegensatz zu manchen Mitgliedern bürgerlicher Parteien war sie durch keinerlei Kollaboration mit den braunen Machthabern diskreditiert. Sie konnte also mit Fug und Recht nach einer scharfen Abrechnung mit den nationalsozialistischen Tätern rufen. Die Fronten waren weitgehend klar. So übersichtlich liegen die Dinge heute nicht.

III.

Die formalen und inhaltlichen Maßstäbe, die man nach 1945 zur Beurteilung der jüngsten Vergangenheit anlegen konnte und über die zunächst ein relativ breiter Konsens bestand, können heute nicht herangezogen werden, und zwar ganz einfach deshalb nicht, weil die beiden Vergangenheiten nicht gleichzusetzen sind. Nach 1945 galt jemand, der schon vor 1933, ohne irgendwelchem Druck ausgesetzt gewesen zu sein, in die NSDAP eingetreten war, in politisch-moralischer Hinsicht als verurteilungswürdig, auch wenn er keine Verbrechen begangen hatte. Schließlich konnte man davon ausgehen, daß diese Person das undemokratische und rassistische Weltbild der Nationalsozialisten teilte, das auf dem angeblich naturgegebenen Recht des Stärkeren gegenüber dem Schwächeren basierte. Anders heute: jemand, der 1946 freiwillig in die SED eintrat, ist im Jahre 1992 zweifellos nicht so einfach politisch-moralisch zu disqualifizieren. Immerhin glaubten nicht wenige Menschen nach den Erfahrungen mit Krieg und Faschismus, ein echter Neuanfang sei nur in einem sozialistischen Deutschland möglich. Zielvorstellungen und Menschenbild der SED waren keineswegs verabscheuungswürdig, nicht geprägt von elitärem Herrenmenschentum.

IV.

Ebenso gilt: Nicht über alle, die Kontakte zur Stasi hatten oder gar eine Zeitlang freiwillig für sie gearbeitet haben, ist der Stab zu brechen, jedenfalls nicht, solange sie nicht anderen Schaden zugefügt haben. Das gilt beispielsweise für den Bürgerrechtler Wolfang Templin, der auf diese Weise - gewiß blauäugig, wie er heute einräumt - die DDR von innen verändern wollte oder vielleicht auch für den ehemaligen Oberbürgermeister von Dresden, Wolfgang Berghofer, der in den 70er Jahren glaubte, sein Land auf diese Weise vor Gefahren schützen zu müssen, ganz zu schweigen von dem Kirchenmann Manfred Stolpe, der nie Marxist und nie in der SED war, der aber mit Stasi-Vertretern gesprochen hat, um Bedrängten zu helfen. Sogar im »Dritten Reich« gab es Vertreter der Kirchen, die es auf sich genommen haben, mit der Gestapo zu verhandeln, um Juden vor der sicheren Vernichtung zu retten. Aber die Stasi war nicht Gestapo. Sie war kein Vernichtungsapparat, sondern ein Kujonierungs- und Kontrollapparat zur Gängelung, ja, auch zur Unterdrückung der DDR-Bevölkerung. Das Bild, das offenbar besonders die westdeutschen Medien von diesem aufgeblähten Nachrichtendienst zeichnen, bewirkt eher eine Dämonisierung und Mystifizierung als nüchterne Aufklärung.

V.

Andererseits muß diese Aussage gleich wieder relativiert werden, indem daraufhinzuweisen ist, daß es sich die Stasi und damit die DDR-Führungsspitze gar nicht hätte leisten können, politisch mißliebige Personen einfach - wie die Gestapo - in Konzentrationslager zu sperren oder gleich zu »liquidieren«. Solch ein Terrorstaat war eben die DDR nach Selbstverständnis und Aufbau nicht. Außerdem nahm sie - anders als Hitlerdeutschland - Rücksicht auf die öffentliche Meinung im Westen. Nackten Gewaltterror in großem Umfang gab es nicht, wohl aber Bespitzelung, individuell zugeschnittenen Psychoterror und in nicht wenigen Fällen auch Freiheitsentzug.

VI.

Diese Bespitzelung war wie diejenige durch die Gestapo, wie überhaupt die von Geheimdiensten jedweder Diktatur primär gegen die eigene Bevölkerung gerichtet und nicht - wie in demokratischen Staaten - primär gegen die Angehörigen fremder, potentiell feindlich gesonnener Nationen. Zwar »beschattete« der westdeutsche Bundesnachrichtendienst, wie man weiß, auch bundesdeutsche Staatsangehörige, sicherlich ebenfalls mit geheimdienstlichen Methoden wie Desinformation oder Aufbau und Zerstörung von privaten Beziehungen, aber nicht so extensiv und mit einem derartig großen Mitarbeiterstab wie das Ministerium für Staatssicherheit in der alten DDR.

VII.

Das System der DDR mit dem »Dritten Reich« zu vergleichen, ist erlaubt, solange »vergleichen« nicht mit »gleichsetzen« verwechselt wird. Denn beim Vergleichen wird Ähnliches sowie Unterschiedliches deutlich, mithin mehr Klarheit gewonnen. Dem Stuttgarter Historiker Eberhard Jäckel ist zuzustimmen, der fordert, es müsse »gründlich und genau verglichen werden« (SPIEGEL 52/1991). Um Diktaturen handelte es sich in beiden Fällen, d. h. freie Wahlen und Sicherung der Grundrechte gab es nicht. »Aber die DDR führte keine Angriffskriege, beging keine Völkermorde, und da dies das Wesensmerkmal des Hitlerregimes war, ergibt der Vergleich einen Wesensunterschied« (Jäckel). Auch Bundesjustizminister Kinkel hat recht, wenn er vor vorschnellen Parallelen warnt, weil »damit der ohne Zweifel größten Katastrophe unserer Geschichte, dem Holocaust, ihre Singularität« genommen würde (zit. nach »Frankfurter Rundschau« vom 18.1.1992, »NS-Regime ohne Beispiel«).

VIII.

Wenn man mit Eberhard Jäckel der DDR das Vorhandensein menschlicher Werte und das Fortleben gewisser Elemente aus der »großen Tradition der Arbeiterbewegung«, also die Existenz positiver Ansätze, nicht absprechen will und eine Gleichsetzung mit dem Nationalsozialismus ablehnt, so gerät man in Gefahr - und damit wird auch in diesem Fall die vorangegangene These gleich wieder ein Stück zurückgenommen -, politisch »einäugig« zu werden. Es besteht durchaus die Versuchung, Sätze wie »Das haben wir nicht gewußt« oder »Wir wollten doch nur Schlimmeres verhüten«, die man bei ehemaligen Nationalsozialisten als bloßes Ausweichmanöver scharf kritisiert hat, aus dem Munde von (ehemaligen) SED-Mitgliedern unhinterfragt zu akzeptieren. Dennoch ist der Behauptung des Schriftstellers Hans Christoph Buch, die dieser in Reaktion auf den Jäckelschen Essay im SPIEGEL aufstellt, nicht beizupflichten, in der es heißt: »Mit einem solchen Geschichtsbild ... war und ist es nicht möglich, den ostdeutschen Polizeistaat konsequent zu kritisieren, weil das Böse aufgrund einer eingebauten Wahrnehmungshemmung nur rechts geortet werden kann.« (TAZ vom 3.2.1992). Gerade diejenigen, die wie Jäckel differenzieren wollen, müssen und werden sich immer wieder bemühen, ganz besonders genau hinzugucken, um sich derartigen Vorwürfen nicht auszusetzen.

IX.

Nicht nur sind Ursprung und Verlauf der beiden Diktaturen nicht gleichzusetzen, auch ihr Ende war vollkommen verschieden und wurde ganz verschieden aufgenommen. Das Ende des deutschen Faschismus wurde von den meisten Deutschen als Katastrophe empfunden, auch, aber nicht nur, weil es mit der totalen Kapitulation zusammenfiel. Nicht zufällig sprachen die Zeitgenossen von »Zusammenbruch«, als Befreiung haben den 8. Mai 1945 die wenigsten erlebt. Das Land war von fremden Truppen besetzt, die Großstädte lagen in Trümmern, die Bevölkerung litt Mangel am Nötigsten. Anders am 9. November 1989, als mit der Öffnung der Berliner Mauer die Stunde für den zweiten deutschen Staat geschlagen hatte. Jubel, Sekt, Freudentränen beherrschten die Szene. Kein Zweifel, die Erleichterung überwog auf beiden Seiten. Als dann am 3. Oktober 1990 der Tag der Vereinigung kam, hatte sich zwar der laute Jubel schon etwas gelegt, aber die positiven Gefühle dominierten weiterhin. Anders als 1945 hatte es Gewalt und Zerstörung nicht gegeben. Der Teil Deutschlands, dessen politisches System zusammenbrach, war - äußerlich zumindest - heil, wenn auch in vieler Hinsicht heruntergekommen, und der andere Teil war ein wirtschaftlich blühendes Staatswesen. Der eine Teil schloß sich an den anderen Teil an, dabei seine Eigenstaatlichkeit aufgebend, da es keine Alternative gab, wollte er die wirtschaftliche Misere überwinden.

X.
1945 war das ganze Deutschland besiegt, alle Deutschen erlebten mehr oder weniger intensiv die Demütigungen, denen - in diesem Fall gerechterweise - der Besiegte seitens der Sieger ausgesetzt ist. 1989/90 kann man zwar im militärischen Sinn nicht von Sieg oder Niederlage sprechen, dennoch ist festzustellen, daß der eine Teilstaat historisch zu den Gewinnern gehört, schon seit spätestens 1947 auf der Gewinnerseite stand, während der andere Staat Bestandteil jenes Weltsystems war, das sich nach siebzig Jahren zumindest auf absehbare Zeit als das schwächere erwiesen hat und das sang- und klanglos von der Weltbühne abtrat. Anders als 1945 waren die »Sieger« für die »Verlierer« nicht fremde Mächte, sondern ebenfalls Deutsche. Die Gefahr besteht, daß die Rolle, die damals die siegreichen Alliierten spielten, heute von den Westdeutschen übernommen wird. Das Auftreten manch eines nicht von ungefähr im Volksmund sogenannten »Besserwessis«, der ohne eigenes Zutun das Glück hatte, auf der Gewinnerseite zu stehen, gegenüber der Bevölkerung der ehemaligen DDR wirkt verletzend, auch wenn das gar nicht beabsichtigt ist. Von den eigenen Landsleuten gedemütigt zu werden, ist schwerer zu ertragen, als von fremden Besatzern von oben herab behandelt zu werden.

XI.
Das Ende der DDR wurde auch deshalb - anders als das Ende des »Dritten Reichs« - mit Jubel begrüßt, weil das System viel weniger fest in der Bevölkerung verankert gewesen war als der Nationalsozialismus. Es war 1945 von einer siegreichen Mächte, der Sowjetunion, in ihrer Besatzungszone eingeführt worden; ohne die Rote Armee hätte das kleine Häuflein überzeugter deutscher Kommunisten nichts ausrichten können. Anders 1933, als das deutsche Volk selbst Hitler an die Macht brachte und das nationalsozialistische Regime auch in den folgenden Jahren in seiner großen Mehrheit trug. Dementsprechend erstaunt es nicht, daß es sich nicht aus eigener Kraft von ihm befreit hat. Das Volk der DDR dagegen, zumindest ein hinlänglich großer Teil davon, ist selbst aufgestanden gegen den Staat. Die Unzufriedenheit war so weit verbreitet und hatte einen solchen Grad erreicht, daß sie sich öffentlich, über einen längeren Zeitraum - und medienwirksam - artikulieren konnte und ebensowenig wie die bereits länger andauernde Fluchtwelle von den Machthabern auf Dauer zu ignorieren war. Allerdings steht auch fest, daß ohne Gorbatschow bzw. ohne den wirtschaftlichen Kollaps des Sowjetreiches die Rufe »Wir sind das Volk« der Leipziger Montagsdemonstranten bald verhallt wären.

XII.
Umfragen der US-Militärregierung in ihrer Besatzungszone kurz nach Kriegsende ergaben, daß eine deutliche Mehrheit der erwachsenen deutschen Bevölkerung dem untergegangenen NS-System mehr positive als negative Seiten abgewinnen konnte. Ein ganz anderes Ergebnis erbringen heutige Umfragen in den fünf neuen Bundes-

ländern. »Daß die Herrschaft des Nationalsozialismus ... auch auf einem hohen Maß an sozialer Akzeptanz begründet war«, erwies sich »als Haupthindernis für einen breiten gesellschaftlichen Konsens zur nationalen Selbstreinigung.« (Clemens Vollnhals [Hrsg.], Entnazifizierung. Politische Säuberung und Rehabilitierung in den vier Besatzungszonen 1945-1949, dtv dokumente, München 1991, S. 57). Heute dagegen scheint der Wunsch nach ehrlicher Aufarbeitung, nach politischer Säuberung, nach Bestrafung der Schuldigen in der Bevölkerung der ehemaligen DDR weit verbreitet zu sein; zumindest wird die Forderung danach laut und deutlich erhoben.

XIII.

Ein weiterer Grund, weshalb nach 1945 die Entnazifizierung in den Westzonen so unpopulär war, ist darin zu sehen, daß sie von den Siegermächten oktroyiert war. Das bedeutete andererseits aber auch Entlastung. »Da die Sieger das Geschäft der 'Bewältigung' selbst übernommen hatten, war das Vergessen sehr leicht gemacht«, drückte es Heinrich Albertz kürzlich aus (TAZ vom 31.1.1992). Da sich heute niemand hinter dem Oktroi einer auswärtigen Siegermacht verstecken kann, bestehen Chancen, daß es dieses Mal anders wird. Chancen auch deshalb, weil zum ersten Mal in der Geschichte die Akten des Geheimdienstes einer untergegangenen Diktatur sehr rasch geöffnet wurden. Das Verdrängen wird nicht so leicht gemacht, so daß sich möglicherweise die Entstehung des sozialpsychologischen Syndroms, das die Mitscherlichs seinerzeit »Die Unfähigkeit zu trauern« nannten, nicht wiederholt. Das Verdrängen ist aber vielleicht auch gar nicht so nötig, weil das zu Verdrängende nicht die unvorstellbar grauenhafte Dimension hat wie die Nazi-Verbrechen. Allerdings, das ist einzuräumen, mag es schwer genug für jemanden sein, den »aufrechten Gang« wiederzuerlernen, der beispielsweise seinen besten Freund verraten hat.

XIV.

»Die Entnazifizierung produzierte die scham- und hemmungsloseste Massenlüge, die es je in der deutschen Geschichte gegeben hat. ... Sie (brachte) genau das Gegenteil von dem hervor, was mit ihrer Hilfe entstehen sollte: nämlich Rehabilitierung statt Haftbarmachung politischer Verantwortlichkeit«, schrieb Ralph Giordano (Die zweite Schuld - oder: Von der Last, Deutscher zu sein, Hamburg 1987, S. 89f.) Daß die Fehler von 1945 nicht wiederholt werden sollen - darüber sind sich alle einig. Bloß, wenn die Bewohner der alten Bundesrepublik das besonders laut fordern, so ist Vorsicht geboten. Es kann sich durchaus der Eindruck aufdrängen, hier solle etwas kompensiert werden - oder, um mit Peter Rühmkorf zu sprechen »Man läßt den Sozialismus jetzt mal ordentlich entgelten, was man seinerzeit an den Nazis versäumt hat.« Allein der Vergleich zwischen dem, was heute - häufig auf Druck westlicher bzw. aus dem Westen importierter Politiker - mit den Hochschullehrern, besonders den Geisteswissenschaftlern, an den Universitäten und Hochschulen der ehemaligen DDR passiert und dem, was nach 1945 den politisch belasteten Professoren geschah, nämlich in den meisten Fällen gar nichts, macht deutlich, was gemeint ist. »Zweierlei Schadensabwicklung« war treffend ein diesbezüglicher Artikel jüngst in der Wochenzeitung »Freitag« überschrieben. - Moralische Überheblichkeit oder schlechtes Gewissen?

XV.

Bei der »Haftbarmachung politischer Verantwortlichkeit« stößt man auf ein weiteres Problem, das in dem Bärbel Bohley zugeschriebenen Satz anklingt »Wir haben Gerechtigkeit erwartet und den Rechtsstaat bekommen.« Die Erwartungshaltung in

Kreisen der Geschädigten der ehemaligen DDR, es sollten dieses Mal nur ja nicht wieder die Kleinen gehängt und die Großen laufengelassen werden, trat im Zusammenhang mit dem sogenannten Mauerschützenprozeß hervor. Aber mit den Mitteln des Rechtsstaates können in der Tat die politisch Verantwortlichen nicht haftbar gemacht werden, es sei denn, sie wären strafrechtlich in Erscheinung getreten. Die politische Gesinnung, die bei der Frage der Entlassung oder Weiterbeschäftigung von Lehrpersonal an Schulen und Hochschulen durchaus eine entscheidende Rolle spielte, ist kein strafrechtlich relevantes Kriterium. »Mit dem Strafrecht wird weder die Geschichte noch ein Herrschaftssystem angeklagt. (...) Der Rechtsstaat ist Ausdruck der Erfahrung, daß wir Menschen keinen schlechthin endgültigen Zugang zu absoluter Gerechtigkeit besitzen« - so Bundespräsident Weizäcker (zitiert im SPIEGEL 51/1991).

XVI.

Um dieser Gerechtigkeit noch ein wenig näher zu kommen, fordern Vertreter der Bürgerbewegung ein »Tribunal«, ein »Forum der Aufklärung«, das jenseits von juristischen Verfahren Kategorien zur Bewertung von historischer und politischer Schuld entwickelt und die Akteure der ehemaligen DDR daran mißt. Es soll »den Opfern Genugtuung und den Beschuldigten Schutz durch die Möglichkeit öffentlicher Rechtfertigung« geben (zit. nach TAZ vom 23.1.1992). Die Idee eines Tribunals wäre meiner Meinung nach nur dann fruchtbar und für die Zukunft innenpolitisch friedensstiftend, wenn sie sich auch auf die alte Bundesrepublik erstreckte. Wenn nur die eine Hälfte Deutschlands vor ein Tribunal gestellt würde bzw. sich einem Tribunal stellte, auch wenn die »Richter« ausschließlich aus dem östlichen Teil kämen, könnten sich die Bewohner des anderen Teils genüßlich zurücklehnen und dem Gedanken hingeben, das alles ginge sie letztlich nichts an. Dabei ist das, was sich in den letzten 45 Jahren jenseits der Elbe abgespielt hat, ein Stück deutscher Geschichte, das auch uns betrifft. Schließlich hat diese Geschichte ja nicht bei Null angefangen. Das Jahr 1945 und alles, was vorausging, entsprang gemeinsamer Verantwortung, also haben wir uns auch mit den Folgen gemeinsam auseinanderzusetzen, auch wenn diese Folgen zwei unterschiedliche Ausprägungen hatten. - Ein Tribunal wäre im übrigen auch schon deshalb für den Westen ebenso angebracht, weil auch wir unsere »Leichen im Keller« haben; Fortbeschäftigung von NS-Juristen, frühe Haftentlassung von schwerstbelasteten Kriegsverbrechern, schleppende Entschädigung von Opfern der Nationalsozialisten sind nur einige der Punkte, die hier zu nennen wären. Keineswegs waren wir immer die Vorbilder an Demokratie, als die wir uns gerne hinstellen. Die Pose des moralisch höher Stehenden dürfen wir Westler jedenfalls auf keinen Fall einnehmen.

Anhang

Gesetzliche Grundlagen der Entnazifizierung in Bremen

1. Gesetz zur Befreiung von Nationalsozialismus und Militarismus. Vom 9. Mai 1947[1]

1. Nationalsozialismus und Militarismus haben in Deutschland zwölf Jahre die Gewaltherrschaft ausgeübt, schwerste Verbrechen gegen das deutsche Volk und die Welt begangen, Deutschland in Not und Elend gestürzt und das Deutsche Reich zerstört. Die Befreiung von Nationalsozialismus und Militarismus ist eine unerläßliche Vorbedingung für den politischen, wirtschaftlichen und kulturellen Wiederaufbau.

2. Während der vergangenen Monate, die der Kapitulation folgten, hat die amerikanische Militärregierung die Entfernung und den Ausschluß von Nationalsozialisten und Militaristen aus der Verwaltung und anderen Stellen durchgeführt.

3. Der Kontrollrat hat am 12. Januar 1946 für ganz Deutschland Richtlinien für diese Entfernung und den Ausschluß in der Anweisung Nr. 24 aufgestellt, die für die deutschen Regierungen und für das deutsche Volk verbindlich sind.

4. (1) Das Gesetz Nr. 8 der Militärregierung hat die Befreiung auf das Gebiet der gewerblichen Wirtschaft ausgedehnt und das Vorstellungsverfahren durch deutsche Prüfungsausschüsse eingeführt.

(2) Zur Durchführung der notwendigen Maßnahmen hat die Britische Militärregierung die Zonenpolitik-Anweisung Nr. 3 vom 24. April 1946 erlassen, die auch für die Enklave Bremen verbindlich war.

(3) Zur Koordinierung der bis dahin erschienenen Richtlinien und Verfahrensanweisungen hat der Senat das von der Bremischen Bürgerschaft beschlossene »Gesetz über Ausschüsse zur Befreiung von Nationalsozialismus und Militarismus« vom 17. Dezember 1946 - Brem. Gesetzbl. S. 120 -, dem die Militärregierung zugestimmt hat, verkündet.

5. Die Amerikanische Militärregierung hat jetzt entschieden, daß das deutsche Volk an der Verantwortung für die Befreiung von Nationalsozialismus und Militarismus auf allen Gebieten Anteil haben kann. Die Durchführung der Aufgabe, die so dem deutschen Volk anvertraut wird, soll durch dieses Gesetz innerhalb des Rahmens der Anweisung Nr. 24 des Kontrollrats erreicht werden.

6. Zur einheitlichen und gerechten Durchführung der Aufgaben zur Befreiung von Nationalsozialismus und Militarismus wird für Bremen das folgende Gesetz, das mit dem für die Länder Bayern, Groß-Hessen und Württemberg-Baden erlassenen Gesetz übereinstimmt, beschlossen und verkündet.

I. Abschnitt

Grundsätze

Artikel 1

(1) Zur Befreiung unseres Volkes von Nationalsozialismus und Militarismus und zur Sicherung dauernder Grundlagen eines deutschen demokratischen Staatslebens im Frieden mit der Welt werden alle, die die nationalsozialistische Gewaltherrschaft aktiv unterstützt oder sich durch Verstöße gegen die Grundsätze der Gerechtigkeit und Menschlichkeit oder durch eigensüchtige Ausnutzung der dadurch geschaffenen Zustände verantwortlich gemacht haben, von der Einflußnahme auf das öffentliche, wirtschaftliche und kulturelle Leben ausgeschlossen und zur Wiedergutmachung verpflichtet.

(2) Wer verantwortlich ist, wird zur Rechenschaft gezogen. Zugleich wird jedem Gelegenheit zur Rechtfertigung gegeben.

Artikel 2

(1) Die Beurteilung des einzelnen erfolgt in gerechter Abwägung der individuellen Verantwortlichkeit und der tatsächlichen Gesamthaltung; danach wird in wohlerwogener Abstufung das Maß der Sühneleistung und der Ausschaltung aus der Teilnahme am öffentlichen, wirtschaftlichen und kulturellen Leben des Volkes bestimmt mit dem Ziel, den Einfluß nationalsozialistischer und militaristischer Haltung und Ideen auf die Dauer zu beseitigen.

(2) Äußere Merkmale wie die Zugehörigkeit zur NSDAP, einer ihrer Gliederungen oder einer sonstigen Organisation sind nach diesem Gesetz für sich allein nicht entscheidend für den Grad der Verantwortlichkeit. Sie können zwar wichtige Beweise für die Gesamthaltung sein, können aber durch Gegenbeweise ganz oder teilweise entkräftet werden. Umgekehrt ist die Nichtzugehörigkeit für sich allein nicht entscheidend für den Ausschluß der Verantwortlichkeit.

---

1 Gesetzblatt der Freien Hansestadt Bremen, Nr. 19/1947, S. 67-71

Meldeverfahren

Artikel 3
(1) Zur Aussonderung aller Verantwortlichen und zur Durchführung des Gesetzes wird ein Meldeverfahren eingerichtet.
(2) Jeder Deutsche über 18 Jahre hat einen Meldebogen auszufüllen und einzureichen.
(3) Die näheren Bestimmungen trifft der Senator für politische Befreiung.

Betroffene Personen

Artikel 3 A
Die folgenden Personen werden nach den Bestimmungen dieses Gesetzes gerichtlich belangt werden:
1. alle Personen, die in Klasse I oder II der dem Gesetz beigefügten Liste aufgeführt sind;
2. alle Personen, gegen die andere Beweise dafür vorliegen, daß sie Hauptschuldige, Belastete oder Minderbelastete sind;
3. alle nicht in die obenerwähnten zwei Klassen fallenden Personen, welche Mitglieder der NSDAP oder einer ihrer Gliederungen, überwachter oder angeschlossener Organisationen oder anderer Nazi-Organisationen waren, außer:
a) den nach dem 1. Januar 1919 Geborenen;
b) denen, deren jährliches steuerpflichtiges Gesamteinkommen in jedem der beiden Kalenderjahre 1943 und 1945 3600 RM nicht überstieg und deren steuerpflichtiges Vermögen im Jahre 1945 20.000 RM nicht überstieg;
c) Versehrte, deren Invalidität auf 50 Pzt. oder höher - gemäß der gültigen Gesetzgebung für soziale Wohlfahrts- oder Pensionszahlungen - festgesetzt ist, oder die zu den Versehrtenstufen 2, 3 und 4 gehören.
4. Die Bestimmungen obiger Absätze 3a, b und c finden keine Anwendung auf Mitglieder von Organisationen, die vom Internationalen Militär-Tribunal als verbrecherisch befunden worden sind.

Gruppen der Verantwortlichen

Artikel 4
Zur gerechten Beurteilung der Verantwortlichkeit und zur Heranziehung zu Sühnemaßnahmen werden folgende Gruppen gebildet:
1. Hauptschuldige
2. Belastete (Aktivisten, Militaristen, Nutznießer)
3. Minderbelastete (Bewährungsgruppe)
4. Mitläufer
5. Entlastete.

Hauptschuldige

Artikel 5
Hauptschuldiger ist:
1. Wer aus politischen Beweggründen Verbrechen gegen Opfer oder Gegner des Nationalsozialismus begangen hat;
2. wer im Inlande oder in den besetzten Gebieten ausländische Zivilisten oder Kriegsgefangene völkerrechtswidrig behandelt hat;
3. wer verantwortlich ist für Ausschreitungen, Plünderungen, Verschleppungen oder sonstige Gewalttaten, auch wenn sie bei der Bekämpfung von Widerstandsbewegungen begangen worden sind;
4. wer sich in einer führenden Stellung der NSDAP, einer ihrer Gliederungen oder eines angeschlossenen Verbandes oder einer anderen nationalsozialistischen oder militaristischen Organisation betätigt hat;
5. wer sich in der Regierung des Reiches, eines Landes oder in der Verwaltung der früher besetzten Gebiete in einer führenden Stellung betätigt hat, wie es nur von führenden Nationalsozialisten oder Förderern der nationalsozialistischen Gewaltherrschaft bekleidet werden konnte;
6. wer sonst der nationalsozialistischen Gewaltherrschaft außerordentliche politische, wirtschaftliche, propagandistische oder sonstige Unterstützung gewährt hat oder wer aus seiner Verbindung mit der nationalsozialistischen Gewaltherrschaft für sich oder andere sehr erheblichen Nutzen gezogen hat;
7. wer in der Gestapo, dem SD, der SS, Geheimen Feld- oder Grenzpolizei für die nationalsozialistische Gewaltherrschaft aktiv tätig war;
8. wer sich in einem Konzentrationslager oder Arbeitslager oder in einer Haft-, Heil- oder Pflegeanstalt an Tötungen, Folterungen oder sonstigen Grausamkeiten in irgendeiner Form beteiligt hat;
9. wer aus Eigennutz oder Gewinnsucht aktiv mit der Gestapo, SS, dem SD oder ähnlichen Organisationen zusammengearbeitet hat, indem er Gegner der natinalsozialistischen Gewaltherrschaft denunzierte oder sonst zu ihrer Verfolgung beitrug.
Artikel 6
Bis zur Widerlegung gilt als Hauptschuldiger, wer in Klasse I der dem Gesetz beigefügten Liste aufgeführt ist.

Aktivisten

Artikel 7
I. Aktivist ist:
1. Wer durch seine Stellung oder Tätigkeit die Gewaltherrschaft der NSDAP wesentlich gefördert hat;

2. wer seine Stellung, seinen Einfluß oder seine Beziehungen zu Zwang und Drohung, zu Gewalttätigkeiten, zu Unterdrückung oder sonst zu ungerechten Maßnahmen ausgenützt hat;

3. wer sich als überzeugter Anhänger der nationalsozialistischen Gewaltherrschaft, insbesondere ihrer Rassenlehre erwiesen hat.

II. Aktivist ist insbesondere, soweit er nicht Hauptschuldiger ist:

1. Wer durch Wort oder Tat, insbesondere öffentlich durch Reden oder Schriften oder durch freiwillige Zuwendungen aus eigenem oder fremdem Vermögen oder durch Einsetzen seines persönlichen Ansehens oder seiner Machtstellung im politischen, wirtschaftlichen oder kulturellen Leben wesentlich zur Begründung, Stärkung oder Erhaltung der nationalsozialistischen Gewaltherrschaft beigetragen hat;

2. wer durch nationalsozialistische Lehre oder Erziehung die Jugend an Geist und Seele vergiftet hat;

3. wer zur Stärkung der nationalsozialistischen Gewaltherrschaft unter Mißachtung anerkannter sittlicher Grundsätze das Familien- und Eheleben untergraben hat;

4. wer im Dienste des Nationalsozialismus in die Rechtspflege eingegriffen oder sein Amt als Richter oder Staatsanwalt politisch mißbraucht hat;

5. wer im Dienste des Nationalsozialismus hetzerisch oder gewalttätig gegen Kirchen, Religionsgemeinschaften oder weltanschauliche Vereinigungen aufgetreten ist;

6. wer im Dienste des Nationalsozialismus Werte der Kunst oder Wissenschaft verhöhnt, beschädigt oder zerstört hat;

7. wer sich führend oder aktiv bei der Zerschlagung der Gewerkschaften, der Unterdrückung der Arbeiterschaft oder der Vergeudung des Gewerkschaftsvermögens beteiligt hat;

8. wer als Provokateur, Spitzel oder Denunziant die Einleitung eines Verfahrens zum Schaden eines anderen wegen seiner Rasse, Religion oder seiner politischen Gegnerschaft gegen den Nationalsozialismus oder wegen Zuwiderhandlungen gegen nationalsozialistische Vorschriften herbeigeführt oder herbeizuführen versucht hat;

9. wer seine Machtstellung unter der nationalsozialistischen Gewaltherrschaft zur Begehung von Straftaten, insbesondere Erpressungen, Unterschlagungen oder Betrügereien ausgenutzt hat;

10. wer durch Wort oder Tat eine gehässige Haltung gegenüber Gegnern der NSADP im In- und Ausland, gegen Kriegsgefangene, die Bevölkerung der ehemaligen besetzten Gebiete, gegen ausländische Zivilarbeiter, Häftlinge oder ähnliche Personen eingenommen hat;

11. wer die Freistellung vom Wehrdienst (Uk-Stellung) oder vom Frontdienst wegen nationalsozialistischer Haltung begünstigt oder zur Einziehung zum Wehrdienst oder Versetzung zum Frontdienst wegen Gegnerschaft zum Nationalsozialismus herbeigeführt oder dies versucht hat.

III. Aktivist ist auch, wer nach dem 8. Mai 1945 durch Wirken für den Nationalsozialismus oder Militarismus den Frieden des deutschen Volkes oder der Welt gefährdet.

Militaristen

Artikel 8

I. Militarist ist:

1. Wer das Leben des deutschen Volkes auf eine Politik der militärischen Gewalt auszurichten suchte;

2. wer für die Beherrschung fremder Völker, ihre Ausnutzung und Verschleppung eingetreten oder verantwortlich ist;

3. wer die Aufrüstung zu diesen Zwecken förderte.

II. Militarist ist insbesondere, soweit er nicht Hauptbeschuldigter ist:

1. wer durch Wort oder Schrift militaristische Lehren oder Programme aufstellte oder verbreitete, oder außerhalb der Wehrmacht in einer Organisation aktiv tätig war, die der Förderung militaristischer Ideen diente;

2. wer vor 1935 die planmäßige Ausbildung der Jugend für den Krieg organisierte oder an dieser Organisierung teilnahm;

3. wer als Inhaber einer Kommandogewalt verantwortlich dafür ist, daß nach dem Einmarsch in Deutschland Stadt und Land sinnlos verwüstet wurden;

4. wer ohne Rücksicht auf seinen Rang als Angehöriger der Wehrmacht, des Reichsarbeitsdienstes, der Organisation Todt (OT) oder der Transportgruppe Speer seine Dienstgewalt zur Erlangung besonderer persönlicher Vorteile oder zu rohen Quälereien seiner Untergebenen mißbrauchte.

Nutznießer

Artikel 9

I. Nutznießer ist:

Wer aus der Gewaltherrschaft der NSDAP, aus der Aufrüstung oder aus dem Kriege durch seine politische Stellung oder seine persönlichen Beziehungen für sich oder andere persönliche oder wirtschaftliche Vorteile in eigensüchtiger Weise herausgeschlagen hat.

II. Nutznießer ist insbesondere, soweit er nicht

Hauptschuldiger ist:
1. Wer nur auf Grund seiner Zugehörigkeit zur NSDAP in ein Amt oder eine Stellung berufen oder bevorzugt befördert wurde;
2. wer erhebliche Zuwendungen von der NSDAP, ihren Gliederungen oder angeschlossenen Verbänden erhielt;
3. wer auf Kosten der politisch, religiös oder rassisch Verfolgten unmittelbar oder mittelbar, insbesondere im Zusammenhang mit Enteignungen, Zwangsverkäufen und dergleichen übermäßige Vorteile für sich oder andere erlangte oder erstrebte;
4. wer bei der Aufrüstung oder bei Kriegsgeschäften Gewinne erzielte, die in einem auffallenden Mißverhältnis zu seinen Leistungen standen;
5. wer sich im Zusammenhang mit der Verwaltung ehemals besetzter Gebiete unbillig bereicherte;
6. wer als Anhänger des Nationalsozialismus durch Ausnützung persönlicher oder politischer Beziehungen oder durch Eintritt in die NSDAP es erreichte, sich dem Wehrdienst oder dem Frontdienst zu entziehen.

Artikel 10
Bis zur Widerlegung gilt als Belasteter (Aktivist, Militarist, Nutznießer), wer in Klasse II der dem Gesetz beigefügten Liste aufgeführt ist.

Minderbelastete

Artikel 11
I. Minderbelastet ist:
1. Wer an sich zur Gruppe der Belasteten gehört, jedoch wegen besonderer Umstände (Art. 39) einer milderen Beurteilung würdig erscheint und nach seiner Persönlichkeit erwarten läßt, daß er nach Bewährung in einer Probezeit seine Pflichten als Bürger eines friedlichen demokratischen Staates erfüllen wird;
2. wer an sich zur Gruppe der Mitläufer gehört, jedoch wegen seines Verhaltens und nach seiner Persönlichkeit sich noch zu bewähren soll;
II. Die Bewährungsfrist soll mindesten zwei und in der Regel nicht mehr als drei Jahre betragen. Von dem Verhalten während der Bewährungszeit hängt es ab, welcher Gruppe der Betroffene endgültig zugewiesen wird (Art. 42).
III. Minderbelastet ist insbesondere:
1. Wer nach dem 1. Januar 1919 geboren ist, nicht zur Gruppe der Hauptschuldigen zählt, jedoch als Belasteter erscheint, ohne aber ein verwerfliches oder brutales Verhalten an den Tag gelegt zu haben und nach seiner Persönlichkeit eine Bewährung erwarten läßt;

2. wer, ohne Hauptschuldiger zu sein, zwar als Belasteter erscheint, aber eindeutig und klar erkennbar frühzeitig vom Nationalsozialismus und seinen Methoden abgerückt ist.

Mitläufer

Artikel 12
I. Mitläufer ist:
wer nicht mehr als nominell am Nationalsozialismus teilgenommen oder ihn nur unwesentlich unterstützt und sich auch nicht als Militarist erwiesen hat.
II. Unter dieser Voraussetzung ist Mitläufer insbesondere:
1. Wer als Mitglied der NSDAP oder einer ihrer Gliederungen, ausgenommen HJ und BDM, lediglich Mitgliedsbeiträge bezahlte, an Versammlungen, deren Besuch Zwang war, teilnahm oder unbedeutende oder rein geschäftsmäßige Obliegenheiten wahrnahm, wie sie allen Mitgliedern vorgeschrieben waren;
2. wer Anwärter der NSDAP war und nicht endgültig als Mitglied aufgenommen wurde.

Entlastete

Artikel 13
Entlastet ist:
Wer trotz einer formellen Mitgliedschaft oder Anwartschaft oder eines anderen äußeren Umstandes sich nicht nur passiv verhalten, sondern nach dem Maß seiner Kräfte aktiv Widerstand gegen die nationalsozialistische Gewaltherrschaft geleistet und dadurch Nachteile erlitten hat.

Sühnemaßnahmen

Artikel 14
Nach dem Maß der Verantwortung sind zur Ausschaltung des Nationalsozialismus und des Militarismus aus dem Leben unseres Volkes und zur Wiedergutmachung des angerichteten Schadens folgende Sühnemaßnahmen in gerechter Auswahl und Abstufung zu verhängen.

Hauptschuldige

Artikel 15
Gegen Hauptschuldige sind folgende Sühnemaßnahmen zu verhängen:
1. Sie werden auf die Dauer von mindestens zwei und höchstens zehn Jahren in ein Arbeitslager eingewiesen, um Wiedergutmachungs- und Aufbauarbeiten zu verrichten. Politische Haft nach dem 8. Mai 1945 kann angerechnet werden; körperlich Behinderte

sind entsprechend ihrer Leistungsfähigkeit zu Sonderarbeit heranzuziehen;
2. ihr Vermögen ist als Beitrag zur Wiedergutmachung einzuziehen. Es ist nur der Betrag zu belassen, der unter Berücksichtigung der Familienverhältnisse und der Erwerbsfähigkeit zum notdürftigen Lebensunterhalt erforderlich ist. Sie unterliegen laufenden Sonderabgaben zu einem Wiedergutmachungsfond, soweit sie Einkommen beziehen;
3. sie sind dauernd unfähig, ein öffentliches Amt einschließlich des Notariats und der Anwaltschaft zu bekleiden;
4. sie verlieren ihre Rechtsansprüche auf eine aus öffentlichen Mitteln zahlbare Pension oder Rente;
5. sie verlieren das Wahlrecht, die Wählbarkeit und das Recht, sich irgenwie politisch zu betätigen und einer politischen Partei als Mitglied anzugehören;
6. sie dürfen weder Mitglied einer Gewerkschaft noch einer wirtschaftlichen oder beruflichen Vereinigung sein;
7. es wird ihnen auf die Dauer von mindestens zehn Jahren untersagt:
a) in einem freien Beruf oder selbständig in einem Unternehmen oder gewerblichen Betrieb jeglicher Art tätig zu sein, sich daran zu beteiligen oder die Aufsicht oder Kontrolle hierüber auszuüben;
b) in nicht selbständiger Stellung anders als in gewöhnlicher Arbeit beschäftigt zu werden;
c) als Lehrer, Prediger, Redakteur, Schriftsteller oder Rundfunk-Kommentator tätig zu sein;
8. sie unterliegen Wohnungs- und Aufenthaltsbeschränkungen und können zu gemeinnützigen Arbeiten herangezogen werden;
9. sie verlieren alle ihnen erteilten Approbationen, Konzessionen und Berechtigungen sowie das Recht, einen Kraftwagen zu halten.

Belastete

Artikel 16

Sühnemaßnahmen gegen Belastete:
1. Sie können auf die Dauer bis zu fünf Jahren in ein Arbeitslager eingewiesen werden, um Wiedergutmachungs- und Aufbauarbeiten zu verrichten. Politische Haft nach dem 8. Mai 1945 kann angerechnet werden;
2. sie sind zu Sonderarbeiten für die Allgemeinheit heranzuziehen, sofern sie nicht in ein Arbeitslager eingewiesen werden;
3. ihr Vermögen ist als Beitrag zur Wiedergutmachung ganz oder teilweise einzuziehen. Bei vollständiger Einziehung ist gemäß Artikel 15, Nr. 2, Satz 2 zu verfahren. Bei teilweiser Einziehung des Vermögens sind insbesondere die Sachwerte einzuziehen. Es sind ihnen die notwendigsten Gebrauchsgegenstände zu belassen;
4. sie sind dauernd unfähig, ein öffentliches Amt einschließlich des Notariats und der Anwaltschaft zu bekleiden;
5. sie verlieren ihre Rechtsansprüche auf eine aus öffentlichen Mitteln zahlbare Pension oder Rente;
6. sie verlieren das Wahlrecht, die Wählbarkeit und das Recht, sich irgendwie politisch zu betätigen und einer politischen Partei als Mitglied anzugehören;
7. sie dürfen weder Mitglied einer Gewerkschaft noch einer wirtschaftlichen oder beruflichen Vereinigung sein;
8. es wird ihnen auf die Dauer von mindestens fünf Jahren untersagt:
a) in einem freien Beruf oder selbständig in einem Unternehmen oder gewerblichen Betrieb jeglicher Art tätig zu sein, sich daran zu beteiligen oder die Aufsicht oder Kontrolle hierüber auszuüben;
b) in nicht selbständiger Stellung anders als in gewöhnlicher Arbeit beschäftigt zu sein;
c) als Lehrer, Prediger, Redakteur, Schriftsteller oder Rundfunk-Kommentator tätig zu sein;
9. sie unterliegen Wohnungs- und Aufenthaltsbeschränkungen;
10. sie verlieren alle ihnen erteilten Approbationen, Konzessionen und Berechtigungen sowie das Recht, einen Kraftwagen zu halten.

Minderbelastete (Bewährungsgruppe)

Artikel 17

Sühnemaßnahmen gegen Minderbelastete:
I. Es ist ihnen während der Dauer der Bewährungsfrist untersagt:
a) ein Unternehmen als Inhaber, Gesellschafter, Vorstandsmitglied oder Geschäftsführer zu leiten oder ein Unternehmen zu beaufsichtigen oder zu kontrollieren, ein Unternehmen oder eine Beteiligung daran ganz oder teilweise zu erwerben;
b) in nicht selbständiger Stellung anders als in gewöhnlicher Arbeit beschäftigt zu sein;
c) als Lehrer, Prediger, Redakteur, Schriftsteller oder Rundfunk-Kommentator tätig zu sein.
II. Ist der Minderbelastete zur Zeit der Einreihung in die Bewährungsgruppe an einem Unternehmen als Inhaber oder Gesellschafter beteiligt, so wird seine Beteiligung an dem Unternehmen für die Dauer der Bewährung gesperrt und ein Treuhänder bestellt. Die Spruchkammer bestimmt, welcher Teil des von dem Treuhänder erzielten Geschäftseinkommens an den

Minderbelasteten auszuzahlen ist. Die endgültige Verfügung über das gesperrte Vermögen wird in dem Zeitpunkt der endgültigen Einreihung des Minderbelasteten getroffen.

III. Als Unternehmen im Sinne des Absatzes Ia und II dieses Artikels gelten nicht Kleinbetriebe, insbesondere Handwerksbetriebe, Einzelhandelsgeschäfte, Bauernhöfe und dergleichen mit weniger als zehn Arbeitnehmern.

IV. Vermögenswerte, deren Erwerb auf Ausnutzung von politischen Beziehungen oder besonderen nationalsozialistischen Maßnahmen wie Arisierung und Aufrüstung beruhten, sind einzuziehen.

V. Einmalige oder laufende Sonderbeiträge zu einem Wiedergutmachungsfonds sind anzuordnen.

VI. Für die Dauer der Bewährung können zusätzlich einzelne der in Artikel 16 bezeichneten Sühnemaßnahmen in gerechter Auswahl und Milderung verhängt werden, insbesondere:
a) Beschränkungen in der Ausübung eines freien Berufes und Verbot der Ausbildung von Lehrlingen;
b) bei Beamten: Kürzung des Ruhegehaltes, Versetzung in den Ruhestand oder in ein Amt mit geringerem Rang oder an eine andere Dienststelle unter Kürzung der Bezüge, Rückgängigmachung einer Beförderung, Überführung aus dem Beamtenverhältnis in ein Angestelltenverhältnis;
c) in der Wirtschaft einschließlich Land- und Forstwirtschaft: Verbot der Fortführung eines Unternehmens, Verpflichtung zur Veräußerung einer Beteiligung, Erhöhung der Ablieferungspflicht landwirtschaftlicher oder sonstiger Erzeugnisse und Auferlegung besonderer Dienstleistungen.

VII. Einweisung in ein Arbeitslager und vollständige Einziehung des Vermögens dürfen nicht angeordnet werden.

Mitläufer

Artikel 18
Sühnemaßnahmen gegen Mitläufer:
1. Gegen Mitläufer sind einmalige oder laufende Beiträge zu einem Wiedergutmachungsfonds anzuordnen. Hierbei sind die Dauer der Mitgliedschaft, die Höhe der Beiträge und sonstige Zuwendungen sowie die Vermögens-, Erwerbs- und Familienverhältnisse und ähnliche Umstände zu berücksichtigen.
2. Bei Beamten kann zusätzlich Versetzung in den Ruhestand oder ein Amt mit geringerem Rang oder in eine andere Dienststelle, gegebenenfalls unter Kürzung der Bezüge oder Rückgängigmachung einer während der Zugehörigkeit zur NSDAP eingeleiteten Beförderung angeordnet werden. Bei Personen der Wirtschaft, einschließlich Land- und Forstwirtschaft, können entsprechende Maßnahmen angeordnet werden.

Mildernde Umstände

Artikel 19
Soweit die Sühnemaßnahmen nach Ermessen festgesetzt werden können, kommen als mildernde Umstände insbesondere in Betracht:
1. Jugend oder Unreife;
2. schwere Körperversehrtheit infolge von Kriegseinwirkung;
3. schwere Dauerbelastung der wirtschaftlichen Leistungsfähigkeit durch Invalidität von Angehörigen, insbesondere auf Grund von Kriegseinwirkung.

Artikel 20
Das Verfahren gegen Personen, die nach vierjähriger Dienstzeit in der Hitler-Jugend und nach Erreichung des 18. Lebensjahres in die Partei übergeführt wurden, ist einzustellen, wenn die Untersuchung nicht den Beweis dafür erbringt, daß sie Hauptschuldige oder Belastete waren.

Nichtige Rechtshandlungen

Artikel 21
Wird auf die Einziehung von Vermögenswerten erkannt, so sind alle Verfügungen und sonstigen Rechtsgeschäfte nichtig, die in der Absicht vorgenommen worden sind oder werden, die Heranziehung des Vermögens zur Wiedergutmachung zu vereiteln oder zu erschweren.

Verhältnis zum Strafgesetz

Artikel 22
(1) Strafbare Handlungen von Nationalsozialisten und Militaristen können unabhängig von diesem Gesetz strafrechtlich verfolgt werden. Dies gilt insbesondere von Kriegsverbrechen und sonstigen Straftaten, die unter der nationalsozialistischen Gewaltherrschaft ungesühnt geblieben sind.
(2) Strafgerichtliche Verfolgung steht einem Verfahren wegen der gleichen Tat nach diesem Gesetz nicht entgegen. Jedoch können bei der Auferlegung von Sühnemaßnahmen nach diesem Gesetz Strafen, die wegen der gleichen Handlung in einem Strafverfahren verhängt worden sind, berücksichtigt werden.

II. Abschnitt

Der Minister

Artikel 23
Der Präsident des Senats ernennt einen Senator für die politische Befreiung, der die Aufgabe hat, dieses Gesetz durchzuführen. Er muß seit langem Gegner der nationalsozialistischen Gewaltherrschaft und des Militarismus sein, für die Demokratie eintreten und sich zu den Grundsätzen dieses Gesetzes bekennen.

Die Kammern

Artikel 24
(1) Die Entscheidung über die Einreihung in die Gruppen Verantwortlicher und die Festsetzung der Sühne erfolgt durch die Kammern.
(2) Für den ersten Rechtszug werden Spruchkammern gebildet.
(3) Für den zweiten Rechtszug werden Berufungskammern gebildet.
(4) Für jede Kammer wird ein öffentlicher Ankläger bestellt.
Artikel 25
(1) Die Kammern bestehen aus einem Vorsitzenden und mindestens zwei Beisitzern.
(2) Die Mitglieder der Kammern müssen mindestens 30 Jahre alt sein.
(3) Der Vorsitzende der Spruchkammer soll, der der Berufungskammer muß die Befähigung zum Richteramt oder zum höheren Verwaltungsdienst haben.
(4) Die Mitglieder der Spruchkammern sollen mit den örtlichen Verhältnissen ihres Spruchbereiches vertraut sein. Unter den Beisitzern soll möglichst die Berufsgruppe des Betroffenen oder eine verwandte Gruppe vertreten sein. Diese Beisitzer dürfen jedoch nicht die Mehrheit bilden und nicht geschäftliche Konkurrenten des Betroffenen sein.
Artikel 26
(1) Die Vorsitzenden, ihre Vertreter, die Beisitzer der Kammern (Spruch- und Berufungskammern) und die öffentlichen Kläger werden durch den Senator für politische Befreiung bestellt. Die Ernennung der Vorsitzenden und ihrer Vertreter erfolgt nach Beratung mit dem Senator für Justiz und Verfassung.
(2) Für die Bestellung der Beisitzer sind Vorschläge der im Landesmaßstab zugelassenen politischen Parteien einzuholen. Eine einseitige politische Zusammensetzung der Kammern ist zu vermeiden.
(3) Die Heranziehung der Beisitzer zu den einzelnen Sitzungen erfolgt in einer vorher festgesetzten Reihenfolge durch den Vorsitzenden.

Artikel 27
(1) Die Mitglieder der Kammern sind unabhängig und nur dem Gesetz unterworfen.
(2) Sie leisten in öffentlicher Sitzung einen Eid dahin, daß sie niemandem zuliebe und niemandem zuleide nach bestem Wissen und Gewissen unparteiisch und unbefangen Gerechtigkeit gegen jedermann üben werden. Die Zufügung einer religiösen Beteuerungsformel ist zulässig.
(3) Die Dienstaufsicht über die Kammern übt der Senator für politische Befreiung aus.
Artikel 28
Alle Personen, die mit der Durchführung dieses Gesetzes beauftragt werden, müssen als Gegner des Nationalsozialismus und Militarismus bekannt sein, sie müssen persönlich unbescholten und gerechtdenkend sein.

Örtliche Zuständigkeit

Artikel 29
Die örtliche Zuständigkeit der Kammer wird begründet durch:
a) den gegenwärtigen oder letzten Wohnsitz oder Aufenthaltsort des Betroffenen,
b) den Ort, an dem der Betroffene auf behördliche Anordnung verwahrt wird,
c) den Ort, an dem der Betroffene sich zu irgendeinem Zeitpunkt betätigt hat,
d) den Ort, an dem sich Vermögen des Betroffenen befindet.
Bei Zweifeln über die örtliche Zuständigkeit entscheidet der Senator für politische Befreiung.
Artikel 30
Ist die an sich zuständige Kammer in einem Einzelfall an der Ausübung des Richteramts rechtlich oder tatsächlich verhindert, so überträgt der Senator für politische Befreiung die Untersuchung und Entscheidung des Falles der gleichstehenden Kammer eines anderen Bezirkes.

Sachliche Zuständigkeit

Artikel 31
(1) Die Kammern sind zur Entscheidung aller Fälle nach diesem Gesetz berechtigt und verpflichtet ohne Bindung an vorhergegangene Entscheidungen anderer Stellen, einschließlich früherer deutscher Entnazifizierungskammern oder -ausschüsse.
(2) Neben den Verfahren vor den Kammern finden andere Verfahren zur politischen Befreiung nicht mehr statt.
(3) Die Zuständigkeit der Kammern nach Abs. 1 ist nicht gegeben für Personen, über deren Fall in einer

der vier Zonen Deutschlands nach den Bestimmungen der Anordnung Nr. 38 des Alliierten Kontrollrats, Kontrollgruppe, vorher endgültig entschieden worden ist.

Antragsberechtigte

Artikel 32
(1) Antragsberechtigt ist:
1. Der Senator für politische Befreiung und seine Beauftragten,
2. der öffentliche Kläger,
3. der Bürgermeister der gegenwärtigen und der früheren Wohngemeinde,
4. bei Beamten und Angestellten der öffentlichen Verwaltung die oberste im Lande befindliche Dienstbehörde,
5. der Verletzte, sofern er durch den Betroffenen im Einzelfall unmittelbar geschädigt ist,
6. die Gewerkschaften, die Berufs- und Standesvertretungen und die im Landesmaßstab zugelassenen politischen Parteien, sowie jede andere zugelassene Organisation,
7. der Betroffene selbst oder sein gesetzlicher Vertreter.
(2) Der Antrag muß die Person des Betroffenen bezeichnen und kurz begründet sein. Er kann bei jeder Kammer eingereicht werden.

Der öffentliche Kläger

Artikel 33
(1) Der öffentliche Kläger hat alle Verantwortlichen (Art. 4) zu ermitteln. Er erhält und prüft alle Meldebogen (Art. 3), die Anträge (Art. 32), Anzeigen und sonstigen Hinweise auf Verantwortliche und leitet die Ermittlungen von Amts wegen ein. Er führt die Untersuchung durch, erhebt die Klage und vertritt sie vor der Kammer.
Die Klage muß enthalten:
a) die Gruppen der Verantwortlichen, in die der Betroffene eingereiht werden soll,
b) die gegen ihn vorliegenden Verdachtsgründe,
c) die wesentlichen Beweismittel,
d) den Antrag, ob die Entscheidung im schriftlichen Verfahren oder auf Grund mündlicher Verhandlung erfolgen soll.
(2) Soweit in der dem Gesetz angefügten Liste oder in Anweisung des Senators für politische Befreiung Personengruppen oder Einzelpersonen als besonders prüfungsbedürftig bezeichnet werden, ist die Untersuchung mit besonderer Sorgfalt zu führen.
(3) Gehört der Betroffene in die Klasse I der angeführten Liste, so ist die Untersuchung vordringlich durchzuführen und die Klage mit dem Antrag zu erheben, ihn in die Gruppe der Hauptschuldigen einzureihen. In diesem Falle muß eine mündliche Verhandlung stattfinden.
(4) Gehört der Betroffene in die Klasse II der angeführten Liste, so hat der Kläger in der Klage den Antrag auf Einreihung in die Gruppe der Hauptschuldigen oder der Belasteten, oder wenn dies nach dem Ergebnis seiner Untersuchung ihm gerechtfertigt erscheint, in die Bewährungsgruppe zu stellen. Auch in diesem Falle muß die mündliche Verhandlung stattfinden, wenn der öffentliche Kläger, der Antragsteller oder der Betroffene es beantragt.
(5) Gehört der Betroffene in keine der in der Liste aufgeführten Personengruppen, so hat der öffentliche Kläger je nach dem Ergebnis der Untersuchung Antrag auf Einreihung in die Gruppe der Verantwortlichen zu stellen. Gehört der Betroffene in die Gruppe der Hauptschuldigen oder Belasteten, so hat der öffentliche Kläger nach Abs. 3 und 4 zu verfahren. Gehört der Betroffene in die Gruppe der Minderbelasteten oder in die Gruppe der Mitläufer, so beantragt der öffentliche Kläger Entscheidung im schriftlichen Verfahren. Erscheint der Betroffene entlastet oder überhaupt nicht belastet, so stellt der öffentliche Kläger das Verfahren ein.
(6) Die Klage, ein Antrag auf Entscheidung im schriftlichen Verfahren und ein Einstellungsbeschluß sind dem Betroffenen und dem Antragsteller zuzustellen.
(7) Falls der öffentliche Kläger Entscheidung im schriftlichen Verfahren beantragt oder das Verfahren einstellt, kann der Antragsteller binnen zwei Wochen die Entscheidung der Kammer anrufen.

Beweislast

Artikel 34
(1) Gehört der Betroffene in die Klasse I oder II der dem Gesetz angefügten Liste, so hat er in klarer und überzeugender Weise darzutun, daß er in eine günstigere Gruppe fällt. Er hat seine Beweise unverzüglich der Kammer vorzulegen. Gehört der Betroffene in die Klasse I, so sind an die von ihm vorgebrachten Einwendungen besonders strenge Anforderungen zu stellen.
(2) Wer behauptet, Mitläufer oder Entlasteter zu sein, hat das im Zweifelsfalle zu beweisen.

Verfahren vor der Kammer

Artikel 35
(1) Die Kammern regeln das Verfahren nach freiem Ermessen. Sie haben von Amts wegen alles zu tun,

was zur Erforschung der Wahrheit notwendig ist.
(2) Sie können Zeugen und Sachverständige eidlich vernehmen oder Versicherungen an Eides statt entgegennehmen, ferner das persönliche Erscheinen des Betroffenen, eines Zeugen oder Sachverständigen durch Vorführungsbefehl und Ordnungsstrafen erzwingen.
(3) Die Verhandlungstermine sind in geeigneter Weise vorher bekanntzumachen.
(4) Der Betroffene hat Anspruch auf rechtliches Gehör. Er kann sich eines Rechtsanwalts oder eines sonst zugelassenen Rechtsbeistandes bedienen.
(5) Bei unentschuldigtem Ausbleiben oder Unerreichbarkeit des Betroffenen kann in seiner Abwesenheit verhandelt und entschieden werden.

Artikel 36
Gegen einen Abwesenden, dessen Aufenthalt unbekannt ist oder der sich außerhalb des Landes aufhält oder dessen Gestellung vor die zuständige Kammer nicht ausführbar erscheint, findet eine Verhandlung nur auf Antrag des öffentlichen Klägers statt. Der Abwesende ist zu der Verhandlung in geeigneter Weise öffentlich zu laden. Es ist ihm ein Vertreter zu bestellen.

Artikel 37
Ist der Betroffene tot, so kann auf Anordnung des Senators für politische Befreiung ein Verfahren zur ganzen oder teilweisen Einziehung des im Lande gelegenen Nachlasses ohne Rücksicht auf die gesetzliche Erbfolge oder letztwillige Verfügungen durchgeführt werden, wenn der Betroffene als Hauptschuldiger oder Belasteter im Sinne dieses Gesetzes anzusehen ist.

Artikel 38
(1) Über das Ergebnis der Beweisaufnahme entscheidet die Kammer nach ihrer freien, aus dem Inbegriff der Verhandlung geschöpften Überzeugung, ohne an Anträge gebunden zu sein.
(2) Die Kammer entscheidet mit Stimmenmehrheit in geheimer Beratung.

Artikel 39
Bei der Entscheidung über die Zuweisung des Betroffenen in die Gruppen Verantwortlicher berücksichtigt die Kammer insbesondere:
I. Zu Ungunsten des Betroffenen:
1. eifriges persönliches Eintreten für nationalsozialistische Ideen und Maßnahmen;
2. Ausnutzung eines Vorgesetztenverhältnisses zu politischen Zwecken, unter anderem Druck auf Abhängige zum Eintritt in die NSDAP oder ihre Gliederungen;
3. Anwendung von politischem Druck zur Erreichung privater Ziele;
4. körperliche Mißhandlung oder Bedrohung von politischen Gegnern;
5. unsoziales oder rohes Verhalten gegenüber politischen Gegnern, wirtschaftlich Schwächeren, insbesondere Abhängigen (z.B. gegenüber ausländischen Arbeitern) oder gegenüber rassischen oder religiösen Minderheiten;
6. Bedrohung von Beamten zur Erzwingung oder Unterlassung von Amtshandlungen.
II: Zugunsten des Betroffenen:
1. Austritt aus der NSDAP und ihren Gliederungen vor dem 30. Januar 1933 oder später durch persönliche Erklärung unter Verhältnissen, in denen Mut dazu gehörte, und Ausschluß aus der NSDAP und ihren Gliederungen, wenn dieser wegen Widerstandes gegen Parteiforderungen und nicht wegen ehrenrühigen Verhaltens erfolgte. Späterer Wiedereintritt hebt die Wirkung einer solchen Austrittserklärung oder eines Ausschlusses auf.
2. Nachweisbare Zusammenarbeit mit einer Widerstandsbewegung oder mit anderen, gegen die nationalsozialistische Gewaltherrschaft gerichteten Bewegungen, wenn dieser Widerstand auf antinationalsozialistischen und antimilitaristischen Beweggründen beruhte.
3. Nachweisbare regelmäßige öffentliche Teilnahme an Veranstaltungen einer anerkannten Religionsgesellschaft, sofern klar erwiesen ist, daß diese Teilnahme eine Ablehnung des Nationalsozialismus bedeutete.
4. Nachweisbare wiederholte Förderung und Unterstützung von Opfern und Gegnern des Nationalsozialismus, sofern sie auf antinationalsozialistischen Beweggründen beruhte.
5. Nachweisbare politische Verfolgung oder Unterdrückung durch die nationalsozialistische Gewaltherrschaft wegen antinationalsozialistischer Tätigkeit oder Haltung trotz Zugehörigkeit zur NSDAP oder einer ihrer Gliederungen.
III. Zwangsweise angeordnete Tätigkeit im Gesundheitswesen wird, auch wenn sie mit einem Rang verbunden war, nicht als Belastung angerechnet.

Artikel 40
(1) Die Kammern und bei Dringlichkeit der Vorsitzende können in jeder Lage des Verfahrens einstweilige Anordnungen treffen.
(2) Sie können insbesondere Festnahmen und Festhaltung des Betroffenen verfügen, seine Weiterbeschäftigung verbieten und die Sperre seines Vermögens anordnen.

Artikel 41
Der Spruch der Kammer stellt fest, ob der Betroffene Hauptschuldiger, Belasteter, Minderbelasteter (Bewährungsgruppe), Mitläufer oder Entlasteter ist und

ordnet die gebotenen Sühnemaßnahmen an.

Artikel 42

(1) Bei der Zuweisung zu einer Gruppe der Minderbelasteten setzt die Kammer die Dauer der Bewährungsfrist fest. Zugleich werden die während der Dauer der Bewährungsfrist in Kraft tretenden Sühnemaßnahmen angeordnet.

(2) Nach Ablauf der Bewährungsfrist hat der öffentliche Kläger auf Grund des Ergebnisses seiner Erhebungen Antrag zu stellen, welcher Gruppe Verantwortlicher der Betroffene zuzuweisen ist. Die Kammer hat mit der Entscheidung hierüber zugleich endgültig über die Sühnemaßnahmen zu bestimmen. Bewährt sich der Betroffene nicht, so ist schon vor Ablauf der Bewährungsfrist auf Antrag des öffentlichen Klägers der Betroffene in einem erneuten Verfahren der Gruppe der Belasteten zuzuweisen. Zugleich sind die Sühnemaßnahmen festzusetzen.

Artikel 43

Erfolgt die Entscheidung im schriftlichen Verfahren, so ist dem Betroffenen ausreichend Gelegenheit zu seiner Verteidigung und zur Vorlage seiner Beweismittel zu geben.

Artikel 44

Der Spruch der Kammer ist schriftlich niederzulegen, unter Hervorhebung der zugunsten und der zuungunsten des Betroffenen sprechenden Umstände kurz zu begründen und von den Mitgliedern der Kammer zu unterzeichnen.

Artikel 45

Eine Ausfertigung des Spruchs mit Begründung ist zuzustellen:
1. dem öffentlichen Kläger,
2. dem Antragsteller,
3. dem Betroffenen und seinem gesetzlichen Vertreter.

Berufung

Artikel 46

Gegen den Spruch der Kammer können die in Artikel 45 Genannten Berufung an die Berufungskammern einlegen. Die Berufung muß innerhalb eines Monats nach Zustellung bei der Spruch- oder Berufungskammer eingelegt und schriftlich begründet werden.

Artikel 47

(1) Die Berufung kann sich sowohl gegen die Einreihung in eine Gruppe als auch gegen die Festsetzung von Sühnemaßnahmen richten, soweit sie im Ermessen der Kammer liegen.

(2) Sie kann nur darauf gestützt werden, daß der festgestellte Tatbestand die Entscheidung der Spruchkammer nicht rechtfertigt oder daß willkürlich oder parteiisch verfahren wurde. Die Berufungskammer kann offensichtlich unbegründete Berufungen verwerfen. Sie kann, wenn es ihr nach ihrem Ermessen zur gerechten Entscheidung des Falles erforderlich erscheint, eine neue Beweisaufnahme selbst vornehmen. Dies gilt insbesondere, wenn wesentliche Tatsachen oder Beweismittel nicht früher geltend gemacht werden konnten.

(3) Die Entscheidung kann lauten auf Bestätigung oder Abänderung der angefochtenen Entscheidung oder Zurückverweisung an die gleiche oder eine andere Spruchkammer zur neuerlichen Verhandlung.

(4) Für das Verfahren vor den Berufungskammern gelten im übrigen die Vorschriften über das Verfahren vor den Spruchkammern entsprechend.

Wiederaufnahme

Artikel 48

(1) Auf Grund neuer wesentlicher Tatsachen oder Beweismittel kann das Verfahren auf Antrag wieder aufgenommen werden.

(2) Über die Zulässigkeit der Wiederaufnahme entscheidet die Spruchkammer ohne mündliche Verhandlung. Gegen eine ablehnende Entscheidung ist die Berufung zulässig.

Ausschluß von Rechtsmitteln

Artikel 49

Andere Rechtsmittel als die Berufung sind nicht zugelassen. Insbesondere sind Beschwerden gegen einstweilige Anordnungen nicht statthaft.

Vollstreckung

Artikel 50

Für die Vollstreckung der angeordneten Maßnahmen erläßt der Senator für politische Befreiung die erforderlichen Ausführungsvorschriften.

Gruppenregister

Artikel 51

(1) Nach rechtskräftiger Entscheidung durch die Kammern werden die Einreihung des Betroffenen und die von ihm verwirkten Sühnemaßnahmen in seinem Personalausweis und in ein hierfür angelegtes Register eingetragen.

(2) Das Register steht jedermann zur Einsicht offen.

Überprüfung

Artikel 52

(1) Der Senator für politische Befreiung kann sich

jede Entscheidung zur Nachprüfung vorlegen lassen.
(2) Hält der öffentliche Kläger eine rechtskräftige Entscheidung der Kammer für offensichtlich verfehlt oder im Widerspruch mit den Zielen dieses Gesetzes stehend, so hat er sie dem Senator für politische Befreiung zur Nachprüfung vorzulegen.
(3) Der Senator kann die Entscheidung aufheben, die erneute Durchführung des Verfahrens anordnen und hierbei den Fall an eine andere Spruchkammer verweisen.

Artikel 53
Wenn der Betroffene während einer wesentlichen Zeitspanne nach rechtskräftiger Entscheidung durch sein Gesamtverhalten bewiesen hat, daß er sich vom Nationalsozialismus völlig abgewandt hat und geeignet und bereit ist, nunmehr an dem Wiederaufbau Deutschlands auf einer friedlichen und demokratischen Grundlage mitzuarbeiten, so kann der öffentliche Kläger nach gründlicher Überprüfung des Falles dem Senator für politische Befreiung vorschlagen, die gegen den Betroffenen ergangenen Entscheidungen zu mildern oder aufzuheben. Der Senator trifft seine Entscheidungen nach billigem Ermessen unter Berücksichtigung der Grundsätze und Ziele dieses Gesetzes.

Gnadenrecht

Artikel 54
Das Gnadenrecht wird auf Vorschlag des Senators für politische Befreiung durch den Präsidenten des Senats ausgeübt.

Rechtshilfe

Artikel 55
Der öffentliche Kläger und die Kammern dürfen außerhalb ihres Amtsbereichs ohne Zustimmung der örtlichen zuständigen Behörden Amtshandlungen vornehmen.

Artikel 56
(1) Alle Behörden des Staates, der Gemeinden und der Polizeiverwaltung sowie die Selbst- und Sonderverwaltungen haben den mit dem Vollzug des Gesetzes betrauten Stellen Rechtshilfe zu leisten. Das Ersuchen darf nicht abgelehnt werden. Kosten und Auslagen der Rechtshilfe werden den ersuchten Behörden nicht erstattet.
(2) Stempel, Gebühren und öffentliche Abgaben, die nach den Gesetzen des Landes in Verbindung mit Rechtshilfeersuchen zur Erhebung gelangen, bleiben außer Ansatz.
(3) Diese Bestimmungen gelten auch, wenn das Rechtshilfeersuchen auf Grund dieses Gesetzes von der Behörde eines anderen deutschen Landes gestellt wird.
(4) Der Senator für politische Befreiung ist befugt, im Rahmen der Sicherstellung einer schnellen und wirksamen Anwendung und Durchführung dieses Gesetzes Personal zu verpflichten und Büroraum und -ausstattungen sowie sonstiges Material zu beschlagnahmen. Er kann diese Rechte den Spruchkammern, Berufungskammern und sonstigen Dienststellen oder Einzelpersonen zur unmittelbaren Ausübung übertragen.

Gebühren

Artikel 57
Das Verfahren auf Grund dieses Gesetzes ist gebührenpflichtig.

III. Abschnitt

Gesetzliches Tätigkeits- und Beschäftigungsverbot

Artikel 58
(1) Mit dem Inkrafttreten dieses Gesetzes dürfen Personen, die in Klasse I und II der dem Gesetz angefügten Liste aufgeführt sind oder die sonst Mitglieder der NSDAP oder einer ihrer Gliederungen (ausgenommen HJ und BDM) waren, in der öffentlichen Verwaltung, in Privatunternehmungen, in gemeinnützigen Unternehmen und Wohlfahrtseinrichtungen sowie in freien Berufen nicht anders als in gewöhnlicher Arbeit beschäftigt werden oder tätig sein. Soweit diese Personen in anderer Weise als in gewöhnlicher Arbeit noch tätig sind oder beschäftigt werden, sind sie mit dem Inkrafttreten dieses Gesetzes aus ihren Stellungen zu entfernen und auszuschließen. Sie dürfen nicht mehr in der gleichen Behörde oder in den gleichen Betrieben tätig sein. An anderer Stelle dürfen sie nur in gewöhnlicher Arbeit beschäftigt werden.
(2) Von der Entfernung und dem Ausschluß werden nicht nur solche Personen betroffen, die sich in einem Abhängigkeitsverhältnis befinden, sondern ebenso auch Unternehmer, Geschäftsinhaber und Beteiligte.
(3) Die Bestimmungen dieses Artikels gelten nicht für Inhaber und Beschäftigte von Kleinbetrieben, insbesondere Handwerksbetrieben, Einzelhandelsgeschäften, Bauernhöfen und dergleichen mit weniger als zehn Arbeitnehmern. Diese Bestimmungen gelten ferner nicht für Personen, die in freien Berufen tätig sind, vorausgesetzt, daß sie nicht mehr als zwei

Hilfsangestellte, wie Büropersonal, Krankenschwestern oder dergl. beschäftigen.
(4) Das Beschäftigungs- und Betätigungsverbot gilt bis zur rechtskräftigen Entscheidung durch die Kammer. Nach Entscheidung der Kammer bstimmen sich die Beschränkungen hinsichtlich Beschäftigung oder Betätigung nach den auferlegten Sühnemaßnahmen.

Artikel 59
(1) Personen, deren Beschäftigung oder Tätigkeit durch die Militärregierung auf Grund des Gesetzes Nr. 8 oder als Ergebnis der Verhandlung von einer früheren deutschen Entnazifizierungskammer oder einem früheren deutschen Entnazifizierungsausschuß genehmigt worden ist, dürfen bis zur rechtskräftigen Entscheidung durch die Kammer in ihrer Stellung oder Beschäftigung verbleiben, wenn die Militärregierung nicht vor dieser Entscheidung solche Genehmigung widerrufen hat.
(2) Wer auf Grund der Anordnung der Militärregierung oder gemäß Gesetz Nr. 8 der Militärregierung von öffentlichen Ämtern und anderen Stellungen entfernt oder ausgeschlossen ist, darf in diesen nicht wieder beschäftigt werden, bis die Kammer rechtskräftig zu seinen Gunsten entschieden hat.

Einstweilige Befreiungen

Artikel 60
Der Senator für politische Befreiung kann die weitere Tätigkeit oder Weiterbeschäftigung unter den folgenden Voraussetzungen zeitweilig widerruflich genehmigen.
a) Die Weiterbeschäftigung oder weitere Tätigkeit muß wegen der Spezialkenntnisse des Betroffenen zur Aufrechterhaltung der öffentlichen Gesundheit und Sicherheit unbedingt erforderlich sein;
b) es darf keine sachlich geeignete, politisch unbelastete Person verfügbar sein;
c) der Betroffene darf nicht zur Gruppe der Hauptschuldigen zählen;
d) er darf seine Stellung nicht lediglich der NSDAP verdanken;
e) er darf keinen Einfluß auf die Leitung und Geschäftspolitik des Betriebes noch auf die Einstellung und Entlassung anderer haben;
f) sein Arbeitseinkommen darf in keinem Falle den Betrag von monatlich 500.- RM übersteigen;
g) er muß so bald wie möglich durch einen politisch Unbelasteten ersetzt werden.

Gesetzliche Vermögenssperre

Artikel 61
(1) Das Vermögen der nach Art. 58 entfernten und ausgeschlossenen Personen unterliegt der Sperre.
(2) Zur Verwaltung und Sicherung des nach diesem Gesetz gesperrten Vermögens bestellt der Senator für politische Befreiung oder eine von ihm beauftragte Stelle einen Treuhänder.

IV. Abschnitt

Übergangsbestimmungen

Artikel 62
Verfahren auf Grund dieses Gesetzes brauchen durch den öffentlichen Kläger nicht eingeleitet zu werden gegen Personen, deren Beschäftigung oder Tätigkeit durch die Militärregierung auf Grund einer Nachprüfung der betreffenden Person endgültig genehmigt worden ist, es sei denn, daß sie Mitglieder der NSDAP oder einer ihrer Gliederungen (ausschließlich HJ oder BDM) waren oder daß neue Tatsachen und Beweise gegen sie zur Kenntnis des öffentlichen Anklägers gelangt sind. Mitglieder der NSDAP oder einer ihrer Gliederungen (außer HJ oder BDM), deren Beschäftigung oder Tätigkeit von der Militärregierung auf Grund einer Nachprüfung endgültig genehmigt worden ist, können nicht höher als in die Gruppe der Mitläufer eingereiht werden, es sei denn, daß Beweismittel zu ihren Ungunsten vorliegen.

V. Abschnitt

Schlußbestimmungen

Artikel 63
Als gewöhnliche Arbeit im Sinne dieses Gesetzes gilt eine Tätigkeit in gelernter oder ungelernter Arbeit oder als Angestellter in einer Stellung von untergeordneter Bedeutung, in der der Beschäftigte nicht irgendwie in aufsichtsführender, leitender oder organisierender Weise tätig wird oder an der Einstellung oder Entlassung von Personal und an der sonstigen Personalpolitik beteiligt ist.

Artikel 64
Wird der Betroffene durch die Entscheidung der Kammer als Minderbelasteter, Mitläufer oder Entlasteter erklärt, so kann er daraus keine Ansprüche auf Wiedereinstellung oder Schadenersatz herleiten.

Artikel 65
(1) Mit Gefängnis oder Geldstrafe wird bestraft:
a) wer falsche oder irreführende Bescheinigungen

oder Erklärungen abgibt oder Tatsachen verschleiert, die für die Anwendung des Gesetzes von Erheblichkeit sind;
b) wer nach dem 1. Juni 1947 einem Beschäftigungsverbot zuwiderhandelt oder eine ihm auf Grund dieses Gesetzes untersagte Tätigkeit weiter ausübt;
c) wer eine von ihm nach diesem Gesetz verlangte Auskunft nicht erteilt;
d) wer seine Meldepflicht nicht erfüllt;
e) wer es unternimmt, zur Umgehung dieses Gesetzes oder der auf Grund dieses Gesetzes getroffenen Anordnungen Vermögen beiseite zu schaffen oder zu verheimlichen oder einem anderen dazu Hilfe zu leisten.
In den Fällen a) und e) kann neben Gefängnis auf Verlust der bürgerlichen Ehrenrechte erkannt werden.
(2) Im übrigen bleiben die Vorschriften des Strafgesetzbuches unberührt.
Artikel 66
Die Ausführungsvorschriften zu diesem Gesetz erläßt der Senator für politische Befreiung.
Artikel 67
Das Gesetz tritt mit dem auf die Verkündung folgenden Tag in Kraft.

Bremen, den 9. Mai 1947.
Der Präsident des Senats
Kaisen
Der Senator für politische Befreiung
Aevermann

2. Anlage zum Gesetz zur Befreiung von Nationalsozialismus und Militarismus.[1]

Diese Anlage beruht auf den Richtlinien Nr. 24 des Kontrollrats, die für die deutschen Regierungen und das deutsche Volk verbindlich sind. Die Anlage bildet einen Bestandteil dieses Gesetzes.

Teil A

(Klasse I und Klasse II)
Klasse I umfaßt die Personen, die auf Grund widerlegbarer Vermutungen in die Gruppe der Hauptschuldigen einzureihen sind.
Klasse II umfaßt die Personen, die auf Grund widerlegbarer Vermutungen in die Gruppe der Belasteten einzureihen sind.
Die Vermutung, daß eine der in Teil A der Liste aufgeführten Personen in Klasse I oder II einzureihen ist, kann durch Gegenbeweise im Verfahren der Kammern entkräftet werden.
Die Begriffsbestimmungen »Beamte«, »Personen«, »Angehörige« umfassen nicht das technische Büropersonal wie Stenotypistinnen, Botengänger, Registraturbeamte, Kraftfahrer, Hausangestellte.
Der Begriff »Beamte« beschränkt sich nicht auf den Beamten im Sinne des Reichsbeamtengesetzes; er schließt auch die Angestellten ein.

A. Deutscher Geheimdienst einschließlich Abwehrämter

(militärisches Amt)

Klasse I

1. Alle leitenden Beamten des Reichssicherheitshauptamtes (RSHA), seiner Organisationen und Dienststellen, die dem RSHA direkt unterstellt waren.
2. Alle Beamten der Geheimen Feldpolizei (GFP) bis herunter und einschließlich dem Rang des Feldpolizeidirektors.
3. Alle leitenden Beamten des Forschungsamtes des Reichsluftfahrt-Ministeriums.

Klasse II

1. Alle nicht unter Klasse I fallenden Offiziere und sonstiges Personal des RSHA, seiner Organisationen und der Dienststellen, die dem RSHA direkt unterstellt waren.

---
1 Gesetzblatt der Freien Hansestadt Bremen, Nr. 19/1947, S. 72-74

2. Alle Beamten der Geheimen Feldpolizei, die nicht unter Klasse I fallen.
3. Alle Personen, die seit 30. Januar 1933 im Ausland beim Deutschen Geheimdienst einschließlich Abwehr oder irgend einer anderen Organisation oder Niederlassung, welche von diesem abhängig oder unterstellt war, tätig waren.

B. Die Sicherheitspolizei (Sipo)

Klasse I

1. Alle Angehörigen der Geheimen Staatspolizei (Gestapo).
2. Alle leitenden Beamten der Grenzpolizei-Kommissariate (Greko).
3. Alle Leiter der Kriminalpolizei-Leitstellen und -Stellen.

Klasse II

1. Alle Personen, welche Angehörige der Grenzpolizei seit 1. Juni 1937 waren, soweit sie nicht unter Klasse I fallen.
2. Alle Beamten der Kriminalpolizei bis herunter und einschließlich dem Rang des Kriminalkommissars, soweit sie nicht unter Klasse I fallen.
3. Alle leitenden Beamten der Briefprüfungsstellen, soweit sie nicht unter Klasse I fallen.

C. Die Ordnungspolizei (Orpo)

Klasse I

Alle Beamten nachstehender Zweige des Polizeiwesens seit 1935 bis herunter und einschließlich des Ranges eines Obersten oder dgl.:
a) Schutzpolizei (Schupo).
b) Gendarmerie (Gend).
c) Wasserschutzpolizei (SW).
d) Luftschutzpolizei (L-Schupo).
e) Technische Nothilfe (Teno).

Klasse II
1. Alle Polizisten (Schutzpolizei, Gendarmerie, Wasserschutzpolizei, Luftschutzpolizei, Technische Nothilfe, Feuerschutzpolizei, Verwaltungspolizei, Kolonialpolizei, Sonderpolizei, Hilfspolizei) die zum Offizier nach dem 30. Januar 1933 ernannt worden sind, oder ohne Rücksicht auf den Zeitpunkt der Ernennung nach dem 31. Dezember 1937 trotz der wiederholten sogenannten Reinigungsaktionen im Amt verblieben sind.
2. Alle Offiziere, die zu irgendeiner Zeit in einem der früher von Deutschland besetzten Gebiete Dienst geleistet haben bei einer Einsatzgruppe im Einsatzkommando der Sipo oder dem SD.

3. Alle Angehörigen der Verwaltungspolizei, die der Gestapo und dem SD zugeteilt waren.

D. Die NSDAP

Klasse I

1. Alle Amtsträger der NSDAP bis herunter und einschließlich des Postens eines Amtsleiters bei der Kreisleitung.
2. Alle Mitglieder des Korps der Politischen Leitung der Partei bis herunter und einschließlich dem Rang eines politischen Einsatzleiters und alle Mitglieder der Ausbildungsstäbe der Ordensburgen, Schulungsburgen, Adolf-Hitler-Schulen und Nationalpolitische Erziehungsanstalten.
3. Alle Mitglieder (bis zum 30. Januar 1933) der Reichstagsfraktion der NSDAP.
4. Die nachstehenden Amtsträger des Reichsnährstandes:
a) alle Landesbauernführer und ihre Stellvertreter,
b) alle Leiter der Hauptvereinigungen und Wirtschaftsverbände,
c) alle Kreisbauernführer,
d) alle Leiter der Landesforstämter,
5. Beamte der Gauwirtschaftskammern, die mit der parteipolitischen Ausrichtung beauftragt waren.
6. Gauwirtschaftsberater.

Klasse II

1. Alle bezahlten und ehrenamtlichen Amtsträger und Beamte der NSDAP bis herunter zur untersten Stufe, der Parteiämter (Hauptämter und Ämter) sowie der Anstalten und Akademien, die auf der NSDAP gegründet wurden.
2. Alle Mitglieder des Korps der politischen Leiter, die nicht unter Klasse I fallen.
3. Alle Mitglieder der Reichstagsfraktion, die nicht unter Klasse I fallen.
4. Alle Mitglieder der NSDAP vor dem 1. Mai 1937.
5. Alle Mitglieder der NSDAP, die nach vierjähriger Dienstzeit in der Hitlerjugend nach Erreichung des 18. Lebensjahres in die Partei überführt wurden (vgl. Artikel 12 und Artikel 20 Abs. 1 des Gesetzes).
6. Alle Mitglieder der NSDAP ohne Rücksicht auf den Zeitpunkt des Eintritts, sofern sie einer der nachstehenden Organisationen angehören:
a) Reichspressekammer,
b) Reichsrundfunkkammer,
c) Deutsche Akademie München,
d) Deutsche Christenbewegung,
e) Deutsche Glaubensbewegung,
f) Institut zur Erforschung der Judenfrage,
g) Kameradschaft USA,

h) Osteuropäisches Institut (seit 1935),
i) Staatsakademie für Rassen- und Gesundheitspflege.

7. Alle aktiven Wehrmachtsoffiziere, die Mitglieder der NSDAP wurden und solche Offiziere, die vor Eintritt in die Wehrmacht Mitglieder der NSDAP waren und nachher ihre Verbindung mit der NSDAP nicht abgebrochen haben.

8. Alle leitenden Beamten des Reichsnährstandes einschließlich der Leiter seiner Regierungsforstämter.

E. Die NSDAP-Gliederungen

Klasse I

1. Die Waffen-SS. Alle Offiziere bis herunter und einschließlich Sturmbannführer (Major), alle Mitglieder der Totenkopfverbände und alle SS-Helferinnen und SS-Kriegshelferinnen in Konzentrationslagern.
2. Allgemeine SS. Alle Offiziere abwärts bis einschließlich Untersturmführer.
3. SA. Alle Führer abwärts bis und einschließlich Sturmbannführer.
4. HJ. Alle Führer abwärts bis und einschließlich Bannführer, alle entsprechenden Führerinnen im BDM und alle Mitglieder des der SS unterstellten Schnellkommandos (HJ-Streifendienst), die vor dem 1.1. 1919 geboren sind.
5. NSKK. Alle Führer abwärts bis und einschließlich Standartenführer.
6. NSFK. Alle Führer abwärts bis und einschließlich Standartenführer.
7. NS-Deutscher Studentenbund. Alle leitenden Amtsträger der Reichsstudentenführung und der Gaustudentenführungen.
8. NS-Dozentenbund. Alle leitenden Amtsträger in der Reichs- und Gauinstanz.
9. NS-Frauenschaft. Alle leitenden Beamten in der Reichs- und Gauinstanz.

Klasse II

1. Waffen-SS. Alle Angehörigen, die nicht unter Klasse I fallen, mit Ausnahme derjenigen, die zu dieser Organisation eingezogen wurden, es sei denn, daß sie nach ihrer Einziehung zum Unteroffizier befördert wurden. Das Personal der Konzentrationslager, soweit es nicht unter Klasse I fällt.
2. Allgemeine SS und ihre sonstigen Gliederungen. Alle Angehörigen, die nicht unter Klasse I fallen einschließlich fördernder Mitglieder, die nach dem 31. Dezember 1938 als solche beigetreten sind oder bei früherem Eintritt mehr als 10 RM monatlichen Beitrag bezahlt oder sonst eine erhebliche Zuwendung an die SS gemacht haben.

3. SA. Alle Führer bis herunter zum Rang eines Unteroffiziers einschließlich, soweit sie als solche in der SA Dienst gemacht haben, die nicht unter Klasse I aufgeführt sind, sowie Mitglieder, die der SA vor dem 1. April 1933 beitraten.

HJ und BDM. Alle nicht unter Klasse I aufgeführten Führer abwärts bis zum bestätigten hauptamtlichen Unteroffizier. Alle Führer der HJ und des Deutschen Jungvolks auf dem Gebiet der Erziehung und des Nachrichtendienstes, alle Mitglieder des der SS unterstellten Schnellkommandos (HJ-Streifendienst), soweit sie nach dem 1.1.1919 geboren sind.

5. NSKK. Alle Führer bis zum Sturmführer, soweit sie nicht unter Klasse I fallen.
6. NSFK. Alle Führer bis zum Sturmführer, soweit sie nicht unter Klasse I fallen.
7. NS-Deutscher Studentenbund. Alle Amtsträger, soweit sie nicht unter Klasse I fallen.
8. NS-Dozentenbund. Alle Amtsträger, soweit sie nicht unter Klasse I fallen.
9. NS-Frauenschaft. Alle Amtsträger bis zur Blockfrauenschaftsleiterin einschließlich, soweit sie nicht unter Klasse I fallen.

F. Der NSDAP angeschlossene Verbände

Klasse I

1. Deutsche Arbeitsfront.
a) Alle leitenden Beamten der DAF im Zentralbüro der DAF.
b) Alle leitenden Beamten der DAF in den Kriegshauptarbeitsgebieten I, II, III und IV.
c) Alle Mitglieder des Obersten Ehren- und Disziplinarhofes.
d) Alle leitenden Beamten der DAF-Gauwaltung-Auslandsorganisation.
2. NS-Volkswohlfahrt. Alle leitenden Amtsträger abwärts bis und einschließlich des Abteilungsleiters in der Reichsinstanz.
3. NS-Kriegsopferversorgung. Alle Amtsträger abwärts bis und einschließlich des Abteilungsleiters in der Reichsinstanz.
4. NS-Bund Deutscher Technik. Alle Amtsträger abwärts bis und einschließlich des Abteilungsleiters in der Reichsinstanz.
5. Reichsbund der Deutschen Beamten. Alle Amtsträger abwärts bis und einschließlich des Abteilungsleiters in der Reichs- und Gauinstanz.
6. NS-Deutscher Ärztebund. Alle Amtsträger abwärts

bis und einschließlich des Abteilungsleiters in der Reichs- und Gauinstanz.
7. NS-Lehrerbund. Alle Amtsträger abwärts bis und einschließlich der Reichs- und Gauinstanz.
8. NS-Rechtswahrerbund. Alle Amtsträger abwärts bis und einschließlich des Abteilungsleiters in der Reichs- und Gauinstanz.

Klasse II

1. Deutsche Arbeitsfront einschließlich Gemeinschaft »Kraft durch Freude«.
a) Alle Amtsträger, die nicht unter die Klasse I fallen.
b) Alle leitenden Amtsträger des Arbeitswissenschaftlichen Institutes.
c) Alle Betriebsobmänner, Betriebswarte und Betriebswalter in Betrieben der DAF.
2. NS-Volkswohlfahrt. Alle Amtsträger, die nicht unter Klasse I fallen.
3. NS-Kriegsopferversorgung. Alle Amtsträger, die nicht unter Klasse I fallen.
4. NS-Bund Deutscher Technik. Alle Amtsträger, die nicht unter Klasse I fallen.
5. Reichsbund der Deutschen Beamten. Alle Amtsträger, die nicht unter Klasse I fallen.
6. NS-Deutscher Ärztebund. Alle Amtsträger, die nicht unter Klasse I fallen.
7. Reichsbund Deutscher Schwestern. NS-Schwestern (Braune Schwestern). Alle Amtsträger.
8. NS-Lehrerbund. Alle Amtsträger, die nicht unter Klasse I fallen.
9. NS-Rechtswahrerbund. Alle Amtsträger, die nicht unter Klasse I fallen.

G. Von der NSDAP betreute Organisationen

Klasse I

1. NS-Altherrenbund. Alle Mitglieder des Führerkreises bis zur Gaustufe.
2. Reichsbund Deutscher Familie. Alle leitenden Amtsträger in der Reichsinstanz.
3. Deutscher Gemeindetag. Leitende Amtsträger des Deutschen Gemeindetages.
4. NS-Reichsbund für Leibesübungen. Reichssportführer und alle Sportbereichsführer.

Klasse II

1. NS-Altherrenbund. Alle Amtsträger, die nicht unter Klasse I fallen.
2. Reichsbund Deutscher Familie. Alle Amtsträger, die nicht unter Klasse I fallen.
3. Deutscher Gemeindetag. Alle Amtsträger, die nicht unter Klasse I fallen.
4. NS-Reichsbund für Leibesübungen. Alle Amtsträger, die nicht unter Klasse I fallen.
5. Alle Amtsträger der folgenden Organisationen:
a) Deutsches Frauenwerk.
b) Deutsche Studentenschaft.
c) Deutscher Dozentenbund.
d) Reichsdozentenschaft.
e) Deutsche Jägerschaft.

H. Andere Nazi-Organisationen

Klasse I

1. Reichsarbeitsdienst (RAD). Alle Offiziere herunter bis zum Rang eines Oberstarbeitsführers bei Männern und einer Stabsoberführerin bei den Frauen je einschließlich.
2. Reichskolonialbund. Alle leitenden Beamten des kolonialpolitischen Amtes in der Reichsleitung der NSDAP.
3. Volksbund für das Deutschtum im Ausland (VDA). Alle Beamten in Reichs- und Gauämtern seit 1935 innerhalb Deutschlands, und alle Volksgruppen- und Landesgruppenführer außerhalb Deutschlands.
4. NS-Reichskriegerbund. Alle Beamten herunter bis zum Gaukriegerführer einschließlich.
5. Reichskulturkammer. Alle Präsidenten, Vizepräsidenten und Geschäftsführer. Alle Mitglieder des Reichskulturrates, des Reichskultursenats und Präsidialrates.
6. Deutscher Fichtebund. Alle leitenden Beamten.
7. Reichssicherheitsdienst. Alle Beamten bis zur Stellung eines Dienststellenleiters einschließlich.

Klasse II

1. Reichsarbeitsdienst (RAD). Alle Offiziere herunter bis zum Feldmeister bei den Männern und Maidenführerin bei den Frauen je einschließlich, mit Ausnahme derer, die unter Klasse I fallen.
2. Reichskolonialbund. Alle Amtsträger, die nach dem 1.1.1935 Amtsträger wurden, soweit sie nicht unter Klasse I fallen.
3. Volksbund für das Deutschtum im Ausland (VDA). Alle Amtsträger, die nach dem 1.1.1935 Beamte wurden, soweit sie nicht unter Klasse I fallen.
4. NS-Reichskriegerbund (Kyffhäuserbund). Alle leitenden Beamten bis herunter zur Kreisstufe einschließlich.
5. Reichskulturkammer usw. und Hilfs- und Zweigstellen (Reichsschrifttumskammer, Reichspressekammer, Reichsrundfunkkammer). Alle Amtsträger, soweit sie nicht unter Klasse I fallen.

6. Deutscher Fichtebund. Alle Mitglieder, die nicht unter Klasse I fallen.
7. Reichssicherheitsdienst. Alle Mitglieder, die nicht unter Klasse I fallen. Alle Amtsträger folgender Institute: Institut zur Erforschung der Judenfrage,
Weltdienst,
Deutsche Akademie München,
Staatsakademie für Rassen- und Gesundheitspflege,
Amerika-Institut,
Osteuropäisches Institut,
Ibero-Amerikanisches Institut,
Deutsches Auslands-Institut.

I. Die Naziparteiorden

Klasse I

1. NS-Blutorden (vom 9. November 1923) - Alle Inhaber.
2. Ehrenzeichen für Mitglieder unter Nummer 100.000 (Goldenes Parteiabzeichen) - Alle Inhaber.
3. NSDAP-Dienstauszeichnungen (Naziparteischnellste Dienstauszeichnungen) - Alle Inhaber der Klasse I (25 Jahre Dienst).

Klasse II

1. Coburger Abzeichen - Alle Inhaber.
2. Nürnberger Parteiabzeichen von 1929 - Alle Inhaber.
3. Abzeichen vom SA-Treffen Braunschweig von 1931 - Alle Inhaber.
4. Goldenes HJ-Abzeichen (Goldenes Hitler-Jugend-Abzeichen) - Alle Inhaber.
5. NSDAP-Dienstauszeichnungen - Alle Inhaber, soweit sie nicht unter Klasse I fallen.
6. Gau-Ehrenzeichen der NSDAP. Die Traditionsgau-Abzeichen - Alle Inhaber.

K. Regierungsbeamte

Bemerkung: Die angegebene Klassifizierung bezieht sich nur auf diejenigen Personen, die in einer der in der Liste aufgeführten Stellungen nach dem 30. Januar 1933 ernannt worden sind oder die Inhaber solcher Stellungen zu diesem Zeitpunkt waren und die trotz der wiederholten sogenannten Säuberungsaktionen im Amt geblieben sind.

Klasse I

1. Alle politischen Beamten einschließlich Reichsminister, Staatsminister, Staatssekretäre, Reichsstatthalter und Oberpräsidenten und Beamte, Leiter, Beauftragte oder Kommissare in einem entsprechenden Rang.
2. Alle früheren deutschen Botschafter und Gesandte seit 30. Januar 1933.
3. Alle Beamten herunter bis zum Rang eines Ministerialdirektors in Reichsbehörden oder einem gleich hohen Rang in Regierungsbehörden, die vor dem 30. Januar 1933 bestanden haben; alle Beamten herunter bis zum Rang eines Ministerialrats in Reichs- oder Regierungsbehörden, die nach dem 30. Januar 1933 zur Erfüllung neuer Aufgaben geschaffen wurden je einschließlich und ebenso in solchen, die in Ländern und Gebieten eingerichtet wurden, die früher von Deutschland besetzt oder beherrscht waren.
4. Alle Beamten, welche seit 1934 eine der folgenden Stellungen inne hatten:
a) Reichsbevollmächtigter, Sonderbevollmächtigter,
b) Reichskommissar,
c) Generalkommissar,
d) Generalinspekteur,
e) Beauftragter, ebenso Wehrkreisbeauftragter,
f) Reichstreuhänder der Arbeit, Sondertreuhänder der Arbeit,
g) Generalreferenten.

Klasse II

1. Alle Beamten des Auswärtigen Dienstes (Botschaften, Gesandtschaften, Generalkonsulate, Konsulate und Missionen) im Rang eines Ministerialrates oder in der Stellung eines Attachés.
2. Alle Beamten des höheren Dienstes, die nach dem 1. April 1933 außerplanmäßig und außer der Reihe und ohne die sachliche Eignung zu besitzen, in den höheren Dienst befördert wurden.
3. Alle Beamten, die folgende Stellungen seit 1934 innehatten:
a) Bevollmächtigter,
b) Inspekteur,
c) Treuhänder der Arbeit und auf sonstigen Gebieten und ihre Beauftragten,
d) Kommissar,
e) Stellvertreter der Inhaber von Titeln und Stellungen, wie sie unter Klasse I fallen,
f) Reichseinsatzingenieure, Arbeitseinsatzingenieure,
g) Obmann einschließlich Rüstungsobmann.
4. Alle Mitglieder des Deutschen Reichstages oder des Preußischen Staatsrates seit 1. Januar 1934.
5. Alle Beamten des Reichsministeriums für öffentliche Aufklärung und Propaganda und Leiter seiner Bezirksämter und Nebenämter herunter bis zum Kreis einschließlich, einschließlich aller Angestellter von Nazidienststellen, die sich mit der politischen

Ausrichtung in Wort und Schrift befaßt haben.
6. Die Beamten des höheren Dienstes im Reichsministerium für Rüstung und Kriegsproduktion, Kirchenministerium, die Gauwohnungskommissare und ihre Stellvertreter.
7. Oberfinanzpräsidenten.
8. Regierungspräsidenten, Landräte und Bürgermeister.

L. Die deutschen bewaffneten Streitkräfte und Militaristen

Klasse I

1. NS-Führungsoffiziere - Alle hauptamtlichen NS-Führungsoffiziere bis und einschließlich Division im OKW, OKH, OKM, OKL.
2. Generalstabsoffiziere - Alle Offiziere des Deutschen Generalstabes, die seit dem 4. Februar 1938 zum Wehrmachtsführungsstab, zum OKW, OKH, OKM oder OKL gehörten.
3. Leiter und stellvertretende Leiter von Militär- und Zivilverwaltungen in Ländern und Gebieten, die früher von Deutschland besetzt waren.
4. Alle früheren Offiziere des Freikorps »Schwarze Reichswehr«

Klasse II

1. NS-Führungsoffiziere - Alle bestätigten Offiziere, gleichgültig, ob sie Berufs- oder Reserveoffiziere waren, die nicht unter Klasse I fallen.
2. Generalstabsoffiziere - Alle Offiziere ab 4.2.1938 des Generalstabs, die nicht unter Klasse I fallen.
3. Alle Militär- und Zivilbeamte mit besonderen Befugnissen einschließlich Führer bei irgendeiner Sach- und Betriebsabteilung der Militär- oder Zivilverwaltung von besetzten Ländern oder Gebieten, sowie Beamte des RuK außer denen, die unter Klasse I fallen.
4. Alle Beamten der Rohstoffhandelsgesellschaft.
5. Militärkommandanten und ihre Stellvertreter in Städten und Gemeinden.
6. Die Wehrmacht - Alle Berufsoffiziere der Deutschen Wehrmacht einschließlich dem Rang eines Generalmajors oder eines entsprechenden Ranges, wenn sie diesen Rang nach dem 1.6.1936 erreichten, ebenso berufsmäßige Wehrmachtsbeamte bis herunter zum Rang eines Obersten.
7. Organisation Todt (OT), »Transportgruppe Speer« - Alle Offiziere bis herunter und einschließlich dem Rang eines Einsatzleiters.
8. Alle Angehörigen der Ausbildungsstäbe und leitende Beamte der Kriegsakademien und Kadettenanstalten.

9. Alle Professoren, Redner und Schriftsteller auf dem Gebiet der Militärwissenschaft seit 1933.
10. Alle Angehörigen der Schwarzen Reichswehr und alle Angehörigen der Freikorps, soweit sie Migileder der NSDAP geworden sind und nicht unter Klasse I fallen.

M. Wirtschaft und freie Berufe

Klasse I

1. Wehrwirtschaftsführer - Alle Wehrwirtschaftsführer, die seit dem 1. Januar 1942 ernannt wurden.
2. Wirtschaftskammer - Alle Leiter und stellvertretenden Leiter von Reichs- und Gauwirtschaftskammern.
3. Reichsgruppen der Gewerblichen Wirtschaft - Alle Vorsitzenden, Präsidenten und stellvertretenden Leiter.
4. Reichsverkehrsgruppen - Alle Vorsitzenden, Präsidenten und stellvertretenden Leiter.
5. Wirtschaftsgruppen - Alle Vorsitzenden, Präsidenten und stellvertretenden Leiter.
6. Reichsvereinigungen - Alle Vorsitzenden, Präsidenten und stellvertretenden Leiter in der Reichsstufe.
7. Werberat der Deutschen Wirtschaft - Alle Präsidenten und Geschäftsführer.
8. Reichskommissare - die für die Rohstoff- und Industrieversorgung zuständig waren.

Klasse II

1. Wehrwirtschaftsführer - Alle nicht unter Klasse I fallenden Wehrwirtschaftsführer, die vom Wirtschaftsministerium bestellt wurden.
2. Wirtschaftskammern - Alle leitenden Beamten und Wirtschaftskammern, soweit sie nicht unter Klasse I fallen.
3. Reichsgruppen der Gewerblichen Wirtschaft - Alle leitenden Beamten der Gruppen, Hauptausschüsse, Sonderausschüsse, Hauptringe und Sonderringe.
4. Reichsverkehrsgruppen - Alle leitenden Beamten der Verkehrsgruppen.
5. Wirtschaftsgruppen - Alle leitenden Beamten der Wirtschaftsgruppen.
6. Reichsvereinigungen - Alle leitenden Beamten der Reichsvereinigungen einschließlich Abteilungsleiter und Vorsitzende, Stellvertreter, Geschäftsführer der Hauptausschüsse, Sonderausschüsse, Hauptringe und Sonderringe.
7. Werberat der deutschen Wirtschaft - Alle leitenden Beamten, die nicht unter Klasse I fallen.
8. Weisunggebende Beamten der Reichsstellen und Bewirtschaftungsstellen.
9. Geschäftsunternehmen einschließlich Geldinstitute, bei denen das Reich, die NSDAP, ihre Gliederungen oder angeschlossenen Verbände an der

tatsächlichen oder interessengemeinschaftlichen Betriebsführung beteiligt sind oder zu irgendeiner Zeit seit dem 1. April 1933 beteiligt waren. Alle Präsidenten, Mitglieder des Aufsichtsrates oder des Vorstandes und leitende Direktoren und Geschäftsführer.

10. I. Geschäftsunternehmen der freien Wirtschaft in Industrie, Gewerbe, Handel, Handwerk, Land- und Forstwirtschaft, Banken, Versicherungen, Verkehr und dergl. Unternehmungen, die wegen des investierten Gesellschaftskapitals, der Anzahl der Beschäftigten, der Art der Produktion oder aus einem sonstigen Grund an sich bedeutend und wichtig sind: Alle Inhaber, Eigentümer und Pächter, Gesellschafter einschließlich Aktionäre mit einer Beteiligung von mehr als 25%, Vorsitzende des Vorstandes oder Aufsichtsrates oder sonstige Personen, die auf die Geschäftsleitung maßgebenden Einfluß haben, soweit diese Personen Mitglieder der NSDAP oder einer ihrer Gliederungen waren oder ohne Mitglieder zu sein, ihre Stellungen ihren Beziehungen zur NSDAP verdanken.

II. Gemeinnützige Unternehmungen und Wohlfahrtseinrichtungen. Unternehmungen, die wegen ihres Umfanges oder ihrer Tätigkeit bedeutend oder wichtig sind: Alle Leiter, Geschäftsführer, Vorsitzende des Aufsichtsrates, Beiräte und sonstige Personen, die auf die Geschäftsleitung einen maßgebenden Einfluß haben, oder eine beaufsichtigende Tätigkeit ausüben, soweit diese Personen Mitglieder der NSDAP oder einer ihrer Gliederungen waren oder, ohne Mitglieder zu sein, ihre Stellung ihren Beziehungen zur NSDAP verdanken.

III. Freie Berufe (Ärzte, Anwälte, Apotheker, Architekten, Ingenieure, Künstler, Schriftsteller, Journalisten und dergl.):

a) Alle Leiter, Vorstandsmitglieder, Geschäftsführer, leitende Angestellte und Vorstandsmitglieder der Standesvertretungen einschließlich der Ehrengerichte. Ferner alle vor den Parteigerichten, SA- oder SS-Gerichten zugelassenen Rechtsbeistände.

b) Andere Angehörige der freien Berufe, die auf Grund ihrer Mitgliedschaft zur NSDAP oder einer ihrer Gliederungen besondere Vorteile hatten.

N. Juristen

Klasse I

1. Präsident und Vizepräsident der Akademie für Deutsches Recht.
2. Kommandanten und alle hauptamtlichen Leiter des Gemeinschaftslagers Hanns Kerrl.
3. Alle Richter, der Oberreichsanwalt und alle Staatsanwälte sowie der Bürodirektor des Volksgerichtshofes.
4. Alle Richter, Staatsanwälte und Beamte der Partei-, SS- und SA-Gerichte.
5. Präsident und Vizepräsident des Reichsjustizprüfungsamtes.
6. Präsidenten
a) des Reichsgerichts,
b) des Reichsarbeitsgerichts,
c) des Reichserbhofgerichts,
d) des Reichserbgesundheitsgerichts,
e) des Reichsfinanzhofs,
f) des Reichsverwaltungsgerichts,
g) des Reichsehrengerichtshofs,
h) der Reichsrechtsanwaltskammer,
i) der Reichsnotarkammer,
j) der Reichspatentanwaltskammer,
k) der Reichskammer der Wirtschaftsprüfer.
7. Präsidenten der Oberlandesgerichte, die seit 31.12.1938 hierzu ernannt wurden.
8. Oberreichsanwälte, Rechtsanwälte und Generalstaatsanwälte bei den Oberlandesgerichten, soweit sie nach dem 31.3.1933 ernannt wurden.
9. Vizepräsidenten
a) des Reichsarbeitsgerichts,
b) des Reichserbhofgerichts,
c) des Reichserbgesundheitsgerichts,
d) des Reichsverwaltungsgerichts.
10. Vorsitzender
a) des Sondersenats beim Reichsgericht,
b) Personalreferenten des Reichsjustizministeriums.

Klasse II

1. Direktoren und der Schatzmeister der Akademie für deutsches Recht.
2. Vorsitzende, sonstige ständige Richter und die ständigen Leiter der Anklagebehörden der Sondergerichte.
3. Vorsitzende, Richter und Staatsanwälte der Standgerichte.
4. Präsidenten und Vizepräsidenten.
a) des Reichspatentamts,
b) des Reichsversicherungsamts und Reichsversorgungsgerichts,
c) des Landeserbhofgerichts in Celle.
5. Vizepräsidenten des Reichsgerichts und Senatspräsidenten beim Reichsgericht, die seit 31.12.1938 hierzu ernannt wurden, ferner die ständigen Mitglieder des obersten Dienststrafsenats beim Reichsgericht.
6. Vizepräsidenten

a) des Reichsgesundheitsgerichts,
b) des Reichsfinanzhofs,
c) der Reichsrechtsanwaltskammer,
d) der Reichsnotarkammer,
e) der Reichspatentanwaltskammer,
f) der Reichskammer für Wirtschaftsprüfer.
Ferner alle ständigen Mitglieder der obersten Ehrengerichtshöfe für Rechtsanwälte, Patentanwälte, Notare und Wirtschaftsprüfer.
7. Präsidenten der Oberlandesgerichte und Generalstaatsanwälte, soweit sie nicht unter Klasse I fallen, sowie die Vizepräsidenten der Oberlandesgerichte.
8. Präsidenten der Dienststrafkammern für richterliche Beamte.
9. Präsidenten der Landgerichte.
10. Oberstaatsanwälte bei den Landgerichten.
11. Personalreferenten der Gerichte.
12. Hauptamtliche Leiter und ständige Mitglieder der Prüfungsstelle des Reichsjustizprüfungsamts.
13. Präsidenten der Rechtsanwaltskammern, Notarkammern und Patentanwaltskammern in den Oberlandesgerichtsbezirken.
14. Präsidenten und Vizepräsidenten
a) des obersten Fideikommißgerichts,
b) des Schiffahrtsobergerichts,
c) des Oberprisenhofes.
15. Präsidenten und Vizepräsidenten sowie die ständigen Mitglieder der Ehrengerichte der freien Berufe in der Reichs- und Gauinstanz.

O. Sonstige Personengruppen
Klasse I
1. Kriegsverbrecher.
2. Alle Personen, die Gegner des Nationalsozialismus denunziert oder sonst zu ihrer Verhaftung beigetragen haben oder die Gewalt gegen politische oder religiöse Gegner der nationalsozialistischen Gewaltherrschaft veranlaßt oder begangen haben.
3. Führer von betrieblichen Stoßtrupps und Werkscharen.
4. Rektoren von Universitäten und Vorsitzende von Kuratorien. Leiter von Lehrerausbildungsschulen und Leiter von Institutionen im Universitätsrang seit 1934, wenn sie Mitglied der NSDAP oder einer ihrer Gliederungen waren und ab 1938 ohne Rücksicht darauf.

Klasse II
1. Unterführer von betrieblichen Stoßtrupps oder Werkscharen.
2. Personen, die das Amt eines Vertrauenslehrers oder Jugendlehrers oder Jugendverwalters in irgendeiner Schule innehatten.
3. Rektoren von Universitäten und Vorstände von Kuratorien, Leiter von Lehrerausbildungsschulen und Leiter von Institutionen im Universitätsrang seit 1934, soweit sie nicht unter Klasse I fallen.
4. Alle sonstigen Personen, die die nationalsozialistische oder faschistische Weltanschauung verbreitet haben.
5. Personen, die nach dem 1. April 1933 die deutsche Staatsangehörigkeit nachgesucht, angenommen oder anders als durch Eingliederungsgesetze, Heirat oder Annahme an Kindes Statt erhalten haben.
6. Nichtdeutsche, die Mitglieder oder Anwärter der NSDAP oder einer ihrer Gliederungen waren.
7. Personen, die außerhalb des Landes wegen politischer Belastung entlassen oder von der Beschäftigung ausgeschlossen worden sind.

Teil B
Gruppe derjenigen Personen, die mit besonderer Sorgfalt zu prüfen sind.
Diese Gruppe umfaßt die nachstehenden Personen, soweit sie nicht unter Teil A fallen.
1. Anwärter der SS und ihrer Gliederungen;
2. Mitglieder der SA nach dem 1. April 1933;
3. Mitglieder der HJ oder des BDM vor dem 25. März 1939;
4. Unteroffiziere des RAD mit dem Rang unter dem Feldmeister oder der Maidenführerin;
5. Mitglieder der NSDAP nach dem 1. Mai 1937, sowie alle Anwärter der NSDAP;
6. Personen, die als Beamte im Erziehungswesen oder in der Presse nach dem 1. Mai 1933 außergewöhnlich schnell befördert wurden;
7. Personen, die Nutzen gezogen haben aus der Annahme oder Übertragung von Vermögen, das durch Ausbeutung der ehemals besetzten Gebiete, Arisierung oder Konfiszierung aus politischen, religiösen oder rassischen Gründen angefallen ist;
8. Personen, die in der Militär- oder Zivilverwaltung der ehemals besetzten Gebiete beschäftigt waren, soweit sie über die Grundsätze der Verwaltung bestimmt haben oder sonst in leitender Stellung waren;
9. Personen, die wesentliche Zuwendungen an die Partei gemacht haben;
10. Mitglieder von politischen Parteien oder Organisationen in Deutschland, die zur Machtergreifung durch die NSDAP beigetragen haben, z.B. Tannenbergbund, Alldeutscher Verband;
11. Leitende Angestellte beim Deutschen Roten Kreuz, insbesondere solche, die nach dem 1. Januar 1933 bestellt wurden;

12. Mitglieder der Deutschen Christenbewegung und der Deutschen Glaubensbewegung;
13. Mitglieder des NSKK, des NSFK, des NSDStB, NSDDOB, des NSF;
14. Inhaber des Spanienkreuzes, der österreichischen, sudetendeutschen und Memel-Erinnerungsmedaille, des Danziger Kreuzes, des SA-Wehrsportabzeichens, der Verdienstauszeichnung des RAD;
15. Erziehungsberechtigte, die ausdrücklich Genehmigung zur Ausbildung ihrer Kinder in nationalpolitischen Erziehungsanstalten, Adolf-Hitler-Schulen und Ordensschulen erteilt haben;
16. Personen, die finanzielle Sondervorteile von der NSDAP erhalten haben;
17. Personen, die infolge nationalistischen Einflusses sich dem Militärdienst oder Frontdienst entzogen haben.
18. Angestellte bedeutender industrieller Handels-, landwirtschaftlicher oder finanzieller Betriebe mit dem Titel Generaldirektor, Direktor, Präsident, Vizepräsident, Geschäftsführer, Betriebsleiter, ferner alle Miglieder des Vorstandes, der Vorsitzende, der stellvertretende Vorsitzende des Aufsichtsrates, ferner Chefingenieure, Oberingenieure, soweit sie die technische Richtung des Betriebes bestimmen.
Alle Personen mit der Befugnis zur Einstellung oder Entlassung des Personals.

Gesetz über Ausschüsse zur Befreiung vom Nationalsozialismus und Militarismus

Vom 17. Dezember 1946.[1]
Der Senat verkündet das nachstehende von der Bürgerschaft beschlossene Gesetz, dem die Militärregierung zugestimmt hat:
§ 1.
Die Bürgerschaft wählt eine Kammer zur Befreiung vom Nationalsozialismus und Militarismus. Die Wahl bedarf der Bestätigung durch die Militärregierung, Special Branch.
§ 2.
(1) Die Kammer zur Befreiung vom Nationalsozialismus und Militarismus hat:
1. Die erforderliche Zahl von Ausschüssen gemäß der Zonenpolitik-Anweisung N. 3 vom 24. April 1946 einzusetzen,
2. die zur Durchführung seiner Aufgaben erforderlichen Personallisten einzufordern,
3. dem einzelnen Ausschuß die von ihm zu bearbeitenden Fälle zuzuleiten,
4. die von den Ausschüssen bearbeiteten Fälle zu sammeln und der zuständigen Stelle der Militärregierung zuzuleiten,
5. die Arbeit der Ausschüsse zu überwachen,
6. im Einvernehmen mit dem Arbeitsamt die Kontrolle und Überwachung der aus ihren Stellungen Entlassenen durchzuführen. In Fragen des Arbeitseinsatzes ist die Kammer an die Entscheidung des Arbeitsamtes gebunden,
7. die für eine Tätigkeit bei Behörden und öffentlich-rechtlichen Körperschaften notwendigen Unbedenklichkeitsbescheinigungen auszustellen.
(2) Die Kammer kann die Wiederaufnahme bereits entschiedener Fälle anordnen, wenn neue Tatsachen oder sonstige gewichtige Gründe vorgebracht werden.
(3) Die Kammer untersteht der Bürgerschaft, sie erläßt die notwendigen Anweisungen zu diesem Gesetz und hat der Bürgerschaft auf Verlangen über ihre Tätigkeit zu berichten.
§ 3.
Wer den Anordnungen der Kammer über die Einreichung von Personallisten überhaupt nicht, nicht rechtzeitig oder nicht vollständig nachkommt, wird mit Gefängnis und Geldstrafe oder mit einer dieser Strafen bestraft.

---

1 Gesetzblatt der Freien Hansestadt Bremen, Nr. 36/1946, S. 120

§ 4.
Für das Verfahren vor den Ausschüssen gelten folgende Vorschriften:
a) Der Ausschuß hat von Amts wegen alle zur Erforschung der Wahrheit sachdienlichen Umstände zu ermitteln. Er kann insbesondere Zeugen und Sachverständige vernehmen. Zur Abnahme von Eiden und eidesstattlichen Erklärungen ist er nicht befugt; sie können nur im Wege des Rechtshilfeverfahrens abgenommen werden.
b) Der Betroffene hat Anspruch auf rechtliches Gehör. Ihm muß in mündlicher Verhandlung Zeit und Gelegenheit gegeben werden, sich eingehend zu allen gegen ihn gerichteten Anträgen, Behauptungen und Beweismitteln zu erklären und seinerseits unbeschränkt sachdienliche Tatsachen und Beweismittel vorzubringen.
c) Bei unentschuldigtem Ausbleiben oder Unerreichbarkeit des Betroffenen kann in seiner Abwesenheit verhandelt und entschieden werden.
d) Der Ausschuß kann das persönliche Erscheinen von Zeugen und Sachverständigen durch Ordnungsstrafen nach Maßgabe des § 2 des Gesetzes über das Verwaltungsverfahren und den Verwaltungszwang vom 11. April 1934 (Gesetzbl. S. 132) sowie durch Vorführungsbefehl erzwingen.
e) Der Ausschuß hat über das Beweisergebnis in freier Beweiswürdigung Beschluß zu fassen. Er hat seine Entscheidung schriftlich niederzulegen.
§ 5.
Die Verwaltungsbehörden sind den nach diesem Gesetz zu bildenden Ausschüssen zur Amtshilfe verpflichtet.
§ 6.
Dieses Gesetz tritt an dem auf seine Verkündigung folgenden Tage in Kraft.
Bekanntgemacht im Auftrage des Senats, Bremen, den 17. Dezember 1946.

Anschriften

Bremner, Erna, Schönhausenstr. 59, 2800 Bremen 1
Crüsemann, Dietrich, Eberhardtstr. 41, 7900 Ulm
Drechsel, Wiltrud Ulrike, Besselstraße 76, 2800 Bremen 1
Haeßner, Juliane, Heinrich-Hertz-Str. 25, 2800 Bremen 1
Meyer-Braun, Renate, Sonnenstraße 14, 28 Bremen 1
Napoli, Joseph F. 7009 Amy Lane, Bethesda, Maryland 200 34, USA
Richter, Walther, Mackensenweg 4, 2800 Bremen 33
Röpcke, Andreas, Rembrandtstr. 9, 2800 Bremen
Saur, Achim, Fedelhören 67, 2800 Bremen 1

AUS UNSEREM VERLAGSPROGRAMM

Gudrun Junghans
Obervieland. Zur Geschichte eines Bremer Stadtteils.
128 Seiten, 40 Abb., Karten
Hardcover/Schutzumschlag (farbig), 17x24cm, 19,80DM
ISBN 3-926958-59-6

Arsten, Habenhausen, Kattenesch und **Kattenturm** - das sind die Dorf-Gemeinden, welche in den siebziger Jahren zum Stadtteil Obervieland zusammengefaßt wurden. Sie sind sehr unterschiedlich: historisch gewachsene Strukturen wurden und werden auch weiterhin konfrontiert mit einer dynamisch und sprunghaft prosperierenden Umgebung.
Geschichtlicher Hintergrund, neue Sozialstrukturen, der Wechsel von Landwirtschaft zu Industrie und Dienstleistung und der enorme Bevölkerungsanstieg sind nur einige der Fragen und Probleme, die hier behandelt werden.

Gottfried Hilgerdenaar
Seemann will ich werden...
Erlebnisse auf Fisch-dampfern und Frachtschiffen 1946-1962
Hg. v. Klaus-Peter Kiedel, 128 S. 115 Abb., Hardcover, 17x24cm, 22,--DM
ISBN 3-926958-70-7

2.Auflage

Seefahrt 1946-62 - auf Fischdampfern vor Island, mit Schwergutfrachtern nach Asien und Amerika, auf »Schlickrutschern« in der Nord- und Ostsee. Die spannende und humorvolle Erzählung, mit vielen Fotos aus der Hand des Autors, schildert das Leben und Arbeiten an Bord in der Nachkriegszeit.

EDITION TEMMEN

AUS UNSEREM VERLAGSPROGRAMM

Werner Borgsen/Klaus Volland
STALAG XB Sandbostel
Zur Geschichte eines Kriegsgefangenen- und KZ-Auffanglagers in Norddeutschland
1939-1945. 288 S., 135 Abb., Dokumente, Karten, Hardcover, 17x24cm
32,--DM
ISBN 3-926958-65-0
2. Auflage!
Zwischen 1939 und 1945 werden in der Nähe der dörflichen Idylle Sandbostels Hunderttausende von Soldaten insbesondere aus der Sowjetunion - unter ihnen in »Sonderbehandlung« unzählige italienische Militärinternierte - sowie nahezu 10000 KZ-Insassen gefangengehalten.
Für Zehntausende von ihnen wird das STALAG XB ein Ort des Todes.
»Zum ersten Mal liegt hier in deutscher Sprache eine umfassende Monographie zur Geschichte eines **Kriegsgefangenenlagers der Wehrmacht** vor«

Landeszentrale f. pol. Bildung

Jürgen Dinse
Zum Rechtsextremismus in Bremen
Ursachen und Hintergründe der Erfolge rechtsextremer Parteien
120 S., Grafiken, Tabellen, Schaubilder
14,80 DM
ISBN 3-926958-91-X
Die jüngsten Wahlerfolge rechtsextremer Parteien in verschiedenen europäischen Ländern mit ihren jeweiligen Kristallisationspunkten in alten Arbeiterquartieren und bestimmten Geschoß-siedlungen des sozialen Wohnungsbaues machen Handlungsbedarf für alle demokratischen Institutionen deutlich.

EDITION TEMMEN

In der Reihe
Beiträge zur Sozialgeschichte Bremens
sind bisher erschienen:

Heft 1: **Kindheiten.** Anstaltserziehung im 19. Jahrhundert, 228 S., Abb., Dok.

Heft 2: **Arme Leute.** Armut und ihre Verwaltung, 225 S., Abb., Dokumente.

Heft 3: **Kindheiten.** Schüler, Schule, Kinderarbeit, 240 S., Abb., Dokumente.

Heft 4: **Geschäfte.** Der Bremer Kleinhandel um 1900, 287 S., Abb., Dok.

Heft 5: **Arbeit.** Zwangsarbeit, Rüstung, Widerstand 1931-1945, 287 S., Abb.

Heft 6: **Arbeitsplätze.** Schiffahrt, Hafen, Textilindustrie 1880-1933, 262 S.

Heft 7: **Wanderarbeit.** Armut und der Zwang zum Reisen, 262 S.

Heft 8: **»Strikes« und Staat.** Zur öffentlichen Regelung von Arbeitsverhältnissen 1873-1914, 220 S., Dokumente.

Heft 9: **Östliche Vorstadt.** Zur Entstehung eines Stadtteils im 19.Jh., 340 S., Abb., Dokumente.   **Neuauflage in Vorbereitung!**

Heft 10: **Schöne Künste...** und ihr Publikum im 18. und 19. Jh., 244 S., Abb., Dokumente.

Heft 11: **Criminalia.** Bremer Strafjustiz 1810-1850, 280 S., Abb., Dok.

Heft 12: **Zwischen Ankunft und Abfahrt.** Geschichte des Bremer Hauptbahnhofs, 208 Seiten, Abb., vierfarb. Umschlag, Dokumente.

Heft 13: **»Denazification«** Zur Entnazifizierung in Bremen. 208 S., Abb.

Heft 14: **Von Land zu Land.** Geschichte Bremischer Seefahrt. 192 S., Abb. Dokumente

Heft 1-5 z. Zt. vergriffen, Neuauflage geplant. Heft 6-11 kosten jeweils 16,80DM, ab Heft 12 jeweils 19,80DM.

Bitte beachten Sie den Einzelprospekt und die günstigen Möglichkeiten eines Abonnements dieser Reihe!

EDITION TEMMEN
Hohenlohestr. 21 - 2800 Bremen1
Tel.: 0421-344280/341727 - Fax: 0421-348094